언약대로 축복 받는
가정예배 365일

언약대로 축복 받는
가정예배 365일

김 상 복 목사

신교횃불

머리말

여호와께 대하여 그의 백성의 존재는 하나님께 예배하는 데 있다. 아브라함은 하나님께 부름을 받고 약속의 땅을 향해 가면서 제단을 쌓음으로 예배를 드렸다.

헤브론의 마므레 상수리 나무 밑에서(창 13:18), 후손에 대한 언약을 체결할 때(창 15:9-10), 모리아 산(창 22:2), 브엘세바(창 21:33)에서 하나님께 제단을 쌓았다.

이러한 아브라함의 자세에 대하여 칼빈은 "아브라함은 마음에 있는 제단을 어디로 가든지 지니고 다녔다."라고 묘사하였다. 즉 그는 생활 속에서 늘 예배하는 삶을 살았던 것이다.

철두철미하게 아버지의 예배 신앙을 본받은 이삭은 가는 곳마다에서 제단을 쌓고 여호와의 이름을 불렀다. 이 또한 삶 속에 예배하는 모습이다. 아브라함과 똑같이 이삭 역시 어디서든 하나님께 예배하는 삶을 살았던 것이다.

오늘, 우리의 가정에서도 예배하는 삶이 이어져야 할 것이다. 구약 시대의 족장들은 공간적인 이동에서 하나님께 예배하였다면, 우리는 시간적인 이동, 즉 매일 매일의 삶에서 먼저 하나님을 찾아야 한다.

그런 의미에서 이 책은 아주 훌륭한 예배 안내서가 되어줄 것이라 믿는다. 그리고 이 책으로 말미암아 한국교회의 가정마다 예배가 부흥되기를 소망한다.

2016년 11월,
김상복 목사

차례

머리말 … 4

1월~3월 … 7

4월~6월 … 99

7월~9월 … 193

10월~12월 … 287

언약대로 축복 받는 가정예배 365일

1월~3월

1월 1일 ● 본문_창 1:26-31, 암송_27절, 찬송_559장, 통독_창 1-5장

하나님께 기쁨이 되어드림

> 아담은 혈통의 방법이 아닌 흙으로 빚어지고, 하나님께서 생기를 불어 넣어 지으신 최초의 인간이다. 그리하여 그는 온 세상을 다스리며, 정복하고, 땅에서 번성함을 누리는 복을 받은 인류의 시조가 되었다.

1. **하나님의 형상으로.** 하나님께서 6일째 되는 날에 짐승을 만드신 다음에, 하나님의 형상대로 하나님을 따라서 의와 진리와 거룩함으로 지으심을 입은 사람을 만드셨다. 그리하여 지으신 모든 것이 아름다웠듯이 아담도 그러하였다. 그렇다면 우리도 하나님께 기쁨이 되어드리는 자가 되어야 한다.

2. **모든 복에서.** 하나님의 생명을 공급받은 아담은 그가 누릴 수 있는 모든 여건을 충분하게 공급받았다. 생육하고, 번성하고, 지배하고, 다스리며 땅에 충만할 모든 복을 허락받았다. 단 선악을 아는 열매를 금하면 영원한 생명을 얻고, 모든 것을 다스릴 권한이 부여되었다.

3. **모든 것의 시작에서.** 하나님께서는 지으신 세상을 아담에게 맡기셨다. 그가 동물들의 이름을 지은 것은 그것들을 다스리라는 의미였다. 아담은 최초의 사람으로 하나님의 형상을 입은, 세상에서 다스림의 시작이 되었다. 하나님께서 지으신 세상을 아담에게 맡겨주신 것이다. 우리의 삶도 하나님의 것을 위탁받아 누리게 되었다.

[한 줄의 묵상]
오늘, 우리는 하나님께 기쁨이 되어야 한다. 이로써 누리고, 다스리는 하나님의 축복 속에 사는 자가 될 것에 도전하자.

1월 2일 ● 본문_창 6:14-22, 암송_14절, 찬송_278장, 통독_창 6-8장

너를 위하여 예비하라

하나님은 노아의 시대에 죄악이 가득하고 땅이 부패함을 보셨다. 노아에게 이러한 모든 것들을 땅과 함께 멸하겠다고 하시면서, "너는 고페르나무로 너를 위하여 방주를 만들라"고 하신다.

1. 방주를 예비하자. 하나님의 심판의 때에 우리가 살 수 있는 길은 방주로 들어가는 길이다. 그리고 앞으로 불의 심판이 임할 때에도 살 수 있는 길도 영적인 방주로 들어가는 길이다. 그렇다면 세상에 떠 있는 방주는 무엇인가? 바로 세상으로부터 구원이 약속된 교회이다. 자신을 위해, 가족을 위해 열심히 지어야 할 것은 방주이다.

2. 죄를 회개하자. 요한이 예수님보다 앞서 외친 말씀은 "회개하라 천국이 가까이 왔다"는 것이었다. 예수님께서 외치신 말씀이나 베드로가 성령 충만하여 외친 말씀도 '회개하고 세례를 받으라' 는 것이었다. 사울 왕과 다윗의 차이, 가룟 유다와 베드로의 차이는 회개에 있었다. 하나님의 은총을 지속하려면 회개의 은혜가 지속되어야 한다.

3. 하나님께 순종하자. 순종은 축복과 저주를 나누는 길이 된다. 하나님의 나라로 들어가느냐, 지옥의 백성이 되느냐를 나누는 길이 된다. 말씀에 따라 살고, 불순종으로 죽음에 이른다. 우리가 하나님의 말씀을 듣고, 주일을 성수하고 지키면서 해야 할 일은 순종이다.

[한 줄의 묵상]
오늘, 하나님 앞에서 해야 될 것은 무엇인가?
그것은 하나님의 뜻을 이루어드리면서 나의 생명을 위함이 될 것이다.

1월 3일 ● 본문_창 9:8-17, 암송_16절, 찬송_362장, 통독_창 9-11장

무지개에 들어있는 언약의 표시

> 약속하신 무지개는 노아가 제사를 드린 다음에 나타났다. 무지개에 주님의 부활과 영생의 약속이 들어 있다. 자연의 색이 무지개 안에 있는 것같이 하나님의 약속은 그리스도 안에 있다.

1. 하나님의 인자하심. 죽음의 공포인 홍수가 지나갔다. 그리고 구름 속에서 무지개가 보인다. 이를 본 자마다 다시는 물로 심판하지 않으신다는 확신을 가진다. 주님께서 부활하시지 않으셨다면 비참해 질 수밖에 없다. 무지개가 없었다면 다시 물로 심판을 받아야 한다.

2. 하나님의 신실하심. 무지개는 하나님께서 '나와 세상 사이의 언약의 증거'라고 하였다. 하나님 우편에서 기도하고 계시는 주님의 은혜를 믿는 자들에게 주시는 신실함의 표시이다. 무지개가 구름 사이에 나타나면, "내가 나와 너희와 및 육체를 가진 모든 생물 사이의 내 언약을 기억하라"고 하였다. 물로 심판을 하지 않으시겠다는 신실하심이다.

3. 하나님의 성취될 언약. "무지개가 구름 사이에 있으리니 내가 보고 나 하나님과 모든 육체를 가진 모든 생물 사이의 영원한 언약을 기억하리라"는 하나님의 은혜를 보여주는 약속이다. 홍수 재앙이 다시는 없겠다는 약속이다. 이것이 무지개가 온 세상에 다 보이도록 보여주신 뜻이다.

[한 줄의 묵상]
무지개는 인생에게 주신 하나님께서 인류를 사랑하심과 은혜와 은총의 표시이다. 하나님의 표시를 주목하자.

1월 4일 ● 본문_창 12:1-4, 암송_1절, 찬송_310장, 통독_창 12-14장

영광의 성도

> 오늘 우리에게 향하신 하나님의 크신 뜻이 있다. 우리의 미래를 향하여, 우리의 생을 향하여, 하나님께서는 위대한 계획을 갖고 명하신다. 그리고 그 말씀을 듣는 자들에게 순종하기를 원하신다.

1. **하나님의 명령.** "너는 너의 고향과 친척과 아버지의 집을 떠나 내가 네게 보여줄 땅으로 가라."고 하신다. 그리하면 큰 민족을 이루고, 복을 주어 이름을 창대하게 하고 복이 되게 하시겠다고 약속하셨다. "너를 축복하는 자에게 복을 내리고 저주하는 자에게 저주하시겠다."는 것이다. 이것이 하나님의 명령이고, 하나님의 계획이며, 그분의 뜻이다.

2. **인간의 반응 순종.** 위대한 시작과 과정과 결과를 밟으려면 수많은 희생이 필요하다. 고통이 없는 면류관은 생각해볼 수도 없다. 수많은 기도와 봉사와 드림과 용기와 협력과 결단이 그때그때마다 필요하다. 자신이 짊어져야만 하는 십자가가 없이는 순종을 성취할 수가 없다. 고통이나 수고가 없이 주의 사명을 감당하기가 힘이 든다.

3. **순종의 결과는.** 하나님은 말씀대로 순종한 자에게 큰 민족을 이루게 하신다고 하신다. 복을 주어 이름을 창대하게 하시고, 복이 되게 하시며, 모든 이들이 복을 받게 하는 통로가 되게 하신다. 위대한 신앙의 백만장자가 되게 하신다. 이에, 아브라함은 어찌했는가?

[한 줄의 묵상]
말씀을 따라가고, 제단을 쌓아서 하나님의 이름을 불렀던 아브라함을 지금, 나에게 신앙의 모델로 삼기를 도전하자!

1월 5일 ● 본문_창 16:1-10, 암송_9절, 찬송_214장, 통독_창 15-17장

기도응답이 늦어질 때도

하나님의 약속은 사라를 통하여 낳을 자녀와 언약의 관계를 맺는다고 하신다. 아브라함은 나이가 들고, 아들이 없자 하갈을 통하여 이스마엘을 얻는다. 그러나 그에게는 3각관계의 문제가 대두되었다.

1. 하나님의 말씀을 믿자. 갈대아 우르에서 나온 지 10년이 지났다. 나이는 들어가는데 자손을 '하늘의 별처럼 많겠다고 하시던' 하나님의 약속은 희미해지는 것 같게 되었다. 이에, 초조해진 아브라함 부부는 그 시대 사회의 풍속대로 여종인 하갈을 통하여 자식을 얻는다. 하나님의 약속의 성취됨이 더디는 것 같을 때, 어떻게 해야 하는가?

2. 낙심하지 말자. 나이가 들어가고 대를 이을 자녀는 없고, 모든 이들은 기다리고 있다. 그래서 낙심한다. 하나님의 뜻을 저버린다. 사울 왕도 블레셋 군대가 쳐들어오는 위협에, 낙심에 빠진다. 병사들은 힘을 잃고 흩어져, 싸울 군대가 없자, 왕은 자신의 신분을 잃고, 제사를 드린다. 그러다가 버림을 당하였다. 우리는 능력의 주님을 잊지 말자.

3. 절대로 교만하지 말자. 하갈도 아브람을 통하여 잉태하자 자기의 위치가 종인 것을 모르고 기다리지 못하다가, 여주인을 멸시하다가 쫓겨나게 되었다. 버림을 받게 되었다. 그러나 그녀에게도 하나님의 뜻과 축복이 있으니 종의 위치에서 복종해야 하였다.

[한 줄의 묵상]
오늘, 겸손한 마음으로 하나님을 기다리자.
우리 가정에서 사람의 생각으로 움직이지 말고, 하나님을 기다리면 산다.

1월 6일 ● 본문_창 18:22-33, 암송_32절, 찬송_543장, 통독_창 18-20장

아브라함의 기도

소돔과 고모라 성의 멸망 소식을 들은 아브라함은 하나님께 간절히 기도한다. 이는 조카 롯뿐만 아니라 소돔과 고모라 성의 구원을 위한 기도였다. 여기에서 아브라함은 깨어졌고, 하나님의 깊으신 뜻도 깨달았다.

1. 담대한 기도. 아브라함은 하나님과 두 천사를 대접할 때도 종의 모습으로, 몸을 땅에 굽히는 모습으로 하나님께 나아갔었다. 그는 소돔과 고모라의 심판소식을 듣고 담대히 하나님께 나아간다. 그리하여 응답을 받는다. 기도할 때, 하나님께 가까운 자리로 담대히 나아가자.

2. 겸손한 간구. 하나님께서 의인 50명을 찾으면 멸하지 않겠다고 하신다. 이에 아브라함은 티끌의 모습으로 변화한다. 의인의 숫자가 점차로 적어지면서 그의 교만하고 당당한 모습은 최고도의 겸손의 모습으로 낮아진다. 마음의 간절함을 하나님께 드릴 때 기도가 된다. 그때까지 기다리시는 하나님의 사랑을 보여주신다.

3. 끈질긴 부르짖음. 아브라함은 분명한 목표를 갖고 하나님께 간절히 간구하였다. 그리고 끝까지 낙망하지 않고, 하나님의 마음을 움직이는 부르짖음을 보여드렸다. 믿음으로 전심전력하여 심판당하는 소돔과 고모라의 백성을 위해서 부르짖었다. 우리도 은혜의 주님께로 나아가서 겸손의 손을 모아 기도를 드리자.

[한 줄의 묵상]
오늘, 기도에 응답해주시는 하나님, 그 은혜에 소망이 있다.
하나님께서는 낙망하지 않고, 끈질기게 하는 기도를 기다리신다.

1월 7일 ● 본문_창 21:1-8, 암송_2절, 찬송_35장, 통독_창 21-23장

하나님께서 기억해주시는 사람

> 사라는 믿음의 조상 아브라함의 아내로 성실하게 순종으로 살아서 믿음의 계대를 이어준 여인이다. 그리고 낳을 수 없는 상황에서 하나님의 능력으로 이삭을 낳은 축복의 여인이다.

1. 하나님께서 기억해주시다. 그동안 사라는 자식 없는 괴로움과 싸워야 하였다. 그러나 사라는 잉태하는 힘을 얻게 되었다. 약속하신 이를 믿음으로 죽은 자와 다름없던 사라로 말미암아 하늘의 별과 바닷가의 무수한 모래와 같이 생육하게 되었다.

2. 오직 하나님께 순종하다. 남편을 따라서 갈대아 우르를 출발했고 애굽에서, 그랄에서 사라를 누이라고 속일 때에도 왕의 품에 들어가라고 해도 그대로 순종하였다. 그리고 이삭을 제물로 드릴 때도 순종했을 것이다. 또한 남편을 '주'라 칭하며 순종을 하는 자가 되었다. 그때 그녀는 하나님께서 지켜주는 자가 되었다.

3. 하나님을 경외하다. 사라는 아브라함이 염려할 정도로 뛰어난 미모의 여인이었다. 당시의 애굽 사람들까지도 칭찬한 여인이었다. 그런데 더욱 더 중요한 것은 "고운 것도 아름다운 것도 헛되나 여호와를 경외하는 여자는 칭찬을 받을 것이라"(잠 31:30) 했는데 사라가 그런 여인이었다. 이와 같이 심령이 아름다운 여인으로 하나님 경외하면서 산 믿음의 여인이다.

[한 줄의 묵상]
하나님께서는 사랑으로 사라를 기억하였다. 생각 속에 두셨다.
자녀를 낳도록 배려해 주셨다. 하나님의 기억을 소망하자.

1월 8일 ● 본문_창 24:1-9, 암송_4절, 찬송_605장, 통독_ 창 24-28장

이삭과 리브가의 결혼

아브라함은 이삭을 결혼시키기 위하여 자기 집의 모든 소유를 맡은 늙은 종 엘리에셀에게 혼처를 부탁하였다. 이삭의 아내는 가나안 족속의 딸을 택하지 않고, 자신의 고향 족속에게서 택하라고 하였다.

1. **엘리에셀의 순종과 기도.** 10-27절, 늙은 종은 주인의 명령이므로 낙타 10필에 예물을 싣고 고향으로 출발하였다. 늙은 종은 좋은 아내를 택하기 위해 기도하였다. 신혼가정을 이루려면 처음부터 기도로 시작하여야 좋은 가정을 이룰 수 있다.

2. **늙은 종의 환영과 혼인 합의.** 28-60절, 그는 기도한 결과 리브가란 아름다운 신부를 만났다. 그는 리브가로부터 대접도 잘 받았으나 그 가족까지 반대하지 아니하고 합의하여 결혼의 승낙을 받았다. 모든 일은 하나님 뜻대로 되기를 구하여야 한다. 그러면 그때부터 인간이 하는 것이 아니고, 하나님께서 함께 하시므로 순조롭게 잘 되는 것이다.

3. **이삭과 리브가의 결혼.** 61-67절, 리브가는 부모의 신앙따라 믿음의 자녀이며, 순종의 딸이다. 뿐만 아니라 얼마나 친절한지 늙은 종과 낙타와 짐승에 이르기까지 대접을 잘 하는 사랑의 친절은 우리가 배워야 한다. 이삭은 믿음의 조상인 아브라함의 아들로서 순종의 아들이다. 하나님을 먼저 찾는 자, 하나님께 맡기는 자가 행복자이다.

[한 줄의 묵상]
이삭은 결혼을 준비하기 위하여 들에서도 묵상하였다.
그런 경험을 토대로 해서 그는 좋은 가정을 이루었다.

1월 9일 ● 본문_창 29:21-30, 암송_21절, 찬송_333장, 통독_창 29-31장

세월을 이기게 하는 것

이루어 놓은 것은 없는데 세월은 잘도 간다. 이렇듯 지나가는 세월을 보면서 세월을 이겨야 하는데, 세월을 이기게 하는 것은 무엇인가?

1. **사랑이다.** 야곱이 라헬을 사랑하였다. 라헬도 곱고, 아름다움으로 야곱을 사로잡았다. 그들 두 사람의 사랑은 시간이 가는 줄도 모르게 하였다. 7년뿐만 아니라 다시 7년을 봉사하게 하였다. 시간이 빨리 지나가는 것과 같다. 우리는 주님과 얼마나 함께 하고 싶어 하는가?

2. **신앙이다.** 레아와 라헬과 축복을 받기 위하여 야곱은 20년을 참으며 지내었다. 야곱의 형편과 처지와 입장과 환경을 보면 좋은 것만은 아니다. 그러나 이를 초월해서 믿음으로 살았다. 요셉도 하나님과 함께 하는 삶으로 모든 유혹을 이긴다. 흐르는 세월 속에서 세월을 이기려면 믿음으로 살아야 한다. 우리도 그리하자.

3. **사명이다.** 하나님께서 아브라함에게 참고 참은 것은 엘리에셀을 위하여서가 아니다. 이스마엘을 위하여서도 아니다. 사라의 몸에서 날 이삭을 위해서라는 것이다. 이삭의 아내를 얻기 위해서도 늙은 종에게 모든 것을 다 맡긴다. 그 종은 요령도 안 피우고, 자신에게 주어진 사명을 잘 감당한다. 수많은 세월을 이기는 것은 사명이다.

[한 줄의 묵상]
아브라함에게 하나님께서 보여주신 하늘의 별과 같고 바닷가의 모래와 같은 꿈을 그의 후손을 통해서 성취해주셨다. 꿈은 언제나 유혹을 극복하게 한다. 하나님께 영광을 드리게 한다.

1월 10일 ● 본문_창 32:24-32, 암송_26절, 찬송_363장, 통독_창 32-34장

야곱의 기도

멀쩡하던 야곱이 천사와 씨름(기도)을 하고 나서 절름발이가 되었다. 보이지 않는 고통과 고난과 슬픔과 애통이 있다. 이러한 것을 아는가?

1. **홀로 하는 기도.** 하나님과 아버지와 형님을 속여서 얻은 두 떼나 되는 축복, 간교하고 교만하고 욕심 많고 비열했던 야곱의 모습이다. 허벅지 관절이 부러지니 하나님 앞에서 등등하던 그가 풀잎처럼 쓰러지는 모습을 하고 있다. 사람은 옛 사람에게서 떠나지 않은 한 하나님의 사람이 될 수 없다.

2. **복을 받는 기도.** 살고 싶어서 먼지를 일으키며 하나님과 씨름을 한다. 하나님의 축복을 위하여 간교하게 얻은 복이 신적 권위를 갖는 것으로 바꾸어지도록 간구한다. 인간의 방법으로 살던 그가 하나님을 전적으로 의지하는 생애를 갖는다. 언약의 계승자로 완전한 자격을 갖춘 자가 된다.

3. **이스라엘이 되는 기도.** 하나님의 사자가 묻는다. 네 이름이 무엇이냐고. 그리고 하나님과 겨루어 이긴 이스라엘이란 새 이름을 준다. 기도로 신분이 바뀐다. 하나님의 사람으로 이름과 인생 자체도 바꾸신다. 하나님의 복을 받고, 그 곳의 이름을 브니엘이라고 불렀다. 이는 내가 하나님과 대면하여 보았으나 내 생명이 보전되었다는 것이다.

[한 줄의 묵상]
새로운 신분으로 바뀌어져 하나님의 인도를 따르게 된다.
인생이 바뀌어져 하나님께 인정받는 자가 된다.

1월 11일 ● 본문_창 35:1-5, 암송_3절, 찬송_280장, 통독_창 35-37장

벧엘로 올라가야

> 야곱은 하나님과 약속한 벧엘로 올라가지 않고 숙곳에 머물고, 세겜에 머물다가 딸 디나가 강간을 당하게 되었다. 이로 인하여 시므온과 레위가 세겜 족속을 죽여 불안에 떨게 되었다.

1. **하나님의 음성이 있으므로.** 야곱은 숙곳과 세겜에서 물질적인 축복은 누렸지만 감당하기 어려운 일을 당하게 되었다. 그때, 하나님을 찾으며, 하나님의 음성에 귀를 기울이게 되었다. 처음 하나님을 만났을 때의 열정을 회복하고, 하나님과 맹세한 벧엘로 올라가게 되었다.

2. **회개의 삶을 살아가야.** 하나님의 뜻대로 산다고 했지만 자기 뜻대로 산 것이 너무나 많았다. 그리하여 밧단 아람에 있는 동안 많이 부서지고 부서졌지만, 아직도 부족한 점이 있었다. 그리하여 자기와 함께 한 모든 자들에게 이방신상을 버리고 자신을 정결하게 하고, 의복을 바꾸라고 한다. 그리하여 하나님께로 완전히 돌아온다.

3. **서원한 것은 지키므로.** 야곱은 하나님께 서원한 것을 잠시 잊게 되었다. 이로 인하여 큰 문제에 부딪치게 되었다. 그래서 이를 깨닫고 "나의 환난 날에 내게 응답하신 하나님께로 올라간다."고 한다. 야곱은 하나님의 음성을 듣고 서원했던 곳으로 가서 단을 쌓겠다고 하였다. 먼저와 나중이 있는데, 하나님을 먼저 선택해야 한다.

[한 줄의 묵상]
우리는 하나님께 지체하지 말자. 그것이 신앙인이라는 증거가 된다.
하나님께서 우리 가족을 이끌어 주시도록 하라!

1월 12일 ● 본문_창 39:1-5, 7-9, 암송_3절, 찬송_400장, 통독_창 38-40장

요셉의 신앙

> 여호와께서 요셉과 함께 하시므로 그가 형통한 자가 되었다. 요셉의 매일 매일의 하나님과의 교제는 그를 형통하게 만들었다. 하나님께서는 그가 환난 속에서 승리하게 하셨다. 곤고할 때, 위로자가 되셨다.

1. 하나님께 인정받는 신앙. 그 주인이 여호와께서 그와 함께 하심을 보며, 또한 여호와께서 그의 범사에 형통하게 하심을 보았다고 하였다. 하나님을 알지 못하는 보디발이 요셉으로 인하여 자기도 형통한 것을 보았다. 불신자가 신자들을 보고 하나님을 인정하게 해야 한다.

2. 가는 곳이 복이 되는 신앙. 요셉을 위하여 애굽 사람의 집에 복을 내리심으로써 "여호와의 복이 그의 집과 밭에 있는 모든 소유에 미친지라."라고 하였다. 요셉으로 인하여 주인의 집과 밭과 모든 소유에 이르기까지 복이 미치게 되었다. 한 사람의 삶이 여러 사람들에게 많은 영향을 주었다. 성도는 이렇게 영향을 끼치는 자가 되어야 한다.

3. 시험에 승리하는 신앙. 하나님의 소리가 있은 뒤에 마귀의 소리가 있다. 요셉도 예외는 아니었다. 보디발의 아내가 그를 유혹하였기 때문이었다. 그러나 요셉은 단호하게 이를 물리쳤다. 여호와 앞에서 행동을 한 것이다. 자기에게 불이익이 오고 어려움이 온다고 하여도 하나님만을 바라보고 자신을 지켰다.

[한 줄의 묵상]
보디발은 요셉을 인정하고, 그에게 자기 가정의 모든 일을 맡기게 되었다.
일을 맡으려하기 전에, 인정을 받도록 준비하자.

1월 13일 ● 본문_창 41:37-45, 암송_43절, 찬송_409장, 통독_창 41-43장

요셉의 하나님, 나의 하나님

> 요셉은 그 자신이 바로 왕 앞에서 인정받기까지 수많은 고통을 감내해야 하였다. 얼마나 오랜 시간을 기다려 왔는가? 천신만고 끝에 꿈을 이룬 요셉이다. 이러한 요셉이 되기까지 수많은 어려움이 있었다.

1. 어려운 환경을 이김. 요셉은 어려울 때마다 근면하였다. 그는 하나님께나 사람들에게 성실하였다. 모든 것을 하나님께 맡기자 형통함이 임하는 것을 경험하였다. 하나님께서 그를 통하여 위대한 계획을 이루게 하였다. 그것으로 말미암아 모든 이로부터 인정을 받게 되었다.

2. 죄악의 유혹을 이김. 요셉이라고 성공자가 되기까지 어려움이 없었던 것은 아니다. 그는 형들로부터 팔림을 당하기도 하였다. 혈혈단신 보디발의 집에서 총무로 있을 때에 보디발의 아내의 유혹을 당하기도 하였다. 그러나 그는 모든 유혹을 하나님만을 바라봄으로써 물리쳐 승리자가 되었다. 우리도 유혹을 이기는 신앙을 갖자.

3. 대인관계에서 이김. 요셉은 모든 관계에서 승리하였다. 아버지와의 관계에서 그는 효도를 다하는 자로, 형과의 관계에서 용서하고 이해하고 보호해주는 자로, 바로 왕과의 관계에서 존경하고 순종하는 자로, 애굽인과의 관계에서 정치를 잘하는 자로 나타났다. 자신의 직무에 충실하였다. 우리도 대인과의 관계에서 승리하는 자세로 임하자.

[한 줄의 묵상]
성경은 요셉을 세워주신 하나님이 나의 하나님이시라고 강조한다.
꿈이 성취되기까지 환경을 이기는 신앙을 갖자.

1월 14일 ● 본문_창 46:1-7, 암송_3절, 찬송_282장, 통독_창 44-46장

하나님의 인도와 약속

야곱이 애굽으로 가려고 하는데 하나님께서 나타나셔서 애굽에 가는 길을 인도하시고, 앞으로도 계속 인도하셔서 다시 돌아오게 하신다는 약속을 하셨다. 하나님은 언제나 믿는 자의 편이 되신다.

1. 가는 길을 두려워하지 말라. "애굽으로 내려가기를 두려워하지 말라"고 하였다. 하나님께서는 야곱의 가는 길을 인도하시겠다고 하신다. 야곱은 과거에도 하나님의 도움을 받아 본 적이 있어서 지금 하시는 말씀을 조금도 의심하지 않았다. 하나님은 늘 도와주신다. 하나님은 소망을 얻으려고 피하여 가는 우리에게는 큰 안위가 되신다.

2. 큰 민족을 이루게 하리라. 하나님께서는 야곱이 애굽으로 내려가는 길도 도와주시겠지만 그 곳에 가면 큰 민족을 이루어 돌아오게 하신다는 약속을 하셨다. 즉 어디에 있든지 하나님께서 도와주시겠다는 것이다. 큰 민족이 되게 하신다고 하신 것은 정녕 믿을만한 약속이다.

3. 다시 올라올 것이라. "너를 인도하여 다시 올라올 것"이라고 언약하였다. 하나님은 이와 같이 하나님의 백성을 끝까지 보호해 주시는 것이다. 그리고 한 번 약속하시면 결코 변하는 일이 없으시다. 야곱이 애굽으로 내려가는 것을 두려워해야 할 이유가 전혀 없는 것이다. 하나님의 보호하심을 믿도록 권고하시는 하나님이시다.

[한 줄의 묵상]
하나님께서 이루어주신다! 오늘, 나와 우리 가족에게 맡겨주신 하루의 시간에, 두려워하지 말고 담대하게 살아가자.

1월 15일 ● 본문_창 50:19-21, 암송_19절, 찬송_302장, 통독_창 47-50장

미래를 향한 꿈은

요셉은 그가 꾼 꿈 그대로 총리가 되어서 애굽에서 하나님의 영광을 드러내었다. 요셉이 꾼 꿈은 그의 장래를 알려 주었다. 우리에게도 하나님의 일을 성취하시고자 장래가 있는 꿈을 꾸도록 하신다.

1. 계획을 현실로 보여줌. 꿈이 없는 사람은 장래의 소망과 이상이 없는 사람이다. 인생의 가치를 찾으려면 하나님께서 주신 꿈을 가져야 한다. 계획을 세우고 나아가면 반드시 그 꿈은 현실로 나타나게 되어 있다. 가치 있는 인생을 영위하려면 높은 이상과 꿈을 가져야 한다.

2. 고난이라는 수레를 타고 옴. 꿈을 꾸었다고 이것이 하루아침에 이루어지는 것이 아니다. 그 꿈은 순풍에 돛을 달고 오지 않고, 고난이라는 수레를 타고 온다. 찬란하고 영롱한 꿈이 형들의 미움을 사게도 하고, 애굽에서 종살이도 하게 하였다. 그러나 여기에서 포기하는 자는 꿈을 이룰 수가 없다. 우리도 이러한 고난을 이기는 자가 되자.

3. 기다림 속에 옴. 요셉이 감옥에 갇히고, 관원장의 꿈을 해석해주는 모든 것이 그의 꿈을 이루는 계기가 되었다. 억울하지만 감옥살이가 그의 꿈이 이루어지는 현실로 만들어 갔다. 그리고 왕의 꿈을 해석해주고 애굽에서 정치를 잘 함으로써 형들이 절을 하는 것을 통해서 그의 꿈은 이루어졌다.

[한 줄의 묵상]
나에게 성취되어 주실 꿈은 기다림 속에서 온다.
그 기다림은 내가 기다리는 게 아니라 하나님의 기다리심이다.

1월 16일 ● 본문_출 3:1-12, 암송_10절, 찬송_580장, 통독_출 1-4장

떨기나무 불꽃은

하나님은 하나님의 백성들이 가장 어렵고 힘이 들 때, 찾아오신다. 그리고 이들의 기도를 들어 주시고, 여기에 필요한 사람을 보내주신다. 이 사람을 세우시려고 떨기나무 불꽃 가운데에서 나타나신다.

1. **사랑의 불꽃.** 모세가 호렙산에 이르렀을 때 본 광경은 떨기나무에 불이 붙었으나 타지 않는 모습이었다. 이는 하나님께서 이스라엘 민족을 사랑하사, 고생하고 어려움을 당하는 하나님의 백성을 구원하시기 위해서 지도자인 모세를 세우셨다. 출애굽을 시키기 위한 사랑의 계획이셨다. 그리하여 떨기나무 가운데에 나타나신 것이다.

2. **소명의 불꽃.** 모세는 애굽의 왕자였을 때, 이스라엘 민족을 구원하려고 구원자로 나섰으나 그 뜻을 이루지 못하였다. 이제 80살이 되어 아무 힘도 없고 나약하고 겸손한 그에게, 하나님께서는 귀한 사명을 허락하시어 하나님의 뜻을 이루려고 하신다. 모세가 떨기나무에 가까이 갈 때, 그를 부르시어 귀한 사명을 허락하시는 소명의 불꽃이다.

3. **약속의 불꽃.** 모세는 여호와께서 자신에게 준 사명을 "내가 누구이기에"라고 하면서 사양한다. 왜냐하면 그는 아무런 힘도, 능력도 없고, 사명도 인식하지 못하였기 때문이다. 그러자 하나님께서 "반드시 너와 함께 있으리라"고 하신다. 그러면서 약속을 하신다.

[한 줄의 묵상]
모세에게 보여주신 하나님께서 함께 하신다고 약속을 하는 약속의 불꽃이다.
나에게도 약속을 주시는 경험을 사모하자.

1월 17일 ● 본문_출 6:20(민 3:19), 암송_20절, 찬송_14장, 통독_출 5-7장

하나님께서 기다리신다!

> 고핫의 아들인 아므람은 한 종족을 형성하여 그 종족의 시조가 되었는데 바로 아므람 종족이다. 아므람은 그들의 아버지의 누이 요게벳을 아내로 맞이했으며, 아론과 모세와 미리암 3남매를 길러내게 되었다.

1. **하나님을 경외한 사람.** 아므람이 많은 성도에게서 관심의 대상이 된 것은 그가 모세의 부친이었다는 것이다. 그는 바로의 명령보다 하나님의 뜻을 더 존중하였다. 남자 아이가 출생하면 나일강에 버리도록 국법으로 정해진 애굽에서 생명의 위험을 무릅쓰고 모세를 길렀다.

2. **하나님의 선택.** 이스라엘의 출애굽을 위한 선민의 지도자를 세상에 보내실 때, 아므람 부부를 선택하신 것은 그만한 영적 자질이 하나님께 인정되었음을 깨닫게 된다. 하나님이 모세를 선민의 지도자로 선택하셨을 때, 그가 부모의 슬하에서 신앙의 감화와 영적인 지도를 받을 수 있는 3년간의 기회를 아므람 부부에게 위임하게 되었다.

3. **하나님의 계획.** 이스라엘 백성이 애굽에서 학정을 당할 시간에, 하나님께서는 기다리셨다. 선민을 구출하기 위하여 출애굽사건을 담당할 모세에 대한 발육과 성장과 그 인격형성에 하나님의 기대가 얼마나 많았겠는가 생각해보자. 하나님께 대한 헌신과 사명에는 생명의 위험이 동반되는 경우가 있다. 믿음으로 위험을 극복하자.

[한 줄의 묵상]
우리는 늘 하나님을 찾는다. 그러나 하나님께서 나에게 주목하시고,
우리 가족을 기다리고 계시다는 사실을 깨닫자.

1월 18일 ● 본문_출 9:1-7, 암송_1절, 찬송_20장, 통독_출 8-10장

하나님을 섬기는 생활

인생의 궁극적인 목적은 하나님을 섬기고, 하나님을 영화롭게 하는 데에 있다. 하나님을 기대하고 바라보자. 부끄러움을 당하지 않는다. 하나님을 어떻게 섬길 것인가를 알고 이를 실천해야 한다.

1. **경외함으로 섬기라.** 하나님을 경외한다는 것은 하나님께서 영광과 위엄과 권능으로 충만하신 하나님, 거룩하신 하나님으로 알고 이를 두려움으로 섬기는 것을 말한다. 그러한 자는 하나님의 이름을 망령되이 부르지 않는다. 하나님을 욕되게 하지 않는다. 오직 하나님의 말씀에 따라서 순종하는 아름다운 신앙의 삶을 산다.

2. **사랑함으로 섬기라.** 하나님을 사랑하는 자는 주는 자가 된다. 즐거운 마음으로 희생의 삶을 산다. 하나님을 기쁘시게 하려고 은혜로 주신 모든 것을 매순간마다 즐거워하고 감사한다. 그리할 때, 하나님께서 주시는 힘과 능력으로 가득 차서 험준한 인생길도 기쁘게 감사함으로 차원이 높은 신앙을 가지고 살아가게 된다.

3. **신뢰함으로 섬기라.** 하나님은 어제나 오늘이나 동일하신 분이시다. 하나님은 우리를 사랑하시면서 공의를 행하시는 분이시다. 그러므로 그러한 하나님을 믿고 그 하나님께 모든 것을 맡기고 신뢰하면 우리의 삶에 평강이 넘치게 된다. 주님의 은혜 안에 거할 수 있다.

[한 줄의 묵상]
오늘, 이렇게 살아가고 있음은 하나님의 은총이다. 수치를 당하지 않는다.
하나님만이 우리의 모든 것이 되심을 안다.

1월 19일 ● 본문_출 11:1-8, 암송_5절, 찬송_585장, 통독_출 11-13장

마지막 경고 및 출애굽 준비

하나님께서는 애굽의 바로에게는 마지막 경고를, 이스라엘 백성들에게는 출애굽 준비를 하라고 말씀하셨다. 하나님께서는 그가 하시고자 하는 일에는 처음과 나중이 있고 반드시 시작과 끝이 있다.

1. **바로에게 마지막 경고.** "이제, 한 가지 재앙을 바로와 애굽에 내린 후에야 그가 너희를 여기서 내보내리라." 바로에게 마지막 재앙이 되겠다는 것이며, 앞으로는 더 이상 기다리지 않으시겠다는 것이다. 하나님은 기다리고만 계시지 않으신다. 그의 계획된 뜻대로 때가 되면 이루시는 것이다. 오늘의 세상에서도 때가 차면 마지막 경고를 하신다.

2. **이스라엘 백성에게 출애굽의 준비.** "그가 너희를 내보낼 때에는 여기서 반드시 다 쫓아내리니 백성에게 말하여 사람들에게 각기 이웃들에게 은금 패물을 구하게 하라."고 하였다. 이는 모든 것을 철저하게 챙겨서 애굽을 떠날 준비를 하라는 것이다. 꼼꼼해야 한다.

3. **희비와 마지막 기회.** 마지막 날이 임하면 바로와 애굽인들에게는 큰 비극이요, 이스라엘 백성들에게는 큰 기쁨의 날이 된다. 앞으로 주님의 재림이 임하면 믿는 자들에게는 큰 기쁨이 되겠지만, 믿지 않는 자들에게는 큰 비극이 될 것이다. 마지막 경고를 무시하지 말고 겸손하게 받아들여서 기쁨에 참여할지언정 슬픔에 잠기는 일은 없어야 한다.

[한 줄의 묵상]
하나님께서는 오늘도 마지막 기회를 주시고, 우리의 결점을 지켜보신다.
기회를 잃고, 후회하는 일이 없도록 해야 한다.

1월 20일 ● 본문_출 14:15-20, 암송_16절, 찬송_402장, 통독_출 14-16장

신앙생활에 승리하려면

모세에게 능력의 지팡이를 쥐어주시어 이스라엘을 인도하게 한다. 그러나 모세는 홍해를 건너기 전에 많은 문제에 부딪치게 되었다. 이러한 상황은 우리에게도 동일하다. 어떻게 하면 승리하는가?

1. 믿음이 있어야. 이스라엘의 앞길에 홍해가 가로막혀 있고, 뒤에는 애굽 군대가 추격해오고, 좌우에는 이스라엘 백성이 하나님과 모세를 원망하고 있다. 이때, "두려워하지 말고 가만히 서서 여호와께서 행하시는 구원을 보라"고 하신다. 대신 싸워주시는 하나님만 믿고 바라본다. 문제가 있는가? 믿음으로 나아가자.

2. 기도가 있어야. 모세가 지팡이로 밤새도록 홍해를 가리키면서 기도를 한다. 그때 홍해가 갈라졌다. 변화산 밑에서 주님께서 귀신들린 아이를 고쳐주실 때, '기도 외에는 이런 종류가 나갈 수가 없다.'라고 하였다. 히스기야의 기도는 18만 5천 명의 앗수르의 군대를 물리쳤다. 또 그는 15년이라는 생명의 시간을 연장 받았다.

3. 인도를 받아야. 낮에는 구름기둥으로 밤에는 불기둥으로 인도하였다. 이는 영적으로 나아갈 때에 성령의 인도 받음을 가리킨다. 애굽 군대가 쫓아올 때에도 불기둥이 이를 막아 주었다. 구름기둥은 말씀을 가리키는데, 광야를 지내는 인생에게는 하나님의 말씀이 있어야 한다.

[한 줄의 묵상]
하나님의 사람만이 선한 일을 하기에 온전하다. 말씀으로 충만해지고, 기도의 사람으로 하나님께 드려져야 한다.

1월 21일 ● 본문_출 17:8-16, 암송_9절, 찬송_349장, 통독_출 17-19장

승리의 깃대를 올리려면

> 성도에게 있어서 이 세상은 영적인 전쟁터이다. 아말렉과의 싸움터이다. 그래서 전쟁은 반드시 승리해서 승리의 깃대를 올려야만 한다. 그런데 승리하도록 하시는 분은 하나님이시다. 어떻게 해야 이기는가?

1. 기도하는 손. 모세가 기도하는 손을 들었다. 능력의 지팡이를 잡고 쉬지 않고, 열심히 기도한다. 그때, 기도하는 손이 올라가면 이스라엘이 이기고, 기도하던 모세의 손이 내려오면 아말렉이 이긴다. 곧 승리자가 되려면 하나님을 의지하는 일과 기도하는 일이 동시에 이루어져야 한다. 그때, 승리의 깃대를 올릴 수가 있다.

2. 협력하는 손. 모세 혼자의 힘으로는 이 일을 감당할 수가 없다. 모세는 나이가 들어서 피곤하기 때문이다. 이를 알고 아론과 훌이 모세의 양손을 들어서 기도를 돕는다. 그리고 하루 종일 기도하는 손이 내려오지 않게 한다. 그렇게 되자, 이스라엘에게 영원한 승리가 있었다.

3. 싸우는 손. 기도만 한다고 되는 것이 아니다. 기도하는 자가 기도할 때, 나가서 싸우는 자가 있어야 한다. 그래서 한편에서는 기도하고, 한편에서는 나가서 싸우는 작전을 벌였다. 그때, 승리가 있었다. 모세의 기도의 손이 오를 때 여호수아의 칼날이 아말렉을 쳐서 이겼다. 곧 나가서 싸우는 자가 있어야 승리한다.

[한 줄의 묵상]
모세, 그만으로 하나님의 일이 완성되지 않는다. 아론과 훌이 있어야 하였다. 나에게도 아론과 훌이 있는지를 돌아보자.

1월 22일 ● 본문_출 23:14-19, 암송_14절, 찬송_43장, 통독_출 20-24장

감사의 절기를 지키라

이스라엘 백성이 광야를 지날 때, 하나님께서 아버지가 되어주셨다. 그래서 광야의 반석에서 생수를 내어주시고, 만나와 메추라기로 날마다 먹여 주셨다. 이로써 굶어 죽거나 목이 말라 죽은 이가 없었다.

1. 생명을 지켜주셨으매 감사. 그들은 감사해야 하였다. 그래서 그 자손들이 감사하며 살게 하기 위해 1년에 3번 이상은 감사하도록 제도화 하였다. 감사는 하나님의 은혜를 풍성하게 체험하도록 해준다. 하나님 아버지께 감사하는 것이 곧 생명이기 때문이다.

2. 감사할 때도 지켜주심. 이스라엘 민족이 감사절을 지키기 위해서는 예루살렘으로 나아가야 하였다. 그럴 때, 주변에 있던 적들의 침입이 예상되었다. 그러나 하나님 앞에 나아올 때, "아무도 네 땅을 엿보지 못하게 하리라"고 하였다. 지경을 넓혀주시고, 아무도 빼앗지 못하도록 내 땅을 탐내거나 엿보지 못하도록 지켜 주신다고 약속하셨다.

3. 원수로부터 보호하심. 우리에게 원수가 많은데 도둑과 강도만 원수가 아니다. 병마도 원수이다. 큰 병은 재산을 다 탕진하게 한다. 하지만 이러한 원수를 하나님이 막아 주시겠다고 약속하셨다. 감사하는 자들을 하나님께서 지켜 주신다. 우리는 그분의 보호와 사랑을 받는 자녀로서 늘 즐거운 마음으로 하나님께 감사하도록 하자.

[한 줄의 묵상]
나의 인생이 하나님을 기쁘게 해드리는 감사로 채워지기를 원하자.
우리 가정에서는 하나님을 기쁘시게 해드려야 한다.

1월 23일 ● 본문_출 25:1-9, 암송_2절, 찬송_282장, 통독_출 25-27장

하나님의 백성에게 성막은?

> 이스라엘 백성은 애굽의 400년 동안에 우상도 섬기고, 제사도 드리고, 신앙이 혼돈하였다. 하나님께서는 신앙을 바로 세우고 바른 제사를 드리기 위하여 제사 드리는 집을 짓도록 명령하였다. 이것이 성막이다.

1. 신·인 교통의 장소. 사람이 상호간에 서로 만나려면 어느 장소를 약속하고 만나야 한다. 마찬가지로 하나님께서도 인간을 만나기 위하여 성막을 만들어 그곳에서 만나게 하셨다. 성막은 신·인간의 교통의 장소가 되었다. 성막은 후에 마가의 다락방의 경험으로 이어졌다.

2. 임마누엘. "내가 그들 중에 거할 성소를 짓되." 사람들도 자기들이 거할 처소를 짓고 살아가고 있다. 주님께서도 거할 성소를 만들라고 명령하셨다. 또한 성도들은 어디까지나 교회 중심으로 생활하라고 말씀하였다. 성막은 주님이 계신 집이다. 주님의 제자들은 다락방에 모여 하나님과 교통을 통하여 성령을 충만히 받았다.

3. 죄 사함을 위해 제사하는 곳. 이스라엘 백성들은 죄를 지었을 때, 일 년에 두 차례 양을 잡아 피를 뿌리고, 제사장에게 자기 죄를 고백하였다. 대제사장은 일 년에 한 차례, 백성의 피를 가지고 지성소에 들어가 하나님께 속죄의 제사를 드렸다. 그곳이 성막이다. 하나님께서 우리를 위하여 성막을 주셨으니 죄를 회개하는 제사를 드리자.

[한 줄의 묵상]
오늘도 죄를 회개하는 제사에 의해서 이 성막의 경험은 계속되어져야 한다.
성막의 은총을 누리는 한 날을 소망하자.

1월 24일 ● 본문_출 29:10-18, 암송_10절, 찬송_331장, 통독_출 28-30장

성막과 그리스도인의 삶

가정에서의 삶은 부모를 중심으로 영위되어야 한다. 가정에서 부모가 중심이 되지 않고, 자녀를 중심으로 살아가면 그 가정은 중심이 흔들려 무너진다. 그리스도인의 삶은 무엇을 중심으로 살아가야 할까?

1. **성막을 중심으로.** 광야에서 지내던 이스라엘 백성은 대문을 동쪽으로 내어 집을 지었다. 그것은 여호와를 바라 보라는 뜻이다. 성막은 우리의 방향을 올바르게 제시하고 있다. 그리스도인의 삶은 어디까지나 성막을 향해서 살아야 한다. 그의 생활이 교회를 중심으로, 교회를 가까이 살아야 한다.

2. **성막으로 피함으로.** 성막은 우리의 삶을 보호해주며, 방황하지 않도록 도와준다. 어려운 일이 일어나면 빨리 도피성으로 피신하는 것이 살 길인데 도피성이 멀리 있으면 마귀에게 잡혀 죽게 된다. 도피성은 오늘날의 교회를 상징한다. 그러므로 성도의 생활은 성막을 중심으로 살아야 한다. 이 삶은 바로 예수님을 모시고 살아가는 삶이 된다.

3. **하나님의 인도를 받으므로.** 사막은 동서남북이 모래이다. 바람이 불면 순식간에 길을 잃어버려 방향을 잃게 된다. 나의 인생이 가는 길은 마치 사막과 같아서, 죄악의 비바람이 불면 우리가 어디로 가야만 사는 길인지 방향을 잃어버려 어디로 가야 좋을지 헤매는 것이다.

[한 줄의 묵상]
우리 가족은 성막을 중심으로 살아야 한다. 교회를 통하여 나와 우리 가족이 하나님께 주목이 되는 삶이기를 결단하자.

1월 25일 ● 본문_출 33:1-11, 암송_5절, 찬송_390장, 통독_출 31-33장

하나님의 은혜를 받을 자는

하나님은 은혜를 주실 자에게 은혜를 주시고, 긍휼히 여길 자에게 긍휼을 베푸신다고 하였다. 누가 이러한 은혜와 긍휼을 받는가?

1. 죄의 땅에서 나오는 자. 하나님의 심판 직전에 있는 소돔과 고모라 성을 떠나라고 하였다. 그리고 애굽 땅을 떠나라고 하였다. 왜 그런가? 그곳은 우상이 있는 곳이기 때문이다. 하나님을 섬기지 않는 곳이다. 죄를 짓고 하나님의 영광을 나타내지 않는 곳이다. 이곳을 떠나서 하나님이 가라고 약속하신 가나안 땅으로 가야 한다.

2. 장신구를 떼어내는 자. 하나님께서 장신구를 떼어내라고 하신다. 그리고 마음을 단장하고 말씀으로 자신을 다스리라고 하신다. 이러한 삶은 교만하지 않는, 목이 곧지 않는 자를 만들게 한다. 하나님이 함께 하는 자를 만든다. 회개하는 자를 만든다. 우리도 하나님 앞에서 은혜를 받도록 준비된 자가 되자.

3. 하나님과 만나는 자. 이곳은 하나님과 은밀히 만나는 곳이다. 하나님만을 바라보는 곳이다. 하나님의 은혜와 긍휼을 받을 수 있는 곳이다. 하나님께서 임재하신 곳이다. 회막과 가까이 있는 자가 하나님의 은혜를 받는다. 눈의 아들 여호수아가 회막을 떠나지 아니했다고 하였다. 그런 자가 나중에 위대한 지도자가 된 것이다.

[한 줄의 묵상]
모세는 하나님의 목전에서 은총을 입었고, 하나님께서 아는 자가 되었다. 그에게 은총을 주신 하나님은 나를 기다리신다.

1월 26일 ● 본문_출 36:1-7, 암송_3절, 찬송_90장, 통독_출 34-36장

마음에 원하는 자들이

성전을 짓기 위하여 마음에 감동을 받아 자원하여 값진 것을 아낌없이 드렸다. 그들의 헌신은 계속되었다. 여기에서 중요한 것은 마음에 원하는 자들이 주동이 되어 일을 진행시켰다는 데 주목해야 한다.

1. 후손의 성소를 만들기로. 3절, "그들이 이스라엘 자손의 성소의 모든 것을 만들기 위하여 가져 온 예물을 모세에게서 받으니라."고 하였다. 그들이 하나님의 성막을 짓는 데는 먼저는 하나님께 예배하기 위한 목적이지만, 그 다음에는 자손들을 위하는 데 있었다.

2. 값진 예물을 드림. 3-6절, "백성이 아침마다 자원하는 예물을 연하여 가져 왔으므로 … 모세에게 말하여 이르되 백성이 너무 많이 가져오므로 여호와께서 명령하신 일에 쓰기에 남음이 있나이다."라고 하였다. 마음이 맞는 사람들이 하는 일이라 성막을 짓는 일은 어렵지 않았다. 자원해서 시작하면 기적은 반드시 나타나게 된다.

3. 쓰고 남음이 있음. 7절, "있는 재료가 모든 일을 하도록 넉넉하여 남음이 있었더라."고 하였다. 물질을 드리되 쓰고 남음이 있게 넉넉하게 드렸다. 심지어는 감당할 수 없을 정도로 엄청나게 갖고 왔다. 이것이 바로 마음에 원해서 시작된 것으로 기적은 반드시 나타난다. 하나님의 일은 마음에 감동이 되어 자원하면 기적의 역사가 나타난다.

[한 줄의 묵상]
하나님의 일을 혼자 다 하려는 영웅심리를 버리고 합력하여 선을 이루시는 하나님의 도우심을 받기를 기다리자.

1월 27일 ● 본문_출 37:1-9, 암송_1절, 찬송_449장, 통독_출 37-40장

지명하여 부름을 받은 브살렐

하나님께서 모세에게 성막을 짓도록 하시면서, 그 일에 수고할 일꾼들도 뽑으셨다. 하나님은 일을 시작하시고 성취하신다. 하나님께서는 선택을 받은 우리 가정이 하나님께 구별되어 성소가 되기를 원하신다.

1. **하나님의 지명.** 하나님은 모세에게 브살렐을 따로 세우도록 하였다. 이 사람은 모세가 일러주는 방법에 따라 성막을 짓는 일에 기술자로 부름을 받았다. 일꾼은 하나님께서 세우신다. 그들을 따로 세우신 하나님께서는 우리도 따로 세우시기를 원하신다.

2. **하나님의 영.** 브살렐에게 하나님의 영이 충만히 임하였다. 지혜, 총명, 지식, 여러 가지의 재주가 있어서 하나님의 명령에 따라 만들도록 하였다. 하나님은 일꾼에게 감당하게 하신다. 우리도 하나님께 부름을 받도록 해주셨음에 감사드리자.

3. **하나님의 명에 따름.** 브살렐은 성령님의 감동하심에 순종해서 성막을 짓는 일에 수고하였다. 그들은 지혜로 성막의 모든 것들을 만들면서 자신의 생각이 아닌, 하나님의 명을 따랐다. 하나님께서는 우리 자신에게 여호와의 지성소를 두기를 원하신다. 지금, 하나님은 나의 어디에 계시는가? 하나님의 말씀을 따라가는 성도의 삶이 되어서 살아가야 한다.

[한 줄의 묵상]
하나님의 영의 인도를 받아 부지런에 부지런을 더하여 소망의 풍성함에 이르기를 사모하자. 하나님이 나의 기준이시다.

1월 28일 ● 본문_레 1:1-9, 암송_2절, 찬송_257장, 통독_레 1-4장

열납하시도록 드리라

하나님께 드리는 제사는 크게 다섯 가지, 즉 번제, 소제, 화목제, 속죄제, 속건제로 생각해볼 수 있다. 어떤 제사가 되었든지 하나님께서 열납하시는 제사를 드려야 한다.

1. **흠 없는 것으로 드려야.** 3절, "그 예물이 소의 번제이면 흠 없는 수컷으로"라고 하였다. 흠 없는 것은 신체적으로 아무런 하자가 없는 온전한 상태이다. 주님께서는 흠과 티가 없으신 제물로 드리셨다. 우리는 주님의 피로 씻어서 깨끗한 제물로 드려져야 한다.(롬 12:1)

2. **안수하여 드려야.** 제물을 드리는 사람은 제물의 머리에 자기의 손을 얹고 안수를 해야 한다. 안수하는 것은 자신의 모든 허물을 제물이 된 짐승에게 전가시킴이다. 그래서 안수하는 자는 그 제물과 하나 된다는 뜻을 담고 있다. 이 전가를 통해서 하나님께서는 그리스도를 예표해주셨다. 주님께서 우리의 희생양이 되셨음을 깨닫고 감사하자.

3. **태워서 드려야.** 9절, "제사장은 그 전부를 제단 위에서 불살라 번제를 드릴지니"라고 하였다. 이는 고기 태우는 냄새가 향기롭다는 것은 아니다. 제사를 드리는 자의 순종을 하나님께서 향기롭게 여기신다는 것이다. 번제 자체가 불로 태우는 제사이다. 주님께서는 하나님께 향기로운 제물이 되어주셨다.

[한 줄의 묵상]
희생제물이 하나님께 상달되어 하나님과 화목이 이루어지게 되었다.
나를 위하여 제물이 되어주신 주님을 사랑하라!

1월 29일 ● 본문_레 8:6-9, 암송_9절, 찬송_287장, 통독_레 5-9장

인생의 거울, 아론

> 아론, 그는 모세의 형으로 모세보다 3년 먼저 태어나서 이스라엘의 최초의 대제사장이 된 자이다. 그러면서 이스라엘을 축복하는 자로 모세의 대변자로 죽음까지도 순종하였다.

1. 이스라엘의 지도자로 산 자. 아론은 모세보다 먼저 태어나서 모세의 대변자로, 이스라엘의 지도자로 하나님께서 특별히 선택하신 자이다. 하나님께서 권위의 지팡이를 허락하시어 하나님의 크신 뜻을 이룬 자이다. 하나님의 영광을 보았고, 하나님의 권한을 대행한 자로 살았다.

2. 최초에 대제사장이 된 자. 아론과 그의 아들들에게는 기름을 부어 아름다운 예복을 입히게 하고, 제사장의 직분을 수행하게 하였다. 이때, 아론은 대제사장이 되었다. 그리하여 제사를 주관하였고, 백성들을 축복하였다. 하나님의 응답이 임하도록 백성의 편에서 기도한 자이다. 특히 지성소에 1년에 한 번 들어갈 수 있는 특권이 주어진 자이다.

3. 죽음까지도 순종하며 산 자. 모세가 시내산으로 올라갈 때, 백성들의 말을 듣고 금송아지를 만들어 경배한 죄도 있었다. 이를 깨달은 아론은 하나님의 명령이라면 죽음까지도 순종하는 자가 되었다. 그의 옷을 벗어 그 아들에게 입히고 죽음에 순종하는 자가 되었다. 대제사장이 되신 예수님을 대신한 자로 살다간 자가 되었다.

[한 줄의 묵상]
아론이 하나님의 뜻을 이루어드리는 수행자로 살았던 삶은
오늘, 우리 가족에게 거울이 된다. 오늘도 하나님께 순종하자.

1월 30일 ● 본문_레 10:1-7, 암송_2절, 찬송_279장, 통독_레 10-12장

자신의 위치를 잃은 사람

나답은 아론의 맏아들이었으며, 나손의 소생이었다. 그의 형제들은 아비후와 엘르아살, 이다말이었다. 이들은 태어날 때부터 하나님께 구별되어서 모두 제사장의 직분을 받아 성막에서 헌신하는 성직자였다.

1. 경건하게 자라야. 나답은 아버지 아론과 그 삼촌 모세의 그늘 아래서 종교적으로나 영적으로 특수한 감화를 받고 자라났다. 그는 당시의 이스라엘 백성에게 사랑과 선망의 대상이 되었을 것이다. 그렇다면 나답은 제사장으로 세워질 사람으로서 자신을 세워가야 하였다.

2. 하나님을 주목하지 않음. 나답은 제사장의 가문에서 출생하였고 하나님 앞에서 세워져야 함에도 안일하게 성장하였다. 하나님과의 참된 친교를 등한시했으며, 제사장으로서의 헌신방법에도 무지한 사람이었다. 훈련과정이나 영적인 양육과정 없이 제사장이 되었다. 대제사장 아론에 이어 제사장 직분을 계승하게 된 것은 축복 중에 축복이었다.

3. 다른 불을 드리다가. 여호와 앞에 다른 불을 드리다가 하나님의 진노를 사게 되어 여호와 앞에서 나온 불에 타서 죽게 되었다. 이 사건 직후에 하나님께서 포도주와 독주를 금하신 교훈을 보면, 그가 술에 취한 채 분향하다가 심판된 것으로 보인다. 나답과 아비후는 공교롭게도 둘 다 자녀가 없이 세상을 떠났다.

[한 줄의 묵상]
우리는 하나님의 사람으로서 갖추어야 할 자기성장을 경험해야 한다.
하나님께 헌신된다는 사실만큼 축복은 없다.

1월 31일 ● 본문_레 13:29-37, 암송_30절, 찬송_420장, 통독_레 13-15장

의롭다 함을 받은 자에게는

> 제사장이 환자의 모발에 나타난 증상을 보고 정·부정 여부를 결정하였다. 그리하여 제사장이 정하다고 판단을 내리면, 그 순간부터 그 사람은 행동에 자유를 얻게 되고 정한 자로서 살아갈 수 있었다.

1. 제사장이 정하다고 판단하면. 누구도 그 사람을 부정하다고 말할 수 없었다. 이는 영적으로 볼 때, 우리의 대제사장 되시는 그리스도께서 우리를 정하다고 인정하시면 세상의 누구도 우리를 부정하다고 정죄할 수 없음을 보여준다. 예수님 안에서 의롭다 함을 받은 자에게는 정죄함이 없다.

2. 의롭다 인정받은 성도는. 자신의 거룩한 신분에 대하여 확신을 가져야 한다. 바울은 "그리스도 예수 안에 있는 자에게는 정죄함이 없나니 이는 그리스도 예수 안에 있는 생명의 성령의 법이 죄와 사망의 법에서 너를 해방하였음이라."(롬 8:1-2)고 자신 있게 선포하였다.

3. 죄를 지을 때. 자신의 연약함으로 인해 자신의 거룩한 신분에 대하여 의심을 할 수도 있다. 그러한 의심은 사탄이 하나님의 자녀 된 우리를 실족시키기 위해서 주는 것임을 잊지 말아야 한다. 사탄은 주님의 구속 역사를 의심케 함으로 불신앙의 범죄에 빠뜨려 주님과의 관계를 단절시키려 한다.

[한 줄의 묵상]
주님께서 우리를 정하다고 선언하셨음을 믿음으로써
어떠한 상황 속에서도 믿음을 굳건히 지키는 성도가 되자.

2월 1일 ● 본문_레 16:1-5, 암송_4절, 찬송_267장, 통독_레 16-18장

하나님께 은총을 입으려면

대속죄일에, 대제사장은 평소와 달리, 오직 겉옷 안에 받쳐 입은 세마포 속옷과 하체를 가리는 세마포 고의, 의복을 고정시키기 위한 세마포 띠, '여호와께 성결'이라고 새겨진 세마포 관을 착용하도록 되었다.

1. 흰색의 세마포 옷. 하나님의 은총을 구하는 대속죄일에 대제사장은 오직 흰색 세마포 옷만을 입었다. 이것은 하나님께 은총을 입기를 원하는 자는 겸손과 성결의 옷을 입어야 한다는 것을 교훈해준다. 하나님께 나아가려면 겸손과 성실함으로 자기를 준비해야 한다.

2. 겸손과 성결함으로. 평상시에 입었던 화려한 대제사장 의복을 벗고 반포 속옷과 고의와 띠와 관만을 착용하라고 하였다. 반포 속옷은 하나님 앞에서의 '겸손'을 상징하며, 흰색 세마포는 '성결'을 상징하는 것이었다. 그러므로 하나님의 은총을 얻기 위해서는 하나님 앞에서 지극히 겸손하고 성결해야만 한다는 것을 상징적으로 보여준다.

3. 회개와 죄 사함. 교만하며 또한 죄로 더러워진 상태로는 결코 하나님의 은총을 입을 수 없다. 하나님께 자신의 영적 무능을 고백하며, 겸손히 꿇어 엎드리자. 여호와께서는 오직 자신이 죄인임을 깨달아 하나님 앞에서 겸허한 자세를 취하고, 회개를 통해 자기 안에 있는 죄를 제거하여 성결케 된 자에게만 은총을 베풀어 주신다.

[한 줄의 묵상]
하나님께 자신의 모든 죄를 자백하고 회개하자.
우리 가족의 모든 죄를 사하시고 놀라운 하늘의 복으로 채워주신다.

2월 2일 ● 본문_레 19:15-16, 암송_15절, 찬송_289장, 통독_레 19-21장

불의를 눈감아주는 것은

사소한 동정심으로 불의를 눈감아주는 것은 결코 하나님께 선한 것이 될 수 없다. 본문에, 재판할 때에 불의를 행하지 말며, 가난한 자의 편을 들지 말며, 공의로 사람을 재판하라고 하였다.

1. **가난한 자의 편을 들지 말라.** 이는 결코 가난한 자들을 불쌍히 여기지 말라는 말씀이 아니다. 하나님께서는 가난한 자들을 불쌍히 여기고, 그들을 돌보아야 함을 거듭 강조하였다. 그들에 대한 동정심이 공의로운 판단을 방해하는 요소가 되어서는 안 된다는 것이다.

2. **치우치지 말라.** 하나님의 백성은 가난하거나 불쌍하다고 해서 불의를 눈감아주어서는 안 된다. 이것은 공의를 파괴하는 커다란 범죄이다. 하나님께서는 결코 공의보다 동정심을 앞세우지 않으셨다. 우리는 하나님의 공의 앞에서 보다 냉철한 판단을 내려야 한다. 그 어떠한 조건과 상황에 의하여 좌우됨이 없는 단호함이 있어야만 한다.

3. **사랑은 사랑이다.** 동정심 때문에 불의를 눈감아주고, 그것을 사랑이라고 생각해서는 안 된다. 그것은 결코 사랑이 아니며, 동정의 대상을 더욱 깊은 악의 구덩이로 밀어 넣는 일이다. 또한 공의의 기준을 모호하게 함으로써 사회 전체의 기강을 무너뜨리는 잘못된 행위이다.

[한 줄의 묵상]
사소한 동정심에 사로잡혀 불의를 눈감아주지 말고 오히려 그 불의를 드러내어 깨닫게 하자. 그럴 때 이 땅에서는 하나님의 정의가 물같이, 공의가 하수같이 흘러넘치게 된다.

2월 3일 ● 본문_레 22:18-20, 암송_18절, 찬송_254장, 통독_레 22-24장

마땅히 하나님께 받은 것을

성도는 마땅히 하나님께 받은 것을 돌려드리는 삶을 살아야 한다. 하나님께서는 모세에게 당신께서 말씀하신 제물에 관한 규례를 이스라엘 온 족속에게 말씀하여 이르라고 하였다.

1. 제물에 대한 규례. 성도는 결코 받기만 하고 드리지 못하는 삶을 살아서는 안 된다. 하나님께서 제물에 대한 규례를 이스라엘 공동체에 포함된 모든 사람들에게 말씀하여 이르라고 하였다. 그것은 마땅히 하나님께 예물을 드림으로써 자신의 신앙을 고백해야만 했기 때문이다.

2. 하나님께 돌려드림. 자신의 소유가 된 것들 가운데 일부를 하나님께 돌려드리자. 마땅히 하나님께 받은 것을 돌려드릴 줄 아는 삶을 살자. 이로써 소유한 모든 것이 본래 하나님의 것임을 인정하고, 그것들을 누릴 수 있도록 허락하심에 감사해야만 한다. 그럴 때 하나님께서는 그들에게 더 많은 것들을 누릴 수 있도록 허락하신다.

3. 하나님께서 요구하시는 것은. 예물 그 자체가 아니다. 하나님께서 진정으로 요구하시는 것은 오직 예물을 드릴 수 있는 그 마음이다. 즉 모든 것을 허락해 주신 하나님의 은혜에 진심으로 감사하고, 또 그 하나님을 기쁘시게 하는 것이라면 무엇이든지 아낌없이 돌려드릴 수 있는 그 마음을 하나님께서는 원하시는 것이다.

[한 줄의 묵상]
이미 우리에게 주신 모든 물질과 재능을 그대로 하나님께 돌려드리자.
하나님을 기쁘시게 하는 자가 되기를 결단하자.

2월 4일 ● 본문_레 27:30-34, 암송_30절, 찬송_50장, 통독_레 25-27장

십일조 헌금을 드리자

우리는 성경에서 십일조를 드려 복을 받았다는 기록을 많이 발견한다. 여기에서 중요한 사실은 복을 주시는 분은 하나님이시며, 그분의 사랑과 말씀을 순종하는 것은 '우리' 라는 것을 깨닫는 것이다.

1. **하나님의 명령.** '십분의 일' 의 구별에는 출애굽 당시 시내산에서 그 백성들을 축복하시고, 하나님의 은총에 대한 생활 속에서 감사하게 하시는 뜻이 담겨 있다. 우리는 복을 구하여 받기보다는 하나님께서 명령하신 말씀에 순종하는 자세가 우선 되어야 한다.

2. **온전하게 드려야.** 이 세상에서 가장 어려운 계산법이 있다면 그것은 하나님께서 주신 복이다. 인생을 살면서 하나님께 받은 복을 어떻게 정확한 방법으로 계산할 것인가는 어려운 일이다. 다만 말씀으로 순종하고 구별해서 드리는 자의 믿음과 정성이 더욱 중요하다. 그러나 하나님은 '형식만 따르는 십일조, 대충주의' 를 용납하지 않으신다.

3. **약속하신 복.** 문자적인 이해에 있어서는 물질의 풍요함을 말할 수 있지만 더욱 큰 복이 있다면 그것은 영적인 복에 더욱 관심을 가져야 한다. 물질이 많은 것이 다 복은 아니다. 주님을 위한 물질, 영적인 풍요로움은 어떤 것으로도 비교할 수 없는 기쁨이고 축복이다. 장막 같은 세상에서 나를 향하신 하나님의 세심한 관심에 감사하자.

[한 줄의 묵상]
십일조를 구별하는 것은 나의 소유가 하나님께 있음을 인정하는 것이다.
그것마저 나의 것으로 하려니까 충돌이 된다.

2월 5일 ● 본문_민 1:47~54, 암송_54절, 찬송_430장, 통독_민 1-3장

그대로 행하되, 명하신 대로

본문에서 레위 사람들을 모델로 하나님의 명령을 따라 헌신자의 모습을 배우게 된다. 하나님께 성결함이란 그분을 사랑하고, 내게 주신 은혜를 끝까지 지킴이다. 완주는 신앙의 한 모습이다.

1. **레위인들에게 주어진 임무.** 하나님께서 레위인들에게 주신 임무가 기록되어 있다. 증거막을 관리하며 운반하여 장막 사면에 진을 치고 살아야 하였다. 증거막은 하나님의 법궤가 있는 성막을 말한다. 우리에게는 교회를 주셨고, 가정도 주셨으며 내가 일할 자리를 주셨다.

2. **부여된 책임.** 레위인들은 증거막에 대한 책임을 지켜야만 하였다. 가정에 무관심한 사람이 있다. 직장에 무관심한 사람들도 있다. 안타깝게도 직분자들 가운데 교회에 무관심한 사람도 있다. 하나님의 자녀로서 그분 앞에서 내가 지켜야 될 책임을 감당해야 한다. 우리는 레위인처럼 책임을 지키도록 부르심을 받았으니 충성을 다하자.

3. **사명을 완주하는 사람.** 주님은 새벽에 우리를 포도원에 부르셨거나 아니면 오후 5시에 부르셨는지 모른다. 어느 시간에 부름을 받았는지는 내가 관여할 바가 아니다. 나는 부름을 받은 시각부터 열심을 다하여 주어진 책임을 완주하면 될 것이다. 그렇게 하면 잘하였다고 칭찬하실 것이다. 여기에서 나의 사명을 완주해야 한다.

[한 줄의 묵상]
하나님께서는 나에게 교회를 주셨고, 가정과 일터도 주셨다.
인생이라는 나의 삶을 관리하겠다는 결단을 하자.

2월 6일 ● 본문_민 6:22-27, 암송_27절, 찬송_519장, 통독_민 4-6장

하나님의 축복된 가정

하나님은 이스라엘의 하나님이시다. 애굽에서 나온 이스라엘 백성이 광야를 지나고 있을 때였다. 하나님께서 이스라엘 백성에게 어떻게 복을 주시기 원하시는지를 알려 주셨다.

1. **하나님의 지켜주심.** 당시에, 출애굽한 이스라엘 백성들이 지나고 있던 광야는 척박하고 위험한 땅으로, 하나님께서 지켜 주시지 않으면 살 수 없는 곳이었다. 오직 우리가 감사로 제사를 드려야 할 분께서 지켜 주셨다. 그리고 순간마다 은혜를 주시며, 평강으로 인도하셨다.

2. **하나님의 넉넉하게 해주심.** 한 해의 풍성한 수확으로 축복하신 하나님이시다. 우리가 이 땅에 사는 동안, 하나님의 말씀을 따라 형제간에 화목하고 우애 있게 지내며 부모님 살아 생전에 효도를 다하고, 부모를 공경하는 자녀가 되어야 한다. 하나님께서는 나를 축복의 통로로 삼으시고, 나와 가족에게 복이 풍성하도록 하신다.

3. **감사로 하나님을 섬김.** 온 가족이 주 하나님을 잘 섬겨 복 받는 가족이 되어야 한다. 우리 가족을 지켜 주시고, 축복해 주신 아버지 하나님의 은혜에 감사하는 것이 마땅하다. 하나님께로 나올 때마다 그분의 은혜와 사랑에 감사하여 하나님을 인정하는 삶이 되어야 한다. 하나님께로 얼굴을 드리고, 시선을 그분께로 고정시키자.

[한 줄의 묵상]
하나님은 자기 백성에게 복이시다. 이 땅에서 복을 받고,
천국에서도 영원히 복된 삶을 살아가기를 소원하자.

2월 7일 ● 본문_민 7:12-17, 암송_12절, 찬송_237장, 통독_민 7-9장

보아스의 조부, 나손

> 나손은 유다지파의 대표로 제사의 재물을 헌납하였으며, 유다지파가 행군할 때 그 지파를 인도하는 통솔자이기도 하였다. 그는 보아스의 조부여서 다윗의 조상이며, 예수님의 혈통이었다(룻 4:20-22, 마 1:4).

1. **실수가 없이.** 나손은 유명하다거나 특출한 인물로 소개되지는 않았으나 조용하면서도 자기에게 허락되는 큰 책임들을 잘 수행한 능력 있는 인물이었다. 한 지파의 족장으로 선택받아 그 지파의 책임자로 실수 없이 일했다는 것은 유능한 그의 자질을 말해주고 있다.

2. **직분에 맞는 능력을 갖춤.** 나손과 같이 중요한 사역을 위해 대표자로 선발된다는 것도 귀한 일이지만, 소중한 일을 맡은 후에 그 사역에 어울린다는 것은 더욱 중요하다. 나손은 하나님께 선택된 만큼 헌신을 하였다. 그는 한 지파를 대표하여 여호와께 드리는 제사의식에 동참하였다. 그 지파의 방백으로서 그 지파를 잘 다스렸다.

3. **인정을 받은 지도자.** 나손은 하나님과 사람 앞에서 인정을 받았다. 유다지파에게 평강을 주었다. 외견상으로 존경의 대상이 되기는 쉬워도 귀중한 사명을 감당하면서 계속 존경의 대상으로 머물러 있다는 것은 어려운 일이다. 그는 사역을 끝까지 감당하였다. 그는 선발될 때보다 쓰임을 받을 때 더욱 신뢰받는 인물이었다.

[한 줄의 묵상]
귀한 일에 선택되고 그 사역을 여유 있게 감당하면 주변 사람들에게 위로가 된다. 주변 사람들에게 위안의 대상이 되자.

2월 8일 ● 본문_민 12:7-16, 암송_7절, 찬송_352장, 통독_민 10-12장

하나님께 준비되어진 지도자

모세는 아므람과 요게벳 사이에서 태어나 이스라엘 민족을 출애굽을 시킨 영웅이다. 그리고 하나님의 말씀을 받아 전했으며, 모세오경을 기록한 이스라엘의 위대한 지도자 중의 지도자이다.

1. **광야에서 훈련을 받다.** 그는 애굽인을 쳐 죽였기에 살인자가 되어서 광야로 도망을 쳤다. 그리고 미디안 광야에서 이드로의 데릴사위로 40년에 걸쳐 훈련을 받았다. 하나님의 임재를 경험한 불꽃의 떨기나무를 보게 됨으로써 모세는 하나님의 위대한 사명자로, 지도자로서 이스라엘을 인도하는 자가 된다.

2. **이스라엘의 인도자가 되다.** 여기에서 그는 능력자로, 말씀의 대변자로, 순종하는 자로, 온유한 자로, 충성하는 자로, 기도하는 자로, 사랑을 하는 자로, 전투하는 자로, 하나님의 인도를 받는 자로, 성막을 건설하는 자로, 환난과 핍박을 이기는 자로, 겸손한 자로 나타났다.

3. **하나님과 교통하는 자로 살다.** 80년을 준비한 모세는 이제, 하나님과 교통을 하는 자로 살았다. 그의 순종과 온유 속에 무엇이 있었는가? 하나님께서 그를 준비하셨다는 데 있다. 그리고 그를 쓰셨고, 그에게 능력을 주셨다. 나아가, 그에게만 말씀하셨고, 그와 함께 하셨으며, 그에게 이상으로 꿈으로 보이시기도 하셨다는 데 있다.

[한 줄의 묵상]
모세는 혈기를 낼 때도 있었으나 끝까지, 죽기까지 순종하는 자로 살았다.
우리 가족은 하나님께 순종하기를 다하자.

2월 9일 ● 본문_민 14:4-10, 암송_9절, 찬송_70장, 통독_민 13-15장

역사를 창조하는 자

모든 사람들은 하나님으로부터 똑같은 인생을 부여받았다. 그런데 그 부여받은 삶을 좋은 면으로 이끌어 나가고, 새 역사를 창조하는 자가 있다. 역사를 창조하는 자는?

1. 하나님을 기쁘게 하는 자. 하나님께서 우리를 기뻐하시면 우리를 그 땅으로 인도하여 들이시고, 그 땅을 우리에게 주시리라고 약속하신다. 우리가 하나님을 기쁘시게 하면 하나님도 우리를 기쁘시게 하신다. 그 나머지 모든 문제를 해결하신다. 우리 마음의 소원을 이루어 주신다. 우리는 하나님을 기쁘시게 하는 일만을 하는 자가 되자.

2. 불의와 싸우는 자. "다만 여호와를 거역하지는 말라 또 그 땅 백성을 두려워하지 말라 그들은 우리의 먹이라."고 하였다. 불의와 싸울 때 하나님께서 우리와 함께 하신다. 그것은 우리를 지켜주심이시다. 우리의 모든 싸움은 하나님을 위한 싸움이다.

3. 역사에 남기는 자. 여호수아와 갈렙만 생존했다고 하였다. 가나안 땅에 들어갔고, 하나님께 인정을 받았다. 여호수아는 역사를 새롭게 창조하였고 모세의 대권을 이어받아서 이스라엘을 인도하였다. 그때, 하나님께서 함께 했고, 믿음의 눈으로 본대로 되었다. 믿음대로 되었고, 불의와 싸운 대로 승리자가 되었다.

[한 줄의 묵상]
하나님은 불의와 싸우는 자들과 함께 하신다. 우리 가정의 지체들이 불의와 싸우는 믿음의 승리자가 되기를 기도하자.

2월 10일 ● 본문_민 16:1-11, 암송_1절, 찬송_426장, 통독_민 16-18장

자족함이 없는 사람

> 하나님은 가장 작은 것 속에서도 감사하며, 어떠한 형편에서든지 자족하기를 배우라고 하였다. 그런데 하나님의 편에서 떠난 자들은 지도자를 원망하고 무리에서 벗어나려고 한다.

1. 불평이 앞서는 자. 고라와 다단과 아비람은 레위지파로서 성막에서 봉사하는 아주 귀한 직분을 맡은 자들이다. 그들은 곧 백성을 대신해서 하나님을 섬기는 특권을 얻은 자들이다. 그렇지만 그들은 여기에 대한 감사보다는 이 모든 것을 작은 일로 여기고 원망하고, 하나님께서 세우신 모세와 아론의 자리를 탐내었다.

2. 분수에 지나치는 자. 이들에게 주신 하나님의 직분은 작은 일이 아니었다. 그런데 이들은 자기의 분수를 알지 못하고 자기 이상으로 자신을 평가하면서 오히려 제사장의 직분까지 넘보고 있었다. 그러다가 여호와께 교만한 자가 되었고, 불순종하는 자가 되고 말았다. 스스로 하나님께서 세우신 아론을 원망하고 왕이 되려고 당을 지었다.

3. 하나님을 거스르는 자. 이들은 자기 분수를 모르고 날뛰다가 당를 짓고 족장 250 명과 함께 모세를 거스르다가 하나님의 진노를 받아 땅이 갈라져서 죽었다. 250 명의 작당한 무리들은 하나님께로부터 불이 나와서 불살라 죽게 되었다.

[한 줄의 묵상]
하나님을 거슬러 행동한 자는 여기에 대한 심판을 당한다.
그것은 하나님의 진노이다. 그러므로 불평을 거절하자.

2월 11일 ● 본문_민 21:4-9, 암송_8절, 찬송_610장, 통독_민 19-21장

놋뱀과 불뱀

모세는 여호와께 기도하면서, "용서하시고 재앙을 거두어 주옵소서."라고 간구하였다. 하나님께서 "놋뱀을 만들어 장대 위에 매달아, 보는 자마다 살리라."라고 말씀하셨다. 이로써 그들이 구원을 받았다.

1. **불평의 대가를 받음.** 이스라엘 백성은 애굽에서 나온 것만도 감사할 일인데 광야생활이 힘이 들자 불평하였다. 애굽에서 살도록 하지, 음식물도 없고, 고기도, 물도 없는 광야에서 죽게 하느냐고 대들면서 모세를 원망하고, 불평을 한다.

2. **불뱀은 사탄을 상징함.** 불뱀은 독성이 있으므로 중독이 된다. 죄의 불뱀에게 물리면 순식간에 독이 퍼져 많은 사람들을 멸망시키는 것이다. 죄의 전염은 순식간에 퍼져 전가시키고 멸망 길로 몰아친다. 불뱀에게 물린 자마다 병이 들어 죽었다. 백성들은 이것을 보고 두려워하며 회개하였다.

3. **놋뱀은 예수를 상징함.** 여호와께서 불뱀을 보내어 이스라엘 백성들을 물게 하였다. 하나님께서는 다시, 모세에게 놋뱀을 만들게 하시고, 놋뱀을 바라보는 자마다 어떤 독성에 중독이 되었어도 살 수 있게 하였다. 놋뱀은 예수님을 상징하므로 놋뱀을 바라보는 자는 무슨 죄의 독성이 있어도 살아났다.

[한 줄의 묵상]
하나님을 원망, 모세를 원망하는 것은 하나님을 대적하는 행위이다.
불평하는 자는 불평의 대가를 받음을 잊지 말자.

2월 12일 ● 본문_민 25:1-5, 암송_3절, 찬송_538장, 통독_민 22-26장

자신의 위치를 잃어버린 여인

> 고스비는 미디안 백성으로 한 종족의 수령인 수르의 딸로서 상류층 귀족에 속하였다. 그러므로 가정에서도 귀여움을 받았고, 상당한 보호를 받았으며, 그 처신을 신중하게 가져야 할 처녀였다.

1. **모압 여인들의 우상숭배.** 이스라엘 백성은 싯딤에 장막을 치고, 우거하였다. 모압 여자들이 바알브올에게 제사하고, 음행으로 제사의 축제를 대신하는 죄에 빠지므로 하나님께서 그들을 대낮에 목매어 처형하도록 지시한 때였다. 하나님께 구별되었는데 거룩함을 잃은 것이다.

2. **두 사람이 죽임을 당함.** 시므리가 미디안 여인 고스비를 데려다가 간음을 하였다. 이에, 비느하스가 창을 들고, 그들을 따라 들어가서 배를 꿰뚫어 두 사람을 죽임으로 하나님의 진노를 그치게 하였다. 이스라엘 백성에게 큰 경계심을 갖게 하였다. 우상숭배와 성범죄로 인한 염병으로 죽은 사람이 2만 4천 명이나 되었다.

3. **성적 타락의 범죄.** 간음은 또 다른 형태의 우상숭배에 속하였다. 고스비는 창녀가 아니라 품위 있는 방백으로 관료집안의 규수였다. 그녀가 탈선한 것을 보면 예나 지금이나 성범죄와 도덕적 타락은 사회문제가 아닐 수 없다. 하나님께서 우리를 자기 백성으로 삼아주심은 우리를 거룩하게 하심이다.

[한 줄의 묵상]
어느 시대에서나 성적 타락의 유혹은 우리 가까이서 찾아볼 수 있다.
우리 가족이 경건하게 살고, 깨끗하도록 기도하자.

2월 13일 ● 본문_민 27:1-11, 암송_7절, 찬송_441장, 통독_민 27-29장

가문의 기업을 요청하다

슬로브핫에게 다섯 명의 딸이 있었는데 말라는 장녀였다. 슬로브핫이 아들이 없이 세상을 떠나므로 그 당시의 규례대로 딸들에게는 기업을 물려주지 않았다. 그러자 다섯 딸들이 기업을 달라고 요청하였다.

1. 딸들의 호소. 모세와 제사장 엘르아살과 족장들과 회중이 모인 가운데 자기들에게도 기업의 분배를 요청하였다. 자기 아버지는 모세와 하나님의 뜻을 배반한 고라의 무리와 협력한 일도 없고 자기 책임을 성실히 감당하다가 실수 없이 세상을 떠났으므로 자기 가문을 위해 가나안 땅이 상속되어야 된다고 설득력 있게 호소하였다.

2. 새로운 율법이 제정. 슬로브핫의 딸들의 제안으로 하나님께서 허락하신 새로운 상속법이 제정되었다. 아들이 없을 경우에는 딸에게 기업을 물려주고 딸도 없을 경우에는 죽은 자의 형제에게, 형제도 없을 때는 가장 가까운 친족에게 물려주도록 허락하는 상속법이었다.

3. 가문을 지켜냄. 말라와 그 형제들은 매우 슬기롭고 똑똑한 여인들이었다. 여자들의 발언권이 전혀 무시되었던 시대에 이렇게 당당하게 자기 주장을 했다는 것은 그녀들이 하나님 앞에서 살았다는 것을 증명해준다. 이들의 주장은 단순한 기업의 상속만을 위함이 아니라 자기 가문과 혈통을 위한 변호이기도 하였다.

[한 줄의 묵상]
우리에게는 하나님의 백성으로 하나님의 영광을 위하여 구해야 할 것들이 있다. 그러므로 꼭 필요한 말은 해야 한다.

2월 14일 ● 본문_민 32:16-27, 암송_24절, 찬송_450장, 통독_민 30-32장

이 땅은 너희의 산업이 되리라

르우벤 자손과 갓 자손은 모세에게 요단강 동쪽 땅을 기업으로 요청해서 받았다. 그들은 그 은혜로 다른 지파들과 협력하여 싸웠다. 오늘, 삶의 현장에서 여호와 앞에서 사는 은혜를 누려야 할 것이다.

1. **협력하여 싸움.** 르우벤 자손과 갓 자손은 요단 동쪽의 땅을 차지한 후에, 남은 지파들이 땅을 차지하기 위해 싸울 때 협력하였다. 두 지파의 자손들은 다른 지파의 기업을 취할 때까지 같이 싸워 주었다. 지체를 위하여 수고하는 사랑이 오늘, 우리에게 요구된다.

2. **여호와 앞에서.** 두 지파의 자손들은 무장하고 나섰다. 그들은 다른 지파들이 원주민을 물리치도록 힘을 협력해서 싸움에 나섰다. 그들은 하나님이 함께 계시고 자기들을 감찰하신다는 사실을 의식하였다. 하나님의 약속, 하나님께서 하신 말씀을 믿고, 담대하게 나아가는 용사적인 신앙이 우리에게 절대 요구된다고 할 것이다.

3. **앞장을 섬.** 다른 지파들이 전쟁에 나설 때, 르우벤 자손과 갓 자손은 앞장을 섰다. 요단강 동쪽 땅을 기업으로 얻은 은혜에 보답을 한 것이다. 은혜를 받은 사람은 은혜 받은 만큼 하나님께 헌신해야 한다. 그의 헌신이 다른 지체들에게 은혜를 누리게 한다.

[한 줄의 묵상]
우리에게는 주 안에서 한 지체가 된 이들과 협력해야 하는 사명이 있다. 그 은혜를 알고 여호와 앞에서 살아가기를 새롭게 하자. 서로 도와가며 살아가기를 기도하자.

2월 15일 ● 본문_민 35:9-15, 암송_11절, 찬송_96장, 통독_민 33-36장

도피성

> 사람이 죄를 범하면 죄 값을 치루기 위해서 옥에 들어가야 한다. 이것은 하나님께서 우리를 위하여 세워주신 질서이다. 어떤 경우에는 사형선고를 받아 죽는다. 도피성은 무엇이며, 왜 만들라고 하셨는가?

1. 무고한 생명의 구원. 어떤 사람이 도끼로 나무를 찍다가 도끼가 빠져나가 옆 사람이 죽었다면 이 사건은 과실로 인한 살인이다. 그러나 어떻게 되던 살인죄에 해당되므로 사형을 당해야 한다. 이것은 분명히 억울하다. 이런 사람을 구원하기 위해서 도피성에 들어오는 자는 사형을 면하고, 구원을 받도록 제도화 한 것이다.

2. 중심을 보시는 하나님. 하나님은 사람의 중심이 아름답고 성결하면 구원하시며, 어떠한 함정에서도 건져 주신다. 히브리의 세 청년은 왕의 명령을 거역하였다. 왕의 명령을 거역하면 사형이다. 그들은 사형을 당할지라도 왕의 명령이 잘못되어서 생명을 걸고 우상에게 절하지 않았다. 하나님께서 히브리의 세 청년을 풀무불 가운데서 건져 주셨다.

3. 도피성 - 오늘의 교회. 교회는 도피성이다. 어떤 사람이건 무슨 죄를 범해도 교회에 들어오기만 하면 생명을 보호하시며 구원하신다. 죄를 범하고 감옥에 들어가지 말고, 사형을 당하지 말고, 도피성 되는 교회에 들어가면 영·육이 구원받는 것을 믿어야 한다.

[한 줄의 묵상]
멸망을 받을 수밖에 없는 인생에게 하나님은 영원한 도피성이시다.
지금, 나는 어디에 있는가? 도피성으로 들어가자.

2월 16일 ● 본문_신 1:9-11, 암송_11절, 찬송_212장, 통독_신 1-3장

현재보다 천 배나 축복이

애굽으로 들어간 야곱의 가족은 70명에 지나지 않았다. 그러나 출애굽시에, 이스라엘 백성은 그 수가 장정만 60만 명이 넘게 되었으니 하나님은 감사의 대상이 되신다. 하나님은 번성하는 복을 주신다.

1. 감사가 천 배나 많아짐. 생활 속에 감사가 없는 자는 무엇인가 냉랭하고, 기쁨이나 은혜가 충만하지 못하다. 성도에게는 가장 작은 일에도 감사가 넘쳐야 한다. 기쁨이 넘쳐야 한다. 그러기 위해 항상 기도하고 성령님께 충만한 생활을 해야 한다. 하나님께서 자기 백성에게 받으시기를 원하시는 것은 감사이다.

2. 능력이 천 배나 많아짐. 세상에서 승리자의 삶을 살려면 능력을 받아야 한다. 능력을 받으면 주님께서 함께 함으로 항상 부족함이 없는 삶을 살게 된다. 그러기 위해 부르짖는 기도의 삶을 가져야 한다. 하나님과 온전한 교통과 나를 부수는 삶을 가져야 한다. 회개의 삶 가운데 하나님께서 주시는 은사를 소유해야 한다.

3. 모든 면에서 천 배나 많아짐. 은혜가, 믿음이, 자녀가, 가정이, 사업이, 봉사가 지금보다 천 배나 많아지는 축복으로 바뀌어져야 한다. 이스라엘이 애굽에 가서 무한한 축복을 받음과 같이 우리도 이러한 하나님의 축복이 있는 가정과 성도가 되어야 한다.

[한 줄의 묵상]
우리도 애굽에서의 복, 광야에서의 복이 아닌,
가나안 땅에서의 복을 받는 자가 되기를 소망하자.

2월 17일 ● 본문_신 5:28-33, 암송_28절, 찬송_135장, 통독_신 4-6장

너희의 말하는 소리를 들으신지라

하나님께서는 자기 백성이 말하는 소리를 다 들으신다. 신음 소리, 고통 소리, 회개와 감사와 간구의 기도 소리도 들으신다. 이스라엘이 "우리가 듣고 행하겠나이다"(27)라고 말한 소리를 들으셨다.

1. **하나님의 응답.** 하나님께서 말씀하시기를, "그 말이 다 옳도다"고 하였다. 그러나 곧 이어서 '다만'이란 단서를 붙이셨다. '다만' 그들이 항상 그와 같은 마음을 품어 하나님을 경외하고, 하나님의 명령을 지켜서 복을 받기를 원하신다고 말씀하셨다.

2. **가르쳐서 행하게 하라.** 모세에게 하나님 곁에 서서 하나님께서 말씀하시는 모든 명령과 규례와 법도를 이스라엘에게 가르쳐서 행하게 하라고 분부하셨다. 예수님이 제자들에게 마지막에 분부하신 말씀과 같다(마 28:20). 그런데 제1세대는 그렇게 하지 못하였다. 그들은 하나님의 말씀을 듣거나 그 뜻을 행하지도 않다가 심판을 받았다.

3. **하나님의 경고.** 제2세대는 그렇게 하지 말라는 경고였다. 삼가서 듣고, 배우며, 행하라는 것이었다. "그런즉 너희는 … 삼가 행하여 좌로나 우로나 치우치지 말고 너희 하나님 여호와께서 너희에게 명령하신 모든 도를 행하라 그리하면 너희가 살 것이요 복이 너희에게 있을 것이며 너희가 차지한 땅에서 너희의 날이 길리라."(32, 33절) 나의 말이 하나님께 드림이 되도록 하자.

[한 줄의 묵상]
하나님은 나의 기도소리만 들리지 않고, 입을 벌려서 하는 말, 행동에 들어있는 말까지 다 들으시고, 응답하신다.

2월 18일 ● 본문_신 7:1-5, 암송_4절, 찬송_420장, 통독_신 7-9장

네 하나님 여호와께서

모세는 계속해서 가나안으로 들어갈 새로운 세대를 향해서 경고와 권면과 약속의 말씀을 전하였다. 그 땅의 사람들은 하나님의 백성이 아니므로, "그들과 무슨 언약도 하지 말 것이요"라고 당부하신 것이다.

1. **세상과 짝하지 말라.** 경고의 말씀을 하셨다. 구원을 받은 하나님의 백성이 항상 경계해야 할 것은 세상과 짝하는 것이다. 세상을 본받지도 말고, 세상을 따르지도 말아야 한다. "이 세대를 본받지 말라"(롬 12:2), "세상에 있는 것들을 사랑하지 말라"(요일 2:15)고 하신다. 세상과 짝하면 갑자기 하나님의 진노와 심판을 받게 된다.

2. **질투하시는 하나님.** 그들과 무슨 언약도 하지 말고, 그들과 혼인도 하지 말라는 경고이다. 여기에서 '그들'은 하나님을 적대하는 이 세상을 가리킨다. 그들과 짝할 때 곧 그들의 영향을 받아 하나님을 떠나고 우상을 섬기게 되기 때문이다. 하나님께서 진노하사 갑자기 멸하신다.

3. **우상을 척결해야 됨.** 구원을 받은 하나님의 백성은 약속의 땅을 향해 전진하면서 그들의 눈에 보이는 우상의 단을 헐어야 하였다. 주상과 목상을 찍어서 불살라야 하였다. 이것을 문자적으로 해석해서 민족의 전쟁이나 종교전쟁으로 이끄는 것은 잘못이지만, 세상주의와 세속주의와 우상주의와 싸워야 하는 것은 너무나 당연하고 필요하다.

[한 줄의 묵상]
우리 가족 중에 누구라도 세상에 대하여 외줄타기를 하고 있다면,
오늘이 지나기 전에 버리자. 하나님은 알고 계신다.

2월 19일 ● 본문_신 12:1-7, 암송_3절, 찬송_170장, 통독_신 10-13장

평생에 지켜 행할 규례와 법도

모세는 이제, 다시 이스라엘 백성에게, "평생에 지켜 행할 규례와 법도"가 무엇인지를 가르쳤다. 지켜 행하면 축복이고, 그렇지 않으면 저주이다. 하나님의 사람은 하나님의 자녀로서의 법도를 따라야 한다.

1. 우상숭배의 척결. 우상을 헐고 깨뜨려 불사르고 찍어서 멸하라는 것이다. 우상주의와 물질주의와 세상주의를 철저하게 배격하라는 말씀이다. 그러나 불교의 불당이나 모슬렘교의 사원을 찾아가, 그 집이나 형상들을 헐고, 깨뜨리고 불사르고 찍어서 멸하라는 말씀은 아니다.

2. 하나님보다 더 사랑하는 것을 버림. 하나님을 사랑해야 하는 대신에, 더 귀중하게 여기는 것이 있다면 헐고, 깨뜨리고, 불사르고, 찍어서 버려야 한다. 굿이나 점을 배격할 것은 물론이고 우상주의와 물질주의와 세상주의를 철저하게 배격하라는 것이다. 구원을 받아 새 사람이 된 나에게 교리적으로 '떠나라', '버리라', '부인하라'라고 강조한다.

3. 세상을 사랑하지 말라. 우리에게 사랑의 대상은 하나님이시다. 하나님의 나라를 위하여 집이나 아내나 형제나 부모나 자녀를 버리라고 하였다. 그렇게 하면 금세에 있어 여러 배를 받고 내세에 영생을 받지 못할 자가 없다고 약속하였다. "아들이나 딸을 나보다 더 사랑하는 자도 내게 합당하지 아니하고"(마 10:37).

[한 줄의 묵상]
우리 가정에서 아침마다 소망해야 할 것이 있다. 옛 사람의 행실에서 떠남, 버림, 부인을 경험하는 삶이기를 원하자.

2월 20일 ● 본문_신 16:13-17, 암송_15절, 찬송_589장, 통독_신 14-16장

복을 온전히 즐거워하라

본문에 의하면, 하나님께서는 그의 이름을 위하여 택하신 곳이 있음을 알도록 하신다. 택하신 곳은 하나님께서 정해 주신 예배장소를 말한다. 그러면 하나님께서는 왜 한 곳을 정하셔서 택하시는가?

1. 정해진 장소. 하나님께서는 우리에게 여호와를 예배하라고 장소를 택해주셨다. 이스라엘 백성들은 아무데서나 유월절을 지킬 수 없었다. 반드시 하나님께서 정하신 곳에서 지켜야 하였다. 하나님의 백성은 모여서 예배하는 일을 즐거워해야 한다. 예배당을 사모하며, 교회에 모여 성도들과 함께 예배하는 것을 기쁨으로 여겨야 한다.

2. 정해진 시간. 하나님의 자녀는 주의 이름이 있는 교회에 모이기를 즐겨하고, 구원해주신 은혜를 생각하고, 예배드리기를 기뻐해야 한다. 우리는 하나님의 사랑을 기억하고 즐거워하고 모든 성도는 공동체임을 생각하고 예배해야 한다.

3. 드려야 될 영광. 하나님께서는 영광을 받으시고자 교회를 택하였다. 따라서 그의 이름을 그곳에 두시고, 영광을 받으신다는 것을 잊지 말자. 예배로 나아가 하나님께 드리는 영광을 사모하자. 주님께서 갈보리에서 흘려주신 피의 은혜로 인한 복을 온전히 즐거워하자. 하나님의 이름을 부를 때마다, 하나님께 영광이 되기를 간절히 소원해야 한다.

[한 줄의 묵상]
우리 가족은 구속함을 받은 지체들이다. 열심히 모여서 예배를 드림으로써 즐거워하고, 주님의 보혈을 찬송하자.

2월 21일 ● 본문_신 18:9-14, 암송_9절, 찬송_357장, 통독_신 17-19장

가증한 행위를 본받지 말 것이니

제사장과 레위인들은 물론 이스라엘 백성이 약속의 땅에 들어가서는 주의 해야 할 일이 있었다. 그것은 하나님을 섬기지 않는 세상 사람들이 하는 가증한 행위, 하나님께서 미워하시는 것을 하지 말라는 것이었다.

1. 자기를 구별하라. 애굽에서 이스라엘 백성을 건져내신 것은 그들을 애굽 사람과 구별하시려는 하나님의 의도였다. 가나안 원주민들의 생활 풍속에 따라서 살지 말아야 했다. 특히 우상이나 무당이나 점치는 일을 용납하지 말라는 것이었다. 택함을 받은 하나님의 백성들은 하나님 앞에서 구별된 믿음의 삶을 살아야 한다.

2. 더러움을 거절하라. "음란과 부정과 사욕과 악한 정욕과 탐심을 죽이라"고 분부하면서, 이와 같은 것들과 탐심이 곧 우상숭배라고 규정하였다(골 3:5). 어떤 사람들은 그리스도를 섬기는 대신 자기의 배만 섬기는데(롬 16:18) 그것이 바로 "그들의 신"이라고 규정하였다.

3. 하나님께 완전하라. 세상의 가증한 행위를 본받지 말고 하나님 앞에 '완전하라' 고 분부하였다. '완전하다' 는 말은 '신실하다', '흠이 없다', '온전하다' 라는 말이다. "오직 너희를 부르신 거룩한 이처럼 너희도 모든 행실에 거룩한 자가 되라"(벧전 1:15). 하나님께서 나를 성도로 선택해주심은 이 세대를 본받지 말라는 것이다.

[한 줄의 묵상]
지금, 한국 교회에는 그리스도를 섬기는 대신에, 정욕과 탐심과 자신의 배를 더 섬기는 풍조가 만연해 있다.

2월 22일 ● 본문_신 22:1-4, 암송_1절, 찬송_196장, 통독_신 20-22장

못 본 체 하지 말고

이웃이나 동족의 동물들을 길에서 찾았을 때, "못 본 체 하지 말고" 그 주인에게 돌려주라고 하신다. 그리고 그 동물들이 길에 넘어진 것을 보았을 때, 넘어진 짐승을 일으켜 세우라고 하였다.

1. **이웃의 잃은 물건.** 이웃이 소유를 잃었을 때, 못 본 체 하고 지나치거나 자기가 취하는 것은 하나님의 명령에 어긋난다. 이웃의 소유뿐 아니라 원수의 소유도 귀중히 여기라고 분부하였다. "네 원수의 길 잃은 소나 나귀를 보거든 반드시 그 사람에게로 돌릴지며"(출 23:4). 우리는 이웃을 사랑하되 이웃의 소유도 귀중히 여겨야 한다.

2. **새끼나 알을 품은 어미 새.** 새끼나 알을 품은 어미 새를 잡지 말라고 하였다. 하나님께서 새를 지으신 것은 인류의 유익을 위한 것이다. 동물을 귀하게 여기지 않는 것도 하나님의 명령에 어긋난다. 사람들이 새에 대하여 잔인하게 행하는 것을 기뻐하지 않으신다.

3. **사람이 집을 지을 때.** 다른 사람들의 안전을 고려하라는 것이다. 난간이 없는 지붕에서 사람이 떨어져 죽으면 그 책임은 집 주인에게 있다. 하나님은 개인의 생명을 매우 존귀하게 여기신다. 하나님은 개인과 사회와 자연의 복지에 대해 세밀한 관심을 갖고 계신다. 우리에게 동물을 보호하여야 할 것을 명령하신다.

[한 줄의 묵상]
타인의 소유물은 하나님께서 그에게 주신 복이다. 동시에 자연의 만물도 그 소유가 하나님께 있다는 것을 기억하자.

2월 23일 ● 본문_신 24:6-8, 암송_6절, 찬송_595장, 통독_신 23-25장

맷돌을 전당 잡히지 말찌니

남에게 돈을 꾸어주었을 때, 그의 생활을 어렵게 하지 말라고 하신다. 곤궁한 품꾼을 학대하지 말고, 품값을 신속하게 당일에 주라 하였다.

1. 무자비하지 말라. 가난한 사람들의 딱한 사정을 무시하는 행위를 삼가라고 하였다. 가난한 사람들이 진 빚 때문에 그들이 곡식을 갈아 먹는 맷돌을 담보물로 빼앗아 오는 가혹함은 보이지 말아야 한다. 사람을 납치하여 종으로 부리거나, 돈을 주고 팔면, 인권을 유린하는 불의하고 무자비한 죄를 범했으므로 그를 사형에 처하라고 하였다.

2. 담보물에 대한 규례. 다른 사람에게 돈을 꾸어주고, 담보물을 받을 때, 그의 집 안으로까지 들어가는 각박함을 피하라고 하였다. 담보물이 의복인 경우에는 해질 때 돌려주라고 하신 것이다. 아버지는 자기의 죄 값을 지고, 자식은 자기의 죄 값을 각각 따로 져야 한다.

3. 나그네나 고아나 과부에게. 그들을 억울하게 하지 말라고 하였다. 그들을 위하여 밭에는 곡식 단을 버려두고, 감람나무나 포도나무에는 열매를 남겨두라고 하였다. "나그네와 고아와 과부를 위하여 남겨두라."(19절)고 하였다. 하나님은 나그네와 고아와 과부들에게 지극한 관심과 사랑을 나타내 보이시면서 우리도 그렇게 하라고 하신 것이다.

[한 줄의 묵상]
살아가면서 어려운 사람이 도움을 요청하여 꾸어주거나 때로는 어떤 담보를 잡고 빌려줄 때, 그를 가엾게 여겨야 한다. 하나님께서 나를 가엾게 여기심의 은혜를 받아야 하기 때문에서다.

2월 24일 ● 본문_신 26:1-11, 암송_10절, 찬송_150장, 통독_신 26-28장

소산의 만물로 감사하라

이스라엘 백성이 가나안 땅에 거하던 시간에, 하나님께서 말씀하셨다. 토지에서 만물을 거둔 후에, 그것을 하나님의 이름을 두시려고 한 곳에 갖고 가서 제단에 놓으라고 하셨다. 이는 감사를 의미한다.

1. **믿음의 증거이기에.** 만물은 하나님께 대한 신앙고백이다. 아무리 많은 헌물을 바친다고 하여도 그것만으로는 하나님을 기쁘시게 할 수 없다. 여기에는 반드시 신앙고백을 하는 믿음이 수반되어야 한다. 그러므로 믿음이 수반되지 않는 어떤 행위나 열심은 공연한 몸짓일 수밖에 없다. 우리는 처음 열매를 온전한 믿음으로 드리자.

2. **주권 인정이기에.** 만물의 감사는 하나님의 주권을 인정하는 최상의 표시이다. 우리 인간의 힘으로 할 수 있는 것은 아무것도 없다. 그래서 내 삶의 가장 먼저 첫 시간, 처음 것, 첫 생각, 첫 행위를 갖고 하나님을 경배할 때, 하나님께서 새벽에 도우신다. 그러므로 우리는 하나님의 주권을 인정하는 감사를 드리자.

3. **바른 믿음생활이기에.** 하나님과 사람과의 바른 관계가 감사요, 나눔이다. 이들은 레위인과 주의 종들과 함께 즐거워하는 삶을 가졌다. 함께 사는 모든 이와 같이 나누었다. 주님의 이름으로 한 몸이 되어서 예배하는 성도의 교제 또한 아름다운 모습이다.

[한 줄의 묵상]
우리도 첫 것을 가지고, 서로 나눔의 삶을 가져야 한다.
하나님께서 베풀어주신 은혜를 즐거워함이 넘치는 자가 되자.

2월 25일 ● 본문_신 30:6-8, 암송_6절, 찬송_278장, 통독_신 29-31장

마음의 할례

할례는 하나님께서 이스라엘 백성들과 언약관계를 나타내는 상징적 징표였다. 할례가 하나님의 백성이라는 표시이다. 나아가, 할례를 행한 사람은 세상의 모든 죄를 끊어 버린다는 상징적인 의식의 과정이다.

1. 마음을 다하여 하나님을 섬김. "네 하나님 여호와께서 네 마음과 네 자손의 마음에 할례를 베푸사 너로 마음을 다하며 뜻을 다하여"라고 하였다. 마음의 할례를 받은 사람은 생명을 다하여 하나님을 섬기는 것이다. 그는 결코 형식적으로 여호와를 섬길 수가 없다.

2. 진정으로 하나님을 사랑함. "네 하나님 여호와를 사랑하게 하사"라고 하였다. 인간이 하나님을 사랑한다는 것은 어려운 일이다. 어떻게 해야 하나님을 사랑하는 것이 될까? 그의 계명을 지키면 되는 것이다. 그것이 하나님을 사랑하는 증거가 된다. 마음의 할례를 받으면 신전의식 생활로 하나님의 계명을 기쁨으로 지킨다.

3. 영원한 생명을 얻음. "너로 생명을 얻게 하실 것이며"라고 하였다. 이는 영원한 생명을 말하는 것이다. 마음의 할례를 받게 되면 영원한 생명에 대하여 관심을 갖게 된다. 그래서 길이요 생명이신 예수 그리스도를 떠나서는 살 수 없음을 알게 되는 것이다. 육체의 할례도 중요하지만 마음의 할례가 더욱 중요하다.

[한 줄의 묵상]
마음에 할례를 받아 마음을 다하여 하나님을 섬기게 되고,
하나님을 사랑하게 되며, 영원한 생명을 사랑함에 이르게 된다.

2월 26일 ● 본문_신 33:26-29, 암송_29절, 찬송_433장, 통독_신 32-34장

너는 행복한 사람

모세는 이스라엘의 각 지파를 축복하면서 행복자라고 한다. 여호와의 구원을 이스라엘처럼 얻은 이가 없기 때문이었다. 그러면서 하나님은 이스라엘을 돕는 방패가 되시고, 영광의 칼이 되신다고 하였다.

1. 회개를 해야. 회개하고 돌이켜 죄 없이 함을 받으면 유쾌하게 되는 날이 이른다고 하였다. 삭개오가 회개하니 기쁨이 회복으로, 진정한 행복이 왔다. 탕자도 회개하고 돌아오니 아들의 지위가 회복되었고, 아버지와의 관계가 회복이 되었으며, 행복한 자가 되었다.

2. 찬송을 해야. 속에 있는 것을 토해내는 것이 회개이다. 여기에 대한 고백이 기도와 찬송이다. 찬송은 극복할 수 없는 부분에 힘을 준다. 감당할 수 없는 속에서 기쁨, 능력, 사랑, 믿음, 해결을 준다. 바울과 실라가 찬송을 하니 옥문이 열리게 되었다. 욥이 감사하고 찬송할 때, 그에게 다가온 고난을 이기게 되었다.

3. 봉사를 해야. 기도와 찬송 속에 봉사는 감사를 만든다. 죽어가는 이를 살린다. 강도 만난 자를 구한 사마리아인이 이런 일에 동참하였다. 예수님을 따라다니던 여인들이 이에 동참을 하였다. 복음을 전하는 이들은 핍박 중에 십자가에 달리신 주님을 생각하면서 좁은 길, 가시밭 길, 남이 가지 않는 길을 걸으면서 봉사하였다.

[한 줄의 묵상]
스스로에게 물어보라. 지금, 나에게 하나님은 어떤 분이신가?
나에게 방패가 되시고, 나의 영광이 되신다고 고백하자.

2월 27일 ● 본문_수 1:1-9, 암송_7절, 찬송_330장, 통독_수 1-4장

너와 함께 있을 것임이라

여호수아는 모세의 후계자로 세움을 입어, 이스라엘 백성을 가나안 땅으로까지 인도하였다. 우리에게 이 시대의 지도자가 되라고 명하신다.

1. 하나님께서 함께 해주심으로 살다. 모세의 뒤에서 수종을 드는 자로 살았던 여호수아, 그는 이스라엘의 위대한 영도자 모세가 죽은 후에 그 대권을 이어서 지도자가 되었다. 그때, 경험이 없고 백성들이 잘 알아주지 않았지만, 모세와 함께 했던 하나님께서 함께 하였다. 그리할 때에 못할 것이 없는 자가 되었다.

2. 하나님만 보고 살다. 여호수아는 전에, 12명의 정탐꾼들에 끼어서 가나안 땅을 탐지하고 돌아왔다. 10명의 정탐꾼들이 부정적인 보고를 할 때, 그는 하나님만 보고, 하나님이 기뻐하시면, 하나님을 거역하지 말자고 하였다. 하나님을 본 자는 세상을 보지 않는다. 그때, 보이지 않는 곳에서 힘이 솟는다. 주님께서는 나의 미래를 책임져 주신다.

3. 하나님만 섬기는 자로 살다. 여호수아는 모세에게 수종을 들면서, 그에게서 보고 배운 대로, 하나님의 명대로 하나님만 섬기었다. 이어서 지도자로서 자기 생애의 마지막으로 설교를 하면서, "오직 나와 내 집은 하나님만을 섬기겠다."는 결단을 보여주었다. 그는 하나님을 섬기지 않는 가나안 7족속을 멸하였다.

[한 줄의 묵상]
여호수아는 예수님의 모형으로만 살았다. 순종자로, 봉사자로, 헌신자의 자리를 지켰다. 그의 삶을 나의 것으로 삼자.

2월 28일 ● 본문_수 6:8-21, 암송_16절, 찬송_585장, 통독 수 5-8장

하나님의 훈련

하나님께서는 여리고 성으로 이스라엘 백성을 훈련시키셨다. 난공불락의 요새인 성읍이 소리를 외침으로써 무너질 것이라고 생각한 사람은 아무도 없었다. 하나님의 방법으로 여리고를 무너뜨려 주셨다.

1. **믿음의 훈련.** 여리고 성은 가나안 정복의 출발점이라서 하나님께서 이스라엘 백성에게 훈련시키는 장소가 되었다. 여호수아와 그 백성은 믿음으로 칠일 동안 여리고를 두루 다녔고, 그 순종 후에 성이 무너졌다. 그들은 여리고 성을 믿음으로 무너뜨린 것이다. 그 큰 성은 칼과 창이 아니라 하나님의 방법으로 무너져 내렸다.

2. **소망의 훈련.** 하나님께서는 여호수아를 통하여 일곱째 날이 되면 일곱 바퀴를 돌고 백성들에게 이르기를, "외치라 여호와 하나님께서 너희에게 이 성을 주셨느니라."라고 말씀하게 하였다. 여호수아가 그 말씀을 믿고 외쳤더니 여리고 성벽이 무너져 내렸다. 이처럼 하나님의 복은 단순하게-어린아이처럼-믿고 바라는 자에게 일어난다.

3. **사랑의 훈련.** 여리고 성의 모든 물건은 여호와께 바치라고 하였다. 애굽의 종살이 400년과 광야의 40년 만에 처음 보는 물질에 마음을 두지 말라는 것이다. 세상의 금은보화를 사랑하려는 유혹을 이기라는 뜻과 가나안 땅에서 얻은 첫 번째 것은 하나님의 것이라는 뜻이 있다.

[한 줄의 묵상]
오늘, 하나님께서는 하나님의 방법을 신뢰하고, 따르라고 하신다.
그리고 하나님을 기다리라 하신다.

3월 1일 ● 본문_수 10:6-11, 암송_8절, 찬송_352장, 통독_수 9-11장

아모리의 다섯 왕들

> 아도니세덱은 가나안의 아모리족 출신으로 예루살렘 왕이었다. 헤브론 왕 호함과 야르뭇 왕 비람, 라기스 왕 야비아와 에글론 왕 드빌이 아도니세덱의 요청에 따라 기브온에 대진하여 전쟁을 일으켰다.

1. **아모리의 연합군 결성.** 이스라엘 백성이 여리고와 아이 성을 함락시켜 가나안 전역을 위협하자, 기브온은 원방에서 찾아온 것처럼 위장하여 이스라엘 진영으로 왔다. 이스라엘은 그들과 화친하였다. 당시에 상당한 힘을 자랑하던 기브온이 이스라엘에 항복하자 예루살렘 왕이 분개하여 기브온을 치기 위해서 연합군을 만들었다.

2. **크게 죽임을 당한 연합군.** 여호와께서 이스라엘과 함께 하시므로 기브온에서 벧호론과 아세가에 이르기까지 크게 도륙되었다. 아모리의 연합군은 큰 우박덩이로 죽은 사람이 칼에 죽은 사람보다 더 많았다. 연합군의 네 왕은 막게다 굴에 숨었다가 끌려나와 목이 밟혔다. 가나안 정복을 방해했던 아도니세덱은 시범적인 심판을 받았다.

3. **아모리의 다섯 나라를 물리치다.** 네 왕은 여호수아에 의해 살해된 후에, 나무에 달려 백성들의 구경거리가 되었다. 그 후, 시체들은 막게다 굴에 장사되었다. 이 전쟁에서 큰 우박과 태양이 머무는 두 가지 기적을 통해 전쟁을 승리케 한 데는 하나님의 큰 의지가 있으셨다.

[한 줄의 묵상]
오늘, 우리 가정에서는 모든 것을 하나님께 맡기는 결단을 하자.
가족 중에 누구라도 하나님과 맞서는 사람이 되지 말자.

3월 2일 ● 본문_수 14:6-15, 암송_13절, 찬송_550장, 통독_수 12-14장

하나님을 온전히 따르다

> 갈렙은 애굽에서 태어나서 40년 동안 고생을 하다가 모세를 따랐다. 그는 광야를 거쳐 축복의 땅 가나안으로 들어가는 복을 누리게 되었다. 오직 하나님만을 바라봄으로써 용기와 순종의 삶을 살았다.

1. **소망 속에서 산 자.** 하나님께서 "우리를 기뻐하시면 우리를 그 땅으로 인도하여 들이시고 그 땅을 우리에게 주신다."는 고백을 하였다. 그의 소망은 그가 결단을 했던 믿음 그대로 이루어졌다. 마지막 험악한 산지를 점령하는 그 시간까지 미래를 향해서 소망을 잃지 않았다.

2. **충성 속에서 산 자.** 갈렙에 대한 묘사에서, '하나님을 온전히 따랐다.'라고 하였다. 그는 자신의 말과 행동과 생각에 생명 전부를 투자하였다. 그리하여 광야 40년을 지나는 동안 가나안 땅을 정복하기까지 순종하였다. 그는 하나님께, 모세에게, 여호수아에게 충성을 다한 자로 살아왔다. 맡은 자들에게 구할 것은 충성이라고 하지 않았는가!

3. **겸손으로 산 자.** 갈렙은 출애굽의 일등공신으로 나설 수도 있었다. 그러나 여호수아를 상관으로, 겸손으로 허리를 동인다. 그리할 때에 하나님의 은혜가 임했다. 그가 밟는 땅을 하나님께서 자손들에게 기업으로 주셨고, 그 땅에 평화가 임하게 하였다. 겸손으로 허리를 동이고, 수고 속에서 희생과 순종을 이루었다.

[한 줄의 묵상]
우리도 심령을 깨워서 하나님께 비전을 갖고 앞으로 나아가자.
약속의 성취를 향해서 큰 소망을 갖는 자가 되자.

3월 3일 ● 본문_수 17:14-18, 암송_15절, 찬송_310장, 통독_수 15-17장

올라가서 스스로 개척하라

> 이스라엘의 열두 지파는 하나님의 약속을 붙잡고, 땅을 분배받았다. 여호수아는 땅을 더 달라고 청원하는 요셉 지파에게 스스로 개척하라고 하였다. 여호수아의 이 명령은 무엇을 의미하는 권면인가?

1. **욕심을 버림.** 요셉 지파는 자기들의 기업으로 이미 땅을 받았다. 그런데 그들은 여호수아에게 땅을 더 달라고 하였다. 그들은 다른 지파들보다 비옥하고, 넓은 땅을 차지했으나 더 많은 땅을 요구했던 것이다. 이에, 여호수아는 스스로 개척하라는 말을 통해서 그들이 이미 받은 것에 감사하면서 욕심을 버릴 것을 격려하였다.

2. **환경을 변화시킴.** 그들의 소유될 땅은 원주민들이 있는 산지와 삼림이었다. 아마도 그들은 좀 더 편하게 땅을 차지하려 했는지도 모른다. 이에, 여호수아는 스스로 개척하라는 말을 통해서 그들이 환경을 변화시킬 것을 격려하였다. 결국 산지를 옥토로 만들라는 것이다.

3. **하나님을 절대 의지.** 하나님께서는 원주민을 정복하는 과정에서 이스라엘을 강한 민족으로 세우시려는 의도가 있으셨다. 여호수아는 스스로 개척하라는 말을 통해서 그들이 하나님을 의지할 것을 격려하였다. 하나님을 전적으로 신뢰할 때, 토착민과 싸워 이겨서 분배받은 땅을 개척할 수 있었다. 하나님께서 함께 하시면 넉넉히 승리할 것이다!

[한 줄의 묵상]
하나님의 약속을 믿고, 도전하는 삶에 대하여 교훈을 받자.
이미 받은 복에 감사하며, 성취를 향해서 나아가자.

3월 4일 ● 본문_수 18:1-3, 암송_3절, 찬송_377장, 통독_수 18-20장

점령을 지체하지 말라

하나님께서는 우리에게 많은 것을 약속하셨는데, 그 복은 성취되는 것이다. 신약에 의하면 천국은 침노하는 자가 빼앗는다고 하였다. 오늘, 우리에게 주시는 은혜는 도전하며 살라는 것이다.

1. 하나님의 경륜에 대한 무지. 이스라엘 백성에 대한 하나님의 경륜이 있다. 그런데 그들은 성취되어져야 하는 하나님의 경륜을 무시하였다. 가나안 땅의 정착에 담겨있는 하나님의 의도에 주목하지 않아서였다. 하나님께서는 우상숭배와 각종 범죄로 오염된 가나안 땅을 심판하시고, 그곳에 하나님의 거룩한 나라를 세우고자 하였다.

2. 나약한 신앙심. 이스라엘 백성은 오랜 기간의 전쟁으로 심신이 피곤함으로 해서 의욕을 상실하였다. 그러나 그 피곤함을 핑계로 사명을 방관한다는 것은 그들의 하나님에 대한 믿음이 나약하다는 증거였다. 어떠한 위기와 고난에도 견디어 낼 수 있는 힘은 믿음에서 나온다.

3. 현실에 안주하려는 집착. 이스라엘 백성은 현실에 너무 집착하여 무사안일해졌다. 현재 진행되고 있는 땅의 분배로 인한 정착생활의 필요성을 깨닫지 못한 것이다. 따라서 꼭 해야 한다는 사명감이 부족해졌다. 전쟁에 나간다는 것은 힘들고, 고달파 현실의 풍족한 전리품과 명성에 안주하였다. 현실에 안주하면 미래에 도전하지 못한다.

[한 줄의 묵상]
하나님의 약속은 거저 앉아서 받는 것이 아니다.
그 약속을 받았다면 자신이 도전해서 성취하여 복을 누려야 한다.

3월 5일 ● 본문_수 21:43-45, 암송_45절, 찬송_595장, 통독_수 21-24장

언약의 성취

6곳의 도피성 지정과 레위 지파에 대한 48 성읍의 분배가 끝나게 되었다. 비로소 "여호와께서 이스라엘 족속에게 말씀하신 선한 말씀이 하나도 남음이 없이 다 응하였더라"(21:45)고 기록되었다.

1. 기업의 분배. "이스라엘의 조상들에게 주리라"고 하신 온 땅이 다 주어졌다(21:43). 그들의 조상, 아브라함과 이삭과 야곱에게 땅을 주시겠다고 약속하였다. 이제, 그 약속이 여호수아로 말미암아 성취되었다. 이로써 하나님은 언약에 신실하신 분이시라는 것을 증거해주셨다.

2. 자기 백성에게 안식을 주심. '안식'은 여호수아서의 핵심 주제이면서 성경의 중심 주제이다. 하나님의 계명에 대한 불순종으로 인간은 안식을 상실했고, 사망에 처하게 되었다. 하나님께서는 여자의 후손을 통해서 구원해주시겠다고 약속하였다. 이 약속으로 하나님과의 깨어진 안식이 회복되어, 인간이 하나님께로 나아갈 수 있는 통로가 열렸다.

3. 그들의 주위에 안식을 주심. 구약 시대에는 안식의 모형으로 규례가 주어졌다. 즉, 안식일, 안식년, 희년 등과 같은 규례이다. 이 규례를 통해서 범죄 전 최초의 안식을 기억하며, 장차 메시야를 통해 성취될 안식을 대망하라는 것이다. 안식에 대한 진정한 언약성취는 예수 그리스도의 초림으로 이루어지고, 재림으로 완성된다.

[한 줄의 묵상]
여호수아로 말미암은 가나안의 안식은 장차 주어질 예수 그리스도를 통하여 성취될 참 안식에 대한 예표요, 그림자이다.

3월 6일 ● 본문_삿 3:7-11, 암송_9절, 찬송_75장, 통독_삿 1-4장

구원자로 부름 받은 사사

성경에서 보여주는 하나님의 관심은 죄인의 구원이다. 하나님은 자기 백성을 죄에서 구속하여 평화를 누리며 살게 하신다. 그리고 구원자로 세우신 사람이 성령으로 충만하게 하사 그 일을 하도록 하신다.

1. **구원자로 세움을 받음.** 사사기에서 보여주시는 하나님은 인생을 구원하신다는 메시지이다. 구원자이신 하나님은 이스라엘 자손의 부르짖음을 들으시고 옷니엘을 구원자로 세우셨다. 하나님은 자기 백성의 부르짖음을 거절하지 않으신다. 하나님은 준비된 사람을 불러 쓰신다. 그는 노쇠하였으나 하나님의 부르심에 노쇠는 문제가 되지 않았다.

2. **여호와의 영이 임하다.** 그의 소명과 사명은 사람에게 속한 것도 아니며, 오직 여호와의 영이 그에게 임하심이다. 여호와의 영은 사명을 감당하게 하는 지혜와 용기의 영이요, 실행하게 하는 영이시다. 여호와의 영이 임한 옷니엘은 먹이를 움킨 젊은 사자 같았다.

3. **40년 통치기간 동안의 평안.** 그가 여호와의 영에 충만해있는 동안에, 그 땅에는 평화가 왔다. 개혁의 결실이 풍성했으며, 그 연수가 40년이나 되었다. 여호와의 영이 충만한 자에게는 자기의 죄로 말미암는 패배가 없고, 하나님과 사람들과의 불화가 없다. 여호와의 영이 충만한 자와 그 땅은 여호와를 가까이 하게 된다.

[한 줄의 묵상]
지금, 우리 가족의 하나님은 구원자이신 여호와이시다.
자기 백성들의 부르짖음을 들으시고 옷니엘을 불러 구원해주셨다.

1월 ~ 3월

3월 7일 ● 본문_삿 7:9-14, 암송_9절, 찬송_552장, 통독_삿 5-7장

조력자로서의 사명에 충성하다

이름에 '가지'라는 의미를 갖고 있던 부라는 이름처럼 열매를 맺는 삶을 우리에게 보여주었다. 그는 기드온을 세워주는 일에 헌신을 다하여 미디안을 물리치도록 하였다. 부라는 기드온의 충성된 심복이었다.

1. **미디안을 넘겨주시는 하나님.** 미디안과 싸우기 위하여 기드온은 삼백 명의 용사를 세웠다. 그때, 하나님께서 '오늘 밤 미디안을 네 손에 넘기겠다.'고 약속하시고 미디안을 치도록 명령하였다. 그러시면서 그에게 부라를 데리고 미디안 진지를 정탐하도록 하였다. 기드온은 하나님께서 선택해주신 부라를 데리고 적진으로 들어갔다.

2. **기드온을 수행하다.** 부라는 기드온의 심복으로서 그에게 순종해서 미디안으로 들어갔다. 적진의 땅이라 두렵기도 하였지만 그에게 충성을 다한 것이다. 그들은 적진에서 한 사람이 친구와 함께 나누는 꿈 이야기를 들었다. 꿈의 이야기는 보리떡 한 덩어리가 미디안 진의 한 장막에 굴러오자 그 장막을 쳐서 쓰러뜨렸다는 내용이었다.

3. **기드온에게 꿈을 해석해주다.** 부라는 영적인 사람이었다. 그는 꿈의 이야기를 들으며 하나님께서 미디안을 쳐부술 것을 깨달았다. 그래서 하나님께서 미디안을 기드온에게 넘겨주신 것을 알려주신 꿈이라고 해석한다. 이에, 기드온은 확신에 차서 미디안을 쳐서 승리하였다.

[한 줄의 묵상]
기드온에게 참모로서 자기의 역할을 다한 부라이다.
오늘, 우리 가족은 예수님께 참모가 되어 충성을 다하기를 결단하자.

3월 8일 ● 본문_삿 8:4-12, 암송_12절, 찬송_505장, 통독_삿 8-10장

세바, 살문나—미디안의 왕들

세바와 살문나는 미디안의 왕들로서 아말렉 및 동방의 여러 나라와 연합해서 이스라엘을 공격하였다. 그들은 연합군의 일원으로 하나님을 대적하여 이스라엘을 경멸하였고, 이스라엘과 기드온을 위협하였다.

1. 전쟁은 하나님께 있음. 미디안의 연합군이 공격해오면 이스라엘은 무너질 수밖에 없다. 그러나 이 인간의 계획을 하나님께서 엎으셨다. 기드온이 큰 승리를 거두게 되었다. 세바와 살문나의 칼을 든 자 중에서 십이만 명이 살해되고, 만오천 명이 남았다. 기드온과 이스라엘의 승리로 인간의 예측을 바꾸어 놓으신 것이다.

2. 세바와 살문나를 추격하다. 세바와 살문나는 기드온의 칼에서 도망하여 잔병들과 함께 갈골로 피신하게 되었다. 그렇지만 기드온은 멈추지 않고, 그곳까지 추격하였다. 그리하여 세바와 살문나는 사로잡혔고 그들을 추종하던 군대도 소탕되었다.

3. 승전의 역사를 남기다. 기드온은 세바와 살문나를 산채로 포박하여 그들을 의지하던 숙곳과 브누엘 사람들에게 이스라엘의 승전을 알렸다. 아울러, 당시에 우세했던 연합군의 패전에 대한 증거로 삼았다. 또한 기드온은 이스라엘 군대에게 빵을 거절했던 숙곳의 방백과 장로들을 징벌하고, 브누엘 망대를 헐며, 그 성읍 사람들을 심판하였다.

[한 줄의 묵상]
이스라엘을 침략한 세바와 살문나는 하나님을 대적한 자들의 대표였다.
하나님을 고의로 거절한 인생의 패배를 보자.

3월 9일 ● 본문_삿 11:29-33, 암송_32절, 찬송_516장, 통독_삿 11-13장

어리석은 서원을 하다

길르앗 출신의 입다는 기생의 소생이었는데, 본처의 아들들이 그를 쫓아냈다. 그리하여 그는 비천한 자들과 함께 사는 자가 되었지만, 하나님께 사사로 구별 되어 암몬과 싸워 승전, 이스라엘을 구원하였다.

1. **입다에게 임한 하나님의 영.** 하나님의 영이 그에게 임하게 되자, 입다는 매우 용맹스러워졌다. 이스라엘 백성의 만장일치에, 지도자로 뽑힌 그는 암몬 왕에게 화해를 제안하였다. 그런데 교만한 암몬 왕이 거절하였다. 이에, 그는 하나님께로부터 능력의 힘입음을 경험한다.

2. **하나님께서 말씀하시다.** 그는 거룩한 열의가 더욱 불붙듯이 일어났다. 여기에서 하나님께서는 그에게 임무를 확신시켜 주셨고, 승전을 약속하였다. "여호와께서 암몬 사람들을 그의 손에 넘기셨다." 그는 주저하지 않고 전쟁터로 나아갔다. 하나님께서 입다에게 결코 굴하지 않는 전투력을 지니게 하였다.

3. **신중하지 못했던 서원.** 그때, 그는 서원을 하였는데, 자신이 전쟁터에서 돌아올 때, 그의 집 문에서 나와서 영접하는 자를 하나님께 드리겠다고 하였다. 하나님께서 암몬 왕을 넘겨주셔서 입다는 크게 승리를 거두었다. 그런데 그가 전쟁터에서 돌아왔을 때, 그의 딸이 맨 앞에서 입다를 영접하였다. 하나님께서 입다의 신중하지 못함을 드러내셨다.

[한 줄의 묵상]
입다는 하나님의 영이 함께 하여 암몬을 물리쳤으나
자신의 영적이지 못함으로 말미암아 딸을 번제물로 드리게 되었다.

3월 10일 ● 본문_삿 16:15-22, 암송_16절, 찬송_268장, 통독_삿 14-16장

번뇌하여 죽을 지경이라

> 삼손은 나실인으로 하나님께 구별되었다. 그러므로 그는 세상에 대하여서는 거절하고, 하나님께 드려진 자가 되어야 하였다. 그럼에도 삼손은 들릴라와의 사랑으로 고통을 받게 되고, 비참한 인생이 되었다.

1. 쓰러뜨리려는 유혹. 삼손은 들릴라에게 마음을 빼앗기고, 그녀로부터 힘의 신비를 알려달라는 유혹을 받았다. 유혹은 온갖 세상적인 달콤함과 매력으로 끈질기게 다가온다. 그 유혹은 삼손을 고민하게 하였고, 결국 그 자신을 패하도록 하였다. 만일, 그가 구별된 자신을 지켜서 들릴라를 사랑하지 않았다면, 유혹이 없었을 것이다.

2. 사랑으로 탈을 쓴 유혹. 들릴라의 유혹은 사랑이라는 가면으로 공격해 왔다. 삼손이 결정적으로 유혹에 진 것도 이렇게 꾸며진 유혹 때문이었다. 하나님께 구별되어야 함을 저버리게 되자, 그의 영적인 지혜도 흐려져 유혹을 간파하지 못하였다.

3. 수치와 고통을 가져다준 유혹. 유혹은 처음에 달콤하고 아름다워 보이지만, 반드시 비싼 대가를 치러야 한다. 유혹에 빠진 삼손의 종말은 어떠하였는가? 블레셋 사람들에게 잡혀서 눈이 뽑히고, 옥중에서 맷돌을 돌리는 수치와 고통을 보게 된다. 삼손은 그의 머리털이 다시 자라기까지 수치와 고통, 후회의 날을 보내야만 하였다.

[한 줄의 묵상]
하나님께 구별된 사람은 때로는 외롭더라도 하나님을 주목해야 한다.
세상에 자신을 내어주면 유혹으로 고통을 받는다.

3월 11일 ● 본문_삿 17:7-13, 암송_10절, 찬송_215장, 통독_삿 17-18장

레위 지파의 영적 타락

미가는 여호와를 섬기노라 하면서 개인 신상을 만들어서 숭배하였다. 겉모양은 여호와 신앙이었으나 실상은 가나안 종교에 동화된 혼합주의였다. 이때, 떠돌아다니던 한 레위인이 삯을 받고 미가의 제사장이 되었다.

1. **베들레헴에 거류하던 한 레위인.** 한 레위인은 떠돌아다니다가 미가의 집에 이르러 우상을 숭배하는 모습을 보았다. 그가 본 모습은 결코 하나님께서 용납하실 것이 아니었다. 더욱이 그 자신이 레위인으로서 율법을 제대로 알고, 영적으로 바로 된 자였다면 당장에 제단을 헐며, 신상을 찍고, 하나님께 엎드려 속죄 제사를 드렸어야 마땅하였다.

2. **삯군이 되다.** 레위인은 미가로부터 일정액의 사례비를 받기로 하고, 그 집에 들어가 개인 우상의 제사장 노릇을 하였다(17:10-11). 하나님께 구별된 레위인은 우상을 숭배하는 미가를 책망하기는커녕, 먹고 살기 위해서 가짜 제사장 노릇을 마다하지 않았다. 더욱 놀라운 것은 이 레위인은 모세의 손자이며, 게르솜의 아들인 요나단의 자손이었다.

3. **단 지파의 제사장이 되다.** 사실, 그는 아론의 후손이 아니었으므로 제사장이 될 자격도 없는 자였다. 그럼에도 불구하고 나중에는 미가의 집에 있던 에봇과 드라빔과 새긴 우상을 받아 가지고, 이제는 한 개인이 아니라 일개 지파(단 지파)의 제사장 노릇까지 하기에 이르렀다.

[한 줄의 묵상]
이 레위인은 그 자신의 타락만을 보여주지 않았다.
당시에 이스라엘 전체를 타락에 이르게 하는 원인으로 작용되었다.

언약대로 축복 받는 가정예배 365일

3월 12일 ● 본문_삿 19:1-9, 암송_4절, 찬송_523장, 통독_삿 19-21장

레위 지파의 도덕적 타락

한 레위인이 첩을 취하였다. 하나님을 주목하지 않고, 가나안의 풍습을 따른 것이다. 마땅히 하나님의 율법을 따라 구별된 삶을 살아야 할 레위인이 첩을 취했다는 것은 도덕적인 타락을 의미하는 것이다.

1. **타락한 이스라엘.** 레위인은 하나님께 구별되어서 거룩한 성막에서 제사장을 돕는 성직자들이다. 그런데 그들에게 첩을 취하는 레위인이 있었다. 이것은 당시의 이스라엘이 얼마나 하나님을 멸시하였고, 가나안의 종교에 물들었는지를 단적으로 보여주는 증거가 되었다.

2. **윤간을 당하고 죽은 첩.** 레위인이 취한 그 첩이 남편 몰래 행음을 하고 친정으로 도망가 버리게 되었다. 그러자 레위인은 그녀를 데려오려고 장인을 찾아갔다. 그는 그 집에서 5일간이나 먹고 마시고 유흥을 즐겼다. 그러다가 돌아오는 길에 베냐민 지파 땅 기브아에 하루를 묵게 되었는데, 그 성읍 사람들에 의해 첩이 윤간을 당해 죽고 말았다.

3. **사라질 위기에 처한 베냐민 지파.** 그는 첩의 시체를 집에 가져와 12덩어리로 나누어 이스라엘의 각 지파에게 보내었다. 이를 받아본 온 이스라엘의 지파는 베냐민 지파를 상대로 11:1의 민족상잔의 전쟁을 벌였다. 그 결과, 피차간 10만 명이 넘는 사람들이 죽게 되었고, 그로 인해 베냐민 지파는 겨우 600명의 남자 외에 모두가 진멸되었다.

[한 줄의 묵상]
이스라엘의 비극은 한 레위인의 타락이라는 작은 불씨에서 시작되었다.
우리 가정의 타락도 안으로부터 말미암는다.

3월 13일 ● 본문_룻 1:1-14, 암송_6절, 찬송_211장, 통독_룻 1-4장

나오미 | 믿음으로 회복한 여인

나오미와 그녀의 가족은 흉년을 피하여 베들레헴에서 모압으로 갔다. 모압에서 환난을 만나 회개하고, 베들레헴으로 올라갔다. 하나님의 은혜는 고향으로 돌아온 그녀에게 기쁨과 평안을 다시 얻게 해주셨다.

1. **자기의 땅을 떠나다.** 흉년을 피하여 식량이 풍족한 모압 지방으로 내려갔다. 그녀는 살기 위하여 가족과 함께 이방의 땅으로 갔는데, 도리어 남편과 두 아들이 죽었다. 그녀는 선택을 받은 땅을 떠나기 전에 하나님께 여쭈어야 하였다. 그리고 이방인의 땅으로 가지 말고, 흉년을 믿음으로 극복했어야 했다. 환난과 역경을 버텨내어야 하였다.

2. **나오미의 회개.** 나오미는 남편과 두 아들을 잃은 후에, 자신의 잘못을 깨달았다. 가족을 잃은 후에 고향으로 돌아오게 되었다. 흉년을 피하여 베들레헴에서 모압으로 내려갔던 나오미는, "여호와의 손이 나를 치셨으므로 나는 너희로 말미암아 더욱 마음이 아프도다."라고 회개하였다. 그녀는 비로소 자신이 있어야 할 곳을 알았다.

3. **시어머니를 따른 룻.** 그녀는 베들레헴으로 올라갔다. 두 명의 며느리 중에서 오르바는 자기 고향으로 갔고, 룻은 나오미를 따랐다. 그녀는 고향 사람들이 이름을 부르며 반기는 것을 보고 "나를 나오미(즐거움)라 부르지 말고 마라(괴로움)라 부르라"(1:20)라고 하였다.

[한 줄의 묵상]
나오미의 가족 이야기는 인간의 길과 하나님의 길을 보여준다.
하나님께서는 고향으로 돌아온 나오미를 회복시켜 주셨다.

3월 14일 ● 본문_삼상 1:10-18, 암송_10절, 찬송_539장, 통독_삼상 1-4장

한나가 경험한 서원의 은혜

> 한나는 아이를 낳지 못한 슬픔으로 그녀의 눈언저리가 붉게 물들었다. 그것은 무자한 여인으로서 겪는 모든 인간적인 고통과 수모를 하나님 앞에 아뢰면서 흘린 그 '눈물' 때문이었다.

1. 기도하며, 통곡. 한나는 마음속 깊은 곳에서 치밀어 오르는 인간의 슬픔과 고통을 숨김없이 하나님 앞에 내놓았다. 그녀는 아들을 낳지 못하는 자신의 처지에 대하여 흐느껴 울며 애원하였다. 애절한 심정으로 간구하는 기도를 드림으로써, 고통과 번민을 눈물의 기도로 승화시켰다. 하나님은 인간이 고통을 호소할 유일한 희망이시다.

2. 아기에 대한 서원. 아이를 낳지 못한 한나는 하나님께서 아들을 주시면 하나님 앞에 바치겠다고 서원하였다. 그녀의 서원은 하나님께서 아기를 주시면 삭도를 그의 머리에 대지 않겠다는 맹세가 수반되어, 구약의 여러 곳에서 나오는 '나실인의 서원'과 동일하다. 나실인은 일정한 기간 동안에, 자기의 몸을 구별하여 하나님께 드린 사람이다.

3. 엘리 제사장의 축복. 한나의 애통해하는 사정을 듣고 난 후에, 엘리는 제사장으로서 자신의 섣부른 꾸중이 잘못되었다는 것을 인정하였다. 그리하여 한나에게 복을 빌어 주었다. 엘리의 이 말은 '예언'의 말이 아니고, 제사장으로서 빌어줄 수 있는 '축복'의 말이었다.

[한 줄의 묵상]
하나님은 애통하는 자의 눈물을 외면하지 않으신다.
한나는 오랜 시간의 고통을 서원으로 하나님께 풀었다.

3월 15일 ● 본문_삼상 5:1-12, 암송_6절, 찬송_326장, 통독_삼상 5-8장

법궤가 가는 곳

이스라엘이 블레셋과의 전투에서 패하자, 블레셋 족속은 실로에 있던 법궤를 가져갔다. 그런데 블레셋에서는 법궤가 가는 성읍마다 독종재앙이 임하였다. 결국 법궤를 이스라엘로 돌려보내지 않을 수 없었다.

1. **이스라엘에 대한 법궤의 의미.** 여호와께서 항상 함께 하신다고 믿었기 때문에 일반인들이 함부로 만지면 안 되었다. 그 안에는 모세가 시내 산에서 받은 십계명과 싹 난 아론의 지팡이와 만나를 담은 항아리가 보관되었다. 언약궤라고도 하는데 이것은 이스라엘에 대한 하나님의 언약의 표시인 두 돌판 즉 십계명을 넣은 궤라는 뜻이다.

2. **이스라엘과 법궤.** 구약을 보면 이스라엘 백성이 행진할 때는 언제든지 법궤가 앞서 나아갔다.(수 3:6, 14) 법궤가 먼저 움직여야 백성들도 함께 움직였다. 그들이 행진을 멈추고, 머물 때도 법궤를 모신 성막을 중심으로 이스라엘 12 지파가 동서남북으로 장막을 배치하였다.

3. **여호와의 거룩하심.** 제사장들이 법궤를 메고 요단 강을 건널 때 흐르던 강물이 끊어지고 이스라엘 백성이 마른 땅으로 건널 수 있었다(수 3:14~17). 법궤는 솔로몬 왕이 예루살렘 성전을 건축한 후에도 지성소 안에 두었다. 대제사장 외에 일반 백성들이 함부로 접근하지 못하게 함으로써 여호와의 거룩하심을 나타내는 것이 법궤였다.

[한 줄의 묵상]
법궤가 가는 곳마다 독종 재앙이 발생한 것은 블레셋에 대한
하나님의 심판이었다. 하나님을 무시하면 심판이 초래된다.

3월 16일 ● 본문_삼상 9:15-24, 암송_17절, 찬송_328장, 통독_삼상 9-11장

하나님께 구별된 리더

> 정치, 경제, 사회가 소용돌이 속에서 급변하고 있다. 이런 때에 성도는 하나님의 사람으로서, 시대의 양심으로서 어떠한 자가 되어야 하는가? 하나님과 사람들과의 사이에서 자신의 자리를 지켜야 한다.

1. 하나님의 명령에 따라 죽고 사는 자. 하나님 앞에서 리더로 기름 부음을 받았다면, 그는 자신의 유·불리에 따라 여호와의 말씀을 가감해서는 안 된다. 자신에게 하시는 말씀으로 받고, 그대로 순종해야 한다. 하나님께서 원하신다면 사회에 대해서 바른 말도 할 수 있어야 한다. 예언적인 사명을 가지고, 모든 사람들에게 양심이 되어야 한다.

2. 남성성과 여성성을 갖춘 자. 하나님의 사람은 남성으로서의 의무, 즉 책망과 회개를 촉구하며 원칙을 고수해야 한다. 동시에, 여성으로서의 위로, 즉 권면하고 따뜻하게 돌보는 성품을 갖추어야 한다. 그러면서도 하나님으로부터의 보내심으로 진실해야 한다. 만일, 오해나 도전적인 성도가 있어도 이를 잘 해결해 주어야 한다.

3. 희생의 삶을 사는 자. 하나님 앞에서 다른 이들과 하나 되어 시내기에는 수많은 인내와 희생을 지불해야 한다. 끊임없이 참고 희생하다보면 자신이 나약해 보이고 바보스러울 때도 있다. 그러나 억울한 일에도 오해에도 핍박에도 주님만 바라보면서 참고 견디어야 할 것이다.

[한 줄의 묵상]
우리는 피차 교회 안에서 지체들에게 모범이 되어야 한다.
그 자신이 성령님께 따름으로써 자신의 진보를 보여야 한다.

3월 17일 ● 본문_삼상 14:6-14, 암송_6절, 찬송_359장, 통독_삼상 12-14장

하나님께 어여쁜 사람

> '할례 없는 자들.' 이스라엘 백성에게는 하나님께 속하였다는 증거로 할례의 표시가 있지만 할례가 없다는 것은 요나단에게 있어서, 곧 하나님의 보호를 기대할 수 없음을 나타내주는 고백이었다.

1. 믿음의 사람. 요나단은 블레셋과의 전쟁이 인간적이고 단순한 전쟁이 아니라 하나님에 의한 영적인 전쟁임을 간파하고 있었다. 블레셋과 전쟁을 하기 위하여 사울과 요나단이 진을 치고 있을 때, 요나단은 하나님이 자기와 함께 계심을 알고 믿었다. 블레셋을 기습하려고 할 때, 담대하게 적의 진영에 들어가서 그들을 격파하였다.

2. 사랑의 사람. 다윗이 골리앗을 이겼을 때, 요나단의 마음은 다윗의 마음과 하나가 되어 다윗을 자기 생명과 같이 사랑하였다. 이들의 결합은 육신적 관계가 아니라 신앙적 결합이었다. 그는 다윗과 언약을 세워 앞으로 생명에 대하여 절대 보장하기로 언약하였다.

3. 미래를 아는 사람. 요나단은 다윗이 왕위에 오르고 자기 집은 망할 줄 알고 미리 그 때에 선대해 줄 것을 부탁하였다. 요나단은 다윗의 집과 언약하기를, "여호와께서는 다윗의 대적들을 치실지어다."라고 하였다. 이것은 요나단의 영감에 의한 예언이니 그는 사울의 집의 장래를 내다보고 예언한 것이다.

[한 줄의 묵상]
요나단의 신앙적 전투 신념은 사람의 다소에 있지 않고 오직 하나님의 능력에 있다는 것이었다. 나의 신념은 어떠한가?

3월 18일 ● 본문_삼상 17:41-58, 암송_4-5절, 찬송_351장, 통독_삼상 15-17장

거인을 쓰러뜨리는 비결

> 이스라엘이 하나님의 선민이라 하여 그들에게 대적이 없는 것은 아니었다. 하나님께서는 그들에게 대적을 넘기셔서 싸워 이기기를 원하신다. 그때, 한 사람을 찾으시고, 그를 축복의 통로로 사용하신다.

1. 여호와의 한 사람. 하나님의 공동체에서는 한 사람의 승리가 공동체의 승리를 가져다준다. 다윗 한 사람의 승리가 이스라엘 전체를 승리로 이끌었다. 하나님께서는 잘 훈련된 한 사람을 세워서 위대한 일들을 성취해 가신다. 한 사람에게 주목하시는 하나님을 보라. '아담 한 사람-한 분 예수 그리스도(롬 5:17).

2. 거인을 피하지 말고, 직면해야. 다윗이 승리할 수 있었던 것은 거인을 피해 도망가지 않고, 직면해 싸운 것이다. 본문의 32절에서, "다윗이 사울에게 말하되 그로 말미암아 사람이 낙담하지 말 것이라 주의 종이 가서 저 블레셋 사람과 싸우리이다."라고 결심한 것에 주목하자.

3. 하나님의 이름으로 네게 가노라. 문제를 해결하기 위해서는 먼저 문제를 노려보아야 한다. 본문의 45절에, "너는 칼과 창과 단창으로 내게 나아 오거니와 나는 만군의 여호와의 이름 곧 네가 모욕하는 이스라엘 군대의 하나님의 이름으로 네게 나아 가노라."라고 하였다. 하나님과 함께 하려는 자에게 하나님께서 불가능이 없게 하신다.

[한 줄의 묵상]
다윗이 거인을 정복했다면, 오늘, 우리 가정에서도 정복의 은혜를 누리게 하시는 하나님이시다. 하나님 앞에서 담대하자.

3월 19일 ● 본문_삼상 18:1-5, 암송_3절, 찬송_335장, 통독_삼상 18-22장

사랑스러운 친구

다윗은 골리앗을 쓰러뜨린 후에, 블레셋을 물리쳤다. 그는 사울 왕에게로 나아가 승전보를 전하게 되었다. 그 자리에, 사울의 아들 요나단이 있었는데, 그는 다윗을 만남으로써 서로 마음이 하나가 되었다.

1. 다윗을 사랑한 요나단. 창세기 44:30에서 야곱이 막내아들 베냐민의 죽음을 자신의 죽음으로 여길 정도로 아들을 사랑한 표현이 나오는데, 그것이 바로 '하나로 묶여 있는 것'이었다. "마음과 하나가 되었다." 요나단이 다윗을 그렇게 극진히 사랑했다는 말이다. 그 사랑은 인간이 막지 못한다.

2. 서로에게 유익 된 사랑. 요나단이 다윗을 만난 것, 또한 다윗이 요나단을 만난 것은 이 두 사람의 생애에 있어 서로에게 큰 힘이 되었다. 두 사람의 만남은 고난 속에서 훈련된 신앙(다윗)과 왕궁에서 얻은 교훈(요나단)의 결합으로 두 사람 모두에게 유익을 주었다. 그리하여 요나단은 다윗에게서 많은 것을 배우게 된다.

3. 요나단에게서 힘을 얻은 다윗. 다윗은 신분상 미천한 목동에 불과하였다. 요나단은 다윗을 자기 생명같이 사랑하였다. 다윗이 이미 기름부음을 받은 하나님의 종이라서 경쟁자가 되어야 할 사람인데도 가장 사랑하는 사람이 된 것이다. 이것은 하나님의 은총이었다. 하나님의 영을 받은 사람은 사람들 사이에서도 끌어당기는 힘이 있다.

[한 줄의 묵상]
하나님께 은혜를 받으면 누구든지 서로 사랑하게 된다. 성령님께서 한 스승이시므로 마음이 서로 연결되게 하신다.

3월 20일 ● 본문_삼상 23:1-5, 암송_4절, 찬송_456장, 통독_삼상 23-25장

내가 가리이까

다윗은 "내가 가리이까?"라고 하나님께 여쭈었다. 이것이 다윗의 신앙이다. 그는 당연히 가야 하였으나 하나님께 여쭈었다. 우리는 하나님을 찾고, 그분의 뜻을 깨닫는 훈련을 철저하게 받아야 된다.

1. 하나님을 찾음. 하나님께서는 그의 자녀와 관계가 유지되기를 원하신다. 다윗은 그것을 깨달았기 때문에 하나님께 복을 받을 수 있었다. 바알브라심의 전투에서도 다윗이 하나님의 뜻을 물어 응답을 받았기 때문에 승리한 것이다(삼하 5:17~21). 그러므로 우리가 무슨 일을 하든지, 하나님께 일일이 물어볼 때 하나님께서 기뻐하신다.

2. 하나님의 의도를 여쭘. 하나님께서는 그의 자녀들이 살아가는 현장에서, 무슨 일에든지 '하리이까? 서리이까? 보내리이까?'라고 여쭙고, 행하기를 원하신다. 그것이 바로 기도의 한 형태이다. 그렇게 여쭈어서 하나님의 뜻을 구하면 하나님께서 우리에게 응답해주신다. 그리고 우리가 그 응답에 순종할 때, 하나님은 무엇보다도 기뻐하신다.

3. 순종함으로써 승리하다. 본문 5절에, "다윗과 그의 사람들이 그일라로 가서 블레셋 사람과 싸워 그들을 크게 쳐서 죽이고 그들의 가축을 끌어 오니라 다윗이 이와 같이 그일라 주민을 구원하니라."라고 하였다. 다윗은 하나님의 말씀에 순종함으로써 승리한 것이다.

[한 줄의 묵상]
하나님의 사람은 하나님을 구하며, 그분의 뜻을 찾고, 거기에 응답한다.
그때, 그에게 반드시 승리를 경험하게 하신다.

3월 21일 ● 본문_삼상 26:13-20, 암송_15절, 찬송_383장, 통독_삼상 26-28장

깊이 잠든 사울

> 사울 왕은 다윗을 잡으러 다니다가 피곤해서 잠이 들었다. 이에 다윗은 부하 아비새와 함께 사울의 진영으로 들어가서 왕의 창과 물병을 갖고 나왔다. 그때, 왕을 지켜야 될 아브넬은 다윗이 온 것을 몰랐다.

1. 깊이 잠든 사울. 사울은 깊이 잠이 들어 있었다. 그는 3,000명의 군사력을 믿고 잠이 들었던 것이다. 사람이 육신을 의지하면 잠들 수밖에 없다. 사울은 창과 물병과 군사들, 육적인 것들을 의지하고 깊이 잠들었다. 자기를 호위하며, 지켜 줄 부하들을 의지했던 것이다.

2. 아브넬을 꾸짖다. 사울의 진영에 들어가서 왕의 창과 물병을 가지고 나온 다윗은 멀리 달아났다. 그는 산꼭대기에서 사울의 부하 아브넬을 향해 크게 외치며, 왕을 지키지 않고 잠들었던 것을 심하게 꾸짖었다. 사실, 아브넬이 자신의 직무를 태만히 했던 것이다. 그러고도 그는, "왕을 부르는 너는 누구냐"(14절)라고 뻔뻔스럽게 대답하였다.

3. 잠에 빠지는 이유. 사울 왕은 자신이 소유하고 있는 것들을 의지하였다. 그러다보니 그러한 것들에 대한 의지로 잠이 들게 되었다. 그렇지만 다윗은 사울 왕에게 쫓기는 피곤한 시간에도 잠들지 않았다. 그리고 후에, 아무리 나라가 강해져도 잠들지 않았다. 세상적인 것은 의지의 대상이 될 수 없음을 알았기 때문이었다.

[한 줄의 묵상]
하나님을 의지하면 항상 정신을 차리고 깨어 근신하게 된다.
하나님께서 우리를 강건하게 하시기 때문이다.

3월 22일 ● 본문_삼상 30:7-10, 암송_8절, 찬송_351장, 통독_삼상 29-31장

하나님을 의지한 다윗

> 여호와를 의지하면 새 힘을 얻는다. 그러나 하나님의 도우심을 구하지 않고, 자기 스스로 문제를 해결하려 하면 절망에 빠져 벗어나지 못하고 만다. 하나님을 의지하는 그 힘이 우리를 새롭게 하는 것이다.

1. 하나님을 의지하라. 사울은 온전히 하나님을 의지하지 않았기 때문에 일생 동안 근심하며 불안하게 살았다. 그러나 다윗은 여호와를 의지하여 환난에도 여호와로 말미암아 새 힘을 얻었다. 삼상 30:6, "백성들이 자녀들 때문에 마음이 슬퍼서 다윗을 돌로 치자 하니 다윗이 크게 다급하였으나 그의 하나님 여호와를 힘입고 용기를 얻었더라."

2. 건져주시는 하나님. 다윗은 사랑하는 두 아내가 붙잡혀 가고, 많은 사람들이 일어나 대적하는 순간에도 하나님을 의지하였다. 하나님을 의지하면 하나님께서 우리를 환난에서 건져주심을 믿어야 한다. 환난은 하나님 앞에서 오히려 큰 인물을 만들고 능력의 종을 길러낸다. 하나님을 바라보아야 된다. 하나님께 소망이 있고, 길의 열림이 있다.

3. 하나님의 해결. 우리에게는 아무리 큰 문제라도 하나님 편에서 볼 때는 아무것도 아니라는 사실을 믿어야 한다. 하나님 앞으로 나아오기만 하면 이미 문제는 해결된 것이나 다름이 없는 것이다. 마음에 근심이 있어도 주님을 바라보고 찬송하고 기도하면 모두 해결된다.

[한 줄의 묵상]
하나님께서 다윗을 보호하시고 도와주셨음은 환난 중에도
늘 여호와를 의지하는 그의 중심을 귀하게 여기셨기 때문이다.

3월 23일 ● 본문_삼하 2:12-23, 암송_18절, 찬송_424장, 통독_삼하 1-3장

전쟁에 능했던 사람, 아사헬

아사헬은 두 형과 함께 전쟁에 능하고 지도력을 갖춘 군장 중의 한 사람이었다. 그는 다른 사람들에 비해서 발이 빠르고 민첩하였다. 이에, 다윗이 특별히 선발한 30 용사 중의 한 사람이었다.

1. **이스보셋과 다윗의 대결.** 일시적인 상황이었으나 다윗은 헤브론에서, 이스보셋은 마하나임에서 왕위를 선포함으로 백성의 마음이 갈리고 양대 진영의 싸움이 그치지 않는 때였다. 마침, 이스보셋 편에서 아브넬과 그 일행이 나왔고, 또한 다윗 편에서는 아사헬의 형제들과 그 일행이 나와 기브온 못가에서 기량을 겨루는 싸움을 하게 되었다.

2. **왕권을 향한 대결.** 다윗과 이스보셋이 왕권을 놓고 어느 편이든 통치의 기세를 잡으려는 무자비한 대결이었다. 서로 머리를 잡고, 열두 명씩 상대방의 옆구리를 찔러 일시에 24 명이 죽는 무승부의 전투였다. 이는 앞으로 빚어질 양대 세력의 대결에 대한 상징이 되었다.

3. **빛을 보지 못한 장군.** 서로가 통치권을 놓고 끝까지 힘과 전투로 대결하겠다고 하는 의지의 표현이기도 하였다. 이 사건 직후에, 아브넬이 자기 곳으로 돌아가자 아사헬은 그 뒤를 추격하였다. 그는 아브넬을 살해하기에 좋은 기회를 얻은 것이다. 그렇지만 아사헬은 그보다 한 수 위인 아브넬에 의해 도리어 죽게 된다.

[한 줄의 묵상]
아사헬은 과격한 정치적인 대결에 희생된 사람이다.
양보가 없는 분쟁은 보복과 피의 역사를 낳게 된다.

3월 24일 ● 본문_삼하 6:10-12, 암송_10절, 찬송_510장, 통독_삼하 4-6장

오벧에돔의 집으로 메어 간지라

> 오벧에돔은 레위 사람의 성읍 출신이었다. 그는 기럇여아림과 예루살렘의 중간 지역에 살고 있었다. 그곳은 바로 웃사가 법궤에 손을 대었다가 죽은 근방이었다. 웃사의 죽음으로써 이 행렬은 멈추게 되었다.

1. **법궤를 맡은 오벧에돔.** 다윗 왕과 이스라엘 장로들은 법궤를 운반할 때, 새 수레를 만들어 소들이 끌게 하였다. 그러나 이는 하나님의 방법이 아니었다. 하나님의 궤는 그 인근에 있는 오벧에돔의 집에 잠시 머물게 되었다. 하나님께서 오벧에돔과 그 온 집에 복을 내리셨다.

2. **하나님의 방법을 따라.** 법궤는 채를 양편 고리에 꿰어 사람이 어깨에 메고 운반하는 것이 하나님의 방법이었다. 수레를 만들어서 법궤를 운반하는 것이 더 정성되었지만 그것은 아니다. 하나님의 말씀에 불순종하는 죄가 되었다. 그러므로 오벧에돔의 집에서 예루살렘으로 옮겨지는 법궤는 하나님의 지시대로 장로들이 어깨에 메고 올라갔다.

3. **법궤는 복이다.** 오벧에돔에게도 두려움이 있었겠으나 자신의 집에서 법궤를 맡게 되었다. 그는 짧은 기간에 다른 사람이 확인할 수 없을 만큼 하나님의 은혜와 복을 받게 되었다. 이어서, 법궤는 두려워할 대상만이 아니라 가까이 할 대상임을 알게 하였다. 그리고 하나님을 섬기되 하나님의 법대로 섬겨야 한다는 것을 깨닫게 해주었다.

[한 줄의 묵상]
인간의 훌륭한 생각보다 하나님의 뜻이 우선한다.
하나님의 뜻을 구하며 그에 순종하기를 즐거워하자.

3월 25일 ● 본문_삼하 7:1-2, 암송_2절, 찬송_362장, 통독_삼하 7-9장

법궤를 지켜내다

블레셋에 빼앗겼던 법궤가 다곤 신전으로 옮겨지자 우상이 파괴되었다. 사람들이 다시 가드로 법궤를 옮기자, 그 지역 주민이 죽거나 독종으로 고통을 받게 되었다. 이에 법궤를 이스라엘에 돌려주었다.

1. 아비나답의 결단. 그때, 법궤가 벧세메스에 이르렀을 때였다. 벧세메스 사람들이 법궤를 들여다 본고로 (5만) 70 명이 죽게 되었다. 법궤에 대한 안치문제가 두려운 조건이 되었을 때, 아비나답이 자신의 집에 법궤를 들여 놓은 것은 놀라운 영적인 용기가 아니고는 불가능하였다.

2. 법궤를 자기의 집으로 안치하다. 아비나답에게는 그의 신분에 어울리지 않을 만큼 하나님을 사랑하는 뜨거운 믿음이 있었다. 그는 실수할 경우에, 자신과 온 가족이 다 죽을 수도 있는 위험을 감수하고 법궤를 받아들였다. 법궤의 위치가 곤란할 때에 법궤를 환영하므로 하나님을 영화롭게 하는 큰일을 감당하게 되었다.

3. 사명을 감당하다. 아비나답의 행위를 하나님께서 얼마나 기뻐하셨을까. 법궤는 그의 집에 20년간 머물렀고, 그 가정은 큰 복을 받았다. 또한 그 아들 엘리아살을 거룩히 구별하여 법궤를 지키게 하였다. 아비나답은 법궤를 이방인에게 빼앗길 만큼 영적으로 불안한 때, 온 선민을 안정시킬 수 있는 큰 사명을 감당한 하나님의 일꾼이었다.

[한 줄의 묵상]
뜻밖에 다가오는 영적인 행운을 받아들일 수 있는 큰 그릇이 되어야 한다. 복을 주시기 원하시는 하나님께 준비하자.

3월 26일 ● 본문_삼하 11:1-5, 암송_2절, 찬송_526장, 통독_삼하 10-14장

왕궁 옥상에서 거닐다가

바울은, "형제들아 견고하며 흔들리지 말며 항상 주의 일에 힘쓰는 자들이 되라."고 했다. 우리 인간은 무엇인가 테두리를 벗어나 자유로운 분위기 속에서 살기를 원한다. 그러나 이때, 마귀로부터 유혹이 찾아온다.

1. 평안할 때. 당시에, 이스라엘은 민족사적으로 볼 때, 최고의 전성기였다. 다윗도 왕위에 오른 지 5, 6년이 되어서 그동안 괴롭혀 왔던 주변 강대국들도 다 평정이 되었고, 백성도 다 평안한 삶을 누리고 있었다. 곧 만사가 다 평안하고, 형통할 때에 유혹이 왔다.

2. 태만할 때. 다윗은 지금까지 이스라엘과 백성을 위하여 정신없이 뛰어다녔다. 그러다가 모든 것이 다 평정이 되고나니 나라 안팎으로 염려할 것이 없게 되었다. 나아가 지금, 이스라엘은 전투 중이었다. 그렇다면 왕이 전장에 나가 앞에 서서 적과 싸워야 하지 않겠는가. 그럼에도 그는 왕궁에 있었던 것이다. 자신의 자리에 있는 자가 되자.

3. 십자가를 거절할 때. 다른 이들은 전쟁터에서 나가서 싸우고 있다. 그러나 다윗은 나가서 싸울반한 일은 없었다. 많은 장수들이 있었기 때문이다. 그리고 주위의 나라들은 약했기 때문이다. 그때 다윗에게 유혹이 왔다. 그가 목욕을 하는 여인을 본 순간에, 눈과 귀, 그리고 입으로 오는 시험에 유혹을 당하고 말았다.

[한 줄의 묵상]
성도는 하나님께 헌신된 자로 언제나 자신을 드림이 경험되는 삶을 살아야 한다. 그렇지 않으면 유혹에 넘어간다.

3월 27일 ● 본문_삼하 17:1-4, 암송_2절, 찬송_276장, 통독_삼하 15-17장

선을 악으로 갚다

> 아히도벨은 다윗의 모사였는데, 그는 기회주의자였다. 압살롬이 다윗에게 반기를 들고 쿠데타를 모의하였을 때, 그의 편에 가담을 하였다. 그리고 다윗을 죽이려 하였다.

1. **사악한 모략을 세움.** 압살롬의 기세가 올라가자 아히도벨은 다윗을 버리고 압살롬에게 가담하여 왕권을 굳히기 위하여 부왕 다윗의 후궁과 동침하는 모략을 세웠다. 압살롬은 아히도벨의 모략을 받아들여 백주에 옥상에서 부왕의 후궁을 취하였다. 천인공노할 일이었다. 이는 하나님을 정면으로 대적하는 행위였다.

2. **다윗을 죽이려 꾀함.** 아히도벨은 어리석은 반역에 가담하였다. 그가 다윗을 죽이려고 한 것은 그의 손녀 밧세바를 간음하고, 우리아를 죽인 데 대한 분개였다. 그는 다윗의 모사로 다윗을 잘 알기 때문에 속히 제거하지 않으면 오히려 큰 해를 당할 수 있다고 생각하였다.

3. **선을 악으로 갚음.** 그는 하나님의 공의와 다윗의 신의를 저버렸다. 하나님께서 기름 부어 세운 왕을 배반하고 하나님이 주신 그 현명한 머리로 다윗을 죽이려 했다. 그는 선을 악으로 갚는 배은망덕한 자였다. "악을 도모하는 자는 잘못 가는 것이 아니냐? 선을 도모하는 자에게는 인자와 진리가 있으리라."(잠 14:22)고 말씀하셨다.

[한 줄의 묵상]
선한 자가 되려면 선한 편에 속해야 한다. 만일, 이제까지의 선에 대하여 악으로 나간다면 하나님께 옳지 못하다.

언약대로 축복 받는 가정예배 365일

3월 28일 ● 본문_삼하 19:31-39, 암송_36절, 찬송_368장, 통독_삼하 18-20장

바실래의 충성

> 바실래가 다윗 왕에게 했던 충성은 우리들에게 귀감이 되고 있다. 다윗이 가장 어려웠을 때, 그가 자신의 유익을 구하지 않고 드려진 충성이기 때문이다. 그렇다면 바실래는 어떻게 충성하였기에 그러한가?

1. 자신을 돌아보지 않은 충성. 다윗이 압살롬에게 쫓길 때, 자기가 가지고 있는 재물을 갖고 와서 왕과 그와 함께 한 자들에게 공궤를 했다. 현재 권력을 가지고 있는 자에게 충성하기는 쉽다. 그러나 바실래는 자식에게 쫓김을 당하는 다윗에게 충성을 한 것이다.

2. 보상을 바라지 않는 충성. 자신을 예루살렘으로 데리고 가서 공궤하겠다는 다윗에게 말한다. "좋은 왕을 모시고 요단을 건너려는 것 뿐이거늘 왕께서 어찌하여 이 같은 상으로 내게 갚으려 하시나이까." 그는 왕의 보상을 거절한다. 이는 부를 얻고, 명예를 얻고 싶은 것이 일반적이나 그는 보상을 바라지 않는, 사심이 없는 충성을 했기 때문이다.

3. 좋은 결과가 있는 충성. 다윗이 바실래의 충성에 감복하여 그에게 함께 요단을 건너자고 한다. 그러나 바실래는 고향에서 남은 생을 살다가 가족의 장지에 묻히겠다고 한다. 이에, 다윗은 그의 아들 김함을 데려다가 좋은 대접을 한다. 이로써 바실래는 자기뿐만 아니라 후손에게까지 좋은 결과를 가져오는 조상이 되었다.

[한 줄의 묵상]
누구에게나 기회는 온다. 그 기회를 잘 활용하여, 지금 잠시의 영광이 아니라 끝이 좋은 결과를 맺어야 한다.

3월 29일 ● 본문_삼하 24:10-17, 암송_12절, 찬송_371장, 통독_삼하 21-24장

다윗에게 선견자 된 선지자

> 갓은 선견자로 이스라엘에, 다윗 시대의 선지자였다. 그리고 다윗 왕의 선견자라고도 불렸다. 다윗의 생애에서 실수가 두 번 있었는데, 하나님께서는 그때마다 선지자를 보내 회개하게 하였다.

1. 인구조사의 죄. 다윗의 죄는 우리아의 아내를 빼앗은 일이요, 또 하나는 인구조사를 감행한 일이다. 이때, 하나님의 진노는 너무 엄격해서 사죄의 방법을 찾기 어려운 형편이었다. 하나님께서 주의 사자를 통해 선지자 갓을 다윗에게 보내어 하나님의 징계를 알리고, 다윗으로 하여금 용서받을 수 있는 길을 허락하였다.

2. 다윗에게 나아간 갓. 이때, 자신을 돌아보지 않고, 사명을 감당한 사람이 선지자 갓이었다. 다윗이 인구조사를 행한 불신앙의 죄에 대하여 하나님께서는 갓을 통해서 다윗에게 셋 중에 하나를 선택하라는 제안을 하였다. 그 첫째는 3년 기근이요, 둘째는 3개월 동안 적에게 쫓기는 일이요, 셋째는 3일 동안의 전염병이었다.

3. 다윗의 순종. 갓에게는 이 사역이 가장 큰 의미 있는 사역이었다. 다윗은 3일 동안의 전염병을 선택하였다. 이 재앙으로 죽은 자가 칠만 명이나 되었다. 다윗은 갓의 권면을 거역할 수도 있었을 것이다. 그러나 그는 갓보다는 선지자를 자기에게로 보내신 하나님을 보았던 것이다.

[한 줄의 묵상]
하나님의 사람에게는 그가 감당해야 될 사명이 있다. 사명을 감당하려면 자신을 돌아보지 않을 때, 순종하게 된다.

3월 30일 ● 본문_왕상 1:5-14, 암송_5절, 찬송_271장, 통독_왕상 1-3장

반역을 일으키다

아도니야는 다윗 왕의 총애를 받은 왕자였다. 그런데 그가 다윗을 반역하였다. 암논과 압살롬이 죽은 다음에 아도니야는 왕위의 정당한 계승자가 되었는데, 욕심을 가지고 왕위를 찬탈하려는 것은 잘못이었다.

1. 왕위를 계승하려고 음모를 꾸밈. 아도니야의 생애는 동양에서 궁전을 둘러싸고 종종 일어나는 음모의 전형이라고 볼 수 있다. 그가 왕의 자리에 욕심을 갖게 된 것은 자기만을 위한 교만 때문이었다. 욕심이 잉태한즉 죄를 낳고, 죄가 장성한즉 사망을 낳는다.

2. 반역이 실패하자 성전으로 도망침. 솔로몬이 왕위를 계승한 소식을 듣자 아도니야는 매우 당황하였다. 백성의 부르는 '솔로몬 왕 만세' 소리에 그들의 음모는 역적모의가 되고 말았다. 그들은 혼비백산하여 도망하고 말았다. 아도니야도 솔로몬을 두려워하여 성전으로 들어가 제단 뿔을 잡고, 솔로몬이 자기를 죽이지 않기를 원했다.

3. 솔로몬이 아도니야를 용서함. 솔로몬은 악을 떠나서 선을 행할 것을 조건부로 아도니야에게 관대한 처분으로 용서하여 주었다. 그것은 백성의 태도의 불확실성 때문에 솔로몬이 왕위에 오르기까지는, 그를 죽이는 것이 위험하다고 여겼기 때문일 것이다. 죄인은 성전에 들어가 제단 뿔을 잡으면 산다.

[한 줄의 묵상]
스스로 왕위를 찬탈하려는 것은 욕심이었다.
욕심이 잉태하면 죄를 낳고, 죄가 장성하면 사망을 낳는다.

3월 31일 ● 본문_왕상 5:7-12, 암송_8절, 찬송_546장, 통독_왕상 4-6장

두 사람이 함께 약조하다

두로 왕 히람은 다윗을 사랑하였다고 했다. 그는 다윗을 향한 마음을 솔로몬에게로 이어갔다. 그래서 솔로몬이 성전을 건축하려 할 때, 성전을 짓는 데 필요한 백향목과 잣나무, 석재 등을 보내주었다.

1. 솔로몬의 말을 듣고. 솔로몬이 왕위에 즉위할 때, 히람은 축하사절단을 보내었다. 히람은 이미 하나님의 기름 부음을 받은 다윗 왕가와 연합하여 지내고 있었다. 솔로몬이 성전을 건축하기 위하여 필요한 물자를 히람에게 부탁하자, 그는 솔로몬에게 후의를 베풀었다. 지금까지 다윗 왕가와의 우의를 생각하며 크게 기뻐하였던 것이다.

2. 나의 원을 이루어서. 히람은 자기 나라에서 생산되는 백향목과 잣나무와 석재 등 많은 건축자재를 제공하였다. 솔로몬의 요청은 히람에게도 좋은 기회가 되었다. 이로써 그는 다윗 때부터 있어온 두 나라의 우호 관계를 유지하였다. 당시에, 베니게의 두로는 농산물이 필요하여 솔로몬에게 농산물을 요청하였다.

3. 히람과 솔로몬이 친목하여. 이스라엘 왕국과의 화평을 도모하면서 두로를 지켜내었다. 솔로몬과 히람 사이에는 많은 무역이 이루어지게 되었다. 서로 지배하려 하지도 않았고 굴종하는 일도 없었다. 히람과 솔로몬은 원만하게 우호관계를 유지하였다.

[한 줄의 묵상]
히람은 솔로몬에게 선대하였다. 우리는 하나님의 사람과
교류하며 지내는 지혜로운 선택을 다짐해야 한다.

언약대로 축복 받는 가정예배 365일

4월~ 6월

4월 1일 ● 본문_왕상 7:13-22, 암송_21절, 찬송_246장, 통독_왕상 7-9장

기둥 같은 일꾼

기둥이란 집의 가장 중심적인 역할을 하는 부분이다. 적은 능력으로 하나님의 말씀을 지키면서 이기는 자가 주님의 나라에서 기둥이 된다고 하였다. 성도는 교회에서 가장 중심적인 인물이 되어야 한다.

1. 견고한 기둥이 되어야. 고대의 건축물에서 모든 기둥은 견고하게 만들었다. 기둥이 튼튼하지 않으면 집을 받들지 못한다. 이와 같이 하나님께서 인정하시는 기둥 같은 인물은 든든해야 한다. 그리하여 하나님의 나라를 받들듯이 주님의 교회를 받들어야 한다. 예수님의 이름으로 자신에게 부여된 직무를 충성스럽게 섬기는 일꾼이 되어야 한다.

2. 자신의 봉사가 아름다워야. 야긴이나 보아스 같은 기둥은 견고하면서도 매우 아름다웠다. 성도는 견고하면서도 아름다워야 한다. 신앙생활을 하는 모습에서, 기도와 순종의 모습 속에 아름다움이 배어있어야 한다. 주님께서 원하시는 마음으로 아름다운 삶을 살아야 한다.

3. 자신의 임무를 잘 감당해야. 기둥은 집을 잘 버티어야 한다. 서로의 임무를 잘 감당해야 한다. 그렇지 못하여 기둥이 무너지면 집 전체가 붕괴된다. 교회에서도 성도들의 환경과 학문, 상황 등은 일치하지 못해도, 서로 봉사하는 모습은 일치해야 한다. 모자란 것은 더하고, 남은 것은 잘라서 조화를 이루고 자신에게 준 임무를 잘 감당해야 한다.

[한 줄의 묵상]
우리 가족은 교회 안에서 기둥 같은 성도가 되어야 한다.
예수 그리스도에게 접붙인 바가 된 나무가 되기를 소원하자.

4월 2일 ● 본문_왕상 10:1-10, 암송_3절, 찬송_595장, 통독_왕상 10-13장

스바의 여왕

> 여호와의 이름은 당신의 자녀들의 부요함에서 높아진다. 당시에, 솔로몬의 명성이 세상에 퍼지면서 하나님께의 영광이 퍼져나갔다. 스바 여왕은 그 지혜를 갈망하여 먼 길을 마다하지 않고 솔로몬을 찾아왔다.

1. 솔로몬을 방문하다. 솔로몬의 지혜와 그에게 지혜를 주신 여호와의 이름이 이방 나라에 퍼져나갔다. 그의 지혜에 감탄한 스바 여왕은 솔로몬의 지혜를 원하여 솔로몬을 찾아왔다. 그녀는 이스라엘의 풍요로움을 보고, 여호와의 이름을 찬양하였다. 솔로몬 왕을 찾아와 하나님을 찬양한 스바 여왕은 그리스도를 영접한 이방의 성도를 상징한다.

2. 솔로몬의 지혜에 감복하다. 스바 여왕의 질문에, 솔로몬 왕은 막힘이 없이 답변했다. 솔로몬의 지혜는 하나님께서 주신 지혜이기 때문에 인간이 쌓은 경험의 지혜의 수준을 능가할 수밖에 없다. 스바 여왕이 감탄한 것은 솔로몬이 건축한 전, 성전과 궁전의 위용이었다.

3. 솔로몬에게 예물을 드리다. 전능하사 천지를 만드신 하나님께서 솔로몬에게 지혜를 주신 것이다. 이에, 솔로몬의 지혜에 감탄한 스바 여왕은 금 120달란트와 심히 많은 향품과 보석을 예물로 드렸다. 그녀는 솔로몬에게 감탄하여 하나님을 찬양하였다. 예수님을 그리스도로 믿는 우리는 하나님께 예물을 드려야 할 것이다.

[한 줄의 묵상]
스바 여왕이 솔로몬에게 감탄하였다면, 오늘, 우리는 생명의 길이 되신 그리스도의 지혜에 감탄해야 할 것이다.

4월 3일 ● 본문_왕상 15:9-15, 암송_15절, 찬송_430장, 통독_왕상 14-16장

여호와 보시기에 정직하다

> 아사는 남 유다의 왕이 되어, 41년 동안을 통치하면서 여호와 보시기에 정직하여 선과 정의를 행하였다. 그의 마음은 일평생 여호와 앞에 온전하였다.

1. 우상을 제거하다. 아사는 남색하는 자를 추방하고, 우상을 제거하는데 힘썼다. 심지어 자신의 친어머니 마아가를 아세라 우상을 만들었다는 이유로 폐위하였다. 그는 우상을 찍어서 기드론 시냇가에서 불살랐다. 성도는 탐심을 비롯한 옛 사람의 우상들을 멀리하고, 쫓아내고, 온전히 하나님만 믿고 섬겨야 한다.

2. 하나님께 부르짖다. 구스 사람 세라가 아프리카의 대군을 거느리고 침입해 왔다. 아사는 하나님만을 의지하고, "우리 하나님 여호와여 우리를 도우소서."라고 하나님께 부르짖었다. 이에, 하나님께서 도우시니, 반수에 불과한 군사로서 100만 대군을 물리쳤다. 하나님은 사랑하는 자, 찬송하는 자, 부르짖는 자의 힘이 되신다.

3. 힘을 다하여 하나님을 섬기다. 아사는 힘이 미치는 한, 우상을 제거하고 백성으로 하나님을 찾게 하였다. 율법과 명령을 준행하게 하였으며, 종래의 산당과 태양상을 제거하였다. 아사의 종교개혁으로 하나님의 복을 받아 유다는 평안을 누렸다.

[한 줄의 묵상]
우리는 하나님을 사랑하고, 말씀의 사람으로서 말씀을 말하고,
말씀으로 살아가는 온전한 사람이 되어야 한다.

4월 4일 ● 본문_왕상 17:8-16, 암송_16절, 찬송_533장, 통독_왕상 17-19장

사르밧 과붓집의 기적

> 이스라엘에 3년 6개월 동안 비가 내리지 않았다. 오랜 흉년으로 말미암아 사람과 짐승까지 굶어 죽어가고 있다. 그러나 하나님께서는 하나님의 사람인 엘리야를 한 끼도 굶기지 않고 먹이셨다.

1. 사르밧의 과부에게 가라. 하나님께서 엘리야에게 사르밧으로 가서 과부에게로 가라고 하였다. 엘리야는 그녀에게로 가서 떡을 달라 하였다. "3년 6개월 동안 가뭄과 흉년에 물이 어디 있으며 떡이 어디 있습니까?" 그녀는 한 끼 남은 양식을 가져와 자기와 아들이 먹지 않고, 하나님의 사람인 엘리야에게 떡을 만들어 대접하였다.

2. 신비로운 일이 일어나다. 그녀가 가루 통을 열어보니 가루가 있고 기름 병에 기름이 있는 것이었다. 다시 또 가루 통을 열어보니 또 있다. 먹으면 또 나오고, 먹으면 또 나오고, 이것은 하나님의 기적이었다. 하나님은 사르밧 과부의 생명을 아끼지 않는 믿음을 보신 것이다.

3. 하나님을 대접한 결과. 사르밧의 과부는 자기와 아들이 굶어 죽더라도 주님의 종을 대접하였다. 이것은 바로 하나님을 대접하는 것이었다. 이것이 그녀의 믿음이었다. 순종하는 자에게는 하나님의 능력과 기적이 따르게 된다. 주님은 냉수 한 그릇 대접하는 것도 잊지 아니하신다고 하였다. 하나님의 종을 대접하는 것은 그 상을 잊지 않으신다.

[한 줄의 묵상]
오늘도 만나는 사람은 그가 누구든지 하나님 앞에서 대접해야 될 대상이다. 사람을 대접하게 하시는 하나님을 바라보자.

4월 5일 ● 본문_왕상 22:19-28, 암송_23절, 찬송_483장, 통독_왕상 20-22장

전쟁터에서 죽다

아합은 여호와 앞에서 교만하였고, 이스라엘 백성들에게 죄를 짓도록 하였다. 그는 하나님의 진노를 받아 전쟁터에서 죽게 된다.

1. 길르앗 라못과의 전쟁. 자신의 욕심과 생각대로 행하는 아합은 유다의 왕 여호사밧과 함께 길르앗 라못을 치려하였다. 과거에, 길르앗 라못은 요단 동편에 위치한 세 도피성 중 하나였고, 래위인의 성읍이었다. 그러나 지금은 이스라엘을 대적하는 아람의 땅이었다. 그는 거짓 선지자를 찾아가서 하나님께서 도와 승리할 것이냐고 물었다.

2. 하나님의 간섭. 아합에 대한 하나님의 진노는 그를 망하게 하였다. 그래서 거짓 선지자인 시드기야의 입에 아합을 꾀는 말을 넣으셨다. 이때, 아합에게 전쟁터로 끌어내어 죽게 하는 유혹이 닥친 것은 그의 내면에 군사적 세력 확장의 탐욕이 있었기 때문이다. 아합이 길르앗 라못과의 전쟁터에서 죽게 하시려는 하나님의 의도였다.

3. 참 선지자의 경고. 미가야 선지자는 아합에게 이스라엘이 목자 없는 양 같이 산에 흩어졌다고 하였다. 이제라도 왕은 여호와의 말씀을 들으라고 권면하였다. 그러나 아합은 그의 권고를 듣지 않았다. 그는 미가야의 예언을 묵살한 채 아합은 길르앗 라못의 정벌을 단행한다. 그리고 아람 병정이 날린 화살을 맞고 피를 많이 흘려 죽게 되었다.

[한 줄의 묵상]
아합은 이미 하나님께로부터 버림을 자초하였다. 그렇다면 나는 하나님께 버림이 되지 않기 위하여 자신을 살펴야 한다.

4월 6일 ● 본문_왕하 1:1-8, 암송_4절, 찬송_434장, 통독_왕하 1-3장

난간에서 떨어져 죽다

아합과 이세벨 시대에는 하나님의 사람들이 거의 없었다. 그들은 가정에서나 사회적으로 후대의 사람들에게 선한 행실의 본을 보여주지 못하여 자녀 교육에 실패하였다. 아하시야는 부모의 악습을 답습하였다.

1. **난간에서 떨어져 병들다.** 아하시야는 다락의 난간에서 밖을 내다보다가 밑으로 떨어져 병들었다. 어이없는 실수로 당하게 된 고난이었다. 고난은 예기치 않은 때에 찾아오는 것이다. 하나님의 편에서 이 사건은 하나님의 사랑의 징계요, 회개하도록 시간을 주시는 기회이다. 그러나 그는 자신의 불행의 의미를 알지 못했다.

2. **바알세붑에게 묻다.** 아하시야는 병이 위중하자 바알세붑에게 사자를 보내어 물었다. 아무 것도 할 수 없는 우상에게 자신의 병에 대하여 묻는 것은 어리석은 일이다. "누구든지 주의 이름을 부르는 자는 구원을 받으리라"(롬 10:13). 성도는 위급할 때, 주님을 불러야 한다.

3. **엘리야에게 50부장을 보내다.** 영안이 어두운 그는 자신의 죽음을 예언한 엘리야를 잡아오도록 하였다. 엘리야는 그들을 불로 살라버렸다. 두 번이나 그렇게 하였다. 그는 세 번째 50부장을 보냈다. 세 번째 50부장은 엘리야 앞에 무릎을 꿇고 목숨을 구하여 엘리야의 동행을 허락받았다. 하나님은 구하고, 찾고, 두드리는 자에게 주신다.

[한 줄의 묵상]
아하시야의 병은 죄에 대한 하나님의 심판인데도 이를 깨닫지 못하고, 회개하지 않아 죽었다.

4월 7일 ● 본문_왕하 6:8-13, 암송_9절, 찬송_357장, 통독_왕하 4-6장

하나님의 사람 엘리사

아람 왕은 엘리사를 잡으려고 군사를 이끌고 엘리사가 있는 도단성을 포위하였다. 엘리사는 조금도 두려워하지 않고, 하나님의 사람답게 침착하였다. 하나님의 사람인 엘리사는 어떤 사람인가?

1. 위기에도 두려워하지 않다. 이스라엘 군사들은 아람 군사들에게 포위되자, 엘리사는 조금도 당황하지 않았다. "두려워 말라 우리와 함께 한 자가 그들과 함께 한 자보다 많으니라."고 하였다. 하나님의 사람은 아무리 위기를 당할지라도 두려워하는 일 없이 요동치 않고, 하나님을 의지하며 그의 권능이 나타나기를 기대한다.

2. 위기에서 낙심하지 않다. 아람의 군사들이 엘리사를 포위하므로 그는 피할 길이 없었다. 그는 자기를 포위한 아람 군사들을 두려워하지 않았다. 그에게는 하나님의 사람답게 하나님을 신뢰하는 믿음이 있어 두려움이 없었다. 하나님의 사람은 사람을 두려워하지 않는다.

3. 하나님의 역사를 보다. 오히려 자기를 도우시는 여호와께 기도하였다. "여호와여, 그들의 눈을 열어서 보게 하옵소서." 엘리사가 기도를 마치고 사환이 눈을 열어보니 산상에 불말과 불병거가 가득하였다. 하나님께서는 자기에게 피하여 기도하면 반드시 하나님께서 역사하시며 피할 길을 열어 주신다.

[한 줄의 묵상]
하나님의 사람은 어려운 일을 당할 때, 낙심하지 않는다.
오히려 이 상황을 하나님께로 나아가는 기회로 사용한다.

4월 8일 ● 본문_왕하 9:1-10, 암송_3절, 찬송_289장, 통독_왕하 7-9장

혁명을 일으키다

당시의 이스라엘에서는 날로 패역해 가는 이스라엘 왕가에 대한 하나님의 심판의 필요성을 누구나 절감했을 것이다. 예후는 그 심판의 대행자로 선택받았다. 하나님의 언약은 신실하시다.

1. **기름 부음을 받다.** 당시에, 사람에게 직무를 주어 하나님께 세우는데 왕, 제사장, 선지자에게 기름을 부어 세웠다. 엘리야에게 언약한 것을 엘리사가 기름을 부어 예후를 왕으로 세웠다. 구약의 성직자들은 이 세 가지의 직무 중에서 하나씩만 가질 수 있었다. 이 세 가지 직무를 가지신 분은 기름 부음을 받으신 그리스도 밖에 없다.

2. **혁명의 지시를 받다.** 하나님께서 예후에게, "너는 네 주 아합의 집을 치라 내가 나의 종 곧 선지자들의 피와 여호와의 종들의 피를 이세벨에게 갚아 주리라."고 명령하였다. 공의로우신 하나님은 선지자들과 종들을 살해한 그들을 심판하신다. 철저하게 심판하신다. 그러므로 하나님의 백성은 하나님의 법도를 따라 살아야만 한다.

3. **하나님의 신탁을 발표하다.** 군대 장관들의 심중을 어느 정도 파악한 예후는 선지자를 통한 하나님의 신탁을 발표한다. 그는 매우 조심스럽게 발표한다. 그는 자신이 왕이 되는 것은 "여호와의 기름 부음"이라고 말한다.

[한 줄의 묵상]
예후의 혁명은 아합의 집에 대한 공의로우신 하나님의 심판이었다.
마지막 심판의 날, 죄인들을 단번에 심판하신다!

4월 9일 ● 본문_왕하 11:1-3, 암송_2절, 찬송_13장, 통독_왕하 10-14장

왕위를 찬탈한 여인, 아달랴

아달랴는 자신의 아들 아하시야가 죽은 것을 보고, 왕위를 찬탈하고자 반역을 일으켰다. 이는 다윗 왕가에 대한 인간적인 배신이었다. 그리고 하나님의 계획에 대하여 도전하는 행위가 되었다.

1. 왕자들을 죽이다. 유다의 정치에 간섭한 그녀는 왕이 죽자 권세를 계속 유지하려고 왕자들을 모두 죽였다. 아무리 권세가 좋다고 하더라도 혈육을 죽일 수는 없다. 죄악으로 마비된 양심은 이처럼 잔인한 사람이 된다. 그녀가 이렇게 악을 행한 동기는 그녀의 부모인 아합과 이세벨 때문이었다. 인간은 속으로부터 진실함이 드러나야 한다.

2. 유다의 여왕이 되다. 그녀의 반역은 단순한 반역이 아니라 하나님의 나라에 대한 반역이었다. 오래 전에, 하나님께서 다윗과 언약하였다. "그 왕위를 영원히 하겠다." 그러므로 그녀의 반역은 메시야의 오심과 하나님의 나라의 도래를 거부하는 적그리스도의 전형이 되었다.

3. 하나님께서 심판하시다. 아달랴가 6년 동안 통치하였으나 하나님은 이스라엘을 보호하였다. 하나님은 여호야다 부부로 어린 왕자 요아스를 보호하셨고, 미래를 준비하였다. 제사장 여호야다가 요아스에게 기름을 부어 왕을 삼았다. 요아스를 호위하고 있던 병사들과 백부장들이 아달랴를 성전 밖으로 몰아내어 죽였다.

[한 줄의 묵상]
아달랴는 자신의 군대에 의하여 피살당했다. 그녀의 행위는
하나님의 공의와 법도가 아니었기 때문이다.

4월 10일 ● 본문_왕하 16:1-9, 암송_2절, 찬송_342장, 통독_왕하 15-17장

여호와께 정직히 행하지 아니하고

아하스 왕은 유다에 이방 종교를 끌어들이는 죄를 저질렀다. 하나님과의 관계를 바로 하지 못한 데서 그의 죄는 시작되었다. 그는 이스라엘 열왕의 길로 행하여 바알들의 우상을 부어 만들었다.

1. 다윗의 길에서 떠남. 열왕들의 사적을 다윗과 비교하는 것은 다윗이 여호와의 명령과 그 법도를 지켰기 때문이다. 아하스는 하나님 앞에서 정직하지 않게 행하였다. 그는 조상이 보여준 "여호와의 명령과 그 법도를 지켜" 하나님을 경외하는 데서 떠나 이스라엘 열왕의 길로 행하였다. 하나님을 섬기지 않음은 곧 죄의 길이 된다.

2. 가증한 일을 행함. 아하스는 하나님을 섬기는 방법과 이방의 우상 숭배법을 혼합하는 죄를 범하였다. 그는 자기 아들을 불 가운데로 지나게 하고, 산당과 푸른 나무 앞에서 우상에게 제사 드리는 일을 하였다. 이 만행으로 예루살렘은 침략을 당하는 하나님의 징계를 받았다.

3. 성전을 어지럽힘. 아하스는 산당에서의 종교적 행위를 허용했을 뿐만 아니라 다른 왕들과는 달리 적극적으로 그 행위를 장려하였다. 그래서 그의 통치 말기에 이르러서는 급기야 예루살렘 성전을 폐쇄하기까지 했던 것이다. 아하스는 아람의 우상 제단의 모형을 갖고 와서 하나님의 성전 옆에 이방 제단을 만들게 하였다.

[한 줄의 묵상]
하나님께 민감하지 못해서 우상을 섬기는 죄를 짓지 않으며,
어떤 것도 하나님의 자리에 대치시키지 않도록 주목하자.

4월 11일 ● 본문_왕하 19:14-19, 암송_19절, 찬송_432장, 통독_왕하 18-20장

열심을 품고 주를 섬기라

하나님께서 부여하신 인간의 능력은 엄청나다. 열심 있는 사람이라면 하나님께서 주신 능력을 발견하고, 개발할 수 있다. 하나님 앞에서 포기하지 말고, 하나님께서 주신 가능성을 개발하며 활용해야 한다.

1. 열심을 품으면? 하나님께서는 선한 일에 열심을 품은 사람에게 더 좋은 열매를 맺게 하신다. 디도서 2:14의 기록과 같이, 우리에게 하나님께서 구원과 은혜를 주시는 이유는 우리로 선한 일에 열심 있는 자기 백성을 삼으시려 하심이다.

2. 하나님의 인도하심. 하나님께서는 열심을 품은 사람으로 목표를 성취하게 하신다. 최선의 삶을 사는 사람은 평범한 사람이 이룰 수 없는 목표에 이르게 된다. 하나님께서는 신앙생활에 열심을 품은 사람으로 하여금 교회와 가정과 직장에서 목표를 이루게 하신다. 나에게 주어진 일을 감당하는 길은 열심을 내는 것이다.

3. 인간의 열심과 하나님의 응답. 열심을 품은 사람은 기도에도 힘써야 한다. 하나님께서 함께 하실 때에만 모든 일에 귀한 열매를 얻을 수 있다. 그러므로 열심 있는 사람은 그 열심과 함께 기도에도 힘써야 한다. 이렇듯 열심을 품은 사람이 화평과 승리의 인생을 살 수 있다. 그 승리가 하나님께 영광이 되기 때문이다.

[한 줄의 묵상]
하나님께서는 선한 목적에 열심을 품은 사람에게 귀한 열매를 맺게 하신다. 오늘, 게으름을 거절하기에 예민해야 한다.

4월 12일 ● 본문_왕하 22:3-7, 암송_5절, 찬송_217장, 통독_왕하 21-23장

다윗의 모든 길로 행한 요시야

요시야는 어린 나이에 왕이 되었다. 그는 그의 통치 12년에 한 차례 종교개혁을 단행하여 모든 우상들을 파괴하였다. 하나님의 은혜는 그에게 은총을 베풀어 악한 임금들을 경고의 대상으로 삼게 하였다.

1. **여호와 앞에서.** 요시야는 여호와 보시기에 정직히 하였다. 그의 아버지는 죄 속에 살다가 멸망을 받았으나, 그 아들은 선택된 그릇이 되었다. 하나님의 은혜는 저주의 가문에 이어지는 저주를 끊으신다. 요시야는 하늘 아래에 있는 인생에게 삶의 유일한 길이 되는 하나님의 말씀을 따라 생각하며 판단하였다.

2. **하나님의 은혜.** 요시야는 악한 아버지에게서 태어났고, 좋은 모범도 받지 않았지만 하나님의 은혜를 구하였다. 주위의 사람들은 그에게 악한 아버지를 따를 것을 종용했으나 그는 하나님을 바라보았다. 그는 오직 하나님의 율법과 계명에 의해서만 판단하고 행동하였다.

3. **요시야의 행적.** 요시야는 여호와의 길로 행하였다. 그리고 좌로나 우로 치우치지 않았다. 그는 대외적인 면에 신경을 쓰지 않고, 대내적으로 오로지 유다 백성이 하나님을 섬기도록 하였다. 그가 왕으로서 통치하는 동안에 하나님은 그를 바른 길로 인도하였다. 특히, 우상숭배와 불경건에 빠지지 않았다.

[한 줄의 묵상]
요시야의 종교개혁은 멸망으로 치닫는 유다를 잠시 동안이라도 선으로 이끌었다. 하나님의 은혜는 선으로 인도해준다.

4월 13일 ● 본문_왕하 25:1-7, 암송_7절, 찬송_597장, 통독_왕하 24-25장

악인의 말로를 보여준 시드기야

> 시드기야는 하나님 보시기에 악을 행하였다. 하나님께서 그에게 진노하셔서 시드기야와 그를 따르는 이스라엘 백성은 비참하게 되었다. 이는 하나님께서 그들을 버리셨기 때문이다(렘 15:1-2).

1. 기근으로 고생을 하다. 시드기야의 악행 때문에 예루살렘 성은 포위되었다. 그때, 성 안에 사는 이들은 양식을 구할 길이 없어 더 이상 견딜 수가 없는 지경에 이르게 되었다. 그리하여 그들은 사람으로서는 도저히 할 수 없는 일까지도 하였다. "너희가 아들의 살을 먹을 것이요 딸의 살을 먹을 것이며"(레 26:29).

2. 측근자들이 버리고 도망하다. 견디지 못한 군사들은 왕을 버리고 도망을 치고 말았다. 백성들로부터 인심을 얻지 못하였기 때문이다. 왕을 호위해야 될 군사들이 배신하자 시드기야는 참을 수 없는 고통이 되었다. 그러나 이것도 하나님의 심판이라 어쩔 수 없었다.

3. 비참하게 최후를 맞이하다. 에스겔 선지자가 시드기야에 대하여 예언하기를, "내가 또 내 그물을 그의 위에 치고 내 올무에 걸리게 하여 그를 끌고 갈대아 땅 바벨론에 이르리니 그가 거기에서 죽으려니와 그 땅을 보지 못하리라"(겔 12:13)고 하였는데 그대로 되었다. 그리하여 시드기야는 두 눈을 뽑히고, 결국 보지 못하고 죽었다.

[한 줄의 묵상]
하나님의 백성은 이 땅에서 사는 날 동안에, 악을 행해서는 안 된다.
악에 대해서는 모양이라도 버릴 때, 선에 속한다.

4월 14일 ● 본문_대상 1:17, 암송_17절, 찬송_475장, 통독_대상 1-4장

언약된 복을 상실한 엘람

> 엘람은 셈의 맏아들로 엘람족의 조상이 되었다. 엘람족의 도성은 수산에 있었다. 엘람 종족은 앗수르가 바벨론에 의해 패망하자 메대와 동맹을 맺어 자기 종족을 보존하는데 성공하였다.

1. **불신앙의 편에 선 엘람 사람들.** 느헤미야의 주도로 예루살렘 성과 성전을 재건하자, 엘람 사람들도 극력 반대하여 불신앙의 편에 서게 되었다. 셈의 장자로 엘람은 종교적인 축복과 영적인 유산을 고스란히 물려받았으나 조상과는 달리 하나님을 거역하고 현실에 치중했으며, 자기의 유익을 위해 변질된 생활을 보내었다.

2. **복을 상실하다.** "야벳과 함이 셈의 장막에 거하리라."는 하나님의 예언은 셈의 후손에게 내려진 큰 축복의 조건이었다. 그러나 엘람은 셈의 직계 장손인데도 그 축복을 이어받지 못했다. 엘람은 선택으로나 혈통으로나 하나님의 복이 보장되었지만 그의 영적 무관심으로 상실하게 되었다. 엘람의 종족과 그 도성은 셈과는 다른 세대가 되었다.

3. **하나님의 백성은?** 철저히 하나님의 편에 서야 하늘의 복을 누린다. 약속된 복과 성취된 복의 현실과는 전혀 다른 경우가 많다. 예언된 하나님의 약속은 그 예언을 믿고 사모하는 자에게 허락되고 있다. 하나님의 약속된 모든 은혜는 믿고 구할 때 자기 것을 삼을 수 있다.

[한 줄의 묵상]
우리는 많은 영적인 복을 상실한 엘람을 보아야 한다.
하나님께서 우리 가정에 주신 언약에 대하여 믿음의 관심을 갖자.

4월 15일 ● 본문_대상 6:31-48, 암송_31절, 찬송_249장, 통독_대상 5-7장

찬송하는 직무

다윗 왕은 하나님을 찬송하는 일을 조직적으로 할 수 있도록 적절한 규율을 마련하였다. 그 규율에 따라 헤만은 중앙에서, 아삽은 헤만의 우편에서, 그리고 에단은 좌편에서 각기 찬송을 인도하였다.

1. **하나님의 집에서 불러야.** 찬송은 어디에서나 불러 하나님께 드려져야 한다. 그러나 찬양대를 조직하여 부르는 것은 성전 안에서 찬송을 하는 것이 마땅하다. 오늘날에, 교회에서는 찬양대를 조직하여 찬송으로 하나님께 영광을 돌리고 사람들에게 은혜를 끼쳐야 한다. 하나님의 집에서 찬양할 때, 매우 즐거운 일 중에 하나가 된다.

2. **직무를 행하는 자로 부름 받아야.** 여호와를 경외하면 누구라도 찬양을 할 수 있다. 그러나 음악에 은사가 있다면 찬양대에 소속해서 하나님께서 주신 달란트를 사용해야 한다. 달란트는 남겨야 칭찬을 받지 그냥 묻어두면 문제가 생긴다. 내게 주신 목소리를 하나님께 드리자.

3. **찬송하는 목적이 분명해야.** 찬송하는 일은 하나님께는 영광이 되고, 사람들에게는 은혜가 되어야 한다. 이때, 찬송하는 목적이 분명하지 않으면 문제가 된다. 찬송은 곡조 붙인 기도요, 삶의 기쁨을 표현하는 입술의 열매가 되어야 하기 때문이다. 그래서 찬송하는 직무가 매우 중요한 사명임을 명심해야 한다.

[한 줄의 묵상]
찬양을 즐겨하는 우리 가정이 되자. 찬양도 구속의 은총을
깨닫고 감사하는 마음에서 부르면 더욱 은혜가 넘친다.

4월 16일 ● 본문_대상 9:17-27, 암송_17절, 찬송_218장, 통독_대상 8-12장

문지기 살룸과 그 형제들

> 다윗은 성전에서 봉사하는 자들을 따로 세웠다. 이스라엘 민족들에게는 성전을 중심하여 신령한 봉사자들이 많은 중에 제사장, 찬양대, 기명 관리자, 문지기 등 여러 가지 직임들이 각기 그 직에 충실하였다.

1. 법궤를 지키는 문지기. 문지기에는 법궤를 지키는 특별한 문지기도 있어서 그들은 주로 성전 입구를 지켰다. 성전 내소로 들어가는 문은 감람나무요 외소의 문은 잣나무로 만들었으며 금속으로 만든 빗장으로 잠글 수 있게 되었다. 그러므로 문지기를 두어 출입을 엄중하게 취급하였다. 문지기는 그 사명으로 보아 매우 중요한 위치에 있다.

2. 문지기의 분담. 문지기는 살룸과 악굽과 달몬과 아히만과 그의 형제들이었다. 이 사람들은 전에 왕의 문 동쪽 곧 레위 자손의 진영의 문지기라고 하였다. 문지기가 동서남북 사면에 섰고 그들은 아침마다 문을 여는 책임이 있었다. 그러니까 저녁이면 그들이 문을 닫았을 것이다.

3. 마음의 문을 잘 지켜야. 문지기는 무턱대고 문을 닫고 열어 주지 않음만이 상책이 아니라 때에 따라 문을 열어 출입해야 할 사람을 잘 출입시켜야 한다. 주님께서는 우리 마음 문을 항상 두드리고 계시기 때문에 그 음성을 분간해 듣고, 마음의 문을 열어 예수님을 내 마음속에 모셔야 한다고 하였다.

[한 줄의 묵상]
우리는 마음 문에 주목해야 한다. 마음을 함부로 열어 놓고
지키지 않으면 마귀가 침입하니 조심하고 경계해야 한다.

4월 17일 ● 본문_대상 14:8-12, 암송_11절, 찬송_357장, 통독_대상 13-15장

바알브라심이라 칭하니라

> 하나님께서 이스라엘을 침략해 온 블레셋을 르바임 골짜기에서 흩어주셨다. 다윗은 이곳의 이름을 "바알브라심"이라고 붙여 불렀다.

1. 르바임 골짜기가 바알브라심으로. 다윗은 왕위에 오른 후에, 처음으로 블레셋 군대가 침입하여 르바임 골짜기에 진을 쳤다. 그는 블레셋으로부터 하나님의 도성을 지켜야 하였다. 르바임 골짜기는 예루살렘 서남쪽에 있는 넓은 골짜기-오목한 평야이다. 여기에서 블레셋군은 패전을 하였고, 승전한 다윗은 이곳의 이름을 바알브라심으로 고쳤다.

2. 버림을 받은 우상 따위야. 12절에, "블레셋 사람이 그들의 우상을 그곳에 버렸으므로 다윗이 명령하여 불에 사르니라."고 하였다. 파괴되는 바알신이 얼마나 한심스러운가? 섬기는 인간들이 만들어 놓은 우상의 가치가 그 얼마나 허무하며 무력하며 무가치하냐? 버림을 받는 우상 따위를 섬겨서 무엇을 얻을 것인가?

3. 바알을 피힌다는 뜻. 바알브라심이라는 이름에는 '바알을 피힌다.'는 뜻이 있다. 바알 신은 가나안 본토인들이 섬기던 신들 중에 상위에 속하는 신인데 태양을 상징하는 남신이다. 풍요와 다산을 주관한다고 믿어왔다. 그런데 이 '바알을 파하였다'는 뜻이라고 하였다. 엘리야는 갈멜산에서 바알신의 선지자들을 패하게 하여 진멸한 일이 있었다.

[한 줄의 묵상]
"바알브라심이라고 칭하리니." 그 우상의 무가치함과 허구성을 폭로하여 파괴하고 말았다. 참 신이신 여호와를 찬양하자!

4월 18일 ● 본문_대상 17:25-27, 암송_26절, 찬송_428장, 통독_대상 16-18장

좋은 것을 주신 하나님

하나님의 자녀는 아버지 하나님과 기도에 의해 교제할 때, 행복하다. 다윗은 계시의 말씀에 근거하여 하나님의 뜻에 합당한 기도를 드렸다. 좋은 것으로 주신 아버지의 은혜를 묵상할 때, 기도하게 된다.

1. 기도의 은혜를 감사. "주의 종이 주 앞에서 이 기도로 간구할 마음이 생겼나이다."라고 하였다. 다윗은 나단 선지자를 통하여 하나님의 계시를 받았기 때문에 기도할 마음이 생겼다. 이것은 큰 은혜요, 복이다. 하나님께서 다윗에게 기도할 마음을 주신 것이다.

2. 약속의 은혜를 감사. "주께서 이 좋은 것으로 주의 종에게 허락하시고"라고 하였다. 하나님께서는 다윗에게 통일왕국을 안정된 기조 위에 통치할 수 있도록 영원한 왕국의 언약을 주셨던 바, 이 약속만큼 그 자신의 심령을 평안케 하는 선물은 없었다. 다윗의 후손에게 메시야의 예언이 있기도 한 왕조를 세워주시겠다고 약속하였다.

3. 누림의 은혜를 감사. "이 복을 영원히 누리리이다 하니라"고 하였다. 다윗의 감사 기도의 결론 부분이다. 이 부분에서 다윗은 하나님의 일방적인 언약의 선포에 대해 그것이 반드시 성취될 줄로 확신함으로 기도를 맺었다. 다윗의 후손인 메시야는 천하만민을 구원하시고 만왕의 왕이 되사 영원한 왕국을 세우신다.

[한 줄의 묵상]
하나님의 자녀는 이제까지도 베풀어주신 크신 은혜를 묵상해야 한다.
우리 가정에 주신 하나님의 은혜를 감사하자.

4월 19일 ● 본문_대상 20:4-8, 암송_8절, 찬송_358장, 통독_대상 19-21장

블레셋 거인들 정복

다윗은 블레셋 사람들을 정복할 때, 가드의 장대한 자들을 제일 끝에 멸할 수 있었다. 블레셋의 장대한 자들이 이스라엘을 비웃었지만 다윗은 그들을 물리쳤다. 성도는 원수 물리치기를 끝까지 해야 한다.

1. **하나님의 군대.** 이스라엘 군대를 향하여 블레셋이 온갖 욕설을 퍼부어 싸움을 유도하였다. 그렇지만 이스라엘에는 블레셋 사람들처럼 장대한 자들이 없었다. 가드에는 장대한 자들이 있어도 예루살렘에는 장대한 자들이 없었다. 그렇지만 그들에게는 하나님께서 함께 하였다.

2. **두려움의 대상.** 다윗의 부하들은 보통 체구를 한 자들이었지만, 모든 싸움에서 이겼다. 하나님께서 다윗을 섬긴 신하의 손에 가드의 거인들을 넘겨주셔서 그들을 죽였다. 가드의 장대한 자들에게 이들은 무서운 적수가 되었다. 그것은 하나님께서 그들의 편이 되어주셨기 때문이다. 다윗의 신하들의 승리는 곧 다윗의 승리가 되었다.

3. **하나님의 진노.** 블레셋의 장대한 자들은 이스라엘을 능욕하는 무례함 때문에 이러한 대가를 받았다. 그들은 하나님의 백성을 향해서 비웃거나 우습게 여겼다. 그러나 그들의 이스라엘에 대한 능욕은 하나님의 진노를 사는 것이 되었다. 하나님은 그들을 징벌하신다. 우리는 살아가면서 하나님께 대항하거나 대적해서는 안 된다.

[한 줄의 묵상]
우리는 살아가는 동안에 하나님의 진노를 사는 일이 없기를 기도해야 한다.
하나님을 대항하여 교만하지 않기를 주의하자.

4월 20일 ● 본문_대상 24:1-4, 암송_1절, 찬송_331장, 통독_대상 22-24장

아론 자손의 계열

아론의 자손 이십사 계열의 조직과 직무를 각기 기록하였다. 본문은 그 총 제목격으로 "아론 자손의 계열들이 이러하니라."고 하였다. 사가랴는 그 반열(제8 반열)의 차례대로 성소에 들어갔다.

1. **아론의 신분.** 아론은 최초의 대제사장이었고 합법적인 제사장들의 조상이었다. 하나님께서 이스라엘 민족을 애굽에서 구출해 내실 때에 모세와 아론에게 그들이 해야 할 일을 명하였다. 모세가 바로 회견 시나 이적을 행할 때에 같이 움직였다. 특히 기름부음을 받은 대제사장으로서의 거룩한 직무를 맡았고, 제사장 제도를 확립하였다.

2. **아론의 자손.** 먼저의 아론의 자손 중에, 엘르아살과 이다말의 자손들이 번성하여 각기 성직에 충성하였으니 하나님 앞에 불충한 자와 충성된 자의 자손이 이같이 큰 차이가 나게 된다. 하나님을 사랑하고 그 계명을 지키는 자에게는 은혜를 베풀어 수천 대까지 이르게 하신다고 하셨으니, 아론과 그 자손들이 그 복을 누린 복된 사람들이다.

3. **반차를 따라 행하다.** 반차는 12지파에서 각기 2명씩 뽑아 24 반차를 조직하여 순번을 따라 교대하고 체번하여 봉사 하였으니 이는 공평한 대우요, 균형된 봉사요, 질서를 지키는 방법이다. 아론의 자손들의 반차는 오랜 후대에까지 전승되어 내려왔고 잘 지켜왔다.

[한 줄의 묵상]
사가랴는 분향하다가 아들을 낳으리라는 하나님의 계시를 받았다.
우리 가족도 직무수행에 성실할 때, 복을 받는다.

4월 21일 ● 본문_대상 27:1-15, 암송_1절, 찬송_545장, 통독_대상 25-27장

군대의 조직

하나님의 지혜는 다윗에게 군대를 효율적으로 조직하게 하였다. 다윗은 종교적인 분야와 일반적인 분야까지 완전히 조직을 정비하였다. 지도자에게는 자기를 따르는 이들을 통솔하는 지도력이 요구된다.

1. 많은 군대. 다윗은 24,000명의 군사들을 항상 보유하고 있었다. 그들은 잘 훈련된 일단의 군사들이요, 어떤 지역에서도 각자의 무기로 무장하고 있었다. 다윗은 이렇게 많은 군사들을 조직하였고, 그들에 대하여 일사분란하게 움직이도록 하였다. 이것은 다윗과 이스라엘을 보호하시는 하나님의 은혜로 말미암음이었다.

2. 군인들의 교대. 다윗은 그들을 달마다 교대시켰다. 그것은 하나님께서 주신 지혜로 군사를 통솔하는 방법이었다. 전체 군사들은 288,000명에 달하였는데, 모두 능력 있는 자들이었다. 그들은 교대를 통해서 군인의 고된 임무에서 휴식을 취할 수 있었다. 그로 말미암아 그들은 피곤하지 않았으며, 언제나 힘이 비축되어 있었다.

3. 군사의 조직. 군대의 각 반열에는 그들을 지휘하는 대장이 있었다. 천부장, 백부장, 오십부장 이외에도 각각의 군단을 다스리는 총사령관이 한 명씩 있었다. 하나님의 지혜로 군대의 조직을 편성하였다. 하나님께서는 다윗과 이스라엘 군사를 지휘하셨다.

[한 줄의 묵상]
하나님께서 다윗에게 지혜를 주셔서 지도력을 행사하게 하였다.
사람을 지혜롭게 섬기는 지도자가 되기를 기도하자.

4월 22일 ● 본문_대상 29:10-19, 암송_11절, 찬송_50장, 통독_대상 28-29장

성전을 건축하게 하옵소서

다윗 왕의 평생 소원은 여호와의 궤를 모실 성전을 건축하여 여호와께 영광을 돌리는 일이었다. 그는 성전을 건축해서 하나님께 드리려 하였다. 그러나 다윗은 전투를 많이 하여 허락되지 않았다.

1. **하나님을 위한 집.** 성전은 하나님의 집이요, 하나님께서 임재하시는 곳이다. 성전을 건축하면 하나님이 그곳에 거하신다. 이 성전은 사람을 위한 것이 아니요, 여호와 하나님을 위한 것이다. 하나님께서 그 과업을 위해 솔로몬을 예비하셨으므로, 다윗은 그 일이 성취되도록 최선을 다해 준비하였다.

2. **하나님의 전을 사모함.** 다윗은 하나님의 전을 사모하여 소용되는 재물을 드렸다. 성전을 위하여 힘을 다해 은, 금, 보석 등을 드렸다. 이에, 백성의 어른과 천부장, 백부장과 왕의 사무 감독도 동참하였다. 그들이 자신을 본받아 기쁜 마음으로 여호와께 헌신하는 모습에, 그는 자신이 죽은 이후 곧 여호와의 성전이 건축될 것을 확신하게 되었다.

3. **하나님의 것을 드림.** 다윗은 예물을 드리면서, "천지에 있는 것이 다 주의 것이로소이다."라고 하였다. 성전을 짓기 위해서 하나님께 드리는 예물은 본래 하나님의 것이다. 그는 성전의 건축에 소용되는 재료를 모았다.

[한 줄의 묵상]
여호와의 영광을 위해서 나에게 주신 것에 감사를 담아
도로 드리기를 원하자. 하나님을 위해서 드리는 은혜를 구하자.

4월 23일 ● 본문_대하 1:7-13, 암송_7절, 찬송_440장, 통독_대하 1-5장

내가 네게 무엇을 줄꼬

하나님께서 솔로몬이 왕이 된 후에, 밤에 솔로몬에게 나타나셨다. 하나님의 나타나심은 솔로몬의 꿈을 통하여 나타나 계시하신 것이다. 하나님께서 그에게 "내가 네게 무엇을 줄꼬 너는 구하라."고 하셨다.

1. **무엇이든지 주시는 하나님.** 하나님께서는 모든 인간에게 필요한 것을 미리 다 아셔서 때를 따라 적절하게 주신다. 그래서 인간의 생사화복을 주관하시고 계시기 때문에 무엇이든지 주실 수 있으시다. 햇빛을 선인과 악인에게 골고루 주시고, 단비를 의인과 불의한 자의 밭에 한결같이 내리시는 하나님이시다.

2. **구하는 대로 주시는 하나님.** 이것은 인간에게 가장 고귀하게 선포하신 자유의지의 표현이다. 그러나 일방적으로 주시는 하나님이 아니시다. 또 구하는 내용과 주시려는 내용이 일치해야 할 것인데, 누구든지 하나님의 뜻대로 구하면 반드시 얻고, 복이 된다. 모든 것이 하나님의 소유이기 때문에 하나님의 의지대로 주신다.

3. **구하기를 원하시는 하나님.** 성도에게는 마땅히 구해야 할 의무가 있고, 책임이 있다. 이것이 곧 믿음이기 때문이다. 무엇을 주셔야할지 모르셔서 구하라고 하는 것은 아니시다. 하나님께서는 만사를 예정하시고, 뜻대로 시행하신다.

[한 줄의 묵상]
하나님께서 솔로몬에게 약속하신 바는 온전히 성취되었다.
오늘, 우리 가족에게도 성취하시는 하나님을 찬양하자.

4월 24일 ● 본문_대하 7:14-18, 암송_14절, 찬송_322장, 통독_대하 6-9장

교회의 부흥비결

> 부흥은 하나님께 대한 각성, 즉 하나님을 위해서 행동하게 되는 것을 가리킨다. 정지된 상태에 머물러 있지 않고, 활동한다. 심령이 부흥되면 새벽을 깨우며, 전도에 열심이며, 교회 봉사에 적극적이 된다.

1. 가르쳐주는 은혜. 하나님의 백성에게 그가 해야 될 것을 가르쳐 준다. 14절에, "그들의 악한 길에서 떠나 스스로 낮추고 기도하여 내 얼굴을 찾으면 내가 하늘에서 듣고 그들의 죄를 사하고 그들의 땅을 고칠지라." 그러므로 하나님의 백성의 마음에서부터 부흥이 시작되어야 한다. 오직 기도와 하나님의 말씀으로 부흥되기를 소망하자.

2. 하나님의 말씀으로. 하나님의 말씀을 소홀히 함에서 돌아서야 한다. 시 119:11에, "내가 주께 범죄하지 아니하려 하여 주의 말씀을 내 마음에 두었나이다." 성경은 다른 책과 다르다. 하나님의 말씀을 읽고, 들을 때, 지킬 때, 놀라운 역사가 일어난다. 나의 인생을 변화시킨다.

3. 하나님의 시간을 거룩하게. 주님의 날을 더럽히는 일에서 돌아서야 한다. 주의 날을 성일(holy day)이라고 부른다. 예배 시간을 잘라 먹을 때부터 사랑이 금이 가고 결혼생활에 파탄이 일어나게 된다. 거룩한 날을 더럽히기 시작할 때부터 나의 생활에 금이 가기 시작한다는 사실을 기억해야 한다.

[한 줄의 묵상]
지금은 우리 가정에서 나와 가족에게 부흥이 필요한 시간이다.
나에게 소망의 시작은 하나님께로 돌아감으로 말미암는다.

4월 25일 ● 본문_대하 11:1-4, 암송_4절, 찬송_438장, 통독_대하 10-12장

너희 형제와 싸우지 말고

> 유다 왕 르호보암은 북방의 이스라엘 왕 여로보암을 치러 가려고 만 명의 군사를 동원하였다. 그가 진격하려고 하는데, 여호와의 말씀이 그에게 임하여 "올라가지 말라 너희 형제와 싸우지 말라"고 하였다.

1. 형제와는 싸울 수 없는 사이. '형제'의 정의는 직역하면 한 부모에게서 태어난 형과 아우를 말한다. 핏줄이 같은 친 형제 간에는 물론이거니와 같은 동포지간에 어찌 싸울 수 있겠는가? 싸울 수 없는 사이에 싸우려고 덤벼드니 "너희 형제와 싸우지 말라"고 만류하였다.

2. 형제끼리 싸우면 피차 망함. 형제는 한 핏줄이니 사람의 육체로 말하면 지체의 한 부분들이다. 그런고로 한 지체된 형제끼리는 절대로 싸울 수 없을뿐더러, 싸우면 피차 손해되고 피차 멸망할 수밖에 없으니 싸우지 말라는 것이다. "만일 서로 물고 먹으면 피차 멸망할까 조심하라." 하였다. 형제와의 싸움에서는 진정 승리했다고 할 수 없다.

3. 형제와는 사랑과 화목과 단결이 있을 뿐. 형제 사이에는 서로 사랑함으로 피차 유익이 있다. 아울러 서로 화목함으로 피차 감사하게 된다. 형제가 서로 화목할 때 피차 기쁨과 행복이 전개될 것이다. 형제끼리는 서로 협력할 때 비록 약자라도 강자가 되며 상호 연약성을 보완해 주는 일이므로 매우 큰 힘을 얻을 수 있다.

[한 줄의 묵상]
형제 사이에는 무슨 일이 있든지 어떤 경우에서든지 서로 싸울 수 없다.
오늘 우리 가족은 이 사실을 명심해야 한다.

4월 26일 ● 본문_대하 14:1-8, 암송_6절, 찬송_353장, 통독_대하 13-15장

아사왕의 승리와 원인

아사는 임금이 되면서 맨 처음 정치를 착수할 때, 먼저 자체 내의 정화와 개혁운동을 전개하였다. 아사는 하나님께서 보시기에 정직한 왕이었다. 그는 하나님을 의지하여 위기에서 나라를 구하였다.

1. 자신의 정화와 개혁을 단행하다. 아사는 왕위에 오르자, 먼저 우상을 파괴하여 백성이 하나님께로 돌아오도록 하였다. 아세라 신상과 이를 섬기던 제단과 신당을 모두 훼파하였다. 백성에게는 하나님을 찾아 섬기며, 하나님의 율법과 계명을 준행하도록 공포하였다. 이 결과로, 하나님께서 왕과 백성에게 평강과 번영의 복을 주셨다.

2. 오직 하나님만 신뢰하다. 아사가 즉위한 후에, 구스 사람 세라에게 침공을 받게 되었다. 이때, 그는 "주 밖에 도와줄 이가 없사오니 우리 하나님 여호와여 우리를 도우소서."라고 간구하였다. 만일, 그가 자기의 힘만 의지하고 싸웠더라면 패할 수밖에 없었을 것이다. 하나님을 전적으로 의지하고 믿음으로 나아가 싸워 승리하게 되었다.

3. 선지자의 말씀을 겸손히 받다. 아사는 선지자 아사랴의 전하는 말씀을 겸손히 받아 그대로 순종하고 실천하였다. 선지자의 전하는 말씀을 곧 하나님의 말씀으로 알고, 그 말씀을 자신의 정책이념으로 삼았다. 그리고 나라의 신앙과 윤리의 규범으로 삼았다.

[한 줄의 묵상]
승리를 위해서는 자신의 정화와 개혁을 단행해야 한다. 나아가
하나님의 말씀에 순종하는 가족이 되기를 결단해야 한다.

4월 27일 ● 본문_대하 16:7-14, 암송_9절, 찬송_546장, 통독_대하 16-18장

전심으로 여호와를 의지하자

> 아사 왕은 즉위 초기와는 달리 하나님을 떠난 왕이 되었다. 하나님께 드려진 성물을 남용하고, 하나님을 거역하기에 이르렀다. 그는 하나님의 말씀도 거역하고 하나님의 사자들을 핍박하였다.

1. **하나님의 성물을 남용하다.** 하나님의 성전 곳간에 있는 은과 금은 하나님께 헌납된 성물로서 제사장들만이 관리하고 보호하는 것이다. 그러나 아사는 왕이라는 자기의 권한으로 이 성물을 끌어내다가 이방 임금에게 뇌물로 바쳤다. 이것은 성물을 남용한 죄가 되어 그를 실패하게 만들었다. 십일조는 성물이라서 사람이 남용해서는 안 된다.

2. **세상의 왕을 더 의지하는 불신앙.** 아사 왕은 아람 왕을 의지하고, 하나님 여호와를 의지하지 않았다. 대하 16:9에, "여호와의 눈은 온 땅을 두루 감찰하사 전심으로 자기에게 향하는 자들을 위하여 능력을 베푸시나니"라고 기록되었다. 아사는 왕이 된 초기에, 하나님만 전적으로 의지하고 믿었으나 후에 사람을 믿었다가 실패하게 되었다.

3. **선지자의 말을 거부하고 투옥하다.** 대하 16:10에서는 선견자 히나님의 말을 거역하고 노발대발하여 그를 옥에다 가두었다고 아사를 고발하고 있다. 그의 교만과 불신앙 때문이었는데, 이로 인하여 병이 들어 죽게 되었다. 그가 병이 들었을 때, 하나님을 찾았어야 하였다.

[한 줄의 묵상]
아사에게도 하나님께로 돌아설 기회가 있었다. 그러나 그는
하나님을 찾지 않고, 의사를 찾은 것이다. 나는 어떠한가?

4월 28일 ● 본문_대하 20:1-4, 암송_4절, 찬송_585장, 통독_대하 19-21장

여호와께로 낯을 향하여 간구하고

여호사밧 때, 이방 족속들이 연합해서 유다에 쳐들어왔다. 그들은 모압 자손, 암몬 자손, 마온 사람들이었다. 여호사밧은 전쟁이 일어났다는 소식을 듣고서 하나님을 향하여 간구하였다.

1. **하나님을 찾음.** 에돔 사람이 모압과 암몬 자손과 동맹하여 여호사밧을 침략하였다. 비록 유다는 그들을 물리칠 만한 힘이 없었으나 여호사밧은 하나님을 찾았다. "여호와께로 낯을 향하여"라는 표현은 그가 오직 하나님을 의지하였다는 것을 보여준다. 그는 사람들에게 도움을 구하려 하지 않았다.

2. **하나님께 금식을 선포하다.** 여호사밧은 백성과 함께 금식하며 하나님의 도우심을 찾았다. 이 금식은 역사적으로 온 백성을 향하여 금식을 선포한 것으로 최초였다. 나아가 하나님의 말씀을 들었다. 이 전쟁에 대한 말씀을 들으려 하였다. 백성과 함께 하나님을 경배하였다.

3. **여호와께 맡김.** 유다 백성 전체가 여호사밧의 명령에 순응하였으며 민족의 재난을 맞아 크게 두려워하고 여호와께 도움을 청했다. 여호사밧이 다른 나라의 도움을 청하지 않고 백성을 향해 여호와께 도움을 청하라고 명한 것은 신정국가의 왕으로서 바른 조처를 한 것이다. 하나님께서는 여호사밧의 손을 들어주셔서 승리하게 하였다.

[한 줄의 묵상]
하나님의 도우심을 구하며 사는 한 날이기를 기도하자.
위기의 순간에 하나님을 의지함은 우리에게 승리의 비결이다.

4월 29일 ● 본문_대하 24:15-19, 암송_18절, 찬송_300장, 통독_대하 22-24장

여호와의 전을 버리고

> 요아스는 하나님 앞에서 나라를 다스렸으나 하나님을 무시하고 말았다. 여호야다가 사는 모든 날에는 여호와의 전에서 항상 번제가 드려졌다 여호야다의 죽음은 요아스의 통치에 있어 큰 전환점이 되었다.

1. 왕의 사람들. 여호야다가 죽자, 유다 방백들이 요아스를 우상숭배에로 유혹하였다. 나쁜 조언자들이 요아스의 주위에 모여들어, 교묘히 그의 환심을 샀고, 감언이설로 속이고 아첨하였다. 그들은 그에게 더 이상 제사장들의 지배를 받지 말고, 왕이 원하는 대로 하라고 했다.

2. 방백들의 꼬임. 유다의 방백들은 요아스를 타락시키기에 퍽 열심들이었다. 당시에, 유다 방백들은 아달랴의 생존시에, 바알을 숭배하던 자로서 바알 숭배를 회복하려는 자들이었다. 그들은 왕을 꾀어 타락하는데 부채질을 하였다. 그들은 지혜로운 충고를 하기는커녕 왕의 즐거움을 찾도록 종용하였다.

3. 우상숭배의 죄. 요아스는 하나님의 전을 버리고 아세라 목상과 우상을 섬기는 죄를 자행하였다. 그는 방백들이 우상을 숭배하도록 히였다. 방백들은 성전을 버리고 목상과 우상을 끌어들여 섬겼다. 여호야다의 아들 스가랴가 요아스의 우상숭배를 지적하였다. 요아스는 무리의 꾀임에 빠져 의로운 선지자 스가랴를 돌로 쳐 죽이도록 명하였다.

[한 줄의 묵상]
우리 가족은 누구라도 하나님의 말씀이 아니라면 귀를 막자.
그리하여 우리의 신앙은 끝까지 변질되지 않아야 한다.

4월 30일 ● 본문_대하 27:1-9, 암송_6절, 찬송_423장, 통독_대하 25-29장

요담 | 그 땅을 우리에게 주시리라

> 요담은 25세에 왕위에 올라 16년 동안 예루살렘에서 남 왕국 유다를 통치하였다. 그는 정직하였으며, 하나님의 복과 은혜도 크게 받았다. 그렇지만 신앙으로 서지 못하여 아람의 공격을 받는 불운을 겪었다.

1. **신령적 관계에서 부족함.** 요담은 인격적으로나 생활면에서 정직한 사람이었으며, 바른 정치를 위하여 노력하였다. 그러나 영적으로는 빈약하였다. 하나님을 예배하는데 무성의하였다. 요담이 하나님의 성전을 출입하지 않았던 것은 당시에 신정국가의 왕으로서 큰 잘못이었다.

2. **요담의 국위선양.** 요담은 웃시야가 교만하여 나병이 발하여 별궁에 거할 때부터 궁중의 일을 다스렸고, 국민을 치리하였다. 그는 왕위를 계승하자 여호와의 전 윗문을 증축하였고, 웃시야 왕이 죽자 암몬이 유다를 배반하였을 때 암몬과 전쟁을 일으켜 크게 승리하였다. 또한 그는 암몬을 재차 지배, 조공을 받아 국위를 선양하기도 하였다.

3. **유다에 임한 하나님의 은혜.** 요담은 웃시야의 모습을 접하면서 하나님께 대해 더욱 정직하게 행하였을 것이다. 하나님의 사랑을 입고, 평화롭게 나라의 번영을 가졌으며, 요담의 통치기간에 하나님의 은혜가 함께 하였다. 그러나 그가 산당을 허물지 않아서 유다 백성이 산당을 드나들고 거기서 제사하는 죄를 범하게 되었다.

[한 줄의 묵상]
신앙은 성별이다. 자기 자신의 이익을 위해서 타협하지 말아야 한다.
하나님을 향한 신앙을 지킴이 나를 지킴이다.

5월 1일 ● 본문_대하 32:7-8, 암송_8절, 찬송_330장, 통독_대하 30-32장

도우시며, 대신하여 싸우신 하나님

앗수르가 대군을 거느리고 유다를 침공하였고 마침내 예루살렘까지 포위하였다. 당시의 역사기록에 의하면 앗수르 제국의 왕 산헤립이 히스기야를 새장의 새처럼 가두었다고 기록하고 있다.

1. **위기에 처하게 된 유다.** 대군을 거느리고 유다를 침공한 산헤립 앞에서, 유다는 그야말로 풍전등화의 상황이었다. 당시에, 앗수르는 주변의 국가중에 세계 최강국이었다. 전력상 비교할 수조차 없었다. 이제, 남 유다의 패망은 눈앞에서의 현실이 되었다.

2. **백성들을 담대하게 하다.** 히스기야는 크나큰 위기에서 백성에게 마음을 강하게 하고 담대히 할 것을 권면하였다. 아울러 앗수르 왕이 투항을 종용하며 미혹하는 말을 듣지 말 것도 권면하였다. 유다 백성은 왕이 백성과 민족을 위하는 권면의 말을 들었다. 그리고 그들은 흔들림이 없이 하나님을 의지하였다. 그로 말미암은 결과를 보라!

3. **유다를 도우신 하나님.** 하나님께서 히스기야의 편이 되시고 유다 백성의 편이 되심으로, 그들은 칼 한 번 휘두르지 않았건만 완전한 구원, 승리를 얻게 되었다. 이스라엘은 절체절명의 위기에서 건진 바 되었으며, 앗수르는 예루살렘에 활 하나 날리지 못하고 패주하였다. 하나님은 자기 백성의 편에서 우리를 위하여 싸워주신다.

[한 줄의 묵상]
하나님께서는 지금까지도 우리의 편에 계셔서 도우시며, 싸워주신다.
우리 가족을 위하심에 대하여 그 은혜에 감사하자.

5월 2일 ● 본문_대하 35:1-19, 암송_1절, 찬송_450장, 통독_대하 33-36장

율법책을 발견한 후에

요시야 왕은 하나님을 구하고, 성전을 수리하다가 율법책을 발견하여 율법에 기록된 대로 종교적인 행사인 유월절 행사를 다시 행하려 하였다. 레위인들에게 일을 맡기고, 성경대로 살려고 하였다.

1. 유월절을 지키다. 1절, "요시야가 예루살렘에서 여호와께 유월절을 지켜." 요시야 왕은 유월절을 지키면서 백성에게도 유월절을 지킬 것을 지시하였다. 유다 백성이 성소에 서서 스스로 성결하게 하고, 유월절 어린양을 잡도록 하였다. 그리고 이 절기를 지켜야 될 이유로, 여호와께서 모세로 전하신 말씀을 따라 행하라고 하였다.

2. 하나님께 제물을 드리다. 12절, "그 번제물을 옮겨 족속의 서열대로 모든 백성에게 나누어." 백성이 자기들의 생각대로 제물을 드리는 것이 아니고, 하나님의 기록된 말씀을 따라서 순종하게 하였다. 하나님의 지시를 따르게 하였다. 성경대로 하나님을 섬기도록 한 것이다.

3. 준비하여 하나님을 섬기다. 요시야는 왕으로서 여호와를 섬길 일을 준비하였다(16절). 하나님을 섬기는 일이 쉬운 것만은 아니다. 성경의 지시대로 그리고 미리 준비하여 아무런 지장을 받지 않게 하여, 하나님을 섬기는 것이 옳다. 이로써 하나님이 기뻐하시고 온전하신 뜻이 무엇인지 분별하여 그의 뜻대로 하는 것이 바르다(롬 12:2).

[한 줄의 묵상]
하나님의 말씀대로 그분의 뜻을 따르려고 노력하기를 결단하자.
이것이 우리 가족이 하나님을 섬기는 올바른 태도이다.

5월 3일 ● 본문_스 1:3-6, 암송_3절, 찬송_268장, 통독_스 1-3장

하나님께 감동을 받고

하나님께서는 예언을 성취하시는 과정에서 자기의 뜻대로 사람을 선택하여 그로 하여금 큰일을 하게 하신다. 예루살렘 전의 건축을 원하신 하나님께서는 먼저 왕에게 많은 백성들을 동원시켜 이루게 하셨다.

1. 왕을 사용하시는 하나님. 하나님께서는 나라를 다스리는 왕에 의해서 많은 사람을 동참케 하여 하신다. 그리고 개인을 따로 불러서 그에게 소명을 주시고, 일을 하도록 하신다. 그런데 지금은 이미 선지자들이나 사도들로 예언하신 내용이 집대성 된 성경에 의해 사람을 통하여 이루신다. 하나님의 일은 세상 끝 날까지 이루어 가신다.

2. 거짓 선지자를 사용하시는 하나님. 하나님께서는 하나님의 뜻을 이루시려고 선한 자들을 사용하지만 때로는 나쁜 면에도 하나님의 뜻이 나타나도록 하신다. 그리하여 나쁜 의도에 쓰임을 받는 이들도 있다. 그러므로 거짓 예언자가 나온다고 하셨다.

3. 반드시 이루어질 하나님의 말씀. 예언은 구약의 선지자들과 신약의 사도들로 완성을 해 놓으신 것이다. 지금은 성경에 기록된 예언이 이루어지고 있다. 이때, 이루시는 과정에서 사람을 통하여 하시는데 선한 자를 통해서 좋은 면을 이루시고, 악한 자를 통하여 나쁜 면을 이루신다. 만에 하나라도 말씀을 벗어나면 악한 일에 쓰임을 받는다.

[한 줄의 묵상]
우리는 기록된 말씀 밖으로 넘어가지 말아야 한다. 말씀 안에서 이루어지는 것을 체험하는 복된 가족이 되기를 결단하자.

5월 4일 ● 본문_스 4:1-6, 암송_4절, 찬송_523장, 통독_스 4-6장

유다와 베냐민의 대적이

포로생활에서 돌아온 이스라엘 백성은 하나님의 성전을 다시 건축하려고 하였다. 그들이 성전을 세우는 것은 하나님을 기쁘시게 해드리며, 성도에게는 큰 기쁨이다. 이 거룩한 일에 사탄이 방해를 하였다.

1. **사마리아인들의 제안.** 사마리아 사람들이 하나님의 성전을 건축하는 데 동참하겠다고 하였다. 그들은 유다와 베냐민의 대적이어서 그들의 제안을 거절하였다. 그들은 하나님을 다른 신과 같이 여기고 산 자들이라, 하나님의 전을 건축하는 일에 동참하게 할 수 없다고 하였다. 하나님을 섬기는 데는 다른 신을 섬기는 일을 용납할 수가 없다.

2. **유다 백성의 손을 약하게 하여.** 사마리아인들은 성전의 건축을 방해하였다. 그들은 성전의 건축을 중단시키기 위하여 뇌물을 관리에게 주어서 방해하도록 만들었다. 결국, 그들의 방해로 인하여 하나님의 전 건축은 중단이 되고 말았다. 뇌물의 힘은 대단하였다.

3. **타락한 관리들.** 뇌물을 주는 자도 받는 자도 모두 타락한 족속이다. 타락한 백성과 관리들이 득세한 세상에서는 의롭고 정직한 사람들이 살아가기가 매우 힘들다. 즉 악인이 정권을 잡으면 백성들이 괴로운 것이다. 그렇다고 그들과 타협할 수는 없다. 죄와 타협하여 하나님의 전을 건축할 바에는 차라리 건축하지 아니함이 더 좋은 것이다.

[한 줄의 묵상]
사탄의 역사는 계속되겠으나 끝까지 방해하지는 못한다.
지금은 고난이라도 끝까지 견디는 신앙인이 되기를 결단하자.

5월 5일 ● 본문_스 10:1-4, 암송_1절, 찬송_289장, 통독_스 7-10장

하나님의 전 앞에 엎드려

> 나라를 잃고, 70년이라는 세월을 이방의 포로가 된 것에 대하여 에스라는 심히 애통하였다. 그는 고국으로 돌아와서, 황폐해진 이스라엘의 땅을 보아야 하였다. 이에, 백성에게 회개할 것을 촉구하였다.

1. **이스라엘 백성의 죄.** 그들은 이방에 살면서 이방여인을 아내로 삼았다. 이방인과의 혼인을 금하시는 하나님의 말씀을 범하는 것이기도 했지만 이방의 우상을 가정에 받아들이는 것이 되었다. 이것을 정리하고 회개하며 하나님 앞으로 돌아오는 것은 아주 시급한 문제였다.

2. **백성들을 대신하여 회개하다.** 목자가 양을 위해서, 부모가 자녀를 위해서, 스승이 제자를 위해서, 통치자가 백성을 위해서 내 탓이라고 회개할 수 있다면 그것이 하나님의 은혜이다. 에스라는 다른 사람의 죄를 자신의 것처럼 회개하였다. 가슴이 찢어지는 아픔을 견디어내면서 하나님께로 돌아오도록 회개하였다.

3. **백성의 마음을 움직인 회개.** 에스라가 이처럼 울며, 기도할 때 백성들의 마음이 비로소 움직였다. 심히 통곡하며 어린아이들까지 모여 들었다. 에스라는 그들의 죄를 근심하여 떡도 먹지 아니하고 물도 마시지 않았다. 하나님은 하늘 문을 여시고 큰비를 내리셨다. 이스라엘 백성은 철저하게 회개하기 시작하였다. 이방 여인을 내쫓았다.

[한 줄의 묵상]
자신을 의롭게 여기지 말자. 타인의 죄악을 나의 죄 된 행실로 받아들이며 기도하는 중보를 원하시는 하나님이시다.

5월 6일 ● 본문_느 2:17-20, 암송_17절, 찬송_580장, 통독_느 1-3장

모두 힘을 내어

느헤미야는 성문이 왜 불탔는지 그 원인을 알았다. 영적 생활의 회복을 원한다면 먼저 실패의 원인을 잘 살펴야 한다. 우리가 힘을 모아 큰일을 하려면 무엇보다 먼저 영적 생활이 회복되어야 한다.

1. 하늘의 일에 자원하는 사람. 18절–느헤미야는 성문을 중건하는 일에 자원하는 사람들과 함께 일하였다. 그는 사람들에게 일을 하도록 시키지 않고, 스스로 그들과 함께 하였다. 하나님의 일에는 자원해야 한다. 자원하는 심령을 하나님께서 기뻐하신다. 하나님의 선한 일에 최선을 다하는 자들에게 하나님은 큰일을 하도록 역사하신다.

2. 핍박의 고비를 이김. 19절–느헤미야가 성문을 중건하려 할 때, 방해자들이 나타났다. 큰일을 하기 위해서는 많은 어려움들이 있다. 이것을 잘 견디고, 이겨내야 한다. 위험한 고비를 잘 넘기면 우리가 성숙하게 되고, 큰일을 할 수 있는 사람으로 만들어지게 된다.

3. 성전을 사랑하는 사람. 20절–구약의 사람들에게 하나님을 사랑한다는 표현은 하나님의 일에 헌신하는 것으로 나타났다. 가령, 성전을 사랑한다는 것은 곧 하나님을 사랑하는 것이다. 성전을 사랑하는 자는 하나님이 은혜 주시고 역사해 주신다. 큰일을 하려면 먼저 해야 할 일이 있다. 하나님을 향한 사랑이 회복되지 못하면 어떤 일도 할 수 없다.

[한 줄의 묵상]
자신을 돌아보아 영적으로 회복되고, 하나님의 도우심을 구하자.
이로써 하나님께 자원하고, 핍박을 견딜 것을 결단하자.

5월 7일 ● 본문_느 7:1-4, 암송_3절, 찬송_347장, 통독_느 4-7장

각각 반차를 따라 파수하되

오늘을 살아간다는 것은 자신의 믿음에 대한 전기를 쓰고 있는 것이다. 그러므로 오늘부터라도 말씀에 따라 좋은 역사를 쓰는 일생이 되어야 한다. 매일 매일이 하나님께 마무리를 잘 짓는 기록을 남기자.

1. 52일에 완성된 예루살렘 성벽. 느헤미야는 마지막까지 끝맺음을 잘 하고, 마무리를 잘 지었다. 어떤 일을 맡기든 마무리가 잘 되면 반드시 하나님께서 세워주신다. 마무리를 잘 하는 사람은 하나님의 나라에서도 귀한 사람이요, 이 땅에서도 귀한 사람이요, 교회에서도 귀한 사람이다. 인생의 마무리를 잘 하는 사람이 되어야 하겠다.

2. 성전이 잘 건축되려면. 성전이 잘 건축되었다고 하였다. 건물을 짓고, 그 성전에 의해서 전도, 교육, 선교, 봉사하는 일이 교회를 건축하는 것이다. 교회는 물리적인 것과 영적인 것이 합쳐져야 한다. 우리의 모습이 하나님이 기뻐하시는 교회가 되어야 한다.

3. 파수하는 이들을 세움. "성벽이 건축되매 문짝을 달고 문지기와 노래하는 자들과 레위 사람들을 세운 후에"(1절). 건물이 완전히 회복되며, 찬양단이 세워지고 성문의 문지기를 세운 것을 말한다. 부정한 것이 들어오지 못하도록 지키는 자가 레위인이었다. 나에게 성령을 주시면서 나를 거룩하게 하셨다. 세상으로부터 나를 지켜야 한다.

[한 줄의 묵상]
하나님께서는 항상 시작과 끝이 분명한 사람을 세워주신다.
나에게 맡겨진 하나님의 일에 마무리 잘 하기를 결단하자.

5월 8일 ● 본문_느 9:34-38, 암송_35절, 찬송_274장, 통독_느 8-10장

자기의 죄와 열조의 허물을

> 느헤미야는 이스라엘 백성의 죄를 자신이 지은 죄처럼 여기고 자복하였다. 그의 이스라엘 백성을 위한 기도는 예수님의 모습을 보여 주고 있다. 인간의 죄를 짊어지신 주님이시다.

1. 하나님을 예배하며 섬기지 않은 죄. 35절, "그들이 그 나라와 주께서 그들에게 베푸신 큰 복과 자기 앞에 주신 넓고 기름진 땅을 누리면서도 주를 섬기지 아니하며 악행을 그치지 아니하였으므로." 그들은 이미 하나님께로부터 복을 받았고, 그 복을 누리며 살았지만, 복의 근원이 되신 하나님께로 얼굴을 들지 않았다.

2. 복을 즐길 뿐이었던 죄. 25절, "그들이 견고한 성읍들과 기름진 땅을 점령하고 모든 아름다운 물건이 가득한 집과 판 우물과 포도원과 감람원과 허다한 과목을 차지하여 배불리 먹어 살찌고 주의 큰 복을 즐겼사오나" 그들은 마땅히 이 복이 어디에서 왔는지를 생각해야 하였다. 그리고 '배불리 먹어 살찌게' 하신 이에게 감사해야 하였다.

3. 하나님을 모독한 죄. 26절, "그들은 순종하지 아니하고 주를 거역하며 주의 율법을 등지고 주께로 돌아오기를 권면하는 선지자들을 죽여 주를 심히 모독하였나이다." 그들은 하나님의 말씀을 무시하고, 하나님께 대적하는 행위를 일삼았던 것이다.

[한 줄의 묵상]
성령님께서는 하나님의 말씀으로 죄를 깨닫게 하신다.
말씀으로 자신의 죄를 찾아내어 회개하기를 두려워 말라!

5월 9일 ● 본문_느 12:31-43, 암송_43절, 찬송_327장, 통독_느 11-13장

심히 즐거워하다

예루살렘 성벽을 재건하고, 이를 하나님께 드리는 봉헌식(낙성식)을 할 때, 무리가 크게 제사를 드리고 심히 즐거워하였다고 하였다. 이는 하나님께서 이스라엘 백성에게 크게 즐거워하게 하셨음이다.

1. 공사를 하게 하신 하나님. 70년의 포로생활에서 해방하여 모국으로 귀환하게 하신 하나님이시다. 그동안 예루살렘 성벽을 재건하는 중대한 일을 성취할 때, 온갖 방해공작이 있었다. 그럼에도 꾸준히 역사를 계속하게 하신 것은 참으로 하나님의 보호하심이다. 그 결과, 건축공사를 끝내고 하나님께 드리게 되었으니 기쁨이 충만할 수밖에 없다.

2. 즐거워하게 하신 하나님. 이 날에, 무리가 크게 제사를 드리고 심히 즐거워하였다. 어른들뿐 아니라 부녀와 어린 아이들도 즐거워하였으니 거국적으로 전 국민적 경사였다. 제사는 하나님께의 보답이며, 감사함의 표시라 즐거움이 넘치게 한다. 드림이 곧 즐거움이다.

3. 하나님께로부터 말미암은 즐거움. 인생의 모든 신앙 표현과 받아 누리는 은사의 근원은 하나님께로부터 온다. 그러므로 우리가 마음의 기쁨이 넘치는 것도 자신에서 우러나오는 기쁨이 아니라 하나님께서 즐거워하게 하셨기 때문이다. 즉, 즐거움의 근원이 하나님이시며, 기쁨의 근거가 하나님이시다.

[한 줄의 묵상]
하나님께서 내게 베풀어주신 자비가 넘쳤다. 그 은혜의 보답에
열심을 내어 하나님께서 주시는 즐거움이 넘치도록 하자.

5월 10일 ● 본문_에 3:1-6, 암송_2절, 찬송_371장, 통독_에 1-3장

하만에게는 절할 수 없다

> 아하수에로 왕은 하만의 지위를 높여 모두가 그에게 꿇어 절을 하도록 하였다. 그러나 모르드개는 그에게 꿇거나 절을 하지 않았다. 하만이 아말렉의 왕 하각의 후손이었기 때문이다.

1. 자신을 밝히다. 아하수에로 왕이 하만의 지위를 높여주었기 때문에, 누구든지 하만을 보거든 꿇어 절을 하였다. 그러나 모르드개는 오히려 하만에게서 얼굴을 돌렸다. 이에, 왕의 신복이 절을 하도록 요구하자, 그는 자신이 유다인임을 밝혔다. 유다인은 오직 하나님 앞에서 꿇거나 예루살렘 성전을 향해서 절을 한다.

2. 하만의 정체. 하만의 이름에는 '엘람의 신'이라는 뜻이 들어 있다. 그의 아버지의 이름에는 달에 의해서 주어졌다는 의미가 들어 있다. 역사적으로 아멜렉 족속은 이스라엘 백성들을 해하려는 암적 존재로서 남아 있었다. 하만은 이스라엘 백성에게 영원한 원수였다.

3. 절할 수 없다! 하만은 왕의 권세를 업고 안하무인이 되어 있었다. 그리하여 교만이 목걸이가 되어 버렸다. 교만한 자에게 아부하면 그는 더욱 교만하여 쓸모없는 인생이 되고 말게 되는 것이다. 그는 자신이 백성의 공복(심부름하는 사람)인 줄을 알지 못하고 자기에게 절하지 않는 모르드개와 그의 민족을 죽이려 하였다.

[한 줄의 묵상]
사실, 세상의 권세도 하나님의 허락 아래에서 취하게 되는 것이다. 그러나 올바른 권세가 아니라면 거절해야 한다.

5월 11일 ● 본문_에 6:10-13, 암송_13절, 찬송_95장, 통독_에 4-6장

유다인에게 굴욕을 당하다

> 하만에게는 아말렉 왕가의 후손이라는 자존심이 있었다. 그리고 그는 조상 때부터 유다인들에 대하여 적개심을 품고 있었다. 자신에게 꿇어 절하지 않았던 모르드개가 유다인이라는 사실에 더욱 분노하였다.

1. 하만의 교만. 하만은 바사의 총리로서 자기 자신을 신격화하기까지 하였다. 그는 모르드개가 자기에게 굴복하지 않자 모르드개와 유다인 전체를 몰살하려고 하였다. 그래서 왕에게 거짓으로 유다인들을 몰살할 조서를 작성하고, 왕의 허가를 받아 멸절의 날을 정하였다.

2. 하나님의 간섭. 하나님께서는 결코, 하만이 유다인들을 해하고 멸하지 못하게 하셨다. 그 동안에 하나님은 모르드개의 사촌 에스더를 왕후의 자리에 올리셨고, 모르드개로 하여금 왕을 시해하려는 자들로부터 왕을 지키도록 하셨다. 그리고 그 공로를 인하여 왕은 하만으로 하여금 모르드개를 높이고 존귀케 할 것을 명하기까지 하였다.

3. 거만한 자의 최후. 이 일 이후에, 하만은 점점 나락으로 떨어진다. 에스더의 고발과 더불어 아하수에로의 진노로 자기가 유다인들을 처형하려던 나무에 달려 자신이 처형을 당한다. 하나님께서 죄의 끝을 보여주신 것이다. 반면에, 모르드개는 그 충성심으로 인해 총리의 자리에 서며 유다인들은 구원을 받게 된다.

[한 줄의 묵상]
하나님의 백성들, 곧 교회 앞에서 교만하면 하나님께서 쓰러뜨리신다.
그러므로 사람들에게 교만하지 않기를 결단하자.

5월 12일 ● 본문_에 7:1-10, 암송_3절, 찬송_275장, 통독_에 7-10장

내 생명과 내 민족을

사람마다 원하는 요구가 있고, 바라는 포부가 있고, 지향하는 소망이 있다. 어떤 사람은 요구하는 것을 잘못 구하다가 실패한다. 그러나 어떤 사람은 자기가 바라던 대로 요구가 응답되어 기뻐한다.

1. **아하수에로 왕의 자진 제안.** 왕후 에스더는 바사 왕궁의 규례를 깨고 왕에게로 나아갔다. 왕의 부름이 없이 왕에게 나타난 에스더에게 아하수에로 왕은 기쁨으로 금규를 내밀어 그녀를 불렀다. 그는 왕후의 심히 사랑스러운 자태에 도취되어 "왕후 에스더여, 그대의 소청이 무엇이며 요구가 무엇이냐?"라고 물었다.

2. **나라 절반은 필요가 없다.** 아하수에로 왕은 에스더에게 나라의 절반이라도 주겠다고 하였다. 그러나 에스더는 그 나라를 요구할 필요가 없었다. 그녀는 왕후였으므로 바사가 곧 왕비의 것이기도 하였다. 그리고 에스더의 관심은 바사 제국에 있지 않고, 유다 민족에 있었다.

3. **동족의 구출을 원한 왕후.** 에스더는 지금까지 자신의 동족과 종족을 숨겨왔다. 왕후는 자기 동족이 억울하게 죽게 된 사실을 호소하고 왕권으로 구출해 줄 것을 요청하였다. 그리고 그 흉계의 주범이 곧 하만임을 지목하였다. 하만은 흉계가 일조에 폭로된지라 핑계나 변명 한 마디도 못하고 공포에 떨기만 하였다.

[한 줄의 묵상]
오늘, 나는 무엇을 요청해야 하는가? 하나님 앞에서 의인이라 인정을 받는 삶을 살아갈 것을 스스로에게 요구해야 한다.

5월 13일 ● 본문_욥 1:20-22, 암송_22절, 찬송_432장, 통독_욥 1-3장

모든 일에 죄를 짓지 않다

> 욥은 까닭 모를 재앙으로 말미암아 고난을 겪으면서도, 그 고난에 사려 깊고, 고결한 자세로 반응하였다. 그는 자신의 잘못도 없이 극심한 환난을 겪으면서도 하나님을 원망하는 길로 들어서지 않았다.

1. 고난 중에도 여호와를 찬양. 일이 안 되고 사방으로 우겨 쌈을 당할 때 주께 감사한다는 것은 쉽지 않은 일이다. 때문에 참된 신앙은, 곤경 가운데서 빛나게 되는 법이다. 욥은 필설로 다할 수 없는 극심한 곤경 가운데서도 주께 감사하였으며, 하나님께 영광을 돌렸다.

2. 여호와의 뜻에 주목. 욥은 자신에게 일어난 모든 일들이 하나님께로 말미암은 줄 알고 묵묵히 순종하였다. 자기 자신이 원하는 것에만 순종하고, 원하지 않는 것들에 대해서는 이의를 제기하는 사람들이 많은데 올바르지 못하다. 하나님께서는 우리가 이해하지 못하여도 당신의 뜻을 나타내신다. 하나님의 뜻은 무조건적인 순종을 요구한다.

3. 죄와 불의를 멀리하다. 욥은 까닭 없이 맞는 매를 인하여 원망이나 불평을 터뜨릴 수도 있었을 터인데, 오히려 주를 찬송했다. 곤경은 우리로 걸려 넘어지게 하는 올무가 되기 쉬우므로 이에 빠지지 않도록 조심해야 한다. 시작을 잘했으면 끝도 좋아야 한다. 주님 나라에 이르기까지 주와 동일한 보조를 취하는 것이 성도의 본분이다.

[한 줄의 묵상]
혹시 지금의 나는 어떠한가? 성도는 고난 중에도 감사하며
순종하며, 죄와 불의에서 멀리하기를 결단해야 한다.

5월 14일 ● 본문_욥 5:1-8, 암송_1절, 찬송_423장, 통독_욥 4-6장

하나님께 구하고, 하나님께 의탁하라

엘리바스는 욥을 향하여 불평하여 멸망 받을 것은 하지 말고, 하나님을 의지하고 그분에게 기도하는 것이 유익이라는 말을 하였다. 하나님께 대한 분노는 여느 악인과 마찬가지로 멸망하게 되기 때문이다.

1. 불평하지 말라. 1절, "부르짖어 보라 네게 응답할 자가 있겠느냐."라고 하였다. 그는 욥에게, "네가 아무리 불평하여도 하나님은 물론이지만 천사들까지라도 불평하는 것은 듣지 않는다."고 하였다. 엘리바스의 권고는 불평은 문제의 해결에 조금도 도움이 되지 않기 때문에 불평하지 말라는 것이다.

2. 망할 짓은 하지 말라. 2절, "분노가 미련한 자를 죽이고 시기가 어리석은 자를 멸하느니라."라고 하였다. 사람은 어리석어서 문제가 복잡해지면 자신의 감정을 다스리지 못한다. 분노를 폭발하는 데 분노로 문제의 해결은 정말 어렵다. 사람이 고난을 당하는 원인이 자기에게 있지 않고, 남에게 있다고 생각하면 문제가 생긴다.

3. 하나님께 기도하라. 8절, "나라면 하나님을 찾겠고 내 일을 하나님께 의탁하리라."라고 하였다. 엘리바스가 하는 말은 자신이 욥과 같은 일을 당했다면 하나님께 기도하겠다는 것이다. 기도하면서 그 어려운 문제를 하나님께 맡기겠다는 것이다. 그의 권고는 백번 옳다.

[한 줄의 묵상]
하나님 앞에서 살아간다는 것은 자신의 삶을 하나님께 맡기는 것을 의미한다. 내 눈에 보이는 것 때문에 기도하자.

5월 15일 ● 본문_욥 7:11-21, 암송_17-18절, 찬송_381장, 통독_욥 7-9장

사람이 무엇이기에

> 욥은 자신에게 재난을 주셨던 분이 하나님이셨던 것처럼 그것을 거두어 줄 수 있는 분도 오직 하나님이시라고 인식하였다(하나님의 주권). 또한 고난에 처한 인간(욥)의 소리를 들어 주시는 분으로 확신하였다.

1. **아침마다 권징하시는 하나님.** "사람이 무엇이기에 주께서 그를 크게 만드사 그에게 마음을 두시고 아침마다 권징하시며 순간마다 단련하시나이까?"라고 억지를 쓰며, 항의한다. 그러나 여기에는 자신을 돌보아 주셔서 감사하다는 뜻과 돌보아 달라는 간구가 내포되어 있다.

2. **권징하시기를 바라는 호소.** "주께서 내게서 눈을 돌이키지 아니하시며 내가 침을 삼킬 동안도 나를 놓지 아니하신다."라고 욥은 하나님께서 자기를 꼼짝 못하게 붙잡고 괴롭힌다는 뜻으로 토로하였으나 실상은 아침마다 권징하기를 바라고, 순간이라도 돌보시지 않으신다면 살 수 없다는 뜻이다. 침 삼킬 동안이라도 지켜달라는 호소이다.

3. **계속되는 하나님의 권징.** 지금도 하나님은 아침마다 권징하시고 순간마다 시험하신다. 이로써 사람을 아주 귀중하게 여기시고 보배롭게 삼아서 항상 돌보아 주시고 아껴 주신다. 하나님 편에서 보실 때는 티끌만도 못한 존재이나 그래도 천하보다 귀하게 여기는 가치물들이니 우리는 그 앞에 감사할 뿐이다.

[한 줄의 묵상]
인생은 내일 일을 알지 못하는 안개와 같은 연약한 존재이다.
오늘, 하나님의 권징으로 한 날을 살아가기를 소원하자.

5월 16일 ● 본문_욥 11:1-6, 암송_5절, 찬송_552장, 통독_욥 10-12장

말씀을 내시는 하나님

소발은 죄 때문에 고난을 당한다고 주장하는 욥의 두 친구들의 주장에 대해 반박하는 욥을 책망하여 조롱하였다. 소발은 욥에게 말이 많은 자로 규정하면서 그를 우둔한 자로 취급하였다.

1. **소발의 책망.** 자신의 무죄를 고집하는 욥의 말에 대하여 소발은 헛된 것으로 간주하였다. 본문에서 소발이 잠잠하지 않겠다고 말한 것은 고대에서 흔히 논쟁에서 잠잠한 상대방의 뜻에 동조하는 것으로 여겨졌기 때문이다. 그리고 이것은 소발이 결코 욥의 뜻에 수긍하지 않으며, 오히려 욥의 말을 반박하고 있음을 암시한다.

2. **하나님의 공의를 알라.** 사람은 자신의 무지 때문에 하나님의 전지성을 모른다. 욥은 하나님께 완전하다 하면서 하나님의 공의를 미처 깨닫지 못하고 있었다. 욥은 인간이 잘못은 있을 수 있어도 하나님께는 절대로 잘못이 있을 수 없다는 것을 미처 알지 못하였다.

3. **하나님의 벌이 경함을 알라.** "하나님께서 너로 하여금 너의 죄를 잊게 하여 주셨음을 알라."고 하였다. 죄에 합당한 공정한 벌을 내려도 범죄자로서는 할 말이 없는데 범한 죄보다 벌하심이 경하다고 하였으니 이것도 하나님의 인자와 긍휼하심이다. 욥은 하나님의 시벌을 과중한 것처럼 여기고 있으니 그 진상을 바로 알라고 충고하였다.

[한 줄의 묵상]
오늘을 지내면서 먼저 하나님을 바로 알겠다고 결단하자.
우리가 하나님을 바로 알면 그 앞에 잠잠하여 겸손하게 된다.

5월 17일 ● 본문_욥 14:1-6, 암송_1절, 찬송_363장, 통독_욥 13-15장

여인에게서 난 사람은

> 보편적으로 모든 인간은 죄의 결과, 곧 죽게 되고 이 세상 가운데서 사는 동안에도 죄로 인해 고통과 고난을 당한다. 사람이 고생하며 근심하게 되는 것은 인간의 타락으로 자초된 것이다(창 3:18, 19).

1. 첫 여인, 남자에게서 나다. 하나님께서는 흙으로 육체를 만드시고, 그 코에 생기를 불어넣어서 생령이 되게 하셨다. 그리고 그 사람에게서 갈빗대 하나를 취하여 그 갈빗대로 여자를 만드셨다. 그가 여인의 시초다. 첫 사람은 하나님께서 직접 창조하시고, 그의 지체(갈빗대)를 갖고 여자를 만들어서 인류의 시조 부부인 아담과 하와가 되었다.

2. 모든 사람, 여인에게서 나다. 아담과 하와가 범죄 한 후에, 하나님께 책망을 들을 때, '여자의 후손'이라고 말씀하셨다. 잉태하는 고통을 통하여 자식을 해산하리라고 하셨다. 성자 예수님께서 이 세상에 오신 방법도 한 여인(마리아)의 육체를 빌어서 육신으로 탄생하셨다.

3. 여인에게서 난 사람. 구약시대의 여인관은 더욱 불결한 편에 속한 자로 취급되었다. "사람이 무엇이기에 깨끗하겠느냐 여인에게서 난 자가 무엇이기에 의롭겠느냐." 이와 같이 여인은 연약한 존재로 불리는데 욥 자신이 이렇게 연약한 여인에게서 났으니 사는 날이 적고 괴로움이 가득하다고 하였다.

[한 줄의 묵상]
이 세상에, 여인에게서 나지 않은 사람이 어디에 있으랴?
누구나 다 여인의 후손이니, 죄로부터 출생한 원죄를 가졌다.

5월 18일 ● 본문_욥 17:1-2, 암송_1절, 찬송_372장, 통독_욥 16-18장

죽음에 이르는 인생

욥은 자신이 고난을 당함으로써 곧 죽게 될 것으로 생각하였다. 사람은 태어나면서부터 살아가고 있는 것이 아니고 죽어가고 있는 것이다. 그래서 욥은 자신이 죽어가는 과정을 순서적으로 말하였다.

1. 기운이 쇠하다. "나의 기운이 쇠하였으며"라고 하였다. 사람은 태어나면서부터 기운이 쇠하여 가는 것이다. 이것이 죽어가고 있다는 것이다. 즉 생명의 에너지가 소멸되어간다는 뜻이다. 언젠가 생명의 불꽃은 사라지고 말게 된다. 늙으면 늙을수록 기운이 쇠하여 간다.

2. 날이 다하다. "나의 날이 다하였고"라고 하였다. 이는 생명의 시간을 말하는 것이다. 시간은 우리에게 정하여 주어졌다. 그런데 시간이 갈수록 정해진 날이 점점 없어진다. 삶은 시간을 만들어가는 것이 아니고 만들어진 시간 속으로 들어가면서 소모하고 있다는 것이다. 그래서 바울 사도는 세월을 아끼라고 하였다(엡 5:16).

3. 무덤이 준비되다. "무덤이 나를 위하여 준비되었구나."라고 하였다. 땅은 언제나 사람의 시체를 받을만한 준비가 되어 있다. 사람의 육체는 본래 흙이었다. 육체가 들어갈 무덤이 준비되었고, 영혼이 들어갈 하나님의 집이 준비되었다(요 14:1-3, 히 11:14-16). 인간은 죽으면 육체는 흙으로 돌아가고, 영은 반드시 하나님의 나라로 들어간다.

[한 줄의 묵상]
인생은 태어나면서 죽기 시작한다. 그러므로 오늘도 나의 생애가 끝나는 것을 준비하는 신앙생활을 해야 할 것이다.

5월 19일 ● 본문_욥 19:13-22, 암송_13절, 찬송_522장, 통독_욥 19-21장

사람은 곁을 떠난다

동방에서 제일 가는 의인이었던 욥이 실망을 했다. 그러다가 구속주를 바라보게 되었다. 거기에서 인생의 참된 가치를 발견하였다. 자기를 단련하신 하나님의 뜻이 어디에 있는가를 발견하게 된 것이다.

1. 부귀에 대한 실망. 욥은 동방에서 부귀영화를 누렸었다. 그를 하나님께서 치시니 하루아침에 그 많던 재산이 불살라지고, 빼앗기게 되고 말았다. 이러한 모든 것에서, 하나님께서 허락하지 않으면 안 된다는 것을 깨닫게 되었다. 이로써 부귀영화에 대한 실망을 가지게 되었다.

2. 인간 자체에 대한 실망. 욥이 어려움을 당하자 그의 아내까지도 욥을 버렸다. 또한 형제들도 멀리 떠났으며, 자기를 아는 모든 사람들도 낯선 사람 같이 되었다. 자기의 집에 우거하던 자와 집에서 잔일을 거들던 여종까지도 자기를 낯선 사람으로 여겨서 그들 앞에서 타국 사람 같이 되었다. 여기에서 그는 사람에 대하여 크게 실망을 하게 되었다.

3. 자기 자신에 대한 실망. 욥은 자기가 건강하다고 여겼었다. 그러나 하나님께서 한번 치시니 날마다 질그릇 조각으로 긁어야 하는 자가 되었다. 그 많은 재산도 하나님께서 허락하지 않으니 아무것도 아니었다. 그리고 많은 자녀도 하나님의 뜻 안에서 자녀였다. 이러한 것을 생각하니 자기 자신에 대해 실망하게 되었다.

[한 줄의 묵상]
하나님께서 욥을 치시니 어려운 일을 당하게 되었다.
우리 가족은 사람이 인생에게 의지할 대상이 아님을 기억하자.

5월 20일 ● 본문_욥 22:21-23, 암송_21절, 찬송_407장, 통독_욥 22-24장

내게 복이 임하려면?

> 사람은 다 평안을 원한다. 그렇지만 인간이 경험하는 평안에는 거짓된 것이 있고, 참된 것이 있다. 이 세상이 주는 평안은 모두 다 거짓된 것이고, 하나님께서 주시는 평안만이 참된 것이다.

1. **하나님과 화목하기를 원해야.** 복을 받기를 원한다면 하나님과 단절된 것이 없어야 한다. 하나님과 화목하지 못하면 다른 것이 아무리 잘 되어도 잘 된 것이 아니다. 하나님과의 관계가 틀어지면 다른 것들도 어긋나게 된다. 나의 우선순위는 하나님과의 올바른 관계를 유지해야 한다. 복된 인생을 원한다면 가장 급한 일은 하나님과 화목함이다.

2. **말씀에 실천하기를 원해야.** 하나님과의 바른 관계가 회복되면 말씀을 실천해야 한다. 말씀을 들어도 실천하지 않으면 하나님의 복을 받을 수 없다. 하나님은 말씀을 실천하는 자를 통해서 역사하신다. 실천하게 될 때 능력이 생기고 하나님의 역사를 경험하게 된다.

3. **자신을 진토에 버리기를 원해야.** 우리의 보물을 버리라고 하신다. 그러면 하나님께서 우리의 보배가 되신다고 약속하셨다. 내가 가진 것을 버려야 주님께서 주시는 것을 받아 누릴 수 있다. 버리는 자를 하나님께서 채워주신다. 우리의 보배를 버리면 하나님은 우리의 보배가 되어 주시고 우리에게 은을 더하실 것이다.

[한 줄의 묵상]
지금까지 나에게 보배로운 것들을 하나님을 위해서 버리도록 하자.
그러면 그것들보다 더 좋은 하나님을 소유하게 된다.

5월 21일 ● 본문_욥 27:1-6, 암송_3절, 찬송_372장, 통독_욥 25-29장

하나님의 기운이 내 코에

하나님께서 인간을 창조하시는 과정은 먼저 흙으로 사람을 지으시고 하나님의 생기를 그 코에 불어 넣으시니 사람이 생령이 되었다고 하였다. 하나님의 생기가 들어가서 비로소 사람이 된 것이다.

1. **인간 창조의 원천.** 하나님께서 최초에 창조의 역사를 시행하실 때 세 차례 창조의 순서를 가지셨다. 1. 만물 창조, 2. 생물 창조, 3. 인간 창조였다. "여호와 하나님이 땅의 흙으로 사람을 지으시고 생기를 그 코에 불어넣으시니 사람이 생령이 되니라." 인간이 생존할 수 있는 조건을 지으신 후에 인간을 창조하셨다.

2. **인간을 살리시는 요소.** "하나님의 영이 나를 지으셨고 전능자의 기운이 나를 살리시느니라."(욥 33:4) 라고 하였다. 하나님께서 사람을 지으시고, 죽은 자를 살리시는(죽은 심령의 소생) 요소가 곧 전능자의 기운이라고 하였다. 전능자의 기운은 바로 인간에게 생기를 가리킨다.

3. **성령을 부어 주시다.** 예수님께서 부활하신 후에 제자들에게 나타나 보이시는 중에 부활하신 당일 저녁에, 제사들에게 오셨다. 주님께서는 그들을 향하사 숨을 내쉬며 이르시되 "성령을 받으라."고 하셨다. 이 말씀에 의하여 다락방에 있었던 열 명의 제자(가룟 유다는 죽었고, 도마는 미참하다)들이 성령을 충만히 받았다.

[한 줄의 묵상]
성령의 역사는 창조 시부터 나타나셨고, 예수님 당시 그리고
세상 끝 날까지 성도와 함께 하심을 경험하고 있는가?

5월 22일 ● 본문_욥 30:16-23, 암송_23절, 찬송_91장, 통독_욥 30-32장

정한 집으로 끌어가시다

욥은 극한적인 고통과 시련을 당하고 있었다. 그에게 사랑하는 자녀들과 아내가 떠나갔다. 소유도 모두 떠나갔고 종들도 떠나갔다. 절친한 친구들은 그를 위선자, 사기꾼으로 몰아 붙였다.

1. 인생에게 필연적인 죽음. 사람이 죽어서 무덤에 묻히는 것은 우연하게 되는 것이 아니다. 이것은 인간 생명의 위대한 창조자께서 그렇게 되도록 정하신 것이다(히 9:27). 그러므로 인간이 죽어 묻히는 무덤은 인간 본연의 처소요, 빈부귀천을 가리지 않는 가장 공평한 장소이다.

2. 삶의 진리를 깨닫게 하는 죽음. 인간은 사랑하는 이의 죽음을 보고서 자신의 올바른 인생관을 정립하는 기회로 삼는다. 우리는 시간을 영원처럼 생각하거나 영원을 시간처럼 생각하는 착각을 하고 있다가 죽음을 목격하고서 비로소 이를 시정하곤 한다. 이런 의미에서 죽음이야 말로 우리의 위대한 스승이며, 길잡이라고 할 수 있다.

3. 영원한 생명을 바라보게 하는 죽음. 임박한 죽음을 의식하는 자는 영생을 사모하기 마련이다. 그런 자에게 매 순간 순간은 가치 있고 보람된 것이다. 하나님께서는 다른 사람이 죽을 때 영혼을 생각하게 하고 영생을 사모하게 하신다. 영생을 얻는 길은 오직 예수님 안에서만 얻을 수 있고, 영광을 누릴 수 있다.

[한 줄의 묵상]
죽음은 인생에게 필연적이다. 영생을 사모하여 예수님을
영접해야 할 것이다. 지금, 예수님을 나의 구주라고 확신하는가?

언약대로 축복 받는 가정예배 365일

5월 23일 ● 본문_욥 34:21-30, 암송_21절, 찬송_295장, 통독_욥 33-35장

사람을 주목하시는 하나님

> 하나님은 공의로우시다. 그러므로 의인에게 벌을 주시는 경우가 절대 없으시다. 악인에게 상을 주시는 불합리한 일도 절대로 없으시다. 그래서 우리는 하나님의 공의를 의심하지 않는다.

1. 사람의 행위를 정확하게 아심. 21절, "(하나님은) 사람의 길을 주목하시며 사람의 모든 걸음을 감찰하시나니." 하나님께서는 사람의 움직이는 행동 하나 하나를 정확하게 알고 계신다. 그렇기 때문에 공의롭게 판단하신다. 하나님은 모든 것을 정확하게 아신다(시 139:1-12). 그래서 사람은 하나님 앞에서 무엇 하나라도 숨길 수 없음을 기억해야 한다.

2. 공의롭게 처리하심. 하나님께서는 재판을 하실 때, 증인이나 사건을 조사할 필요가 없으시다. 모든 것을 정확하게 아시고 계시기 때문이다. 오직 공정하게 판단하시고, 행한 대로 정확하게 갚아주신다. 그래서 하나님은 공의로우시다. 사람의 영향을 조금도 받지 않으신다.

3. 항의할 수 없게 하심. 29절, "주께서 침묵하신다고 누가 그를 정죄하며" 하나님께서 무엇을 하시든지 인간이 그 앞에서 항의할 수 없다. 이는 하나님의 주권과 하나님의 공의의 완전성을 뜻하는 것이다. 그래서 국가나 백성들도 항의할 수 없는 것이다. 이는 절대적이다. 하나님의 공의는 완전하시기 때문이다.

[한 줄의 묵상]
하나님의 공의를 의심하지 말아야 한다. 모든 일을 공의롭게 처리하시며, 항의할 수 없게 하시는 하나님 앞에 서 있다.

5월 24일 ● 본문_욥 37:14-20, 암송_15절, 찬송_536장, 통독_욥 36-38장

엘리후의 물음—네가 아느냐

엘리후는 자신의 말을 자세히 듣고 생각함으로써 하나님의 오묘하신 통치의 지혜를 깨달을 것을 욥에게 요구하였다. 욥이 그 속에서 자신의 어리석음과 나약함을 깨닫는 일 뿐이라는 것이다.

1. 인간은 깨달음의 존재. 하나님께서 태초에 만물을 창조하실 때, 인간을 하나님의 형상대로 지으셨다. 이것은 영성을 주입시키신 일이거니와 아울러 무엇을 깨달아 알 수 있는 '깨달음'의 능력을 주셨다. 다른 피조물(주로 동물들)에게는 없는 '깨달음'을 사람에게만 주셨다.

2. 알지 못하는 존재. 엘리후는 욥에게 주의 깊게 통찰하여 사리를 분별하도록 권면하였다. 인간은 자신이 궁구해서 알아야 하는 존재이다. 그런데 하나님께 죄를 지은 결과, 인간은 '깨달음'이 둔하고 어두워져서 진리에 대하여 바로 알지 못하게 되었다. "우매무지"한 백성이 되었고, "우준하고 무지한 자"가 되었다.

3. 마땅히 알아야 할 존재. 엘리후는 욥이 하나님께서 하시는 오묘한 일과 기묘한 일과 까닭을 알지 못한다고 평가하였다. 그가 "네가 아느냐?"라고 세 번씩이나 탓하였으니 마땅히 알아야 할 것을 알아야 한다는 것이다. "이스라엘은 알지 못하고, 나의 백성은 깨닫지 못한다."고 이사야는 한탄하였다.

[한 줄의 묵상]
오늘, 나는 이성을 발휘하여 바로 알되, 자신을 창조하신 하나님을 알며, 죄에서 구원하신 예수님을 알아야 한다.

5월 25일 ● 본문_욥 42:10-17, 암송_10절, 찬송_278장, 통독_욥 39-42장

처음 복보다 더하게 하시니

> 비록 친구들이 욥의 고통과 처지를 비난하고 험담하였을지라도 욥은 그들을 위해 기도하였다. 하나님께서는 그 기도를 들으시고, 그들의 죄를 용서하셨다. 바로 이 순간이 영광스러운 전환점이 되었다.

1. 복의 근원이 되시는 하나님. 욥이 겪은 시련의 과정을 비롯하여 말년에 그가 받은 엄청난 축복은 복의 근원이 하나님 자신이심을 잘 보여준다. 그분은 원하시는 사람들에게 복을 주실 수도 있고, 원하지 않으시는 사람들로부터는 복을 빼앗을 수도 있는 유일한 분이시다.

2. 복을 받는 의를 행하는 자. 욥의 고난과 축복은 의와 관련하여 두 가지를 보여준다. 하나는 의로운 길에 핍박이 따른다는 사실과, 다른 하나는 주께서 의인들에게 복을 주신다는 사실이다. 그러므로 불의를 버리고 의의 길에 선 자가 복을 받는다. 의로운 길에 생명이 있고, 의로운 길에 하나님의 축복이 따른다.

3. 하나님의 계산법. 욥이 받은 복의 분량은 처음 복보다 훨씬 더 많은 엄청난 것이 있다. 우리의 계산법으로 1+1=2가 되지만, 하나님의 계산법은 전혀 다르다. 따라서 주의 축복이란 인간의 노력에 대한 대가가 아니라 주가 거저 주시는 선물임을 알 수 있다. 우리는 땀 흘린 대가만이 아니라 주가 주시는 선물을 받는 사람이 되도록 힘써야 한다.

[한 줄의 묵상]
하나님의 백성은 유형이나 무형으로 처음보다 나중이 창대케 되는 사람이다. 우리도 나중이 창대케 됨을 확신하자.

5월 26일 ● 본문_시 1:1-3, 암송_3절, 찬송_379장, 통독_시 1-3편

그 행사가 다 형통하게

하나님께서는 다윗에게 복 있는 사람이 되도록 하셨다. 복된 사람은 악인의 꾀를 따르지 않으며, 죄인들의 길에 서지 않고, 교만한 자들의 자리에 앉지 않는다. 그는 하나님이 없는 사람들과 같이 하지 않았다.

1. 의인의 길에 서라! 하나님께서는 의인들, 하나님 말씀 안에 거하며 행하는 이들을 기뻐하신다. 그리고 그들과 함께 하신다. 그러므로 여호와 앞에서 살아가야 한다. 그로 인해서 평강을 허락하신다. 하나님께서는 그들에게 필요한 것들을 흡족하고도 충분하게 공급해주신다.

2. 형통하게 하시다. 요셉은 하나님과 동행하고 하나님과 함께 하였다. 이로 말미암아 요셉은 형통한 자가 되었다. "그의 주인이 여호와께서 그와 함께 하심을 보며 또 여호와께서 그의 범사에 형통하게 하심을 보았더라"(창 39:3). 그가 하나님과 함께 하는 모습, 그의 형통한 모습은 요셉의 주변에 있는 모든 사람들이 알 정도였다.

3. 나를 형통하게 하시다. 다윗과 함께 하셨던 하나님께서는 오늘, 나와 함께 해주시기를 원하신다. 우리가 말씀 안에 거한다면, 하나님을 예배하며 하나님을 가까이 하고 교회를 가까이하는 삶을 산다면 우리 또한 하나님과 동행하며 형통한 삶을 살게 된다. 복 있는 사람은 하나님의 율법에서 어긋나게 행동하는 사람들의 가는 길을 가지 않는다.

[한 줄의 묵상]
하나님께서는 그의 성도들, 예배하는 이들, 교회를 가까이하는
이들을 얼마나 사랑하고 얼마나 축복하시는지!

5월 27일 ● 본문_시 4:1-8, 암송_3절, 찬송_370장, 통독_시 4-6편

경건한 자를 택하시다

다윗에게 고난이 찾아왔다. 자신의 아들이 반역하고, 이스라엘이 그에 동조하였다. 그러나 다윗은 이런 때 하나님을 의지하고, 자부심을 갖고 당당히 일어났다. 그의 마음에는 기쁨과 평안이 있었다.

1. **"내게 은혜를 베푸사."** 다윗은 의로운 하나님께서 자신에게 긍휼을 베풀어 기도를 들어 달라고 빌었다. 그는 하나님 앞에서 죄인으로 긍휼을 구하며 기도하였다. 그의 간구 - 오직 하나님의 은혜를 구하였다. 그는 자신의 죄악 된 본성을 인식하고, 하나님의 긍휼을 구하였다. 인간은 누구나 다 죄인이다. 하나님의 긍휼을 구해야 한다.

2. **"여호와께서 들으시리로다."** 다윗은 전능하신 하나님께서 자신의 기도를 들어주신다는 확신이 있었다. 그러므로 더욱 사람들 앞에서 당당하게 큰소리칠 수 있었다. 우리에게는 천지와 만물을 다스리시는 권세와 사랑을 가지신 하나님께서 아버지로서 계신다.

3. **"주의 얼굴을 들어."** 하나님의 얼굴은 하나님의 은혜이다. 하나님의 은혜가 임할 때 우리는 능력 있고 거룩한 삶을 살 수 있다. 하나님의 영광이 임할 때 그렇게 살 수 있다. 우리가 어떻게 하나님이 택하신 자로서 하나님의 능력과 거룩함을 보여줄 수 있을까? 하나님께서 우리에게 얼굴을 비추어주실 때 가능하다.

[한 줄의 묵상]
하나님께서는 경건한 자에게 지혜를 주시고, 능력을 주신다.
오늘을 살아가도록 성령님께서 은혜 주시기를 기도하자.

5월 28일 ● 본문_시 8:1-9, 암송_5절, 찬송_373장, 통독_시 7-10편

영화와 존귀로 관을

사람의 가치는 얼마나 오래 살고, 죽느냐가 아니다. 얼마나 바르게 살고, 진실하며 아름답게 사느냐에 있다. 사람의 본분을 바로 알아서 하나님을 찬양하며, 하나님께서 지으신 뜻을 바로 알아야 한다.

1. **자기의 분수를 알아야.** 사람에게는 저마다 자기 분수가 있다. 고로 자신의 분수대로 살아야 한다. 이것이 옳게 사는 지혜다. 자기 분수를 잃어버리면 실패의 비극과 파탄의 불행을 겪게 된다. 그리고 자기 분수를 잊을 때, 오만불순하고 자손만대에 누를 범하게 된다. 선생은 선생답게, 정치가는 정치가답게, 각 사람이 자기에게 맞게 살아야 한다.

2. **하나님께서 하신 일을 알아야.** 하나님께서 세상을 아름답게 지으셨다. 주의 대적을 인하여 어린아이와 젖먹이의 입으로 권능을 세우셨다. 보잘것없는 인생이지만, 생각하시고 권고하셨다. 영화와 존귀로 관을 씌우셨다. 주의 손으로 만드신 것을 다스리게 하셨다. 이 땅에서 살아가는 동안에 위임을 받았다는 자세로 삶에 임해야만 한다.

3. **우리의 사명을 알아야.** 하나님께서 하신 일을 위하여, 하나님의 심부름을 하기 위하여 세상에 태어났다. 인간은 사명적인 존재이다. 나의 사명이 무엇인가를 깨닫고 그 사명을 위하여 죽을 수 있어야 한다. 그 사명을 위하여 충성하고, 열심내고, 기도하며 섬겨야 한다.

[한 줄의 묵상]
하나 밖에 없는 생명, 천하보다 귀중한 생명, 한번 밖에 살 수 없는 삶을 갖고 살고 있다. 이를 귀중히 여겨야 한다.

5월 29일 ● 본문_시 13:1-6, 암송_5절, 찬송_376장, 통독_시 11-13편

주의 구원을 기뻐하리

우리는 참기 어려운 극도의 고통을 당할 때 어떻게 해야 하는가? 다윗은 하나님께로 엎드려서 처절한 탄원과 호소를 한다. 그러면서 주의 인자하심을 바라보고, 도래할 구원의 날에 대한 기쁨을 찬송하였다.

1. **하나님께 엎드려 간구.** 다윗은 고난 속에서 자기를 생각하사 응답하여 달라고 간구하였다. 기도는 닫힌 문을 열게 하고, 하나님께서 찾아오시게 하고, 고난을 해결하고 놀라운 은혜를 경험하게 한다. 말로 다할 수 없는 환난과 고난의 시간에 성도는 기도해야 한다.

2. **깨어서 경성하여.** 다윗은 하나님 앞에서 "나의 눈을 밝히소서."라고 호소하였다. 고난과 고통을 당할 때, 이러한 일이 왜 나(우리)에게 임했는가를 깨달아야 한다. 그렇지 못하면 하나님의 온전하신 뜻을 알지 못하고 더욱더 죄만 짓고 깊은 영적인 수렁에 빠지게 된다. 그래서 하나님의 뜻이 어디에 있는지를 바로 깨달아야 한다.

3. **주의 인자하심을 의뢰하자.** 다윗은 주의 인자하심을 의뢰하였다. 주님은 사랑과 인애와 긍휼이 풍성하신 분이시다. 우리가 비록 허물과 죄가 있어 고난과 곤경에 처했다고 하여도 하나님을 전적으로 의뢰하면 우리를 긍휼히 여기시고 불쌍히 여기시고 구원해주신다. 이는 하나님께서 징계나 형벌이 아닌 구원, 축복, 생명을 주시기 때문이다.

[한 줄의 묵상]
고난에 하나님의 깊으신 뜻이 있다. 그러므로 인간의 생각대로만 생각해서는 안 된다. 인간의 수준에서 평가해서도 안 된다.

5월 30일 ● 본문_시 15:1-5, 암송_1절, 찬송_381장, 통독_시 14-16편

여호와의 장막에 머무를 자

다윗은 누가 주님의 성막에 거하며, 누가 주님의 거룩한 산에 머무를 수 있느냐고 묻는다. 다윗은 성전을 향해 올라가면서 하나님을 만나기에 합당한 사람이 어떤 사람인지를 묵상하고 있는 것이다.

1. **마음에 진실을 말하는 자.** 진실은 신실하고 믿을 만하다는 말이다. 자신의 마음에 하나님의 말씀, 참된 말씀을 늘 새기고 간직한 자를 뜻한다. 하나님과 교제할 수 있는 사람은 그 중심과 말이 진실 되고 믿을 수 있는 사람이다. 이러한 사람은 한 입으로 두 가지 말을 하지 않는다. 그리고 한 번 약속한 것은 해가 되더라도 지키는 사람이다.

2. **혀로 남을 허물하지 않는 자.** 다른 사람을 해하고자 하는 의도로 말하는 것과 관련된 표현이다. 하나님의 계명을 어기고, 타인을 말로 해하는 것을 금하라는 의미이다. 하나님과 교제할 수 있는 사람은 가깝고 친한 친구나 이웃에게 해를 입히거나 악을 행하지 않는다.

3. **이웃을 비방하지 않는 자.** 하나님과 교제할 수 있는 사람은 마음이 교만해져서 이웃을 대적하여 그를 조롱하거나 멸시하지 않는다. 이웃을 향해 거짓 증언하여 해를 끼치는 것을 금하는 십계명의 제9계명을 염두에 둔 말씀이다. 성도의 입술에는 천국 방언을 담고 있어야 한다. 입을 벌리면 하나님의 말씀만이 나와야 한다.

[한 줄의 묵상]
성전에 오르고 있는가? 우리는 늘 말씀에 부합한 언어를 마음에 새기고 악한 말을 금하여야 한다.

5월 31일 ● 본문_시 17:13-15, 암송_15절, 찬송_402장, 통독_시 17-19편

만족함을 누리는 성도

하나님께서 다윗에게 주신 기업은 바로 하나님 자신이셨다. 하나님을 기업으로 삼은 사람은 하나님이 의로우신 것처럼 의로운 삶을 살아야 한다. 그에게는 죽은 후에도 그 기업이 계속된다.

1. 주의 형상이 이루어져 만족. 의로운 중에 주의 얼굴을 보리니 깰 때에 주의 형상으로 만족한다고 하였다. 주님의 뜻을 이루다보면 주의 형상이 이루어진다. 성경에서 하나님의 사람들은 자신의 꿈속에서, 기도 중에, 고난 중에 하나님을 만났다. 그리고 변화가 되었다.

2. 주를 경외함으로 만족. 여호와를 경외하는 것이 사람의 본분이라고 하였다. 주를 경외하면 친밀해지고 즐거움을 얻는다. 주를 의지한 다윗에게 환난 시, 전쟁 시 구원받고 피난처가 되시고 방패가 되셨다. 하박국 선지자는 모든 것이 부족해도 여호와로 말미암아 즐거워했다. 이러한 곳에 즐거움이 있다.

3. 주께 쓰임을 받아 만족. "너희 지체를 불의의 무기로 죄에게 내주지 말고 의의 무기로 하나님께 드리라"(롬 6:13)고 하였다. 오늘, 하나님께서는 나를 쓰실 것이다. 작은 것을 드린 모든 자도 쓰실 것이다. 하나님은 이런 자를 통하여 하나님의 역사를 이루어 가신다. 우리는 이 모든 것에 주께 쓰여져 즐거움을 찾자.

[한 줄의 묵상]
믿음으로, 주의 뜻대로 인내하면서 쉬지 않는 기도에 의하여
응답받아 만족함을 누리기를 결단하자.

6월 1일 ● 본문_시 20:1-9, 암송_1절, 찬송_403장, 통독_시 20-22편

성도를 높이 드시는 여호와의 이름

하나님의 이름은 하나님의 어떠하심을 나타낸다. 하나님의 이름은 하나님 자신이시므로 그 존엄성은 말로 다할 수 없다. 하나님께서는 자기 백성에게 그 이름의 독특한 은혜를 경험하도록 하신다.

1. 높이 들어주시는 이름. 1절, "야곱의 하나님의 이름이 너를 높이 드시며." 야곱에게, "네가 어디로 가든지 너를 지키리라"고 약속하신 하나님이셨다. 오늘날, 우리에게도 똑같이 지켜 주시고 높이 들어서 만인 앞에서 자랑해주실 것을 믿는다. 과연, 하나님께서 우리를 높이 들어주시니, 우리 또한 그 하나님의 이름을 높이 들어야 하리라.

2. 기를 세우는 이름. 5절, "승리로 말미암아 개가를 부르며 우리 하나님의 이름으로 우리의 깃발을 세운다."라고 하였다. 가령, 어느 지역에서 어제까지 남의 소유였으나 오늘 내 기를 세우면 내 소유임을 선포하는 것이다. 대적의 보루와 요새를 빼앗아 거기에 기를 세워주신다.

3. 자랑이 되는 이름. 7절, "우리 하나님의 이름을 자랑하리로다." 과연 하나님은 우리에게 신뢰가 되어주시는 여호와 하나님이시다. 세상의 사람들은 무력을 자랑하고, 재력도 자랑하고, 권력도 자랑하고, 자랑할 것이 많이 있다. 그렇지만 우리는 하나님의 이름을 자랑할 것뿐이다. 바울도 "자랑하는 자는 주 안에서 자랑하라."고 하였다.

[한 줄의 묵상]
하나님의 이름은 거룩하다. 우리 가족은 언제나 어디에서든지
하나님의 이름을 높이고, 그 성호를 자랑하기로 결단하자.

6월 2일 ● 본문_시 23:1-6, 암송_1절, 찬송_398장, 통독_시 23-25편

여호와는 나의 목자시니

> 다윗은 양을 치고 있었다. 그때, 저 쪽에서 곰이 다가왔다. 다윗은 곰에게로 가서 곰의 입을 두 손으로 잡더니 생명을 걸고 힘을 다해 입을 찢어버렸다. 곰은 소리를 내며 죽어버렸다. 이것이 목자이다.

1. 목자로서의 다윗. 다윗은 한 마리의 양을 살리려고 생명 바쳐 싸우는 진실한 목자였다. 양은 목자의 사랑과 수고 없이 혼자서는 살아갈 수 없다. 목자가 있어야 양은 살아간다. 우리의 목자는 예수님이시며, 양은 신자를 말한다. 목자와 양은 서로 떨어질 수 없다.

2. 양을 위하여 생명을 바치는 목자. 우리의 목자 되신 예수님은 우리를 위하여 생명을 바치셨다. 곰 같은 원수 마귀가 다가오면 마귀를 물리쳐 주신다. 병마가 들어오면 병을 고쳐주신다. 배가 고프면 푸른 초장으로 인도하사 배불리 먹이신다. 목이 마르면 잔잔한 시냇가로 인도하사 물을 먹여주신다. 이렇게 양을 사랑하며 보호하고 계신다.

3. 목자의 인도. 목자는 양을 어떻게 인도하는가?- 여호와는 나의 목자시니 부족함이 없게 하신다. 목자는 양을 어디로 인도하는가?- 푸른 초장으로 쉴만한 물가로 인도하신다. 목자는 양에게 어떻게 하는가?- 영혼을 소생시키고 의의 길로 인도하신다. 사망의 음침한 골짜기에서라도 인도하시고 함께 하신다.

[한 줄의 묵상]
우리의 목자이신 주님의 그 은혜는 잊을 수가 없다.
오늘, 하나님의 인도하심에 소망을 갖고 한 날을 지내도록 결단하자.

6월 3일 ● 본문_시 27:1-3, 암송_2절, 찬송_400장, 통독_시 26-28편

원수를 넘어지게 하시는 하나님

다윗은 사실 절망적인 상황에 처해 있었다. 전쟁이라는 다급한 상황, 절대 절명의 상황은 그에게 소망을 주지 못하였다. 그런 시간에, 하나님의 완전한 도움과 능력을 확신하고 승리의 개가를 미리 불렀다.

1. 절망적인 상황. 다윗은 자신의 어려운 형편을 원수들, 악인들이 자기 살을 먹으려고 왔다고 고백하였다. 이렇게 하여 맹수에게 포획된 초식동물의 상황에 자신의 처지를 연결시키고 있다. 다른 한편, 군대가 진을 친 상황에 묘사한다. 하지만 하나님께서 그를 도우심으로, 그를 지키심으로 원수들은 오다가 실족하여 넘어지게 되었다고 노래한다.

2. '실족하여'-'넘어졌도다.' 실족하였다는 것은 넘어짐을, 그리고 넘어졌다는 것은 '떨어지다, 황폐케 되다'는 의미를 지닌다. 즉 맹렬하게 살을 먹으려고 야수처럼 달려들던 대적이 불구자처럼, 술 취한 자처럼 비틀거리고 넘어져 벼랑에서 떨어져 파멸 당하는 것처럼 하신다.

3. 원수를 물리쳐주심. 인생 가운데, 죄악 세상 가운데 하나님의 백성들, 성도들에게도 절망적이고 고통스런 상황이 있다. 마귀의 사주를 받은 대적들은 교회를 사랑하고 하나님께 예배하는 성도들을 공격해 들어오고 괴롭게 한다. 하나님의 시간이 되면 벌떼처럼 에워싸는 원수들로 가시덤불의 불같이 타 없어지게 하신다.

[한 줄의 묵상]
지금, 위기의 상황으로 몰리고, 소망이 없는 것처럼 여겨진다 할지라도 우리 가정에서는 오직 예수님만 붙들어야 한다.

6월 4일 ● 본문_시 32:1-11, 암송_10절, 찬송_395장, 통독_시 29-33편

여호와를 신뢰하는 자에게는

하나님은 그의 자녀에게 정죄를 하시는 하나님이 아니시다. 허물의 사함을 얻고, 그 죄가 가려진 자가 복이 있다고 하였다. 그를 가리켜서 마음에 간사가 없고, 정죄를 당하지 않는 자라고 했다.

1. 죄를 숨기지 말아야. 죄를 고백하지 않으면 죄로 인하여 종일 신음하고 뼈가 쇠하게 된다. 이는 주의 손이 누르기에 진액이 빠져서 여름 가뭄에 마름 같이 되기 때문이다. 그러나 자신의 죄를 아뢰고, 숨기지 않으면 곧바로 죄의 악을 용서해주신다. 우리가 죄를 자백하면 우리의 죄를 사하시고 불의에서 우리를 깨끗케 하신다고 약속하셨다.

2. 주를 은신처로 삼아야. 죄를 범하면 하나님 앞에서 갈 곳이 없다. 이를 보수할 자가 죄의 값을 갚으려 하기 때문이다. 그러나 주를 도피성으로 삼아 피하면 환난에서 보호를 받고, 구원의 노래로 우리를 두르신다. 또한 갈 길을 가르쳐 보이고, 우리를 주목하여 훈계하신다.

3. 주를 신뢰해야. 하나님을 신뢰하지 않으면 무지한 말이나 노새와 같이 자갈과 굴레로 우리를 단속하신다. 그래서 악인에게는 슬픔이 많다. 그러나 여호와를 신뢰하는 자에게는 인자하심으로 두르신다. 어떠한 죄를 범했을지라도 하나님께 나와서 회개하면 용서 받는 줄을 믿고, 여호와를 신뢰해야 한다. 하나님께서 용서해주신다.

[한 줄의 묵상]
어떤 죄를 범했든지 주를 만나는 자는 죄의 용서함을 받았다.
지은 죄가 두려운가? 하나님께로 나오라!

6월 5일 ● 본문_시 34:14-22, 암송_15절, 찬송_392장, 통독_시 34-36편

의인을 지켜보시는 여호와

다윗은 하나님의 도우심으로 사울의 칼에서 구원을 받은 후에 회중들에게 주님을 찬양하라고 외치고 있다. 다윗은 하나님께서 자기를 의지하는 자들에게 너그럽게 대해주신다는 사실을 증언한다.

1. 중심을 보신다. 과학의 발달로 아주 먼 곳도 볼 수 있고, 육안으로 볼 수 없는 작은 것도 기계를 통하여 본다. 그러나 사람의 눈은 한계가 있다. 하나님께서는 우리의 마음과 중심까지도 보고 계시는 분이시다. 우리는 하나님 앞에서 우리의 마음을 감추고 속일 수 없다.

2. 피조물을 감찰하신다. 하나님의 눈은 모든 것을 감찰하시는 눈이시기에 피할 수 없는 눈이다. 요나가 하나님의 눈을 피할 줄 알았지만 피하지 못했다. 다윗은 자신을 하나님께서 못 보시는 줄 알았지만 하나님은 다윗 왕의 범죄를 보시고 계셨다. 시편 33편에는 하늘에서 감찰하신다고 말씀하고 있다. 하나님의 눈을 의식하며 행동해야 한다.

3. 의인을 향하신다. 하나님께서는 다윗에게 "여호와의 눈은 의인을 향하시고"라는 것을 체험하게 하셨다. 인격을 가진 존재에게는 관심이 있는 곳에 눈이 가는 경험을 한다. 하나님은 의인을 향하시고 의인에 관심을 갖고 계신다. 우리는 이미 예수님의 보혈로 죄의 용서함 받고 의롭다고 인정함을 받은 자들이라 당연히 하나님의 관심 대상이다.

[한 줄의 묵상]
하나님께서는 의롭게 사는 자에게 눈을 향하시고, 관심을 갖고 계신다.
오늘, 우리 가족은 한 날의 시간을 의로 채우자.

6월 6일 ● 본문_시 39:1-13, 암송_9절, 찬송_390장, 통독_시 37-39편

잠잠하여 입을 열지 않음

하나님은 자녀들에게는 구하는 모든 것을 풍성하게 주신다. 그 입에 열매가 있게 하셔서 하나님의 뜻을 이루시게 하는 도구가 되게 하신다. 우리가 어떻게 해야 주님이 기뻐하시고 응답해주실까?

1. 행위를 조심해야. 말을 함부로 한다면 그 말로 인하여 상처를 받게 된다. 만일 악인 앞에서도 함부로 말하면 그 악인에게 걸려들 행동이 된다. 악인이 내 앞에 있을 때, 내 입에 재갈을 먹이라고 하셨다. 이 말씀은 말을 조심하여야만 된다는 의미이다. 마음을 하나님께로 향하고 깊이 묵상하여 자신을 반성해보는 기회를 가져야 한다.

2. 주님께 소망을 두어야. 주님께 소망을 두고 그분이 하시고자 하는 뜻에 따라 순종하기를 원하는 사람은 죄악에서 멀리 해주신다. 악한 사람에게 어려움을 당하지 않게 하신다. 그리고 입술로 실수하지 않게 하신다. 천국 백성으로서 어디에 삶의 목적을 두고 살아야 하는가?

3. 기도로 승리해야. 그는 하나님께 자신이 드리는 기도와 울부짖는 소리를 들어달라고 요청한다. 입으로 범죄하지 않고 기도할 때, 하나님께서 악한 세력을 물리쳐주신다. 그러므로 어려운 일을 당한 것이 오히려 유익이 되게 하신다. 입으로 범죄하지 않고 소망 중에 기도할 때 악한 세력이 아무리 강하다 하여도 그들이 우리를 정복할 수 없다.

[한 줄의 묵상]
이 땅은 우리에게 영원하지 않다. 우리는 잠시
이 땅에 머물다가 떠나야만 하는 나그네요, 체류자이다.

6월 7일 ● 본문_시 42:1-11, 암송_5절, 찬송_371장, 통독_시 40-42편

어찌하여 낙망하며, 불안해하는가?

어려워 낙심 중에서, 다윗은 "네 하나님이 어디 있느냐"라고 하는 핍박자의 조롱 때문에 주야에 눈물로 음식을 삼았다. 고통 중에 그는 자신의 영혼을 위로하면서, 하나님의 도우심 때문에 찬송한다고 하였다.

1. 낙심이 오는 까닭. 믿음으로 살고자 하지만 주위의 환경이 악화될 때 낙심하게 된다. 또한, 실패와 죽음의 공포를 느낄 때, 낙심하게 된다. 그리고 소망이 더디 이루어질 때, 낙심에 이른다. 그러므로 낙심이 올 때, 낙심 뒤에 계시는 하나님을 바라보아야 한다. 하나님께 소망을 두면 낙심이 사라진다.

2. 불안의 원인. 5절, "어찌하여 내 속에서 불안해 하는가?" 사람은 낙심하면 그 마음에 불안이 찾아온다. 그러므로 만일, 자신의 근심이나 두려움이 죄 때문에 찾아왔다면 즉시 회개하고 하나님께 용서를 받아야 한다. 죄로 말미암아 영혼이 고민을 한다.

3. 하나님을 바라볼 때. 5절, "너는 하나님께 소망을 두라 그가 나타나 도우심으로 말미암아 내가 여전히 찬송하리로다." 우리는 하나님을 바라보아야 한다. 눈을 들어 하나님을 바라볼 때, 하나님께서 새 힘을 주신다. 하나님을 바라보는 것은 믿음을 가리킨다. 그 분의 말씀을 확실히 믿고, 분명히 도우시는 하나님, 문제를 해결해 주시는 하나님이시다.

[한 줄의 묵상]
하나님께서 함께 하시는 삶의 비결은 하나이다. 오직 하나님께 소망을 두고, 전적으로 하나님을 의지하는 삶이다.

6월 8일 ● 본문_시 43:1-5, 암송_3절, 찬송_383장, 통독_시 43-45편

주의 성산과 장막에–낙심하지 말라

> 인간은 역시 인간이다. 의지가 굳은 사람이라도 환경은 어지럽고 복잡할뿐더러, 인생은 약하기 때문에 종종 비관하게 된다. 모든 환경이 하나님의 수중에 지배되고 있음을 생각하면 낙심할 까닭이 전혀 없다.

1. 약자의 일시적 성공으로. 때로는 불의한 자나 악한 자들이 잘 되는 것 같이 일시적 성공을 볼 때가 있다. 이런 현실을 보면, '과연 하나님이 살아서 역사하시면 그럴 수 없을 거야' 라고 낙심하게 된다. 예레미야는 이에 대한 대답을 하였다. "죽일 날을 위하여 예비한 양 같다."

2. 환경과 때가 험악해도. "이 풍랑 인연하여서 더 빨리 갑니다." 풍랑이 배의 항해를 더디게 함이 아니요, 빨리 가게 하는 원리와 같이 우리들의 주위 환경이 복잡하고 어려운 때라도 낙심하지 말아야 한다. 오히려 더욱 하나님을 의지하고, 굳게 믿어야 할 필요성을 절감하며 든든한 신앙에 서기 때문에 낙심하지 않게 될 것이다.

3. 속히 응답이 없을지라도. 성도가 하는 일들이 예수님을 위한 일이라면 기필코 다 성취되고 만다. 반드시 설실한나. 하나님께서는 시기적으로 즉각 응답하실 때도 있고, 얼마간 기다리게 하실 때도 있는데 이를 참지 못하고 낙심해서는 안 된다. 하나님의 백성에게 낙심은 가증적인 실패이다.

[한 줄의 묵상]
주님의 일에만 힘쓰면, 주님께서 축복하여 주시지 않을 수 없다.
이 원리를 알고, 믿음으로 오늘도 살아가자.

6월 9일 ● 본문_시 46:8-11, 암송_11절, 찬송_375장, 통독_시 46-48편

우리와 함께 하시는 하나님

다윗은 사람들을 하나님께서 하신 역사의 현장으로 초대한다. 하나님은 이스라엘을 치러 온 대적들이 있던 곳을 황폐하게 만드셨다. 그들을 치시므로 열방에 자신이 하나님이라는 것을 선포하신 것이다.

1. 자기 백성 - 함께 하시다. 하나님께서 우리와 함께 하신 자체가 복이다. 성도는 하나님께서 함께만 하시면 아무런 걱정이 없다. 그에게 환난이 닥쳐도, 지구의 종말이 온다 하여도 하나님이 함께 하시면 걱정할 필요가 없다. 하나님이 함께 하신 자체가 복이기 때문이다.

2. 자기 백성 - 복을 주시다. 하나님께서 함께 한 자들은 복을 받았다. 하나님이 함께 하실 때, 어디로 가든지 형통한 자가 되어 복을 받았다. 인간의 방법으로는 상상 못할 일도 하나님이 함께 하시면 해결해주시고 승리를 얻게 하셨다. 요셉에게는 인간적으로 고통스러운 감옥생활이 도리어 총리가 되는 복의 기회가 되었다.

3. 영원까지 함께 하시다. 하나님께서는 지금도 우리와 함께 하신다. 하나님은 지금도 우리와 함께 하시며 우리를 도우시고 계신다. 본문에도 하나님이 우리와 함께 하신다고 말씀하고 있다. 그리고 하나님께서 우리와 항상 함께 해 주시겠다고 마태복음 28장의 마지막 절에 약속해주셨다.

[한 줄의 묵상]
우리 하나님은 나의 등 뒤에서 나를 도우시고 계신다.
오늘, 함께 해주시는 하나님께 감사하면서 임마누엘에 주목하자.

6월 10일 ● 본문_시 50:4-6, 암송_6절, 찬송_377장, 통독_시 49-51편

심판자가 되시는 하나님

하나님께서는 인간의 행위에 대하여 심판의 주가 되신다. 그때, 증인으로 소환된 하늘이 일어나 심판을 주관하신 하나님의 공의로우심을 증거한다. 하나님께서는 죄인을 위하여 용서의 규례를 제정하셨다.

1. 하늘과 땅을 부르시다. 하나님께서 자기 백성을 심판하시기 위해서 증인으로 위로는 하늘을, 아래로는 땅을 증인으로 소환하셨다. 우리는 죄를 지을 때, 아무도 보지 못할 것이라고 생각하기 쉽다. 그러나 이러한 생각은 자신을 속이는 어리석은 일이다. 행하는 모든 행위는 하나님이 보시고, 하늘이 보고, 또 땅이 보고 있기 때문이다.

2. 성도를 자기에게로 모으시다. 하나님께서 법정에 세울 피고인을 소환하도록 명령하신다. 피고인은 이방인이 아닌 언약을 통해 하나님의 백성이 된 거룩한 백성이었다. 하나님은 공의로우신 분이어서 자기 백성이 그릇 행할 때, 그들을 공의로 심판하시고 징계하신다.

3. 공의를 선포하시다. 하나님께서는 이스라엘 백성이 죄를 지은 경우에 그들이 용서받을 수 있는 규례를 제정해주셨다. 그것은 바로 희생제사(속죄제사)였다. 그러므로 이스라엘 백성은 죄를 지었을 경우에 이 희생제사를 통해서 그 죄를 용서받을 수 있었다. 이러한 희생 제사는 장차 인류의 구원을 완성하실 그리스도의 희생을 상징한다.

[한 줄의 묵상]
하나님께서는 언약을 통해 맺어진 그의 백성을 심판하시기 위해서
세상을 증인으로 부르신다. 세상을 속이려 하지 말라.

6월 11일 ● 본문_시 54:1-7, 암송_6절, 찬송_383장, 통독_시 52-56편

주의 이름은?

"하나님이여 주의 이름으로 나를 구원하시고 ~"(1절), "주의 이름에 감사하오리니~"(6절), "주의 이름이 선하심이니이다."(6절)라고 하여 본 시편 중에 "주의 이름"이 세 번이나 언급되었다.

1. **나를 구원하시는 이름.** "주의 이름으로 나를 구원하시고~"라고 하였다. 나의 구원은 오로지 주의 이름으로만 성취하신다. 이는 주님께서 인간에게 자기를 나타내신 내용을 표시한다. 그러므로 그것을 그의 행동원리라고 할 수 있다. 다른 이름으로는 도저히 불가능하고, 오직 주의 이름으로만 우리가 구원을 얻을 수 있게 해주셨다.

2. **감사를 받으실 이름.** 주의 이름으로 구원을 받았으니 구원 받은 성도들은 마땅히 주의 이름에 감사해야 한다. 많은 인간들이 주님의 십자가 대속의 공로로 구원을 받았다. 구원을 받았음에 감사를 바로 하여, 감사가 참된 감사가 될 때, 주신 복이 장구할 것이다.

3. **내게 선하신 이름.** 세상에 사는 사람들에 대하여 세 가지 층으로 구별할 수 있으니 '선한 사람, 보통 사람, 악한 사람' 들이다. 그 중에 유명한 사람이라고 할 때 선해도 유명해지고 악해도 유명해진다. 소위 악명을 떨친다고 하는 말이 있다. 그러나 "주의 이름은 선하심이니이다."라고 하였으니 그 이름이 부끄럽지 않고 자랑스럽다.

[한 줄의 묵상]
나를 구원해 주시는 주님의 이름에 감사해야 할 것이다.
그리고 감사해야 하는 조건은 나의 죄를 용서하셨음이다.

6월 12일 ● 본문_시 58:6-11, 암송_6절, 찬송_369장, 통독_시 57-59편

악인을 판결하시는 하나님

악인은 하나님을 믿지 않으며, 잔인하게 악을 행하는 자들이다. 그들은 이 사회와 사람들에게 해를 끼친다. 그래서 선량하게 사는 사람들이 하나님께 간구하기를 악인들에게 벌을 내려달라고 호소하라고 한다.

1. **사자의 어금니를 꺾으소서.** 사자는 잔인한 맹수를 가리킨다. 사자는 이빨이 빠지면 힘을 쓸 수 없다. 그래서 사자의 이빨을 빼듯이 악인의 계획이 실패하게 해달라는 간구이다. 이것은 마귀가 장난하지 못하게 해달라는 것이다. 베드로는 말하였다. "근신하라 깨어라 너희 대적 마귀가 우는 사자같이 두루 다니며 삼킬 자를 찾나니."(벧전 5:8)

2. **급히 흐르는 물 같게 하소서.** 악인의 세력이 아무리 강하다고 해도 소나기가 내린 급류와 같게 해달라고 하였다. "겨누는 화살이 꺾임과 같게 해달라."는 간구는 악인의 흉계가 그 뜻을 성취하지 못하기를 원하는 것이다. 악인의 계획이 이루지 못하게 해달라는 기도를 해야 한다.

3. **소멸하는 달팽이 같게 하소서.** 악인의 행위는 스스로 자기를 해치고 있다. 달팽이가 기어간 자국을 보면 흔적이 남아 있다. 그 흔적이 바로 자신을 소멸하는 증거가 된다. 결국은 그 몸이 다 닳아지게 하고마는 것이다. 마찬가지로 악인들의 행위는 제 몸을 점점 망하는 길로 끌고 들어가는 것이다. 악인의 세력은 오래가지 못하게 된다.

[한 줄의 묵상]
악인이 망하는 것을 보면, 사람들은 말하기를, 땅에서 판결하시는 하나님이 계신다는 사실을 인정한다.

6월 13일 ● 본문_시 61:1-8, 암송_7절, 찬송_361장, 통독_시 60-62편

인자와 진리로

"그가 영원히 하나님 앞에 거주하리니 인자와 진리를 예비하사 그를 보호하소서."라고 호소한다. 만물은 시간에 따라 변하지만 오직 하나님은 변함이 없으시다. 하나님은 인자와 진리의 신이시다.

1. **인자의 하나님.** 나의 하나님은 어떤 분이신가? 다윗에게 하나님의 경험은 인자로 많이 표현되었다. 다윗은 자기에게로 향하신 하나님의 사랑과 하나님의 친절하심을 풍성하게 체험하였다. 하나님의 인자하심은 인간에 대한 창조자의 자비스러운 돌보심을 말한다. 그리하여 그는 "주의 인자하심이 어찌 그리 보배로우신지요."라고 기도하였다.

2. **진리의 하나님.** "진리의 하나님 여호와여"라고 하였다. 진리는 하나님에 관해서 말할 때, 하나님의 본성이나 뜻을 가리킨다. 하나님의 변함없으심과 영원하심을 의미한다. 하나님은 진리이시기 때문에 우리에게 의지하고 믿는 대상이 되실 수 있다.

3. **보호하시는 하나님.** "인자와 진리를 예비하사 그를 보호하소서."라고 하였다. 우선, 대적자들의 침공에서 보호하시기 위하여 높은 바위로 인도하시고, 피난처가 되시며, 견고한 망대가 되어 주신다. 또한, 영원히 주의 장막에 거하며 주의 날개 밑에 품어 주사 보호함을 받는다. 질병과 고통에서 보호하시며, 우리의 영혼까지도 보호해주신다.

[한 줄의 묵상]
인자와 진리는 하나님만이 지니신 성품이며, 그는 우리를
보호하는 신이시니, 우리가 마땅히 믿을 만하다.

6월 14일 ● 본문_시 64:1-10, 암송_2절, 찬송_363장, 통독_시 63-65편

원수의 두려움에서

사람은 누구나 어려움에 처하게 되면 하나님을 찾게 된다. 다윗도 극도로 악한 자들의 손에서 건져 달라고 하나님께 기도하였다. 그렇게 하는 것이 당연한 것이다(시 50:15).

1. **근심이 없게 하옵소서.** 1절, "하나님이여 내가 근심하는 소리를 들으시고." 사람이 살다보면 근심할 일들이 많이 생기게 된다. 그래서 야베스도 기도하면서, "주의 손으로 나를 도우사 나로 환난을 벗어나 내게 근심이 없게 하옵소서."(대상 4:10) 라고 빌었다. 근심은 성도의 신앙생활에 큰 지장을 초래한다. 그래서 근심이 없게 해달라고 기도해야 한다.

2. **두려움이 없게 하옵소서.** 1절, "원수의 두려움에서 나의 생명을 보존하소서." 사람인지라 극악한 자들 속에서 산다는 것은 여간 힘든 일이 아니다. 그래서 하나님께 기도하는 것이다. 성도에게 하나님의 도우심이 있다면 두려울 것이 없다. 하나님은 우리를 도와주시는 분이시다.

3. **악인의 꾀에 빠지지 않게 하옵소서.** 2절, "주는 악을 꾀하는 자들의 음모에서 나를 숨겨주시고 악을 행하는 자들의 소동에서 나를 감추어주소서"라고 하였다. 사람은 약하기 때문에, 자신도 모르게 악인의 꾀에 빠진다. 복이 있는 사람은 악인의 꾀를 따르지 않는다. 악에게 빠지지 않는 것은 전능하신 하나님께서 함께 하셔야만 한다.

[한 줄의 묵상]
우리 가족에게 승리는 기도이다. 기도는 근심과 두려움을 몰아내며, 악인의 꾀에 빠지지 않게 하는 유일한 비결이다.

6월 15일 ● 본문_시 68:19-27, 암송_19절, 찬송_396장, 통독_시 66-68편

우리 짐을 지시는 주

"날마다 우리 짐을 지는 주, 곧 우리의 구원이신 하나님을 찬송할지로다." 라고 하였다. 주님께서는 인생의 죄 문제를 해결하시기 위하여 짐을 져 주신다. 날마다 나의 짐을 져주시니, 찬양을 드림이 마땅하다.

1. **짐을 지시는 주님.** 예수님께서 친히 말씀하셨다. "수고하고 무거운 짐 진 자들아 다 내게로 오라 내가 너희를 쉬게 하리라." 이렇게 예수님은 우리들의 무거운 짐을 자진하여 맡으시고 져 주신다. "네 짐을 여호와께 맡겨라."고 하였으니 죄송스럽지만 해결을 위하여 고마운 순종심으로 우리의 짐을 주님께 지워드려야 한다.

2. **날마다 짐을 져 주심.** 날마다 짐을 져 주신다고 하심은 평생토록 져 주신다는 뜻이다. 이는 일평생 우리가 안심하고 평안한 생활을 할 수 있음을 뜻한다. 날마다 짐을 져 주시는 주님께서는 오늘뿐만 아니라 내일도, 모레도 짐을 져주신다. 그러므로 전적 위임하면 그만이다.

3. **짐을 져 주심이 구원.** 주님께서 자원하여 인생의 죄 짐을 져 주시니, 우리가 구원 받을 유일의 길이 되셨다. 구원의 역사는 주님만이 하신다. 누구라도 대신 할 수 없는 거룩한 일이다. 그러므로 친히 짐을 져 주신다고 하셨다. 예수님께서 죄의 짐을 져 주셔야만 우리에게 구원의 길이 열린다.

[한 줄의 묵상]
우리가 벗어버릴 수 없는 죄의 짐을 대신 져 주신 주님이시다.
그 자비로우신 구원의 역사를 찬송하는 가정을 만들자.

6월 16일 ● 본문_시 70:1-5, 암송_1절, 찬송_549장, 통독_시 69-71편

속히 건지시고, 도우시소서

다윗은 매우 긴급한 사태에 임하여 기도하였다. "속히 나를 건지소서." "속히 나를 도우소서." "속히 내게 임하소서." "지체하지 마소서." 그 자신이 답답하고 안타까워, 하나님께 부르짖어 애원을 하였다.

1. **속히 나를 건지소서.** 다윗이 오랫동안 구원을 고대한 사실이 드러난다. 이제는 더 기다릴 수 없을 지경이니, "속히 나를 건지소서."라고 기도드린다. 여기에서 건져주기를 바람은 현재, 구덩이(물)에 빠져 있는 상태를 말한다. 예수라는 이름의 뜻은 "그가 자기 백성을 그들의 죄에서 구원할 자이심이라."이다. 멸망의 구덩이에서 건져 내신다는 뜻이다.

2. **속히 나를 도우소서.** 도움을 요청하는 기도로서 긴급성을 나타낸다. 자신의 힘으로는 당면한 문제를 해결할 수 없어, 하나님의 도우심을 바라고 있다. 속히 도와달라는 뜻은 자신의 영혼을 찾는가 하면, 자신은 가난하고 궁핍하니 아주 무력한 상태에서 도움을 요청하는 것이다.

3. **속히 내게 임하소서.** 기도하는 사람은 언제나 하나님을 모시고 사는 심정이다. 하나님은 어디든지 계시나 자신이 구덩이에 빠져서 구원을 요청할 때나, 자신의 힘이 무력하여 도우심을 바랄 때나 다 하나님의 임재를 갈망하는 심정이다. 비록 사망의 음침한 골짜기에서 헤맬 때에라도 하나님만 모신다면 문제될 것이 없다.

[한 줄의 묵상]
'속히 나를 건지소서, 도우소서, 임하소서'는 하나님께만 효력이 있는 요청이다. 나는 오늘도 이 요청으로 살아가야 한다.

6월 17일 ● 본문_시 73:15-28, 암송_28절, 찬송_547장, 통독_시 72-74편

하나님께 가까이 함이

> 성도가 세상에서 살면서 악인의 철학과 사고방식을 받아들이면 하나님과 참 지혜로부터는 멀어질 수밖에 없다. 그리고 이러한 일이 더 지속되면 결국에는 배교로까지 이어지게 될 수도 있다.

1. 하나님과 멀어져. 우리는 하나님을 믿으면서도 하나님과 멀어져 가고 있다. 우리의 삶 속에서 잊혀가고 있다. 왜 그럴까? 아담이 죄를 짓고 동산 나무 아래 숨음 같이 죄악의 현상 때문이다. 그리고 육신의 욕망과 쾌락 때문이다. 물질적인 풍요로 인하여 하나님에 대하여 필요를 느끼지 못하는(잠 30:9) 것도 한 이유가 된다.

2. 하나님과 멀리함. 27절, "무릇 주를 멀리하는 자는 망하리니 음녀 같이 주를 떠난 자를 주께서 다 멸하셨나이다." 아담의 범죄로 말미암아 하나님을 멀리한 것으로부터 인간의 고통은 시작되고, 결국에는 망하리라는 것을 처음부터 끝까지 말씀하고 있다.

3. 하나님을 가까이함이 복. 다윗은 성소에 들어온 이후에 모든 의문을 해결하고, 인생의 올바른 길을 찾을 수 있게 되었다. 그는 하나님이 자신과 가까이 계시는 일이 진정 선하다고 고백을 하고 있다. 그러므로 하나님을 자기 피난처로 삼겠다고 선포하고 있다.

[한 줄의 묵상]
천국 백성에게는 하나님을 가까이 함이 복이다. 오늘, 하루 동안에 가족이 악을 멀리하고, 하나님을 가까이 하기를 결단하자.

6월 18일 ● 본문_시 77:1-9, 암송_4절, 찬송_543장, 통독_시 75-79편

눈을 붙이지 못하게 하시니

"주께서 나로 눈을 붙이지 못하게 하시니 내가 근심하여 말할 수 없나이다."라고 하였다. 다윗은 하나님을 향해 부르짖고 외치다가 피곤에 지쳐 자려고 눈을 감았는데, 결코 눈을 감고 잠을 잘 수가 없었다.

1. **육체의 연약함으로.** 사람의 정상적인 움직임은 낮에 활동하고 밤에 평안히 쉬는 것이다. 이것이 건강한 모습이다. 그러나 육체가 너무 허약하거나 중한 병에 걸려서 출입을 못할 지경에 이른 자들은 밤을 안식하지 못하여 잠을 이루지 못한다. 밤에 잠에 드는 것은 큰 복이다. "여호와께서 그의 사랑하시는 자에게는 잠을 주시는도다."(시 127:2)

2. **근심 걱정 때문에.** 정신적으로 부담을 느끼는 근심과 걱정, 염려스러운 일들이 우리 환경에 허다하다. 이런 부조리한 요소들은 우리의 정신을 어지럽게 함으로 안식하지 못하게 한다. 마음의 평안을 가져야 몸도 편히 쉴 수 있다. 자신의 마음과 몸을 안정시켜 주지 못함으로써 자연히 잠을 이룰 수 없다.

3. **범죄로 말미암아.** "내가 괴로워 말할 수 없나이다."(4절)라고 함은 범죄로 인한 심령의 괴로움이다. "밤에 손을 들고 거두지 않음으로 내 영혼이 위로 받기를 거절하였다"고 하였다. 심령의 안식은 사죄로 인하여 이루어지니 범죄자는 잠을 못 이룬다. 심령이 괴롭기 때문이다.

[한 줄의 묵상]
마음으로 하나님이 행하신 일을 깊이 묵상하고, 그의 영으로
하나님을 간절히 찾기로 결심을 하는 삶에 도전하자.

6월 19일 ● 본문_시 81:8-16, 암송_1절, 찬송_361장, 통독_시 80-82편

입을 채워주시다

사람의 몸에서 '입'은 두 가지 역할을 하는데 말을 하는 일과 음식을 먹는 데 사용된다. 특히 본문에서는 음식을 먹는 일을 비유로 해서 교훈하셨다.

1. **입을 열라는 의미.** 새끼 새들은 그 어미 새가 그들에게 물어다 주는 먹이를 먹기 위하여 입을 벌린다. 새끼 새의 먹이를 먹고자 하는 의욕적인 행동이다. 이는, 곧 우리가 하나님의 말씀을 받아먹기 위하여 신령한 입을 열고 갈망해야 하는 사실을 교훈하는 것이다. 하나님께서는 그 백성들에게 주실 복을 이와 같이 기대하도록 명령하고 계신다.

2. **입을 열지 않음.** 기도의 힘을 믿지 않는 사람은 입을 열지 않는다. 또한, 입을 벌리되 넓게 벌리지 않는 사람들이 있다. 그들은 기도하되 그것으로부터 오는 많은 것을 기대하지 않는다. 말로는 큰 것을 구하되 그들이 그것을 얻게 되리라고 실제로 믿지는 않는다.

3. **입을 넓게 열어야.** 이는 자기 백성에게 주시기로 약속하신 하나님의 명령이시다. 애굽 땅에서 인도하여 내신 여호와의 말씀이다. 바로의 완악한 심정을 꺾으시고 열 가지 재앙으로 그를 쳐서 항복하게 하셨다. 이스라엘 민족에게 홍해를 육지 같이 건너게 하셨다. 광야에서 만나와 반석의 생수와 메추라기를 주심으로써 40년간 먹고 살았다.

[한 줄의 묵상]
하나님께서는 사람들의 입장에서 구하는 기도를 하도록 가르치시고, 거기에 준하여 응답과 복을 행하신다.

6월 20일 ● 본문_시 84:9-12, 암송_12절, 찬송_364장, 통독_시 83-85편

주의 궁정에서 한 날이

누구에게 있어서나 현재의 풍요보다 더 중요한 것은 미래에의 소망이다. 본문은 경건한 성도들의 보장된 미래에 관해 언급하고 있다. 하나님을 의지하기 위하여 하나님을 찾는 자에게 보호해주신다.

1. 하나님의 보호. 성도는 살든지, 죽든지 그리고 자신의 생애 가운데서 어떤 일들이 일어나든지 항상 주의 보호 아래 있다. 하나님께서 자녀로 삼아주신 그 시간부터 보호하신다. 하나님께서는 자신의 소유를 안전하게 지키시며, 원수들에게 빼앗기지 않으신다.

2. 세상과 구별된 삶을. 성도는 이 세상에 속한 자가 아니라 세상으로부터 부르심을 받아 주께 속한 특별한 사람들이므로 세상과 구별된 삶을 살도록 힘써야 한다. 세속을 따라 행하거나 세상과 짝하는 사람들은 스스로 하나님과 등을 돌리는 것이며 자신에게 부여된 특별한 축복의 기회를 스스로 포기해 버리는 것이다.

3. 소망을 통해서 즐거워해야. 성도의 삶 가운데서 특징적인 요소들 중의 하나는 소망을 인하여 즐거워한다는 것이다. 우리의 소망이 확실하고 견고하다면 현실적인 곤란, 또는 역경으로 말미암아 슬퍼한다든가 좌절하는 것이 온당치가 못하다. 바울은 감당하기 힘든 고난의 와중에서도 이 기쁨을 잃지 않았다.

[한 줄의 묵상]
주의 백성은 그의 보호하심과 소망 중에 즐거워하며 구별된 삶을 살아야 한다. 지금, 우리 가족이 어디에 있는지 묵상하자.

6월 21일 ● 본문_시 88:1-9, 암송_1절, 찬송_367장, 통독_시 86-88편

주야로 주 앞에서

> 본 시는 시종일관 괴로움과 어두움에 싸여서 애절하고 비참하게 호소하는 기도이다. "내가 주야로 주 앞에서 부르짖었나이다."라고 하였다. 여호와께 하소연을 하면서 주를 내 구원의 하나님이라고 부르고 있다.

1. 고난은 기도의 시간. 고난을 당한 자로서는 기도하지 않을 수 없다. 성도의 문제 해결점은 하나님의 능력을 힘입는 일이요, 이 일은 하나님께 기도를 드려서 가능해진다. 기도하되 자신의 가련한 처지를 솔직하게 고백하고, 오직 긍휼하심을 바라는 간절한 기도가 필요하다. 지금, 고난에 처해졌다면 문제를 해결하기 위하여 기도해야 한다.

2. 주야로 드리는 기도. 이런 어려운 때에 드리는 기도는 한두 번에 그쳐서는 안 되고, 주야로 간구해야 한다. "주야로"라고 하였으니 아침마다, 밤마다 기도한 것인즉 이는 계속적인 간절한 기도이다. 죽을 지경에 이른 수난자의 입장에서 어찌 기도를 등한히 하겠는가?

3. 기도 속에 부르짖어야. "부르짖는다."는 말은 목이 터지도록 큰 소리로 하되 응답되기까지 호소하는 기도이다. 간절하고 참된 기도는 부르짖는 대로 응답을 얻게 된다. 하나님은 그렇게 무정하신 신이 아니시며, 냉정하실 수 없으신 사랑의 아버지시다. 자비하신 하나님께서 자기의 자녀들에게 모르시는 체 하시겠는가?

[한 줄의 묵상]
애절하게, 간절히 비는 기도에 마침내 응답해 주시는 긍휼하신 하나님이심을 믿고 간절히 기도하여 응답을 받자.

6월 22일 ● 본문_시 91:1-11, 암송_2절, 찬송_427장, 통독_시 89-91편

여호와는 나의 피난처시라

누군가 지키는 자가 있는 사람은 행복하다. 하나님은 졸지도 주무시지도 않고 지키신다. 모든 환난을 면케 하시고 육신뿐만 아니라 영혼까지도 지키신다. 그리고 우리의 출입을 지금부터 영원까지 지켜주신다.

1. 모든 대적으로부터. 우리는 육적인 전쟁, 영적인 전쟁, 삶에서의 전쟁 속에 살고 있다. 이러한 전쟁에서는 지면 죽고 이기면 산다. 영적인 전쟁에서는 더욱 그렇다. 하나님께서 지켜주시지 않으면 안 된다. 그런데 하나님은 피난처이며, 요새가 되신다. 우리가 하나님을 알고, 하나님도 우리를 알기에 기도 시에 하나님께서 지켜주신다.

2. 모든 악인으로부터. 성도의 주위에는 속이고, 못 살게 하며, 죽이려는 자들이 많이 있다. 그러나 하나님께서 이러한 모든 악인으로부터 지켜주신다. 또한, 하나님께서 보응하시는 것도 보게 하신다. 우리의 장막에 가까이 하지 못하게 하시고, 사자들을 명하여 지키게 하신다.

3. 모든 생활을 지키심. 하나님은 아프게 하시다가 싸매시며, 상하게 하시다가도 고치시고 성도들의 힘으로 안 되는 일도 하게 하신다. 잠까지도 주님을 사랑하는 자에게 주신다. 또한 수고한 대로 먹고 복되고 형통하도록 자를 지키시고 보호하시고 이끄신다. 천만인이 오른쪽에서 엎드려지나 재앙이 가까이 하지 못하게 하신다.

[한 줄의 묵상]
하나님을 의지하는 성도에게 하나님께서는 아버지로서 완전한 보호와 승리를 누리게 하신다. 하나님의 보호에 감사하자.

6월 23일 ● 본문_시 92:7-9, 암송_7절, 찬송_429장, 통독_시 92-94편

지금은 흥왕해도 영원히 멸망하는 악인

악인의 번성을 우리는 하나님의 축복으로 보지 않는다. 이는 사실상, 악인에게 파멸의 징조이며 패망의 신호이다. 그들의 번성은 불의로 말미암으며 속임과 거짓, 포행과 죄악으로 말미암은 일이기 때문이다.

1. 악인의 형통-성도에게 낙심. 성도들은 세상을 살아가면서 악인이 형통하는 것을 보고 때로 낙심할 때가 있다. 세상에서 보면 악인은 풀처럼 빨리 성장하고 형통한다. 성도들 중에는 이를 보고 시험에 들기도 한다. 그러나 안식일에 하나님께 나와서 하나님의 뜻을 깨달으면, 악인의 번영은 일시적이며, 결코 오래가지 못한다는 것을 알게 된다.

2. 멸망하는 악인. 악인이 멸망하는 것은 역사를 통해 확인되어 왔다. 악인은 항상 잠시 번영하는 듯이 보이지만, 때가 되면 영원한 심판을 받고 영원히 멸망하게 된다. 세상 사람들은 교만에 빠져서, 창조주 하나님을 거부하고, 죄를 무서워하지 않는다.

3. 하나님의 심판. 하나님은 공의로우신 분이기 때문에 반드시, 악이 멸망하고 선이 승리하게 하신다. 그리고 자신의 뜻을 거역하는 모든 세력들은 영원히 멸망시키신다. 악의 무리들은 한때 한 마음이 되어 하나님을 대적한다. 그러나 그들은 하나님의 심판으로 인해 뿔뿔이 흩어지게 된다. 성도는 의가 승리할 것이라는 것을 알게 된다.

[한 줄의 묵상]
오늘, 내가 살고 있는 현장에서 악인의 번영을 부러워하지 않고,
하나님을 가까이하며, 진리를 행하기를 도전하자.

6월 24일 ● 본문_시 96:1-6, 암송_1절, 찬송_614장, 통독_시 95-97편

새 노래로 여호와께

성도는 그리스도 안에서 새로운 피조물이 되었다. 이제부터는 옛사람을 십자가에 못 박고, 새로운 언어로 새로운 생활을 살아야 한다. 그 삶은 하나님께만 영광을 돌리는 목적으로 살아가는 삶이다.

1. **새 노래, 새 마음.** 새 마음을 가지고 불러야 한다. 새 노래는 구원받은 성도들 즉 새 사람이 부르는 노래를 가리킨다. 엡 4:22, 23, "옛 사람을 벗어버리고 새 사람을 입으라"고 하였다. 구원받은 성도는 그 은혜 감사해서 마음속에 우러나는 찬양을 해야 한다. 찬송가 436장, '나 이제 주님의 새 생명 얻은 몸 옛 것은 지나고 새 사람이로다.'

2. **새 노래, 새 언어.** 새로운 언어, 하늘나라의 언어로 불러야 한다. 전에는 저주하던 말을 많이 하였고, 이기적이고 세속적이고 부끄러운 말을 많이 했을지라도 이제는 선한 말, 부드러운 말, 축복의 말이 흘러 나와야 한다. 새 노래를 부르는 자는 과거의 입이 아니다.

3. **새 노래, 새로운 삶.** 새로운 삶을 살아야 한다. 말로만 새 것이 되는 것이 아니다. 실제의 생활에서 인격적인 변화가 이루어져야 한다. 모든 행위와 삶의 모습이 새롭게 변화되어야 한다. 세속적으로 살던 사람이 거룩한 사람으로 바뀌어야 한다. 육신적인 삶이 영적인 삶으로 바뀌어야 한다. 하나님께 영광 돌리는 삶으로 바뀌어야 한다.

[한 줄의 묵상]
예수 그리스도의 피로 구원해주신 그 은혜가 너무나 커서
감격하여 부르는 노래, 바로 새 노래의 삶이기를 소원하자.

6월 25일 ● 본문_시 100:1-5, 암송_4절, 찬송_617장, 통독_시 98-102편

때를 따라 주시는 감사

> 다윗이 감사하고 있는 것은 하나님의 은혜, 즉 하나님의 놀라우신 보호와 구원이다. 그는 창조주 하나님을 기쁨으로 섬길 것을 요구하면서, 하나님께 감사의 마음을 가지고 성전에 들어가라고 외치고 있다.

1. 때를 따름이 있어 감사. 때가 되면 분초를 어기지 않고 찾아오는 계절의 은혜가 있다. 만일, 여름이 지나서 봄이 오면 큰일이요, 봄이 오고 겨울이 와도 큰 문제이다. 봄, 여름, 가을, 겨울, 질서 있게 만물이 자라기 알맞도록 만들어 주신 그 은혜가 감사하다. 이것은 아무리 과학이 발달해도 인간의 지혜와 머리로써는 상상할 수 없는 일이다.

2. 때를 따라 양식을 주사 감사. 인생에게 양식으로 오곡백과를 주시는 하나님이시다. 이때, 각각의 식물을 계절에 맞도록 주시는 은혜를 본다. 만일, 겨울에 수박이 생산되면 어떻게 될까? 더운 여름에 시원한 수분이 많은 과일을 주심을 감사하게 된다.

3. 먼저 하나님께 드리니 감사. 하나님께서 우리에게 계절에 따라 좋은 열매를 주셨는데 누구에게 먼저 드려야 하겠는가. 조상에게 감사하는 것이 아니라 만물을 주관하신 하나님께 감사하며 하나님께 먼저 드려야 한다. 가을은 오곡이 무르익어 풍요로움을 즐기게 하는 감사의 계절이다. 감사하며 추수하고, 첫 것을 드리는 은혜로 들어가자.

[한 줄의 묵상]
하나님의 은총을 체험한 사람은 기쁨과 즐거움을 나타내면서,
그가 계신 성전으로 들어가는 삶을 살아야 한다.

6월 26일 ● 본문_시 103:1-5, 암송_3절, 찬송_620장, 통독_시 103-105편

그가 네 모든 죄악을 사하시며

본문 3절에, "그가 네 모든 죄악을 사하시며"라고 하였다. 우리는 죄로 말미암아 마땅히 심판 받고 지옥 갈 인생이었다. 독생자까지 대속의 제물로 내어주심은 우리를 죄악에서 구원해주시기 위함이었다.

1. 용서에 대한 은혜. 하나님께서 다윗에게 밧세바로 말미암은 죄를 회개할 기회를 주셨다. 다윗은 그 기회를 놓치지 않고 회개하여 용서를 받았다. 만일 하나님께서 다윗을 용서해 주시지 않았다면, 그는 사울처럼 버림을 받고 멸망의 구덩이에 빠졌을 것이다. 그래서 용서의 은혜를 잊지 말라고 외쳤다. 하나님께서 나의 죄악을 용서해주셨다.

2. 파멸에서 건져주신 은혜. 하나님께서 다윗의 생명을 파멸로부터 구속해 주셨다. 하나님께서 다윗에게 그의 죄를 지적하여 그를 파멸과 패망의 수렁에서 건져내 주셨다. 그러므로 다윗은 이러한 하나님의 은총을 기억하고, 그 은혜를 잊지 말라고 외치고 있다.

3. 자비와 긍휼을 베푸신 은혜. 하나님께서 다윗에게, 그를 자비와 긍휼로 관을 씌워주셨다. 다윗은 압살롬의 반역으로 인해 멸망과 수치, 그리고 죽음의 문턱에 이르러 있었다. 그러나 하나님은 그에게 자비와 긍휼을 베풀어 다시 그의 영광과 명예를 회복시켜 주셨다. 다윗은 이러한 하나님의 은혜를 잊지 않고 기억하기를 원했다.

[한 줄의 묵상]
다윗의 죄를 사해주셨음은 나의 죄도 용서해주셨음에 대한 증거이다. 사죄의 은총을 감사하면서 하나님을 송축하자.

6월 27일 ● 본문_시 107:4-22, 암송_6절, 찬송_623장, 통독_시 106-108편

인도하고, 건지시는 하나님

> 시인은 하나님의 은혜로 바벨론에서 돌아와 조국 땅을 밟은 이스라엘 백성들에게 구원을 베푸신 하나님을 찬양하라고 외친다. 이 구원을 통해서 나타나는 하나님의 선하심과 인자하심을 상기시키고 있다.

1. 바른 길 - 거주할 성. 이스라엘 백성이 예루살렘으로 귀환할 때, 광야 사막 길에서 방황하며 거주할 성을 찾지 못하고 주리고 목마름으로 그 영혼이 피곤하였다. 그때, 하나님께 부르짖으니, 하나님께서 바른 길로 인도하사 거주할 성에 이르게 하셨다. 하나님은 사모하는 영혼을 만족케 하시며 주린 영혼에게 좋은 것으로 채워 주신다고 하였다.

2. 흑암과 사망의 그늘에서. 흑암과 사망의 그늘에서 인도하고 얽은 줄을 끊으시는 하나님이시다. 이스라엘 백성은 하나님의 말씀을 거역하고 지존자의 뜻을 멸시하다가 흑암과 사망의 그늘에 앉게 되었다. 그들이 하나님께 부르짖으니, 흑암과 사망의 그늘에서 인도해주셨다.

3. 말씀을 보내어. 하나님께서는 자기 백성에게 말씀을 보내신다. 그리하여 그들을 위경에서 건지신다. 이스라엘 백성이 죄악의 길을 따르기 때문에 고난을 당하고, 그들이 모든 음식물을 싫어하여 사망의 문에 가까울 때 여호와께 부르짖었다. 그때, 하나님께서 그 고통에서 구원하시고, 말씀을 보내어 위험한 지경에서 건져주셨다.

[한 줄의 묵상]
여호와께 부르짖으면 여호와께서 그 고통에서 인도해내시고,
광풍으로 평정히 하시고 물결로 잔잔케 하신다.

6월 28일 ● 본문_시 111:1-9, 암송_10절, 찬송_615장, 통독_시 109-111편

여호와의 행사를 즐거워하라

> 하나님께서 하시는 일은 언제나 진실하고 공의롭다. 우리는 이러한 주님께 감사하고 찬송해야 한다. 왜냐하면 이러한 주님께서 세상을 다스리시기 때문이다. 이로써 세상에서 진실과 공의가 승리한다.

1. 전심으로 여호와께 감사. "할렐루야, 내가 정직한 자들의 모임과 회중 가운데에서 전심으로 여호와께 감사하리로다." 하나님이 행하시는 일들이 너무나 크기 때문에 감사한다. 그 기이한 일을 생각할 때 그의 행하시는 일이 존귀하고 엄위하며 그의 의가 영원히 서 있기 때문이다. 하나님은 은혜로우시고 자비로우신 분이시다.

2. 언약을 기억하시는. 양식을 주시며 언약을 기억하시는 하나님이시다. "여호와께서 자기를 경외하는 자들에게 양식을 주시며 그의 언약을 영원히 기억하시리로다." 열방을 기업으로 주사 양식이 있게 하셨다. 언약을 기억하사 다 이루어 주신다. 그 언약은 성도에게 영원하다.

3. 여호와를 경외함이 지혜의 근본. "여호와를 경외함이 지혜의 근본이라 그의 계명을 지키는 자는 다 훌륭한 지각을 가진 자이니." 계명을 지키며 영원히 찬송해야 한다. 기이한 하나님의 행사를 보며 전심으로 하나님께 감사하고, 하나님의 계명을 지키며 하나님을 찬송해야 한다.

[한 줄의 묵상]
성도에게 있어서 하나님을 경외하는 일은 가장 기본적이며, 거룩한 의무이다. 하나님을 경외하며 한 날을 살아가자.

6월 29일 ● 본문_시 115:12-15, 암송_14절, 찬송_619장, 통독_시 112-115편

자기 백성을 번성케 하시다

> 이스라엘은 이방인들과 달리 하나님의 부르심을 받고 구별된 민족이다. 그들은 헛된 우상을 섬기지 않고, 창조주 하나님을 섬기는 백성이다. 그러므로 하나님은 이스라엘 백성을 축복해주신다.

1. 후손과 복. 하나님께서는 복을 주시되 자기를 경외하는 자들의 자손들을 번성하게 하신다. 구약 시대에서, 자손이 번성하는 것은 그 자체가 하나님의 복을 받고 있음을 생생하게 증거한다. 자손이 없음은 그 자체가 저주이다. 대가 끊기는 경우 그에게 주신 기업이 타인에게 넘어가게 되는데, 하나님의 약속, 복이 완전히 끊겨버림을 뜻한다.

2. 종족·가문이 복을 받은 증거. 자녀를 낳을 경우, 그 기업을 자녀가 계승하게 되지만 아닐 경우에는 타인이 차지하게 된다. 이스라엘 자손들의 경우에 '땅'이란 소유의 의미를 넘어 약속의 실체였다. 이를 더 이상 누리지 못한다는 것은 비극으로 무자함을 저주와 동일시했다.

3. 북 이스라엘과 남 유다. 북 이스라엘 왕조의 경우 대를 잇지 못하고 반역으로 가문 자체가 몰살하는 일이 비일비재하였다. 이는 우상을 숭배한 북이스라엘과 그 왕들에 대한 심판의 의미를 갖는다. 반면에, 남 유다의 다윗 계통의 왕들의 경우에는 정변이나 대가 끊기는 일이 없었다. 이는 하나님께서 주시는 자녀의 축복과 긴밀하게 연관된다.

[한 줄의 묵상]
성도로 구별된 가정의 자녀들을 하나님께서 책임지시고, 복을 내려주신다.
나의 후손이 복을 잇기를 기도하자.

6월 30일 ● 본문_시 116:1-4, 암송_2절, 찬송_428장, 통독_시 116-118편

평생에 기도하는 사람

> 우리는 기도의 응답을 체험할 때에 더욱더 하나님의 크신 사랑을 깨닫게 된다. 우리가 다급한 상황에서 여호와를 찾으면 우리에게 귀를 기울이신다. 하나님께서는 그의 기도를 들으시고, 그를 구원해주신다.

1. **하나님과의 교제.** 하나님께서는 우리를 하나님과 교제할 수 있는 영적 존재로 지으셨다. 그리하여 하나님께서는 우리 인간들을 찾으시고 부르시고 말씀하시고 우리가 하는 기도를 들으신다. 그리고 예수 그리스도를 보내시어 말씀하시고 성령님을 보내시어 우리가 알지 못하는 일을 깨닫게 하신다.

2. **주의 긍휼함과 용서함을 받음.** 육신을 가진 우리는 주의 말씀대로 산다고 하지만 부족하여 죄악 된 생활을 할 때가 많이 있다. 이때, 주님의 긍휼하심과 용서를 받아야 한다. 그리하면 우리의 연약함을 아시는 주님께서 우리의 모든 죄를 사해주시고 성결한 삶으로 우리를 인도하시고 평안과 축복된 삶을 소유하게 하신다.

3. **주의 도움과 복을 받음.** 우리는 하나님께서 내려주시는 복과 도우심을 받고 살아야 한다. 이를 위해서 성도는 기도를 해야 한다. 기도는 주님을 신뢰하면서 전능하신 하나님을 믿는 신앙의 표현이다. 어려운 일을 당했을 때, 하나님께서는 기도하는 자의 간구를 들어 주신다.

[한 줄의 묵상]
성도는 언제나 성령 안에서 깨어 기도하는 자세를 가지고 살아가야 한다. 나의 간구가 성령 안에서 지속되고 있는가?

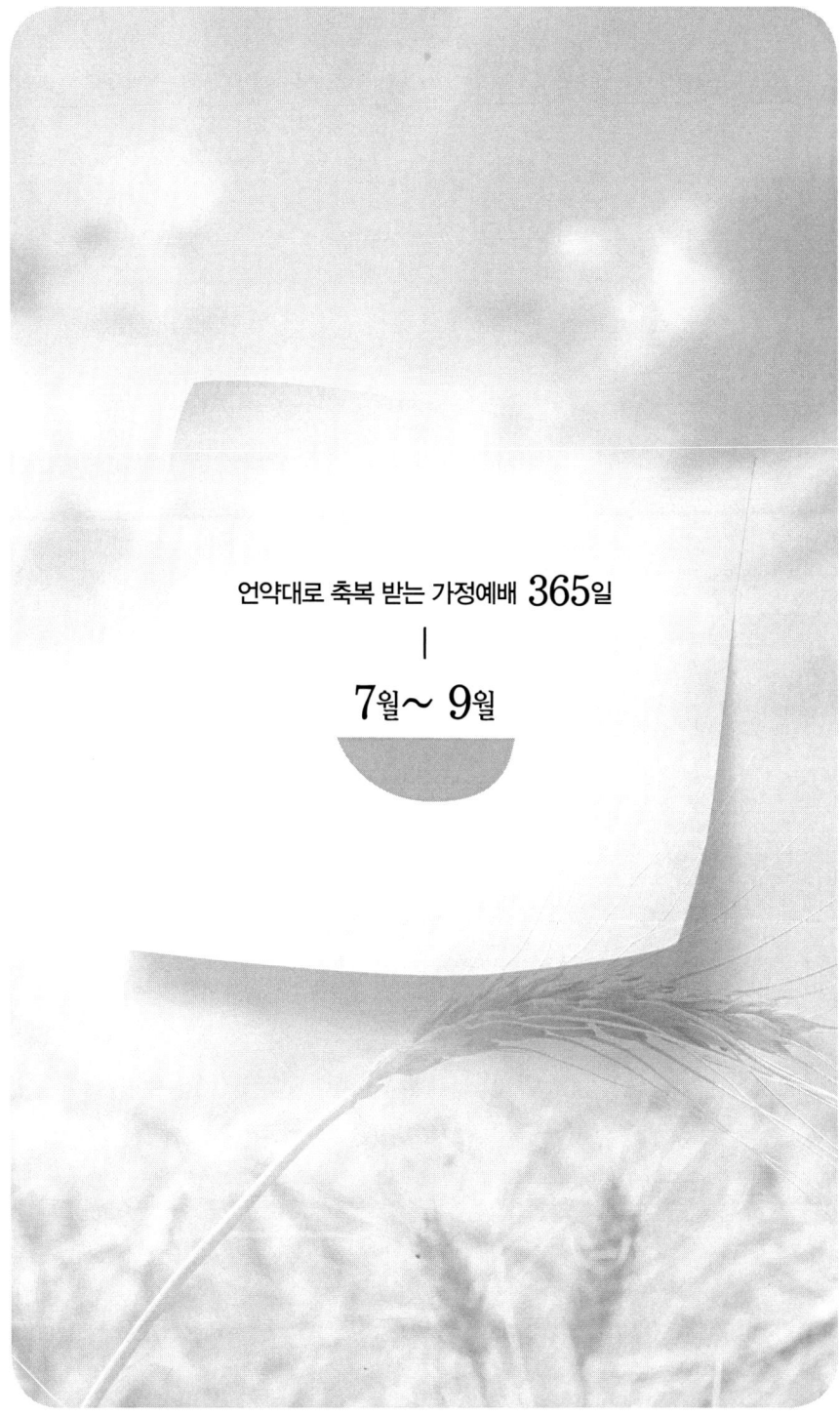

언약대로 축복 받는 가정예배 365일

7월 ~ 9월

7월 1일 ● 본문_시 120:2-4, 암송_2절, 찬송_41장, 통독_시 119-120편

거짓된 입술과 속이는 혀에서

우리는 죄악 된 말, 거짓된 말, 악한 말을 듣기도 하고, 말하기도 한다. 그러나 하나님께로 나아가려면 이를 철저히 회개해야 한다. 수족을 씻고 나아가듯 깨끗이 우리 입술의 죄악을 회개해야 한다.

1. **시인의 요청.** 하나님께 자기를 건져달라고 하는 위험은 '거짓된 입술과 속이는 혀'이다. '입술'과 '혀'는 같은 동일한 의미에 대한 강조적인 표현이다. 그리고 '거짓된', '속이는'은 거짓말, 사기, 속임, 그릇됨 등의 의미이다. 여기에서 거짓말은 실수나 연약함에서 비롯된 것 정도가 아니다. 남을 모함하기 위해서 악의적으로 괴롭게 하는 말이다.

2. **시인의 비교.** 거짓된 입술, 속이는 혀가 더하는 것에 대해 장사의 날카로운 화살과 로뎀나무 숯불에 비교한다. 장사의 날카로운 화살은 그 쏘는 대상에게 치명상을 안기게 마련이다. 이처럼 악한 말, 악의적인 말은 이를 듣는 이에게 크나큰 고통, 끔찍한 고통을 안겨준다.

3. **로뎀나무 숯불.** 사막에서 주로 사용하는 연료로 일단 불을 붙이면 굉장히 오랜 기간 동안 열기를 유지한다. 유대인의 전설에 의하면 두 나그네가 광야에서 로뎀나무 아래 마른 가지로 불을 피워 음식을 해먹었는데 같은 장소에 일 년 후에 돌아와 보니 아직도 그 재가 뜨거운 상태였다는 내용이 있다.

[한 줄의 묵상]
입술에서 나오는 악의적인 말은 사람을 죽이게까지 한다.
악의적인 말로 인한 고통, 분노가 오래 간다는 것을 기억하자.

7월 2일 ● 본문_시 121:3-8, 암송_5절, 찬송_28장, 통독_시 121-125편

너를 지키시는 자라

하나님께서 자기 자녀를 지켜주심의 첫째는 사람의 육적인 생명을 지켜주심에 대한 은혜이다. '하나님 안에서 누리는 보호와 안식'을 상징한다. 예의주시하듯 하나님께서 자기 백성들을 보호하신다.

1. **지키시는.** '지키시는'으로 번역된 히브리어의 원문 표현은 '지키다, 파수하다, 보호하다' 등을 의미하고 있다. 이는 하나님께서 지속적으로, 한결같이 자기 백성을 보호하시는 모습을 나타내준다. 마치 파수꾼처럼 성을 지키며 그 주변에 어떤 위험에서도 지켜주신다.

2. **그늘.** 본문에서의 표현은 광야와 사막이 유독 많은 순례의 길에서 햇빛을 피할 수 있는 그늘은 오아시스와 같이 물이 있고 나무가 있는 곳에만 형성된다. 그러므로 이는 단지 쉼을 넘어 육적인 생명 자체를 지키고 보호하는데 간절하기 이를 데 없는 것이다. 마지막으로, '오른쪽'이란 말은 승리, 구원, 영광의 의미를 모두 함축하는 표현이다.

3. **생명의 보호.** 하나님은 자기 백성들의 육적인 삶을 세심하게 보호하시고, 그들의 생명을 지키도록 쉼을 주시며 그들로 승리를 얻고 구원을 얻고 영광을 누리도록 해주신다. 그렇다. 하나님은 단지 영혼만 아니라 우리 육체의 필요까지도 채워주시고 보호하신다. 그래서 우리로 온전히 하나님을 예배하는 삶을 살도록 보호해주신다.

[한 줄의 묵상]
성령님께서는 자기 백성을 지켜주시는 하나님의 은혜에 소망을 두라고 하신다. 오늘, 나를 보호해주시려는 하나님이시다.

7월 3일 ● 본문_시 126:1-3, 암송_3절, 찬송_31장, 통독_시 126-128편

여호와께서 우리를 위하여

본문은 과거 바벨론 포로에서 해방될 당시 상황을 회상하며 그날의 기쁨을 노래하는 내용이다. '꿈꾸는 것 같았도다' 라는 표현을 통해 확인할 수 있는 것처럼, 당시에 믿기 어려울 정도로 행복한 일이었다.

1. **하나님에 의한 기쁨.** 시인은 그날의 기쁨으로 입에 웃음이 가득하고 혀에 찬양이 찼었다고 증언한다. 여기에서, '가득하고…찼었도다' 로 번역된 히브리어의 원문은 '가득하다, 채우다, 붓다, 만족시키다' 등을 뜻하는 표현이다. 이 은총은 이스라엘 자신들에 의해서가 아니라 하나님에 의해 기쁨이 충만하게 된 것이다.

2. **찬송과 기쁨.** 포로 된 이스라엘을 구원하심으로 찬송과 기쁨이 충만케 하신 하나님의 모습은 우리를 죄의 고통에서 구원하심으로 기뻐하며 찬양할 수 있게 하신 은혜와 연결된다. 성전에 나아가며 우리는 다른 무엇보다 우리를 고통에서 건지시는 하나님을 바라보아야 한다.

3. **하나님의 은혜.** 하나님은 자기의 자녀를 향해서 은혜로우신 분이시다. 그는 우리에게 나를 구원하시고 기쁨과 감사가 넘치게 하신 하나님의 은혜를 기억하기를 원하신다. 그 은혜를 새롭게 하며 늘 넘치는 찬양을 올려드려야 한다. 바벨론 포로에서 귀환한 사건은 참으로 기쁜 일이다. 웃음과 찬송이 가득하게 되었음을 뜻한다.

[한 줄의 묵상]
하나님께서 나를 웃게 하셨는가? 나에게도 웃음을 주셨던 하나님이시다.
문제는 그 사실을 기억하지 못한다는 데 있다.

7월 4일 ● 본문_시 129:1-4, 암송_4절, 찬송_20장, 통독_시 129-131편

악인들의 줄을 끊으셨도다

본문에서, '어릴 때부터'라는 표현은 '이스라엘이 애굽에서 나올 때부터'라는 의미를 독자들에게 전해준다. 이스라엘이 당한 위협은 애굽, 모압, 암몬, 가나안 앗수르 바벨론 등의 시대까지로 이어진다.

1. **박해와 괴롭힘.** 이스라엘은 하나님께 선택을 받은 민족이었지만 박해의 역사가 계속되었다. 한 민족으로 모습을 드러낼 때부터 이후의 광야생활, 가나안 땅에 정착한 이후로 지속적인 민족들의 박해와 괴롭힘이 따랐다. 실제로 악한 나라들의 침공으로 무수한 백성들이 포로가 되었다. 천국 백성은 세상으로부터 박해를 받는다.

2. **계속된 괴롭힘.** 지금도 이스라엘은 누구도 주변에 돕는 나라가 없다. 오늘의 시대에도 계속되고 있는 주변 아랍권의 위협은 참으로 심각하다. 오늘날에는 북쪽으로 시리아, 레바논, 아래로는 이집트, 이란, 이라크 등 공격자들이 깔려 있다. 하나님은 이스라엘을 공격하여 그 처절한 고통을 가하는 자들을 끊으셨다.

3. **위협의 역사.** 역사적으로 이스라엘이 당한 위협들, 공격들은 본문 중 3절에 묘사된 대로 밭가는 자들이 고랑을 길게 짓는 것처럼 이스라엘의 등을 갈아 고랑을 내고 칼로 등을 찢는 것처럼 처절하였고 뚜렷하였다. 하지만 하나님께서 이스라엘을 보호해주셨다.

[한 줄의 묵상]
하나님의 보호와 축복이 성전에 올라가는 이스라엘에게 임하였다.
교회의 신앙을 굳건히 지키는 자들에게 임한다.

7월 5일 ● 본문_시 132:1-7, 암송_7절, 찬송_34장, 통독_시 132-134편

그 발등상 앞에서

> 다윗은 여호와의 법궤를 예루살렘에 안치하기를 염원하고, 마음을 쏟았다. 다윗은 "법궤를 찾고 안치하기 전까지 자기 집에도 들어가지 않겠다." 라며 침상에 오르지도 않겠다고 하였다.

1. 법궤가 무엇인가? 다윗은 법궤를 모시기 위하여 오매불망(寤寐不忘)하며 애타게 모시기를 소원하였다. 바로 법궤는 예수님을 예표한다. 성막의 지성소, 성전의 지성소에는 하나님의 임재의 상징인 시은소와 법궤가 있다. 다윗이 법궤에 온 마음을 쏟으며, 법궤를 인하여 온 마음으로 기뻐하였듯이 우리는 오직 예수님을 사모해야 한다.

2. 법궤에는 들어 있는 세 가지 물품. 첫째는 십계명의 돌판이요, 둘째는 만나요, 셋째는 아론의 싹난 지팡이이다. 십계명의 돌판은 말씀 하나님이신 예수님을 상징하며, 만나는 이 생명의 떡으로 오신 예수님을 상징한다. 아론의 싹난 지팡이는 예수님의 부활을 상징한다.

3. 법궤는 예수님이시다! 다윗이 법궤에 그토록 연연한 이유, 법궤를 그토록 사모한 이유, 법궤 때문에 이스라엘이 복을 받기도 하고 저주를 받기도 한 이유, 법궤를 인하여 다윗이 춤을 춘 이유, 법궤 때문에 춤추는 다윗을 멸시한 미갈이 저주받은 이유는 다 그 때문이다. 바로 법궤가 예수님을 예표하기 때문이다.

[한 줄의 묵상]
오직 예수님만 기뻐하고, 그분께 예배하자. 법궤를 모신 오벧에돔, 법궤를 시온에 안치하기를 염원한 다윗을 닮자.

7월 6일 ● 본문_시 136:5-9, 암송_5절, 찬송_18장, 통독_시 135-138편

그 인자하심이 영원함

하나님은 자기 백성에게 인자하시다. 하나님을 아버지로 모시는 자들은 그 인자하심을 누리게 된다. "여호와께 감사하라 그는 선하시며 그 인자하심이 영원함이로다"(1절). 하나님의 인자하심을 인하여 감사하라.

1. **하나님의 위대하심.** "신들 중에 뛰어난 하나님께 감사하라 그 인자하심이 영원함이로다 주들 중에 뛰어난 주께 감사하라 그 인자하심이 영원함이로다."(2-3절) 우리는 무수한 헛된 신들의 종이 될 뻔하지 않았던가? 참된 하나님을 찾아 섬기게 하셨으니 찬양을 해야 한다.

2. **하나님 창조하심.** "지혜로 하늘을 지으신 이에게 감사하라 그 인자하심이 영원함이로다 땅을 물 위에 펴신 이에게 감사하라 그 인자하심이 영원함이로다."(5-6절) 땅이 둥글기 때문에 빛, 바람, 열이 잘 유통되는 것이다. 그로 말미암아 땅은 적당히 부드럽다. 그래서 사람이 빠지지 않고, 곡식도 잘 자라게 된다.

3. **하나님의 구원하심·축복하심.** "이스라엘을 그들 중에서 인도하여 내신 이에게 감사하라 그 인자하심이 영원함이로다 강한 손과 펴신 팔로 인도하여 내신 이에게 감사하라 그 인자하심이 영원함이로다."(11-12) 우리를 위하시는 하나님의 은혜는 말로 표현될 수 없다. 말할 수 없는 하나님의 은사를 인하여 하나님께 감사해야 한다.

[한 줄의 묵상]
하나님의 인자하심이 나에게 또 한 날을 시작하게 하셨다.
오늘은 어제 경험해보지 못한 새 날이니 감사로 시작하자.

7월 7일 ● 본문_시 141:1-3, 암송_3절, 찬송_25장, 통독_시 139-142편

내 입술의 문을 지키소서

"여호와여 내 입에 파수꾼을 세우시고 내 입술의 문을 지키소서." 하나님의 말씀으로 파수꾼을 세우면 그 말씀이 곧 마땅히 해야 될 말과 해서는 안 될 말을 분간하여, 말의 실수가 없을 것이다.

1. 자제력의 결여. 주의력이 깊고 침착한 사람이라 할지라도 분노하게 되면 자제력을 잃게 된다. 죄성으로 말미암아 자신을 돌아볼 여유도 없이 흥분을 감당하지 못하게 되는 것이다. 이로써 마음에 내키는 대로 떠들게 되니 입술로 범죄한다. 죄성이 혈기에 불을 질러서 문을 제대로 지키지 못한 까닭이다.

2. 허영심과 교만. 사람의 죄성은 자기를 높이려 들도록 충동한다. 자신을 자랑하며 드러내기를 좋아하게 되는 것이다. 나아가서 없는 것을 있는 체하여 허영심에 미혹될 때가 있는 것이다. 뿐만 아니라 없는 말을 많이 하므로 효과를 보려고 하나 입술의 문을 지키지 못하여 필요 없는 말이 많아지면 결국 손해요 범죄에 이른다.

3. 자신에게 큰 손해가 임함. "말이 많으면 허물을 면하기 어렵다." 책임 없는 말, 필요 없는 말을 함부로 하므로 자신의 영혼에 죄악을 가져오고 양심에는 무거운 짐이 된다. 인격과 의지를 약하게 하고 명예가 상실되며 심지어는 죽는 데 이른다.

[한 줄의 묵상]
입술의 문을 잘 지키면 보화를 잃어버리지 않고 잘 간직하여
필요한 때 사용함과 같다. 말씀으로 파수꾼을 세우자.

7월 8일 ● 본문_시 144:12-15, 암송_15절, 찬송_37장, 통독_시 143-146편

여호와를 하나님으로 삼다

다윗이 법궤를 모시고 법궤가 들어올 때 기뻐함으로 복을 받았듯이 여호와를 자기 하나님으로 모신 자들은 복을 받는다. 하나님께서는 그 섬기는 백성들, 성도들을 끝까지 책임지신다.

1. **야곱의 하나님.** 야곱은 우리가 잘 알듯이 인간적으로 보면 참으로 보잘 것 없는 사람이다. 그는 아버지와 형을 속이고 장자의 축복을 차지했으나 그 일로 다른 이도 아닌 쌍둥이 형으로부터 살해 위협을 받는 데까지 이르고 말았다. 그러나 야곱에게 분노하는 에서로부터 하나님께서 그의 생명을 지켜주셨다.

2. **추하며, 부끄러운 인생.** 우리가 잘 알듯이 쌍둥이는 옆에 없어도 그 형제, 혹은 자매의 마음을 느낀다고 할 정도로 친밀하다. 그런데 쌍둥이 형을 속인 자가 되었다. 야곱이 자신의 욕망을 제어하지 못한 결과이니 인간적으로 보면 얼마나 추한 모습이며, 부끄러운 꼴인가?

3. **야곱의 고백.** 그는 벧엘에서 하나님을 만나고 난 후 하나님을 자기의 하나님이라고 고백한다. "… 여호와께서 나의 하나님이 되실 것이요"(창28:21). 이 고백 이후 야곱은 한결같은 하나님의 복을 받는다. 야곱의 인생은 궁극적으로 우리 성도들의 모습과 직결된다. 하나님께서는 자기에게 피하는 자, 자기를 의뢰하는 자에게 반드시 복을 주신다.

[한 줄의 묵상]
탐욕으로 죽음의 문턱에 까지 갔던 야곱을 지켜주시고 복을 내리신 하나님이시다. 그분이 우리 가족의 하나님이시다.

7월 9일 ● 본문_시 150:1-6, 암송_1절, 찬송_32장, 통독_시 147-150편

하나님을 찬양하라

하나님의 자녀라는 첫째 되는 증거는 입을 열어 찬양으로 영광을 하나님께 드림에 있다. 나의 마음이 하나님을 하나님으로 섬겨 그분께로 향하기를 사모하게 한다. 하나님은 인생에게 찬양이시다.

1. **찬양을 원하시는 하나님.** 다윗은 늘 찬양으로 하나님의 면전에 섰다. 히브리어로 찬양에 대한 개념은 '자랑하다, 칭찬하다'는 의미이다. 하나님을 자랑하고 높이며, 올려드림으로 경배하고 찬양해야 한다. 하나님은 경배와 찬양을 좋아하시고, 그곳에 임재하시고 영광을 받으신다. 그러므로 최선을 다해 찬양하는 성도들이 되어야 한다.

2. **인간의 창조 목적이 찬양.** 하나님께서 인간을 지으신 목적이 바로 찬송을 받으심에 있다. 하나님께서는 선지자의 입술에, "이 백성은 내가 나를 위하여 지었나니 나를 찬송하게 하려 하심이니라"(사 43:21)는 말씀을 주셨다. 성도는 지음을 받은 목적대로 하나님을 찬송하자.

3. **구원 받았으니 찬양해야.** 에베소서 1:5-6, "그 기쁘신 뜻대로 우리를 예정하사 예수 그리스도로 말미암아 자기의 아들들이 되게 하셨으니 이는 그가 사랑하시는 자 안에서 우리에게 거저 주시는 바 그의 은혜의 영광을 찬송하게 하려는 것이라." 하나님 앞에서 우리의 의미는 하나님을 나의 찬송으로 삼는 데 있다.

[한 줄의 묵상]
그 은혜의 영광을 찬미하는 것이 구원받은 성도의 목적이다.
오늘 구원을 받은 삶에 대하여 찬양으로 영광을 구하자.

7월 10일 ● 본문_잠 3:1-6, 암송_1절, 찬송_330장, 통독_잠 1-3장

나의 법을 지켜라

하나님의 말씀은 우리에게 그 말씀에 대한 전인격적인 순종과 적극적인 수호를 명령한다. 그리고 순종하는 자에게는 의롭다 여기시며, 반드시 하나님의 보상이 있다. 이것은 하나님께서 선포하신 보상이다.

1. 장수하는 복. 장수는 이 땅에서 오래 사는 것으로 끝나지 않고 가치 있는 생활을 의미한다. 하나님의 뜻에 순종하고, 신앙의 중심을 지킨 자에게 임하는 가장 큰 축복 중의 하나였다. 하나님께서 주시는 복은 비물질적인 것이지만 인간의 눈으로 볼 수 없는 보상은 없다. 많은 것을 얻고도 자신에게 누림이 없다면 오히려 불행하다.

2. 부귀로 인도해주는 복. 사람이 태어나서 가장 행복한 것이 있다면 예수님의 모습을 닮아가며 하나님의 은혜를 아는 것이다. 그것은 바로 하나님이 귀중히 여기고 계시다는 증거이다. 이런 사람은 하나님께서 그 장래와 앞길을 책임지시고 인도해주신다.

3. 재물의 복. 돈을 버는 일은 쉽다. 그러나 돈을 쓰는 일은 어렵다. 쉽게 벌어온 돈은 손실도 크다. 그러나 하나님을 위해 처음 것을 드리는 자는 넘치는 복을 받는다. 이스라엘 사람들에게 있어 가장 큰 축복은 하나님께서 약속하신 땅에서 오랫동안 행복하게 사는 것이었다. 그러므로 삶의 모든 영역을 신뢰의 대상이 되신 하나님께 맡겨야 한다.

[한 줄의 묵상]
이런 복은 하나님 말씀에 대한 순종과 부모를 공경할 때만 가능하다.
우리 가족은 하나님의 법에 순종하기를 기뻐하자.

7월 11일 ● 본문_잠 4:10-19, 암송_14절, 찬송_516장, 통독_잠 4-6장

사특한 자의 길을 피하라

> 신앙생활을 잘 하던 자들도 중간에 넘어진다. 이들은 자신에게 주어진 자리를 지키지 못하고, 넘지 말아야 할 선을 넘다가 실족하게 된다. 한마디로, 자신에게 다가오는 유혹을 물리치지 못해서이다.

1. 물질에 대한 탐욕. 아간이 여리고성의 전투에서 노략한 전리품 가운데 외제 옷과 금과 은을 훔친 죄로 일가족 전체가 아골골짜기에서 돌에 맞아 죽게 되었다. 나아만 장군에게 거짓말을 한 게하시는 은 두 달란트와 옷 두 벌 받은 것으로 인하여 평생 나병환자가 되었다.

2. 이성에 대한 탐욕. 삼손은 들릴라라고 하는 블레셋 여인의 유혹을 뿌리치지 못하다가 두 눈이 뽑히고 이방나라의 조롱거리가 되었다. 다윗도 밧세바의 아름다움에 유혹되어 간음죄에 살인죄까지 범하게 되었다. 솔로몬도 이방여인들을 많이 두고 결혼하여 이방 신상을 예루살렘에 두게 하여 결국 나라가 둘로 갈라지게 만들었다.

3. 교만으로 인한 결과. 사울 왕과 웃시야 왕과 느부갓네살 왕이 교만하다가 넘어졌다. 선 줄로 생각하는 자는 넘어질까 조심하라고 하였다. 하나님은 교만한 자를 물리치고 겸손한 자에게 은혜를 주신다고 하였다. 우리는 남을 나보다 낫게 여기고, 서로서로의 발을 씻겨주는 겸손의 사람이 되어야 한다.

[한 줄의 묵상]
여호와를 앙망하는 자는 새 힘을 얻고 독수리의 날개치며 올라감 같고 달음박질하여도 곤비하지 않고, 걸어가도 피곤하지 않다.

7월 12일 ● 본문_잠 9:1-6, 암송_6절, 찬송_43장, 통독_잠 7-9장

지혜가 있는 자

> 본문에서는 지혜가 사람들을 초청한다고 표현한다. 그렇다면 여기에서 암시하는 지혜의 원형은 예수님이시다. 지혜의 여종들이 전하는 내용은, 우선 "이리로 돌이키라"는 것이다. 이것은 회개의 요청이다.

1. 집을 짓고, 기둥을 다듬다. "지혜가 그의 집을 짓고 일곱 기둥을 다듬고 짐승을 잡으며 포도주를 혼합하여 상을 갖추고"라고 표현한다. 집을 짓는 것은 교회의 건립을 상징할 것이다. 교회는 하나님의 집이다(고전 3:9). 일곱 기둥을 다듬는 것은 견고하게 집을 짓는 것을 가리킬 것이다. 교회는 주 예수님께서 친히 세우시는 견고한 집이다(마 16:18).

2. 잔치를 베풀다. 지혜가 잔치를 베푼다고 표현한다. 바른 교회에는 언제나 예수님으로 말미암아 생명 양식으로 배부르게 되는 풍성한 잔칫상이 마련된다. 짐승을 잡아 고기를 굽고, 맛있는 포도주를 음료로 준비하는 것은 하나님의 풍성한 말씀의 양식을 가리킬 것이다.

3. 사람들을 초청한다. 본문은 지혜가 그의 여종들을 보내어 성중 높은 곳에서 사람들, 특히 어리석은 사람들을 부른다고 말한다. 그 여종들은 구원의 복음을 전하는 하나님의 일꾼들, 곧 전도자들을 가리킬 것이다. 그들은 사람들이 많은 곳에서 공개적으로 복음을 전한다. 예수님은 우리를 생명으로 인도하시기 위하여 부르신다.

[한 줄의 묵상]
지혜의 말씀을 먹고 마신다는 것은 그 말씀을 믿는 것을 말한다.
지혜의 말씀을 믿는 것이 곧 영생의 길임을 잊지 말라.

7월 13일 ● 본문_잠 11:27-31, 암송_27절, 찬송_38장, 통독_잠 10-12장

선을 간절히 구하라

> 우리는 복을 받기 전에 복을 받을 만한 사람이 먼저 되어야 한다. 복을 받는 사람이 곧 경건한 사람이다. 은총의 복을 받게 되면 부족한 우리, 망가진 우리일지라도 전부 새롭게 고쳐 귀하게 하신다.

1. **은총의 복.** 은총의 다른 말은 '사랑'이다. 하나님께서 우리 인간을 특별히 사랑할 때 '은총'이라는 말을 쓴다. 은총은 하나님께서 주시는 복 중에서도 최고의 복이다. 건강, 재산, 기술, 가정이라는 것도 복이지만 하나님의 사랑이 가장 귀한 복이다. 재산은 있어도 좋고 없어도 좋다. 하나님의 사랑을 대신할 것은 아무것도 없다.

2. **선을 구하라.** 27절, '선을 간절히 구하는 자는 은총을 얻으려니와 악을 더듬어 찾는 자에게는 악이 임하리라.'고 하였다. 이런 사람에게 베푸신 은총의 복은 세상의 다른 것과 비교할 수 없다. 모든 복 중에 가장 으뜸이요, 가장 크고, 중요한 것이 '은총의 복'이다.

3. **새롭게 하신 하나님.** '망쳐진 내 인생, 더러워진 나'라고 하는 죄인이 하나님 손에 붙잡히는 날에 새롭게 되어 멋지고 훌륭한 인생을 남겨놓을 줄로 믿는다. 이것이 은총의 복이다. 하나님께서는 우리가 망신당하도록 내버려두지 않으신다. 실수를 해도 이 실수를 이용하여 더욱 아름답게 만들어 주시는 하나님의 은총은 복 중의 가장 큰 복이다.

[한 줄의 묵상]
사슴이 물을 찾는 것처럼 하나님을 갈급히 찾는 사람에게
하나님께서 은총을 베풀어주신다. 오늘, 하나님께 갈급하자.

7월 14일 ● 본문_잠 14:1, 암송_1절, 찬송_42장, 통독_잠 13-15장

지혜로운 여인, 미련한 여인

> 본문에서, "지혜로운 여자들은 그[자기] 집을 세운다."고 말한다. 지혜로운 여자는 하나님을 경외하고 그의 계명을 순종하여 사랑과 겸손과 인내를 실천하는 자이다.

1. 가정을 세움. '세운다' 는 말에서 가정은 저절로 행복해지지 않고 힘써 세워야 함을 알게 된다. 부부 사이에서 관계의 문제, 부모와 자식 관계의 문제, 자녀의 문제, 건강 문제, 경제 문제 등이 있다. 어려운 문제들은 누구에게나 있다. 지혜로운 여자는 그것들을 극복하고 자기 가정을 반듯하게 세울 것이다.

2. 가정을 세우시는 하나님. 가정은 근본적으로 하나님께서 세워 주셔야 세워진다. 그러나 인간 편에서 가정 건립에는 부부의 노력도 필요하다. 본문에서는 남편이 좀 부족해도 아내가 지혜롭게 행하여 남편의 부족을 보충하면 가정을 세울 수 있음을 강조하는 것이다.

3. 여인의 미련함. "미련한 여자는 자기 손으로 그것을 헌다"고 말한다. 미련한 여자는 하나님을 경외하지 않고 그의 교훈대로 행하지 않는 자이다. 그는 겸손하게 사랑과 선을 행하지 않고 인내하지 않는다. 그런 여자는 자기 손으로 자기의 가정을 허물며 자기에게 오는 복을 막으며 오히려 그것을 발로 찬다.

[한 줄의 묵상]
인생은 가정을 세우는 과정과 같다. 가정을 세우려면 지혜를 구해야 한다. 그것은 하나님 앞에서 자신을 갖춤이다.

7월 15일 ● 본문_잠 16:32, 암송_32절, 찬송_24장, 통독_잠 16-18장

더디 하고 다스리라

> 사람은 누구에게 끝이 없는 욕망이 있다. 욕망을 절제할 줄 모르면 많은 것을 가지고도 만족이 없고, 감사할 줄도 모르며, 불평하게 된다. 그러므로 마음을 다스려 냉정하게 자신을 지켜야 한다.

1. **절제하는 욕망.** 전도서 1:8, "모든 만물이 피곤하다는 것을 사람이 말로 다 말할 수 없나니 눈은 보아도 족함이 없고 귀는 들어도 가득 차지 아니하도다"라고 하였다. 욕망을 절제할 줄 모르면 많은 것을 가지고도 만족이 없고, 감사할 줄도 모르며, 행복할 수 없다. 식욕, 정욕, 명예욕, 소유욕 등을 절제할 줄 알아야 용사보다 나은 사람이 된다.

2. **절제하는 말.** 사람의 말은 해서 되는 것이 있고, 해서는 안 되는 것이 있다. 한 번 뱉은 말은 다시 담을 수도 없다. 절제할 줄 모르면 실수할 수밖에 없다. 실수한 말 한 마디가 많은 파문을 일으키고, 많은 사람을 다치게 한다. 그러므로 말을 절제할 수 있는 사람은 용사보다 나은 자이다.

3. **절제하는 행동.** 아무리 회가 나는 일이 있다 할지라도 자제할 줄 알아야 된다. 자신의 감정을 절제할 줄 모르면 이성을 잃게 된다. 성질이 불같은 사람이라 할지라도 자신을 절제할 줄 아는 사람은 용사보다 낫고 성을 빼앗는 자보다 나은 것이다.

[한 줄의 묵상]
성도는 내면적인 감정의 동요나 흥분, 충동 등이 자기에게 달려들지 못하도록 자신을 살펴야 한다. 주님께서 그리하셨다.

7월 16일 ● 본문_잠 22:1-4, 암송_4절, 찬송_21장, 통독_잠 19-22장

많은 재물보다, 은이나 금보다

하나님 앞에서 나의 삶에서 필요한 것이 있다. 어떠한 것들이 생활에서 필요한 것들인가? 본문을 통하여 알아보고 은혜를 나누자.

1. 육신을 위한 건강과 재물. 생존에 필요한 것은 건강이다. 또한 재물도 필요한데 이를 위해 건전한 직업을 가지고 근면해야 한다. 매일 매일을 지낼 때, 건강과 재물을 얻을 능력을 주신 것에 감사하면서 하나님이 원하시는 삶을 살아야 한다. 계획은 사람이 세워도 이를 이루시는 분은 하나님이신 것을 알아야 한다.

2. 정신을 위한 지식과 사랑. 지식을 얻기 위해 끊임없이 부지런히 배워야 한다. 선을 행하고 덕을 끼치는 일을 행해야 한다. 사랑이 없으면 아무 것도 아닌 것을 소유하지 말고 사랑을 행함으로 값어치가 있는 것을 소유해야 한다. 그리하여 부분적으로 알던 모든 것이 온전하게, 장성한 모습으로, 얼굴을 직접 보게 해야 한다.

3. 영혼을 위한 영생과 은총. 영생을 위해 예수님을 믿어야 한다. 은총을 받기 위해 하나님을 사랑하고 말씀에 순종하고 은혜를 구해야 한다. 온 천하를 얻는다고 하여도 생명을 잃으면 아무 소용이 없다. 또한 아무리 뛰어난 기술이나 권세나 도덕심을 가지고 있어도 자신의 힘으로 구원을 얻을 수가 없다. 주의 은총이 있어야 한다.

[한 줄의 묵상]
아무리 좋은 은사나 능력을 가지고 있다고 하여도 이를 행할 수 있는 사랑이 없으면 안 된다. 사랑으로 충만하자.

7월 17일 ● 본문_잠 25:4-7, 암송_5절, 찬송_214장, 통독_잠 23-25장

쓸 만한 그릇이 나올 것이요

교회는 악인이 징계를 받고, 의롭고 선한 직분자들과 교인들이 세움을 받을 때, 든든히 세워지고 견고해진다. 불의한 자는 왕의 나라의 일을 어지럽히고 무너뜨리며, 왕의 명예도 땅에 떨어뜨릴 것이다.

1. 은장색이 쓸 만한 순은. 4-5절, "은에서 찌꺼기를 제하라, 그리하면 장색의 쓸 만한 그릇이 나올 것이요, 왕 앞에서 악한 자를 제하라, 그리하면 그의 왕위가 의로 말미암아 견고히 서리라"고 한다. 불순물이 섞인 은에서 찌꺼기를 제거하면 은장색이 쓸 만한 순은이 나오듯이, 왕의 신하들 중에서 악한 자를 제거하면 그 왕의 왕위가 견고히 설 것이다.

2. 악한 자. 불경건하고 부도덕한 자, 비양심적인 자, 간신, 아첨하는 자, 남을 해하는 자를 가리킨다. 그는 왕에게 참된 도움이 되지 않는다. 그가 일시적으로 왕에게 도움을 주었을지 모르나, 영속적으로는 아니다. 그는 실상 자기 이익을 구하는 자이다.

3. 왕의 왕위. 악인이 제거되고 의인이 세워짐으로써 왕위는 견고하게 될 것이다. 잠언 16:12는, "악을 행하는 것은 왕의 미워할 바니 이는 그 보좌가 공의로 말미암아 굳게 섬이니라"고 말한다. 왕의 보좌와 나라는 공의로 굳게 설 것이다. 공의는 왕의 권세와 나라를 견고하게 하고, 평안하게 할 것이다.

[한 줄의 묵상]
우리는 개인적으로 하나님 앞에서 의롭고 선한 자가 되어
하나님께 쓰임을 받자. 또한 교회를 견고케 하기를 사모하자.

7월 18일 ● 본문_잠 26:2, 암송_2절, 찬송_39장, 통독_잠 26-28장

까닭 없는 저주는

> 까닭 없는 저주 즉 정당성이 없는 저주가 있다. 경건하고 의롭고 선한 자에게 재앙을 기원하는 것이 그렇다. 그런 저주는 참새의 떠도는 것과 제비의 날아가는 것같이 임하지 않을 것이다.

1. 저주. 저주는 상대방에게 재앙이 내리기를 기원하는 것이다. 악인에게 하나님의 공의의 보응이 임하기를 기원하는 것은 공의의 원리에 비추어 볼 때 정당성이 있다. 시편의 많은 저주의 시들이 그러하다. 악한 자의 재앙은 자기 머리로 돌아가고, 그 포악은 자기 정수리에 내릴 것이라고 한다(시 7:16).

2. 재앙의 주권. 재앙은 하나님께서 내리시는 것이며, 그는 불의하고 부당한 재앙을 내리시지 않는다. "그 저주를 변하여 복이 되게 하셨나니"(신 23:5). 시므이는 다윗을 저주하였으나 다윗은 하나님께서 그의 저주 까닭에 선으로 자기에게 갚으실 것이라고 했다(삼하 16:12).

3. 저주하지 말라. 정당한 저주가 있다 할지라도, 주께서는 신약 성도에게 남을 저주하지 말고 원수까지 사랑하며 그를 위해 축복하라고 교훈하셨다(눅 6:27-28). 바울은 우리를 박해하는 자를 축복하고 저주하지 말고, 악을 보복하지 말고 하나님께 맡기라고 하였다(롬 12:14). 우리가 큰 죄인이었으나 예수님의 대속으로 구원받았기 때문이다.

[한 줄의 묵상]
까닭 없는 저주를 하지 말자. 우리 가족은 원수까지도 사랑하며 모든 일을 하나님께 맡기고, 그를 위해 기도하자.

7월 19일 ● 본문_잠 29:18, 암송_18절, 찬송_23장, 통독_잠 29-31장

묵시와 율법

> 앞을 내다볼 줄 아는 자는 성공하게 된다. 그는 방자히 행하지 않고 율법을 지키면서 살아가게 된다. 그리고 율법이 요구하는 삶을 살아가게 된다. 꿈이 있는 자는 하나님의 뜻에 따라서 살게 된다.

1. **분명한 목적을 갖고.** 야곱이 밧단 아람으로 가다가 하나님을 만났고 하나님의 음성을 들었다. 그때, 그는 분명한 목적을 갖고 살았다. 어려운 일이 닥칠 때마다 땅의 것 대신에, 하늘의 것을 바라 보았다. 하늘에 소망을 두고 살았다. 꿈이 있는 자에게는 목적이 분명하다.

2. **낙심하지 않고.** 좋은 일을 하다가 보면 수많은 어려움도 당한다. 그러나 이러한 일에 낙심하지 않는다. 포기하지 않는다. 이는 꿈이 있기 때문이다. 먼 미래를 바라보기 때문이다. 어려운 일 뒤에 있을 큰 복을 바라보기 때문이다. 그러므로 어려운 일을 당할 때에도 낙심하지 않는다. 하나님께서 낙심하지 않으시니 우리도 그리하자.

3. **기도하면서.** 꿈을 가진 자는 불타는 소원이 있다. 그리하여 하나님께서 자기에게 주신 은사를 발휘하고 개발하고 활용한다. 성공과 개혁을 위하여 최선을 다한다. 이를 위하여 기도의 아름다운 삶을 산다. 자기가 하나님의 계획 속으로 들어간다. 그리하여 하나님의 뜻을 이루는 성도가 된다. 우리도 기도하면서 살자.

[한 줄의 묵상]
꿈이 있는 자는 자기의 할 일을 하며 맡은 일에 최선을 다한다.
헌신하고, 마음과 정성과 생명과 뜻을 다한다.

7월 20일 ● 본문_전 1:12-18, 암송_12절, 찬송_485장, 통독_전 1-3장

지혜를 얻으려 하라

> 진리는 참된 것이다. 그렇다면 우리는 진리에 대하여 예수님을 생각하게 된다. 그리고 진리가 예수님이시며 참이란 것을 안다고 고백해야 할 것이다.

1. 자기 비움. 누구라도 자신이 진리를 소유하고자 한다면 먼저 자기를 비워야 한다. 빈 그릇을 준비해야 거기에 은혜를 담게 된다. 그래서 예수님께서 강조하신 것이 마음에 대한 권면이셨다. 마음이 가난한 자(마 5:3), 자기를 부인할 줄 아는 자(마 16:24)가 되어야 한다. 바울은 정욕과 탐욕을 십자가에 못 박은 자(갈 5:24)로 표현하였다.

2. 세상의 것은 허탄함. 진리가 아닌 것은 다 허탄한 것인 줄 알아야 한다. 그러나 이것이 쉽게 깨달아지지 않는데 문제가 있다. 진리를 고백하고 '주여, 주여' 하면서도 자기 부정이나 세상 정욕을 적당하게 외면하지 못하는 사람들이 매우 많다.

3. 자신을 부정함. 하나님의 자녀가 자기 분수(생계의 필요조건, 딤전 6:8) 이상의 현세욕(명예, 권세, 재물 등)에 이끌린다면 그것은 허탄한 것을 따르는 일이 된다. 그러면 그만큼 진리(보화)를 잃고 있음을 깨달아야 한다. 만일 진리보다 더 중요시여기는 것이 있다면 그것이 바로 헛되고 허탄한 것을 따르는 결과가 되는 것이다.

[한 줄의 묵상]
자기를 많이 비우고, 자기 것을 많이 팔아서 진리를 많이 사도록 하자.
그리고 진리를 붙잡는 실천에 옮기도록 하자.

7월 21일 ● 본문_전 4:1-3, 암송_1절, 찬송_414장, 통독_전 4-6장

죄의 대가 - 사람의 고독

> 사람이 사회적 존재로 지음 받았기 때문에 서로 의지하고 격려하며 살아야 한다. 이때, 누구 하나 자신에게 진정한 관심을 가져주는 사람이 없기 때문에 고독감을 느끼게 된다.

1. 타락한 인생의 결과. 그가 가는 곳마다 하나님의 창조의 목적에 어긋난 결과를 가져왔다. 영적인 죽음으로 하나님과의 영적인 사귐이 단절되어 육신만의 인간이 되어 흙으로 돌아가게 되었다. 자아중심적인 욕망이 시기와 질투를 일으키고 살인하여 피 흘리는 싸움을 시작하였고, 홀로 방랑하는 "유리하는 자"가 되었다.

2. 창조 목적에서의 탈선. 이 지상의 모든 것을 하나님을 대신하여 다스리게 지음 받은 인간의 창조 목적에서의 탈선은 자신에게만 불행한 결과를 가져온 것이 아니다. 그의 다스림을 받아야 할 모든 피조물에게도 그 결과가 미쳤다. 모든 "피조물이 허무한 데 굴복하게" 되었다.

3. 위로자가 없는 인생. 전도자는 아무 의미 없는 일들을 위하여 악을 쓰며 범죄를 저지르는 일들을 지적한다. 특히 사람을 학대하는 비극적인 사건을 깊이 살펴보았다. 한 사람의 인격이 전적으로 무시되는 것도 비참하지만, 그 학대받는 일에 위로해 주는 사람이 없는 것도 비참한 현실이다.

[한 줄의 묵상]
학대하는 사람도 인간의 고통을 지니고 사는데,
위로 자가 없으니 그도 불쌍할 수밖에 없는 존재이다.

7월 22일 ● 본문_전 7:11-14, 암송_14절, 찬송_488장, 통독_전 7-9장

하나님의 일을 보라

우리는 하나님께서 행하시는 일을 보아야 한다. 형통한 날에는 기뻐하고 곤고한 날에는 생각해야 한다. 하나님이 두 가지를 병행하게 하사 사람으로 그 장래 일을 능히 헤아려 알지 못하게 하셨기 때문이다.

1. 형통한 날. "형통한 날에는 기뻐하라고"(1-4절). 여기 기뻐하라는 말씀은 "좋게 되라"는 뜻이다. 그러므로 형통하고 좋은 시대에 선하게 살라는 말씀이다. 사람들은 좋은 시절에 방종하고 게으르며 교만하여 불신앙으로 떨어진다.

2. 곤고한 날. "곤고한 날에는 되돌아 보아라"(14절). 생각하라는 말은 '보라'는 뜻이다. 이때까지 보지 못하던 것을 곤고한 때에는 보라는 말씀이다. 그러므로 이때, ① 나 자신이 죄인임을 바라보고 ② 다른 사람을 보고 인정해주며 ③ 하나님의 심판도 바라보아야 한다. ④ 그리고 주님과 함께 거할 것을 내다보아야 한다.

3. 이 두 가지의 병행. "이 두 가지를 하나님이 병행하게 하사." 하나님께서는 성도에게 형통한 날과 곤고한 날을 병행하여 주신다. 이 두 가지로 말미암아 합력해서 선을 이루신다. 하나님을 사랑하고, 하나님을 바라보게 하신다. 그러므로 모두가 다 하나님 앞에서 은혜의 날이다. 형통할 때는 형통한 대로, 곤고한 날에는 곤고한 대로 은혜이다.

[한 줄의 묵상]
우리가 장래 일을 모르는 것은 하나님께서 그렇게 하신셨기 때문이다.
그렇게 되어야 우리가 하나님만 믿게 되기 때문이다.

7월 23일 ● 본문_전 11:9-10, 암송_9절, 찬송_218장, 통독_전 10-12장

청년의 날을 기뻐하여

하나님께서 허락하신 터전 위에서 행복을 추구해야 한다. 겸손하고 온유한 마음으로 주의 말씀에 순종하면서 신앙생활을 바로 하자. 그리하여 근심으로 네 마음에서 떠나게 하며 악으로 물러가게 하라고 했다.

1. **잘 되어야 하는 개인 신앙.** 우리가 눈으로 입으로 귀로 생활로 하고 싶은 대로 하면 마지막에는 하나님께서 우리를 심판하신다고 한다. 우리의 마음이 어떠한지를 알아야 한다. 그리고 마음으로 말씀을 가득 차게 해서 신앙생활에 부족함이 없는 자가 되어야 한다. 하나님의 심판이 있다는 것을 기억하고 지나친 방종, 향락에 빠지지 않도록 하자.

2. **잘 되어야 하는 교회생활.** 우리의 환경은 너무나 유혹을 받기에 알맞은 환경이다. 청년들이 살아가는데 건전하게 성장하기가 어렵게 만들고 있다. 무슨 수단과 방법을 쓰더라도 성공하려는 성공제일주의, 쾌락주의가 청년들을 혼미하게 만들고 있다. 그래서 좋은 친구를 사귀고 성경을 통하여 올바른 가치관을 갖도록 잘 가르쳐야 한다.

3. **잘 되어야 하는 가정생활.** 청소년들의 심성이 자라고 성장하고 변화를 받는 곳이 가정이다. 그래서 가정에서 가장 소중한 것이 사랑이다. 그런데 우리의 가정은 이러한 환경이 되지 못하고 있다. 그래서 부모와 함께 얼굴을 마주보며 대화하고 교감을 나누어야 한다.

[한 줄의 묵상]
하나님의 은혜 안에서 인생에 대한 긍정적인 생각을 갖고
즐기도록 하자. 자신의 행실을 깨끗케 함에 도전해야 한다.

7월 24일 ● 본문_아 2:10-13, 암송_10절, 찬송_35장, 통독_아 1-4장

나의 사랑, 나의 어여쁜 자야

> 비가 많고 추운 겨울은 환난 많은 세상에서 죄책과 두려움을 가지고 살았던 시간들을 상징하는 것 같다.

1. **함께 가자.** 신랑은 신부에게 "나의 사랑, 나의 어여쁜 자야, 일어나서 함께 가자"고 말한다. 그가 함께 가자고 말하는 까닭은 겨울이 지나고 봄이 왔기 때문이다. 이제, 봄과 같은 날이 왔다. 그날은 주 예수 그리스도의 오심으로 죄 사함과 의롭다 하심의 은혜와 구원을 주시는 신약시대이다.

2. **겨울이 지나고.** 유대 땅의 겨울은 비가 많이 오는 때인데 겨울이 지나고 비도 그쳤고 땅에는 꽃이 피고 새의 노래 소리, 비둘기의 소리가 들리며 무화과나무는 푸른 열매가 익었고 포도나무는 꽃을 피워 향기를 토한다고 말한다. 비둘기의 소리는 비둘기 같은 성령께서 우리 속에서 감화, 감동하시는 것을 상징했을지도 모른다.

3. **무화과나무에는.** 푸른 열매가 익었다는 것은 '푸른 열매의 향취가 난다' 는 뜻이다. 무화과는 1년에 2~3번 열매를 맺는데 초여름에 첫 열매를 거둔다. 그러면 봄에 푸른 열매 향취가 날 것이다. 포도나무도 봄에 꽃을 피고, 늦여름부터 열매를 딴다. 이제는 죄책과 두려움을 극복할 수 있게 되었다.

[한 줄의 묵상]
주님께서는 '일어나서 함께 가자.' 고 말씀하신다. 우리 가정에서는 세상의 얽매이는 것들을 벗어버리고 일어나자.

7월 25일 ● 본문_아 5:2-7, 암송_2절, 찬송_37장, 통독_아 5-8장

신랑을 사모하여 꿈을 꾸다

> 성도가 예수님을 사모하면 주님은 말씀과 성령으로 마음에 나타나실 것이다. "머리에 밤이슬이 가득하도록 기다리게 하였다"는 뜻은 그만큼 성도의 경성하지 못한 나태함을 지적한 말씀이다.

1. 신부의 꿈. 신부는 침상에서 신랑을 생각하다보니 꿈을 꾸게 되었다. "사랑하는 자의 소리가 들리는구나 (신랑이) 문을 두드려 이르기를 나의 누이 나의 사랑 나의 비둘기(좋은 의미로 호칭하는 것) 나의 완전한 자(신랑이 신부의 흠을 잡지 못함)야 문을 열어다오 내 머리에는 이슬이 내 머리털에는 밤이슬이 가득하였다"고 하였다.

2. 신랑을 영접함. "신부가 발을 씻고 옷을 벗고 누웠다 하여 일어나서 신랑을 맞이할 수 없다"고 한다면 그것은 도리가 아니라는 뜻이다. 성도가 찾아오신 주님을 어떤 이유 등으로 영접하지 않는다면 큰 손해를 볼 것이다. 만일, 예수님을 거절하면 심판의 대상이 되고 만다.

3. 자기를 살핌. 4-5절, "내 사랑하는 자가 문틈으로 손을 들이밀 때 내 마음이 움직여서 일어나 … 문을 열 때 몰약이 내 손에서 몰약의 즙이 내 손가락에서 문빗장에 떨어지는구나." 신부가 문을 열고 신랑을 맞이하기 위하여 좋은 향품으로 자기를 단장하였다는 뜻이다. 성도는 자신의 신앙 인격을 잘 닦고, 경성한 상태에서 주님을 맞이해야 한다.

[한 줄의 묵상]
성도는 늘 자기의 몸가짐을 단정히 하고 마귀로 틈타지 않도록 경성함이 필요하다. 오늘, 자기를 돌아보는 성도가 되자.

7월 26일 ● 본문_사 1:18-20, 암송_18절, 찬송_151장, 통독_사 1-3장

오라 우리가 서로

> 하나님은 우리를 부르시는 분이시며 우리를 도우실 수 있는 전능하신 분이시다. 그분께서 우리에게 오라고 부르신다. 부르시는 하나님의 음성에 귀를 기울이자.

1. 죄인을 부르시다. "죄의 값은 사망임을 알지 못하느냐?" "하나님께로 돌아오면 너희 죄가 주홍 같을지라도 눈과 같이 희어질 것이요 진홍같이 붉을지라도 양털 같이 되리라"고 하신다. 이에 순종하면 땅의 아름다운 소산을 먹을 것이요 거절하면 칼에 삼켜지리라고 하신다.

2. 짐 진 자를 부르시다. 우리에게는 수고하고 무거운 짐 진 것이 있어서 항상 고통과 어려움이 따른다. 이러한 죄의 짐, 질병의 짐, 인간의 힘으로 불가능한 모든 짐을 가지고 오라고 부르신다. 마음에 근심하지 말고 하나님을 믿으며, 너희 염려를 다 주께 맡겨버리고, 모든 것을 기도와 간구로 너희 구할 것을 구하여 쉼을 누리라고 하신다.

3. 목마른 자를 부르시다. 주님은 수가성 우물가에서 남편을 다섯 번이나 바꾼 여인에게, 세상이 주는 물은 마르거니와 내가 주는 물은 영원히 목마르지 않는다, 그 속에서 영생하도록 하는 샘물이 되리라, 나를 믿는 자는 성경에 이름과 같이 그 배에서 생수의 강이 흘러 나리라고 하셨다. 세상에는 갈증만 있으니 예수님께 나와 생수를 마시자.

[한 줄의 묵상]
공의대로만 보자면 이스라엘은 사형을 언도받아 마땅하다.
그러나 하나님은 그의 주권적 은혜로 미래를 주신다.

7월 27일 ● 본문_사 6:1-8, 암송_1절, 찬송_510장, 통독_사 4-6장

이사야에게 보여 지신 하나님

웃시야 왕이 죽던 해, 즉 국가가 어려움을 당할 때에 이사야가 성전에 올라가서 기도를 한다. 하나님의 오묘하신 뜻과 자기가 해야 할 사명을 발견하고, 하나님을 위하여 남은 생을 살게 되었다.

1. **하나님을 발견.** 이사야는 성전에서 기도하다가 거룩하신 하나님을 발견하였다. 그가 본 하나님의 모습은 어떠했는가. 옷자락은 성전에 가득하고 스랍들이 모시고 섰는데 서로 불러 화답하고 있고 그 소리로 인하여 문지방의 터가 요동하고 성전에 연기가 충만하였다. 이로써 그의 삶이 바뀌어졌다.

2. **자신을 발견.** 하나님의 모습에서 이사야는 죄악된 자기 자신을 발견하였다. 대개의 사람들은 남의 허물은 잘 보면서 자기의 허물은 보지 못하고 있는데 이사야는 먼저 자신을 바라보고 회개하기에 이르렀다. 그리고 그의 모든 죄가 사함을 받게 되었음을 알게 되었다.

3. **자신의 사명을 발견.** 자신이 변한 이사야의 귀에 하나님의 음성이 들렸다. "내가 누구를 보내며 누가 우리를 위하여 갈꼬." 아무도 없는 성전에서 갈 사람을 구하시는 하나님의 음성에 이사야는 대답한다. "내가 여기 있나이다. 나를 보내소서"라고 하였다. 하나님은 오늘도 국가적인 어려운 일을 당하게 하고 기도하게 하신다.

[한 줄의 묵상]
이 나라와 민족을 위하여 사명을 감당할 자를 찾고 계신다.
우리 가정에서 이 일을 감당하는 자가 될 것을 결단하자.

7월 28일 ● 본문_사 7:3-9, 암송_4절, 찬송_585장, 통독_사 7-9장

굳게 서지 못하리라

> 성도가 범죄하면 몸도 마음도 약해지고 하나님의 보호하심과 도우심을 확신하지도 못하게 된다. 우리는 하나님의 허락하심이 없는, 사람의 모든 계획들이 다 헛됨을 깨닫자.

1. 범죄로 약해지다. 유다 왕 아하스는 악한 왕이었다. 그는 16년을 통치하는 동안에, 하나님께 정직하지 않았고, 이방 사람의 가증한 일을 본받았다. 그 결과, 아하스와 유다 나라는 영육으로 매우 약해졌다. 성도가 죄를 지으면 약해진다. 그러므로 우리가 담력을 얻으려면 죄를 철저히 회개하고 의를 행하고 믿음과 순종으로 살아야 한다.

2. 하나님이 없이는 헛되다. 하나님의 허락 없는 인간의 계획은 다 헛되다. 아람은 이스라엘과 동맹하여 유다를 침공하려고 계획하였다. 그러나 7절, "주 여호와의 말씀이 그 일은 서지 못하며 이루어지지 못하리라"고 하였다. 세상의 모든 일은 하나님의 주권적 손에 달려 있다.

3. 오직 하나님이시다. 9절, "만일 너희가 굳게 믿지 아니하면 너희는 굳게 서지 못하리라." 다윗은 쓰기를, "어떤 사람은 병거, 어떤 사람은 말을 의지하나 우리는 여호와 우리 하나님의 이름을 자랑하리로다"(시 20:7)고 하였다. 그것이 하나님을 아는 자들의 마음가짐이다. 우리는 하나님의 주권적 섭리만 믿자. 우리는 개인의 삶이 다 하나님의 섭리에 달려 있음을 알자.

[한 줄의 묵상]
하나님을 사랑하는 자 곧 그의 뜻대로 부르심을 입은 자들에게는 모든 것이 합력하여 선을 이룸을 믿는다(롬 8:28).

7월 29일 ● 본문_사 10:28-32, 암송_32절, 찬송_382장, 통독_사 10-12장

기브아 사람은 도망하도다

우리는 하나님의 공의의 심판을 두려워하고 하나님께서 미워하시는 모든 죄를 미워하고 버리자. 멸망의 시간에 남은 자들을 돌아오게 하신다. 오늘날 예수님을 진실히 믿고 순종하는 자들은 남은 자들이다.

1. **하나님의 공의의 심판.** 22절, "넘치는 공의로 파멸(멸망)이 작정되었음이라." 하나님께서는 유다의 우상숭배와 음란을 심판하실 것이며, 앗수르의 교만과 악함과 강포를 심판하실 것이다. 마지막 날 하나님께서는 온 세상을 심판하신다. 하나님의 공의의 심판은 작정되어 있다. 그 심판은 참으로 두려운 사건일 것이다.

2. **하나님의 긍휼을 의지하며 사모함.** 이사야는 '남은 자'에 대해 증거하며 강조한다. 남은 자들은, 그리고 오직 남은 자들만, 모든 우상숭배와 죄를 회개하고 버리고 하나님께로 돌아올 것이며, 하나님만 진실히 의지할 것이다. 그들은 경건하고 의롭고 선한 자들이 될 것이다.

3. **하나님의 남은 자.** 세상에는 하나님께서 은혜로 남겨두신 자들이 있다. 하나님께서 정하신 시간이 되면 남은 자들은 돌아올 것이다. 우리는 과연 남은 자들의 표를 갖고 있는가? 우리가 정말 하나님의 은혜를 받은 남은 자들이라면, 모든 죄를 버리고 오직 하나님만 의지하고 그의 긍휼과 은혜만 사모하자.

[한 줄의 묵상]
선지자는 레바논의 울창한 삼림의 붕괴에서 작고 가녀린 한 싹을 예언적으로 내다보았다. 하나님 앞에서 남은 자로 서자.

7월 30일 ● 본문_사 13:1-5, 암송_5절, 찬송_300장, 통독_사 13-16장

바벨론에 대하여 받은 경고

하나님께서는 아모스의 아들 이사야에게 바벨론에 대하여 경고하기를 원하셨다. 그것은 하나님께서 내리시는 멸망의 날이 가깝다는 내용이다. 열국에 대한 심판 예언 중에 바벨론이 제일 먼저 거론되었다.

1. 존귀한 자의 문에 들어가게. "너희는 민둥산 위에 기치를 세우고 소리를 높여 그들을 부르며 손을 흔들어 그들을 존귀한 자의 문에 들어가게 하라"고 말씀하신다. 그들은 하나님께서 불러 바벨론을 치게 하실 자들을 가리킨다. 민둥산은 벌거숭이산이라는 뜻이다.

2. 나의 노를 전하게. 하나님께서는 "나의 위엄을 기뻐하는 용사들을 불러 나의 노여움을 전하게 하였느니라"(3절)고 하신다. 바벨론을 치게 하실 그들은 하나님께 구별된 자들이며 하나님의 위엄을 기뻐하는 용사들이다. 하나님께서는 그들에게 명령하시고 그들을 불러 바벨론을 향하신 그의 노여움을 전하게 하실 것이다.

3. 산에서 나는 무리의 소리. "무리의 소리가 남이여, 많은 백성의 소리 같으니 곧 열국 민족이 함께 모여 떠드는 소리라"고 말하며, 그것은 만군의 여호와께서 싸움을 위하여 그 군대를 검열하시는 소리라고 표현한다. 또 그는 "무리가 먼 나라에서, 하늘 끝에서 왔음이여, 곧 여호와와 그의 진노의 병기라. 온 땅을 멸하려 함이로다"라고 말한다.

[한 줄의 묵상]
바벨론을 치러 올 무리들은 하나님의 진노의 도구이며, 하나님께서는 그들을 불러 오셔서 바벨론을 멸망시키실 것이다.

7월 31일 ● 본문_사 17:4-11, 암송_10절, 찬송_29장, 통독_사 17-19장

자기를 지으신 자를 쳐다보며

하나님께서는 이스라엘의 멸망에 대해서도 예언하신다. 한때 찬란했던 이스라엘의 영화는 과거지사가 될 것이다. 앗수르 사람들이 이스라엘을 침략하여 마치 추수꾼이 추수하듯이 점령할 것이다.

1. 그 남겨진 자들. 6절, "그러나 그 안에 주울 것이 남으리니 감람나무를 흔들 때에 가장 높은 가지 꼭대기에 과일 두세개가 남음 같겠고 무성한 나무의 가장 먼 가지에 네 다섯 개가 남음 같으리라." 범죄한 이스라엘을 심판하고 멸망시키지만, 그러나 그들 중에 조금 남겨둘 것이다. 그 남겨진 자들은 하나님의 은혜와 긍휼로 선택된 자들이다.

2. 하나님께로 돌아옴. 그러나 하나님의 은혜로 남겨진 자들이 우상숭배를 청산하고 창조자 하나님 곧 이스라엘의 거룩하신 자에게로 돌아와 하나님을 믿을 것을 말씀하셨다. 이것이 구원이다. 구원받은 자는 우상을 버리고 참 하나님께로 돌아와 그를 섬기며 따를 것이다.

3. 견고한 성읍들의 멸망. 그 성읍 사람들이 "네 구원의 하나님을 잊어버리며 네 능력의 반석을 마음에 두지 아니한 까닭이라"고 말씀하신다. 이스라엘이 멸망하는 까닭은 창조주 하나님을 의지하지 않고 구원의 하나님을 잊어버렸기 때문이다. 그것은 가장 큰 죄악이며 거기에서 그 외의 모든 죄악이 나온다.

[한 줄의 묵상]
이스라엘이 주위의 이방나라 종교와 그 풍습을 본받고 섬겼으니
하나님의 심판의 날에 멸망할 것이라는 말씀이다.

8월 1일 ● 본문_사 20:2-6, 암송_3절, 찬송_218장, 통독_사 20-22장

놀라고, 부끄러워할 것이라

선지자가 벌거벗은 몸으로 거리를 활보하면 세인들의 눈에 놀라움을 넘어 의미심장한 일로 받아들여졌을 것이다. 우리는 처음부터 세상의 것들을 의지하지 말았어야 하였다. 처음부터 세상의 것들은 헛되다.

1. **애굽이나 구스.** 하나님을 대신하여 사람이나 세상의 것을 의지하는 것을 기뻐하지 않으시고 노여워하신다. 하나님을 경외하는 유대인들은 애굽이나 구스를 의지하지 말아야 하였다. 땅에 있는 모든 것은 참으로 의지하고 소망할 만한 것이 못됨을 인정해야 한다.

2. **낙심하지 않으려면.** 이사야 선지자로 하여금 인생을 의지하지 말라고 말씀하셨다. 우리가 세상의 것들을 의지한다면 하나님께서는 그것을 노여워하시고, 어느 날, 그것들 때문에 크게 낙망하게 된다. 인생은 하나님을 떠나서 살 수 없는 존재이다. 인생은 창조될 때부터 하나님을 의지하며 그의 계명에 순종하며 살아야 하는 존재이다.

3. **허무한 일.** 자기 백성이 하나님 대신 의지하는 것을 폐하신다. 하나님께서는 우리가 잘못 의지하는 세상의 것이 얼마나 허무한 것인가를 깨우쳐 주신다. 그것은 하나님의 은혜이다. 우리가 의지하던 것이 무너질 때 우리에게 큰 충격과 낙망이 되겠지만, 그것은 오히려 하나님께서 우리에게 주신 은혜이다.

[한 줄의 묵상]
하나님과 세상, 그 둘 중 하나를 택해야 한다. 우리 가정에서 세상을 택하면 하나님께서 우리를 노여워하실 것이다.

8월 2일 ● 본문_사 25:6-8, 암송_8절, 찬송_58장, 통독_사 23-25장

사망을 영원히 멸하시다

하나님은 인간의 죄악으로 인한 죽음위에 생명으로 충만케 하시는 분이시다. 본문은 인간 최대의 원수인 사망을 이기시고 승리하신 그분을 바라보게 한다. 주님 안에서 우리를 회복해주시는 비전을 주신다.

1. **주님의 부활로 말미암은 승리.** 산헤드린 공회는 예수님을 죽이고, 무덤 속에 넣은 후에 군인들로 지키게 하였다. 그러나 사망의 권세가 아무리 막강하다 해도 그리스도를 더 이상 그 차꼬에 매어 놓을 수 없었다. 그는 자신이 사망을 이기셨을 뿐만 아니라, 그를 믿는 모든 인생들에게까지 사망에서 부활을 맛보게 하셨다.

2. **사망의 공포를 물리친 승리.** 죽음에 대한 공포는 그의 영과 혼과 감정에까지 스며있다. 그러나 주님의 부활을 믿는 우리는 장차 부활의 영광에 참여하므로 그 모든 공포의 도가니에서 해방될 수 있다. 그래서 "사망아 너의 쏘는 것이 어디 있느냐?"라고 외칠 수 있는 것이다.

3. **면류관으로 말미암은 승리.** 성도는 부활할 때 생명의 면류관을 받아 누림으로 그 승리를 온전하게 확증시킬 수 있다. 왜냐하면 십자가의 승리로 사탄을 멸했기 때문이다. 성도는 이 땅 위에 살고 있지만 이미 승리한 자로서 하나님의 질서와 통치 아래서 믿음으로 하나님의 영광이 나타날 것이다.

[한 줄의 묵상]
예수님의 십자가에 죽으심과 부활로 사망을 멸하고 영원한 승리를 얻게 해주셨다. 우리 가족은 사망을 두려워하지 말자.

8월 3일 ● 본문_사 26:1-3, 암송_3절, 찬송_386장, 통독_사 26-28장

평강에서 평강으로 지키시다

하나님의 백성은 세상이 죄악으로 가득해도 죄를 멀리하고 말씀 안에 살고자 늘 몸부림친다. 그 안에서 세상의 그 무엇도 깨뜨리지 못할 평강의 평강을 소유하였다.

1. 선지자의 선언. 이사야는 하나님께서 심지가 견고한 자를 온전히 평강하도록 지키신다고 선언한다. 여기에서 '심지가 견고한 자' 란 '주를 신뢰하는 자' 요, 예배하는 자요, 어떤 상황에서도 교회를 향하는 자요, 늘 천국을 사모하는 자이다.

2. 초대교회의 성도들. 유대인들은 박해 중에서도 모이기를 힘쓰며 로마황제의 박해 가운데서도 카타콤에 모여 예배하였듯이 늘 예배의 삶을 살며 천국소망을 간직하고 살아 갔다. 주께서 평강하며 평강하도록 지키셨기 때문이다. 지금도 이 믿음으로 사는 이들을 하나님은 온전히 지키신다. 평강하게 하시며 흠 없게 하시며, 온전하게 해주신다.

3. 지키시고 붙들어주시는 하나님. 하나님은 우리를 언제나 지키시고 붙드신다. 또 늘 죄로부터 우리를 거룩하게 구별하시며 의로운 가운데 거룩한 가운데 평강을 누리게 하신다. 교회로 발길을 옮길 때마다 이 진리를 늘 기억하라! 하나님은 이 약속 그대로 이 시대에도 그 경외하는 성도들, 예배하는 성도들에게 복을 주신다.

[한 줄의 묵상]
이 축복을 누려라! 이 축복을 누리기 위해 예배의 삶,
하나님을 향해 늘 가까이 나아가는 삶을 살아가라!

언약대로 축복 받는 가정예배 365일

8월 4일 ● 본문_사 30:1-5, 암송_5절, 찬송_215장, 통독_사 29-31장

유익하게 못하는 민족을 인하여

이스라엘 백성은 하나님의 백성임에도 불구하고 하나님을 의지하며 하나님의 영의 감동 가운데 환난에 대처할 방법을 의논하거나 외국과 조약을 맺지 않았다. 그들은 하나님 없이 행하였다.

1. 패역한 자식들. 하나님께서는 이스라엘 백성을 '패역한 자식들'이라고 부르셨다. 이는 '완고한, 반역적인'이라는 뜻이다. 이스라엘 백성은 하나님께 순종하지 않고 거역하는 자들이었다. '계교를 베푼다'는 말은 '의논한다'는 뜻이다. '맹약'이라는 원어는 '덮개'라는 뜻이다. '덮개를 덮는다'는 것은 환난의 위험을 덮는다는 뜻일 것이다.

2. 하나님께 묻지 않음. 그들은 하나님께 묻지 않고 애굽 왕 바로의 세력을 의지하고 애굽의 그늘에 피하려고 하였다. 그들은 어려운 현실 속에서 하나님께 기도하거나 하나님의 도움을 구하지 않고 오직 인간적인 방책을 구하였던 것이다.

3. 수치와 수욕. 이스라엘 백성은 애굽 왕 바로와 그의 힘을 의지하였다. 하나님의 품을 구하지 않은 것은 하나님을 경외하며 섬기는 자들의 바른 태도가 아니었다. 그들이 의지한 애굽 왕 바로의 세력은 그들에게 수치와 수욕이 될 것이다. 그것은 죄에 죄를 더하는 일이었다. 애굽은 그들에게 아무런 도움과 유익을 주지 못할 것이다.

[한 줄의 묵상]
우리는 사람이나 세상의 것들을 의지하지 말자. 하나님께서 그것들을 헛되게 하시면 그것들은 언제나 헛된 것이 된다.

8월 5일 ● 본문_사 32:1-4, 암송_1절, 찬송_39장, 통독_사 32-34장

한 왕이 의로 통치할 것이요

하나님의 공의로운 통치를 약속해준다. 그 통치가 가져오는 유익은 변화를 경험하게 한다. 이전에 하나님의 말씀을 깨닫지 못하여 맹인 같고 귀머거리 같았던 자들이 다시 시력과 청력을 회복하게 된다.

1. 메시아에 대한 약속. 이 말씀은 메시아와 신약교회를 예언한 것이다. 메시아는 의의 왕으로 오실 것이었다. 이사야 9:7은 이미 예언하기를, "그 정사와 평강의 더함이 무궁하며 또 다윗의 왕좌와 그의 나라에 군림하여 굳게 세우고 지금 이후로 영원히 정의와 공의로 그것을 보존하실 것이라. 만군의 여호와의 열심이 이를 이루시리라"고 하였다.

2. 바람과 광풍을 피할 곳. 메시아는 땅 위에서도 자기 백성에게 '바람과 광풍을 피할 곳'이 되신다. 바람과 광풍은 세상에서 당하는 환난과 재앙들, 특히 악인들로 인해 받는 학대와 핍박을 포함한다. 예수님은 유대인의 왕으로 오셨다. 그는 십자가에 죽으심으로 우리를 위해 의를 이루셨고, 또 장차 의의 심판자로 다시 오실 것이다.

3. 메시야를 확인함. 메시아의 시대에 사람들은 영적으로 눈이 열리고 귀가 열릴 것이다. 그들은 하나님과 메시아에 대한 지식을 갖게 될 것이다. 또 그들의 조급하고 어리석은 마음은 지식을 깨닫고 그들의 어눌한 혀는 민첩하여져서 분명한 말을 할 것이다.

[한 줄의 묵상]
그는 지금도 자기 백성들을 악한 자들로부터 보호하신다.
아버지의 보호를 기뻐하고, 그분의 손 아래로 들어가자.

8월 6일 ● 본문_사 38:1-8, 암송_20절, 찬송_472장, 통독_사 35-39장

여호와께서 구원하시도다

인생을 살아가면서 개인적으로나 가정적으로나 국가적으로나 신앙적으로 큰 위기에 봉착할 때가 있다. 히스기야 왕은 죽음이라는 심각한 위기에서 이를 새로운 삶의 기회로 삼고 삶의 전환점으로 삼았다.

1. 기도하는 기회로. 모든 명예와 권세와 부를 누리면서 국가를 잘 이끌어 오던 히스기야 왕이다. 그는 죽음이라는 엄청난 위기에 직면하고, 어찌할 수 없는 상황에 이르자 하나님의 전에 나아가 기도하는 기회로 삼았다. 그리하여 얼굴을 벽으로 향하고 하나님께 심히 통곡하는 기도를 드리게 되었다.

2. 문제를 해결 받는 기회로. 히스기야 왕에게는 자신의 병 문제뿐만 아니라 호시탐탐 노리는 앗수르의 침략 문제도 곁들여 있었다. 그러기에 더욱더 난감한 상태였다. 그리하여 문제시 기도함으로 자신의 문제뿐만 아니라 국가의 문제까지도 해결 받게 되었다.

3. 결단하는 기회로. 그가 병으로부터 고침을 받고 한 것은 하나님께 대한 감사의 찬송이었다. 죽은 자는 찬양하지 못한다는 것을 알고 살았을 때에 하나님을 기뻐하면서 찬양하는 삶을 살기로 했다. 받은 바 은혜를 통하여 새로운 신앙의 결단을 가지고 다시 한 번 재기의 기회로 삼아 하나님께 영광을 돌렸다.

[한 줄의 묵상]
인생의 삶에서 문제에 당면하게 될 때, 여러 상황이 복잡하게 다가온다.
이것은 문제를 해결 받게 되는 기회가 된다.

8월 7일 ● 본문_사 40:27-31, 암송_31절, 찬송_386장, 통독_사 40-42장

오직 여호와를 앙망하는 자는

> 하나님은 자신이 긍휼에 풍성하신 분이심을 천명하신다. 이사야 선지자가 말한 여호와를 앙망하는 신앙으로 새 힘을 얻어 독수리처럼 날개 치며 올라감 같은 전진이 있어야 한다.

1. 인내하는 신앙. 여호와를 앙망한다는 것은 어려운 가운데서도 인내의 신앙으로 하나님을 바라본다는 뜻이다. 인내 없는 신앙은 무가치하다. 인내하는 자가 하나님의 뜻을 행하고 말씀을 지키면 근심과 불안을 이기고 사업가가 성공을 하고 성도는 약속의 복을 받는다.

2. 순종하는 신앙. 순종하는 믿음의 소유자가 능력을 받을 수 있다. 예수님도 순종하셨는데 그가 아들이시라도 받으신 고난으로 순종함을 배워서 온전하게 되었은즉 자기를 순종하는 모든 자에게 구원의 근원이 되셨다고 한다. 순종이란 말은 '어디서부터 ~ 을 받는다' 는 뜻으로 순종자는 하나님으로부터 복을 받는다.

3. 겸손해하는 신앙. 하나님은 겸손한 자에게 능력과 기쁨을 주신다. 왜 인내하지 못하고 순종하지 못하는가? 교만하기 때문이다. 왜 불평하고 반항하는가? 교만하기 때문이다. 십자가의 주님을 잊었기 때문이다. 그러므로 우리는 나보다 남을 낫게 여기며 주님의 십자가 아래에서 내 자신을 굴복시키는 삶을 가져야 한다.

[한 줄의 묵상]
오늘, 한 날은 나에게 시작의 시간이다. 새로운 용기를 가지고 나아가는 신앙의 향상과 전진이 있어야 한다.

8월 8일 ● 본문_사 43:1-2, 암송_2절, 찬송_390장, 통독_사 43-45장

내가 함께 할 것이라

믿음의 사람들은 이 세상을 살아가는 동안에 수많은 어려움을 당할 때가 있다. 그러나 그때마다 하나님은 우리를 지켜주시고 보호해 주실 뿐만 아니라 기적으로 권능으로 축복으로 지켜주신다.

1. **확신하는 가운데 임함.** 사람은 가장 작은 것이라도 만들 수가 없다. 하나님의 손길이 있어야 한다. 이를 안 이스라엘은 모든 것을 하나님께 맡겼다. 광야를 건너고 가나안 땅을 정복하는 모든 것을 하나님을 믿는 믿음과 확신으로 나아갔다.

2. **의지하고 맡기는 가운데 임함.** 이스라엘이 나아가는 길에는 불가능한 것도 많이 있었다. 그러나 하나님의 언약궤를 앞세우고 하나님만 의지하고 하나님께만 맡기고 나아갔다. 그리할 때에 하나님은 이스라엘 앞길에 기적의 기적을 베풀어 주셨다. 그리고 평강으로 성령 충만으로 형통의 길로 인도하셨다. 이것이 하나님의 은총이다.

3. **동행하는 가운데 임함.** 광야 40년의 생활은 하나님과 함께하는 생이었다. 그리할 때에 하나님은 이러한 이스라엘을 붙드시고 계셨다. 그리고 두려워하지 말라고 하시었다. 하나님의 것인 이스라엘이 물 가운데 지날 때, 불 가운데 지날 때 하나님께서 침몰하지 않고 사르지 않는다고 하셨다. 이러한 모든 것이 하나님의 은총이다

[한 줄의 묵상]
하나님은 모든 문제를 놀라운 기적으로 놀라운 영광으로
바꾸어주신다. 나를 위하여 무엇을 바꾸어주실지 기대하자.

8월 9일 ● 본문_사 46:3-7, 암송_4절, 찬송_40장, 통독_사 46-48장

너희를 품을 것이라

여호와 하나님은 살아계신 전능자이시지만, 우상은 생명 없는 것, 죽은 것이다. 우리가 어려울 때, 우리에게 구원이나 도움을 주지 못한다. 하나님께서는 이방 나라들과 그 신들을 마지막 날에 다 멸하실 것이다.

1. 남은 자들에 대한 관심. 하나님은 죄의 짐을 지우는 분이 아니라 짐져 주신다. 하나님께서는 야곱의 집 곧 이스라엘 자손들에 대한 무서운 징벌 중에서도 그들을 완전히 포기하지 않으시고 그 남은 모든 자들에 대해 관심과 사랑을 가지고 계심을 증거하신다.

2. 구하여 내리라. 하나님께서는 그들을 태에서 날 때부터 품으셨고 그들이 노년과 백발이 되기까지 안으시고 품으시고 고난의 현실로부터 건져내겠다고 말씀하신다. 하나님께서는 자신과 우상들을 감히 비교할 수 없다고 말씀하셨다. 우상은 사람들이 준 금이나 은을 가지고 장인들이 만드는 것이다.

3. 우상은 헛것이다! 사람들은 그것을 신이라고 생각하고 그 앞에 엎드려 경배한다. 그러나 실상, 그것은 사람이 어깨에 메어 운반하여 세워 둘 곳에 세워야 되고, 그것은 세워 둔대로 그대로 세워 있고 스스로 움직이지도 못하고 사람들이 그것에게 부르짖어도 응답할 수 없고 그들을 고난에서 구원할 수도 없는 헛것이다.

[한 줄의 묵상]
이스라엘이 처음부터 하나님께 짐이었듯이, 나도 하나님께 짐이었다.
그 짐을 예수님께서 짊어주시고, 자유케 하신다.

8월 10일 ● 본문_사 49:14-17, 암송_15절, 찬송_210장, 통독_사 49-51장

잊지 아니하시다

여기에 시온의 탄식이 있다. 여호와 하나님께서 나를 버리시며 주께서 나를 잊으셨다고 탄식한다. 주전 606년, 597년, 596년 세 차례에 걸친 바벨론의 침공으로 시온성이 파괴 된 지 오래였다.

1. **잊지 않으시는 하나님.** 이스라엘은 하나님께 범죄하였다. 그들은 우상 숭배의 죄를 지어서 하나님의 진노를 사, 결국 포로가 되었다. 그들이 자기들의 죄로 포로가 되었으나 그럴지라도 하나님은 자기 백성을 절대로 잊지 않으셨다. 하나님의 사랑은 그침이 없으시다. 하나님은 자기의 자녀를 사랑하시기 때문에 오히려 사랑해주신다.

2. **보호해주시는 하나님.** 성경 말씀에 내가 너를 내 손바닥에 새겼다고 하셨는데, 지워질 수 없는 사랑으로 자기 백성을 보호해 주신다는 말씀이다(16절). 하나님은 우리의 머리털까지 다 세신바 되었으며 우리를 버리거나 잊으셨다고 말하지 않으셨다.

3. **선한 행위를 기억하시는 하나님.** "하나님은 불의하지 아니하사 너희 행위와 그의 이름을 위하여 나타낸 사랑으로 이미 성도를 섬긴 것과 이제도 섬기고 있는 것을 잊어버리지 아니하시느니라"(히 6:10). 우리는 언제 어디서 어느 정도로 성도를 섬겼는지 잊어버리지만 하나님은 잊지 않으시고 그대로 갚아주신다.

[한 줄의 묵상]
잊지 않으시는 하나님은 오늘도 우리를 사랑하시고 보살펴주신다.
우리 가족은 하나님의 사랑에 있음을 감사, 감격하자.

8월 11일 ● 본문_사 53:4-6, 암송_6절, 찬송_136장, 통독_사 52-54장

우리 무리의 죄악을 그에게

독자 예수 그리스도를 주신 하나님을 배신한 배신자이다. 고통스럽고 치욕스런 사형 틀에 예수 그리스도께서 못 박혀 죽으셨다. 제 길로 간 죄인들의 죄를 담당시킨 하나님의 뜻이기 때문이다.

1. **인간의 배신.** 인간은 배신자다. 하나님의 형상대로 만드신 하나님을 배신한 배신자요, 에덴을 창설하여 주신 하나님을 배신한 배신자요, 배은망덕한 것보다 이 세상에 더 나쁜 것은 없다. 하나님의 은혜를 받고도 배도한 자의 말로는 죽음이다. 인간은 배신자다. 은혜를 은혜로 갚지 못하고 배은하는 배신자다.

2. **하나님의 사랑.** "허물"은 찌르는 가시이다. 주님의 머리를 찌르는 가시관이다. "죄악"은 상하게 하는 칼이다. 몸과 마음을 상하게 하는 창이다. "채찍"은 쓰리고 아프게 하는 가죽채이다. 몸과 마음을 쓰리고 아프게 하는 것이다. "징계"는 몸과 마음을 괴롭게 하는 것이다.

3. **예수님의 침묵.** 로마 군인들이 주님의 옷을 벗기고, 홍포를 입히고, 십자가를 지우고, 채찍을 가하고, 침을 뱉고, 비웃고 조롱과 멸시를 했으나 예수 그리스도는 도수장으로 끌려가는 어린 양처럼 그 입을 열지 아니하셨고 털 깎는 자 앞에 잠잠한 양 같이 그 입을 열지 아니하셨다. 내 몫에 태인 십자가를 말없이 질 수 없을까?

[한 줄의 묵상]
우리의 불신은 주님의 마음을 쓰리고 아프게 하는 것이다.
하나님의 징계로 우리는 평화와 나음을 입었다.

8월 12일 ● 본문_사 56:7-12, 암송_7절, 찬송_43장, 통독_사 55-57장

나의 성산으로 인도하여

본문은 메시야의 사역과 그의 몸 된 교회의 구성원들 및 교회의 역할에 관해 증거하고 있다. 자기 소견에 좋은 대로 행하는 사람들은 아무리 많이 수고할지라도 칭찬을 받지 못한다.

1. 만민이 기도하는 집. 교회에서는 세상에 오신 하나님을 볼 수 있어야 한다. 교회는 만민이 기도하는 하나님의 집이다. 따라서 교회는 모든 사람이 자유롭게 들어올 수 있도록 문턱을 낮춰야 하며 차별의식을 철두철미 배제하도록 해야 한다. 또한 기도하는 집이라는 본래적인 기능을 살리도록 세속적인 행사는 지양하는 것이 옳다.

2. 번제를 받으시는 하나님. 교회는 주께서 예배를 받으시는 거룩한 집이다. 따라서 누구든지 주께서 받으시는 예배를 드리고자 하면 교회로 가야 한다. 물론 하나님은 어디에나 계시지만 그분이 인간과 만나시고 교제하시는 길은 하나뿐이다. 다른 길은 없다.

3. 기쁨을 넘치게 하심. 교회는 주께서 신령한 기쁨으로 넘치게 하시는 특별한 기관이다. 기쁨이란 활력을 불어넣어주고 인생을 빛나게 하는 놀라운 축복이다. 주님께서는 자신의 몸 된 교회에게 이 축복을 주신다. 그러므로 하늘의 복을 원하는 사람들은 교회에 속하도록 해야 한다. 교회는 인생에게 영원한 복의 자리이다.

[한 줄의 묵상]
교회를 멀리하고 등한시하는 사람들에게 하나님께서는
아무것도 주실 수가 없다. 교회에서 하나님을 구하라!

8월 13일 ● 본문_사 58:13-14, 암송_13절, 찬송_638장, 통독_사 58-62장

여호와의 성일–존귀한 날

> 세상 사람들이 하나님의 사람을 구분하는 가장 쉬운 것은 주일에 교회에서 예배를 드리느냐, 아니면 주일에 다른 일로 세상에 있느냐 하는 것이다(히 10:24-25).

1. **성도와 안식일.** "자손에게 말하여 이르기를 너희는 나의 안식일을 지키라"(출 31:13). 안식일에는 오직 여호와 하나님을 경배하며 희생의 번제를 드려야 한다. 번제는 희생의 제사이며 피 흘림을 통한 속죄의 제사이다(대상 23:31, 겔 46:3).

2. **안식일과 주일.** "인자는 안식일의 주인이니라 하시니라"(마 12:8). 주님께서 안식일의 주인이라는 것은 곧 그 안식일을 통하여 영광을 받으실 분이 주님이시며 주님을 위하여 안식일이 있는 것임을 강조하신 것이다. 제자들은 주님의 부활을 기념하며 그 날에 예배드리며 함께 교제하기 위하여 모였다.

3. **사랑으로 헌금을 드린 날.** 주님의 부활의 날이 정기적인 예배의 날이 되었다. 안식 후 첫날에 정기적 헌금을 드렸다(고전 16:2). "매 주일 첫날에 … 이를 얻은 대로 저축하여." 주일은 거룩하게 지키며 주님께 온전히 예배드리며 봉사하며 찬양하며 주님께 정성껏 헌금을 드려야 할 것이다.

[한 줄의 묵상]
유대인들은 안식일에 회당이나 성전에 가는 일 외에는 다른 일에 그 발을 사용하지 않았다. 나는 지금, 어떠한가?

8월 14일 ● 본문_사 66:1-4, 암송_2절, 찬송_44장, 통독_사 63-66장

심령에 통회하며 떠는 자

진정한 성공은 하나님께서 인정해주시는 것이어야 한다. 사람들이 제아무리 성공했다고 해도 하나님이 인정하지 않는 성공은 참 성공이 아니다. 성도는 이 땅에서 하나님의 주목 받는 성공자가 되어야 한다.

1. 예배의 성공자. 예배에 성공하는 사람이 진정한 성공자이다. 바른 예배에 대해 말씀하신다. 장소가 중요한 것이 아니다. 어느 곳이든 하늘이 하나님의 보좌가 되며 땅 역시 하나님이 발을 내려놓는 곳이다(1절). 무엇보다 영과 진리로 예배하는 것을 하나님은 원하신다.

2. 겸손의 성공자. 사람이 겸손해야 진정한 성공자가 된다(2절). 마음이 가난한 자, 심령에 통회하는 자가 승리자가 된다. 왜냐하면 그런 이들을 하나님은 권고하시리라고 했다. 권고한다는 말은 지켜보신다는 뜻이다. 하나님의 눈에 들어야 세상에서도 앞장 설 수 있다.

3. 일치의 성공자. 신앙과 삶이 일치되어야 성공자가 된다. 3절은 당시 백성들이 예배를 드리면서 생활은 엉망인 것을 고발하고 있다. 소를 잡아 제물로 드리면서 살인하는 듯 죄를 짓는 것은 예배를 드리나마나이다. 분향하면서 우상을 찬송하는 것처럼 신앙과 생활이 거리가 있다면 그런 제사를 받지 않으신다.

[한 줄의 묵상]
우리는 성경대로 온전하게 살 수는 없다. 그렇지만 최소한
일치된 삶을 살도록 고민하고 노력함을 주님은 원하신다.

8월 15일 ● 본문_렘 2:9-13, 암송_11절, 찬송_423장, 통독_렘 1-3장

무익한 것과 바꾸었도다

> 선지자에게 가장 중요한 것은 하나님의 말씀을 주의 깊게 듣는 것이다. 예레미야는 "여호와의 말씀이 내게 임하니라." "여호와의 말이니라."고 반드시 언급하고 있다. 우리들도 말씀에 주의를 기울여야 한다.

1. 자신을 지켜라. 하나님은 네 청년 때의 인애 – 처음 신앙을 지녔을 때의 순수한 마음, 하나님을 찬양한 기쁨, 결혼 때의 사랑을 알고 계신다고 말씀하셨다. 또한 씨를 뿌리지 못하는 광야 – 애굽을 탈출하여 40년간의 여정을 통해 그들이 하나님 말씀을 따랐던 것을 기억하신다.

2. 하나님께 붙어있어라. 이스라엘은 수확된 처음 열매이다. 첫 열매는 하나님께 바쳐져야 한다. 거기에 이스라엘의 살 길이 있다. 제사장들은 하나님께 구하지 아니하고 율법을 취급하는 자 – 성경학자들은 진정한 하나님을 모른다. 선지자는 우상에 의지하여 예언하고 허탄한 것을 따르게 되었다.

3. 지니고 있어라. 하나님의 사랑과 은혜를 입은 자가 하나님을 배반할 수 있을 것인가? 하나님을 하나님 아닌 것과 바꿀 수가 있을 것인가? "그러나 나의 백성은 그 영광을 무익한 것과 바꾸었도다." 가장 중요한 것이란 그 무엇을 희생할지라도 지니고 있어야 한다. 버린다는 것은 참으로 어리석다. 스스로 웅덩이를 판 것이기 때문이다.

[한 줄의 묵상]
이스라엘은 하나님에 의해 성별되고 선택되었다. 하나님의 선택을 묵상하고, 선택된 자로 한 날을 살아가자.

8월 16일 ● 본문_렘 4:1-2, 암송_2절, 찬송_528장, 통독_렘 4-6장

여호와의 삶을 가리켜 맹세하면

"배역한 자식들아, 돌아오라. 내가 너희의 배역함을 고치리라."(렘 3:22)고 말씀하셨다. 현실을 보면서 깊은 절규와 음부에 있는 환상을 간파해야 한다. 하나님께 피하는 것 이외에, 세상의 죄악과 싸울 수 없다.

1. **고쳐주시는 하나님.** 고치리라고 말씀해 주시는 분이 계시지 않다면 우리들의 돌아옴은 완전히 헛될 뿐이다. "고치리라"고 말씀하시는 하나님이 계신다. 이 하나님의 용서에 가증할 만한 우상을 버리고 "진실과 정의와 공의로" 하나님께 돌아올 것을 말씀하고 계신 것이다.

2. **유다의 구원과 축복.** 유다가 회개하고 하나님의 곁으로 돌아올 때, 그것은 유다의 구원만이 아니고 모든 민족이 그에 의해 축복을 받는다. 하나님의 선택을 받은 자가 거기에 합당한 생활을 함으로 모든 사람이 축복을 받는 것이다. 예레미야는 부단히 북으로부터의 재앙을 경고하고 있다. 견고한 시온으로 도피하라 지시하였다.

3. **회개가 지킨다!** 유다를 지키는 것은 무기와 병거가 아닌 하나님 앞의 회개이다. 그때 하나님의 격렬한 진노는 가라앉게 됨을 예레미야는 예언하고 있다. 예레미야는 애끓는 심정으로 재앙의 소리를 듣고 파괴당하는 환상을 보았다. 성경을 읽어서 어느 시대에서도 인간이 인식하지 못하는 신음 소리와 환상을 보고 듣는 것이 진정한 크리스천이다.

[한 줄의 묵상]
물질적 번영으로 화려하게 단장한 현대 문명도 헛될 뿐이다.
우리들은 이 신앙을 지니고 세상에 증거하는 자가 되자.

8월 17일 ● 본문_렘 7:1-7, 암송_3절, 찬송_278장, 통독_렘 7-9장

너희 길과 행위를

우리에게 중요한 것은 우선 하나님과 자신의 관계를 바르게 하는 것이다. 주의 길을 예비하는 것이다. 그 길을 곧게 하는 것이다. 그것이 우리가 해야 할 일이다. 그때 들려주시는 말씀을 들을 수 있다.

1. 하나님과의 관계. 예레미야는 두려움 없이 "여호와의 말씀을 들으라." 말할 수 있었다. 이는 예레미야가 얼마나 하나님과의 관계를 바르게 하고 있었는가를 나타내고 있는 것이다. 하나님과 자신의 관계를 바르게 하지 않은 채 사람들에게 그토록 담대하게 하나님의 말씀을 전할 수 있겠는가?

2. 은혜로 들어감. 하나님의 풍성하신 은혜에 참여할 수 없다면 그것은 하나님께 대한 마음이 정돈되어 있지 않기 때문이다. 겸손하고 올바른 마음으로는 언제나 하나님의 말씀을 들을 수 있다. 그것을 생각할 때 하나님 앞에서 바른 마음을 유지한다는 것은 참으로 중요하다.

3. 하나님의 말씀. 유다에게 하나의 위기가 도래하는데, 북쪽 나라의 침략이 시도되려는 것이다. 하나님 앞에 바르게 행하고 자신들의 죄를 회개한다면 적이 아무리 강할지라도 이 예루살렘은 지켜질 수 있다는 하나님의 말씀을 예레미야는 들었다. 하나님은 앗수르의 군대가 세력이 막강하니 거기에 대비해 군비를 확장하라 말씀하지 않으셨다.

[한 줄의 묵상]
하나님과의 바른 관계로 인해 함께 해주실 약속을 얻을 때
비로소 진정한 평화는 이루어진다.

8월 18일 ● 본문_렘 11:1-5, 암송_4절, 찬송_204장, 통독_렘 10-12장

너희는 내 백성, 나는 너희 하나님

이스라엘 백성의 40년에 걸친 광야 생활은 몹시도 비참한 것이었다. 그러나 그 광야생활은 하나님의 양육의 생활이며 또한 요람의 생활이기도 하였다. 그것에 의해 그들은 신앙을 얻을 수 있었다.

1. 약속을 맺으시다. 이스라엘 백성의 선조에게 언약의 땅을 주시면서 하나님은 그들과 계약을 맺으셨다. 너희가 나의 계명을 지킨다면 나와 너희는 "나의 하나님, 나의 백성"의 관계가 된다는 것이었다. 신앙생활은 하나님과 나의 관계이다. 선지자는 그것을 가장 밀접한 관계로 표현해서 "내 남편, 내 아내", "부모와 자식"으로 나타내고 있다.

2. 관계를 누림. 그 은혜로 살아가고자 할 때, 우리들의 설 곳이 문제가 된다. 하나님과 나의 관계가 확실히 정립되어 있는 상태에 우리는 거해야 한다. "너희는 내 목소리를 순종하고 나의 모든 명령을 따라 행하라." 이는 곧 말씀에 대한 순종을 뜻한다. 나에게 가능한 것이면 하겠다는 취사선택이 아니다.

3. 말씀을 받아들임. 복음으로 살아가기 위해서는 하나님의 말씀을 진실하게 받아들여야 한다. 복음은 "너희는 내 백성이 되겠고 나는 너희 하나님이 되리라"이다. 예수님에 의해 그것은 이루어졌지만 하나님의 말씀을 진실로 수용하지 않는다면 순종의 자리로 나아갈 수 없다.

[한 줄의 묵상]
예수 그리스도의 십자가에 의해 속죄되어 하나님의 은혜에 초대되어 있다. 은혜 속에 살아갈 수 있는 것이다.

8월 19일 ● 본문_렘 13:15-17, 암송_16절, 찬송_272장, 통독_렘 13-15장

너희 하나님 여호와께

> 포도주 병의 비유는 물질이 풍부해짐에 따라 오히려 술에 취하여 사려 분별을 못하게 되고 결국에는 슬픔에 거하게 된다는 의미이다. 물질이 풍성해지면 하나님으로부터 마음이 멀어지기 쉽기 때문이다.

1. 지금은 돌아갈 시간. 하나님의 진노가 임하지 않는 동안에, 하나님께로 돌아와 회개하라. 하나님께서 진노의 팔을 드시지 않은 지금이 복 된 시간이다. 어찌하여 우리들은 하나님의 진노를 받지 않는가. 그것은 하나님께서 인내하고 계시기 때문이다. 언젠가 우리들이 회개하여 하나님께 돌아오기를 기다리고 계신다.

2. 십자가에 못 박히시는 주님. 우리들이 하나님 뜻에 합당치 않은 교만을 지니고 살아간다면 주님은 오늘도 십자가에 못 박히시고 옆구리를 찔리시며 우리의 죄를 위해 돌아가신다. 내가 진정으로 통회하지 않고 자기 본위로 생활하고 있다면 오늘도 또한 주님은 십자가에 달리시는 것이다.

3. 돌아감이 1순위다! 하나님께 돌아가는 것을 태만히 해서는 안 된다. 세상의 종말은 주님의 재림은 도둑같이 생각지 않은 그날에 찾아온다. 예레미야는 하나님의 자비와 관용이 풍성하심을 경시하고 자기 본위의 생활을 하고 있는 이스라엘을 생각할 때 마음이 아팠다.

[한 줄의 묵상]
우리는 애통해 하며 눈물을 흘려야 한다. 더욱이 동포나 주위 사람들을 위해 눈물을 흘리는 자가 되어야 하지 않을까?

8월 20일 ● 본문_렘 18:5-12, 암송_6절, 찬송_76장, 통독_렘 16-19장

너희가 내 손에 있느니라

성경에는 하나님과 이스라엘, 하나님과 인간의 관계를 토기장이와 진흙 또는 진흙과 만들어진 그릇의 관계로 상징하기도 한다. 예레미야는 토기장이의 손에서 만들어지고 있는 그릇을 보았다.

1. 하나님의 손 안에. 잘못 만들어진 그릇을 망가뜨린 토기장이는 자신의 의도대로 다른 그릇을 만들었다. 그 동작을 물끄러미 보고 있던 예레미야는 그때 하나님의 말씀을 들은 것이다. "토기장이가 하는 것 같이 내가 능히 너희에게 … 너희가 내 손에 있느니라." 하나님의 손 안에 이스라엘이 있음을 기억해야 한다.

2. 하나님을 두려워함. 하나님과 멀어지면 그의 지배에서 벗어나는 것 같지만 진흙이 토기장이의 손에 있는 것과 같다. 하나님의 음성을 청종하지 않고, 하나님의 눈에 어떻게 보일까, 사람들의 눈에 어떻게 비칠까 생각하기 쉽다. 참으로 두려워할 것은 하나님의 눈동자이다.

3. 지금, 울며 자복함. 하나님의 음성에 청종하지 않고 자신들의 의도대로 행하고 있는 이스라엘 백성들이 그 길에서 떠나 회개한다면 하나님은 재앙을 축복으로 변화시켜 주신다. 회개하고 자복하는 마음을 언제나 지니고 있어야 함이 가장 중요하다. 하나님의 긍휼함을 구하는 마음 즉 죄를 범하지 않는 것보다 죄를 회개하는 것이 중요하다.

[한 줄의 묵상]
중요한 것은 울고 자복하며 회개하는 것이다. 우리 가족은
누구라도 완악하고 강퍅한 마음을 두려워해야 한다.

8월 21일 ● 본문_렘 21:8-10, 암송_8절, 찬송_521장, 통독_렘 20-22장

생명의 길과 사망의 길을

시드기야 왕이 두 사람의 종교 지도자를 사자로 예레미야에게 보내어 하나님의 뜻을 묻는다. 그는 선지자로서 하나님이 들려주시는 말씀을 그대로 전해야 한다. 생명을 걸고, 하나님의 말씀을 전해야 한다.

1. **하나님의 뜻.** 시드기야는 무엇을 하나님께 묻고자 한 것일까? 그것은 "바벨론의 느부갓네살왕이 우리를 치니 … 여호와께서 혹시 그의 모든 기적으로 그들을 물리치실 수 있겠는가?" 하는 것이었다. 그러나 예레미야가 하나님으로부터 들은 말씀은 "내가 예루살렘을 치리라. 바벨론의 손에 넘겨 철저하게 당하게 하리라." 였다.

2. **말씀을 기다림.** 우리는 하나님의 말씀 앞에서 살아가야 한다. 이것이 나에게 임한 하나님의 말씀이란 확신을 지니지 않으면 안 된다. 따라서 말씀을 배울 때 하나님 앞에 삼가 나아가 부복하는 자세가 되어야 한다. 겸손하게 "하나님, 저에게 말씀을 들려주십시오." 하고 귀 기울이는 준비의 자세가 중요하다.

3. **하나님의 권고.** 하나님께서 말씀하신다. "보라, 내가 너희 앞에 생명의 길과 사망의 길을 두었노니." 생명의 길이란 항복하는 것이다. 또한 사망의 길이란 철저하게 저항하는 것을 뜻한다. 만일, 그들이 바벨론에게 저항한다면 그것은 사망의 길이니 항복하기를 권고한 것이다.

[한 줄의 묵상]
다윗의 집이여, 하나님 앞에 바르게 살아라. 그렇지 않으면
진노의 불길이 일어나 사르리니 능히 끌 자가없으리라.

8월 22일 ● 본문_렘 24:4-7, 암송_5절, 찬송_419장, 통독_렘 23-25장

이 좋은 무화과 같이

유다 사람 예루살렘 사람들은 바벨론의 포로로 끌려갔다. 그러나 예루살렘에 남아 있는 자들도 있었다. 본문은 여호와께서 포로로 이미 붙잡혀 간 자들에게 자비와 은총을 베풀고자 하심을 보여주신다.

1. **남은 자들의 오해.** 그들은 하나님의 보호를 받아 남게 되었고 포로로 붙잡혀 간 자들은 하나님의 버림을 받았다고 하는 우월적인 사고를 갖게 되었다. 고통의 땅으로 끌려가는 불행은 하나님의 버림을 받은 듯 여겨진다. 예루살렘에 남아 있는 자들은 하나님의 보호를 받고 있는 듯 보여진다.

2. **무화과 광주리의 환상.** 하나님은 예레미야에게 하나님의 뜻을 나타내셨다. 첫째, 바벨론으로 끌려간 사람들은 하나님의 돌보심을 받은 자들이다. 둘째, 남은 자들과 애굽의 도움을 청하는 지도자들은 하나님의 버림을 받아 환난과 고통을 당하게 될 것이다.

3. **첫 열매를 드림.** 성경에서는 첫 열매를 드림을 중시하고 있다. 하나님께 드려지는 것은 가장 귀한 것이어야 한다. 헌금에 있어서도 그 달 처음의 것을 드려야 한다. 시간에 있어서도 하루의 첫 시간을 하나님과의 교제의 시간으로 갖는 것이 중요하다. 아침에 가장 먼저 성경 읽는 생활을 통해 첫 시간을 성별하여 하나님께 바치는 것이다.

[한 줄의 묵상]
하나님은 의식(형식)이 아닌 마음을 중히 여기신다. 하나님이
여호와인 줄 아는 마음은 하나님으로부터 주어진 은혜이다.

8월 23일 ● 본문_렘 26:1-7, 암송_2절, 찬송_341장, 통독_렘 26-28장

한 마디도 감하지 말라

예레미야가 여호와의 집 뜰에서 하나님의 말씀을 전할 때, 사람들은 듣기를 거절하였다. 그에게 반발하고 미움을 표한 사람들이 다름 아닌 성전의 사람, 즉 제사장과 선지자들이었다.

1. **하나님의 말씀을 전함.** 하나님께서 말씀하시기를, "한 마디도 감하지 말라."고 하셨다. 하나님의 말씀을 전할 때 사람들과 서먹한 관계가 되지 않도록 하는 염려가 앞서기 쉽다. 그러나 자신에게 들려주신 말씀은 사람들이 기뻐하든 기뻐하지 않든, 이상한 사람이란 말을 듣든 적대시하든 한 마디도 남김없이 전하라고 하나님은 분부하신다.

2. **거절을 두려워 말라.** 어느 시대에서도 진정한 선지자는 사람들로부터 환영받지 못하였다. 종교의 역사를 볼 때, 자기 본위로 하나님의 말씀을 말한 자는 사람들의 사랑을 받아왔다. 그러나 참다운 하나님의 말씀을 전한 자들은 그 시대의 사람들로부터 환영받지 못했던 것이다.

3. **죄인들의 반응.** 어째서 하나님의 말씀에 대해 사람들은 이처럼 반발하였을까? 전하는 자를 죽이고자 하였을까? 그것은 13절의 "너희 길과 행위를 고치고"와 같이 자신들의 행위를 회개하라는 말을 들었기 때문이다. 지금까지의 생활을 중지하고 버리지 않으면 하나님의 말씀에 순종할 수 없기 때문이다.

[한 줄의 묵상]
이 세상이 본향이라 여기면 하나님을 주라 고백할 수 없다.
세상에 대한 탐욕을 버려야 예수님을 주라고 고백하게 된다.

8월 24일 ● 본문_렘 29:10-14, 암송_12절, 찬송_382장, 통독_렘 29-31장

내게 부르짖으며, 내게 기도하면

자기 백성을 위한 여호와의 생각은 이미 정해져 있었다. 곧 그것은 궁극적으로 그들의 고통과 재앙을 위한 것이 아니고, 그들의 행복과 번영을 위하여 계획되어 있었던 것이다.

1. 부르짖는 기도. 야곱이 부르짖는 기도를 했습니다. "당신이 내게 축복하지 아니하면 가게 하지 않겠나이다"(창 32:26). 수로보니게 여인이 예수님께 강청하였다. "개들도 주인의 상에서 떨어지는 부스러기를 먹나이다"(마 15:27). "예수께서 힘쓰고 애써 더욱 간절히 기도하시니 땀이 땅에 떨어지는 핏방울 같이 되더라"(눅 22:44).

2. 하나님께의 회개. 많은 이들이 기도하지만, 기도에 회개가 없어 능력을 입지 못한다. 기도하려는 장소가 아니라 기도하는 마음이다. 주께 멀리 있으면서 능력의 기도를 드릴 수 없다. 철저한 회개가 있어야 능력의 기도를 한다. 세리는 가슴을 치며 기도하였다(눅 18:13).

3. 전심으로 기도. 갈멜산에서 엘리야가 전심으로 기도하였다(왕상 18:37). 예수님도 능력의 기도를 하셨다. 성령 받을 때 마가의 다락방에서 예수님의 제자들이 전심으로 기도하였다. "마음을 같이 하여 전혀 기도에 힘쓰니라"(행 1:14). 우리는 능력 있는 기도자가 되어서 험한 세상 넉넉히 이겨야 할 것이다.

[한 줄의 묵상]
능력이 나타나는 기도를 해야 한다. 하나님께서는 부르짖을 때,
회개할 때, 전심으로 기도하는 이들에게 응답을 주신다.

8월 25일 ● 본문_렘 32:3-5, 암송_5절, 찬송_379장, 통독_렘 32-34장

바벨론 왕의 손에 넘기리니

선지자 예레미야는 유다 왕의 궁중에 있는 시위대 뜰에 감금당하였다. 바벨론의 느부갓네살 왕이 유다 왕도 잡아갈 것을 예언했기 때문이다. 이 말은 당시의 정치가나 지도자들을 당혹시킨 말이었음에 틀림없다.

1. 옥에 갇힌 선지자. 예레미야는 이 나라는 패한다, 이 전쟁에는 반대다, 왕은 바벨론으로 끌려간다고 예언하였다. 그것은 국민의 전쟁에 대한 사기를 꺾는 일로서 왕의 입장에서 몹시도 곤혹스러웠을 것이다. 권력자들은 자신들의 비위에 거스르는 자를 탄압한다. 하나님의 말씀을 전하는 자는 탄압을 받기도 하고, 비난을 당하기도 하는 것이다.

2. 전함에 주저 없었던 선지자. "갈대아인과 싸울지라도 승리하지 못하리라"고 예레미야는 말했다. 권력자는 자신들의 경우에 불합리한 말이므로 탄압을 가하였다. 왕은 예루살렘이 하나님의 거하시는 곳이니 어떤 군대가 올지라도 걱정 없다고 생각하였다. 그는 주저 없이 전했다.

3. 회복을 예언하다. 아나돗의 토지는 바벨론 군대에게 점령당해 있었다. 그 땅을 다시 산다는 것은 국토가 회복되는 것을 의미한다. 예레미야는 이것으로서 유다 나라가 갈대아인에게 패하여도 다시 하나님에 의해 회복된다고 하는 희망을 사람들에게 준 것이다. 하나님을 믿는 자는 실망으로 끝나지 않는다.

[한 줄의 묵상]
하나님의 말씀을 전하는 것은 대단히 어렵지만 역사를 보면 확실하다. 하나님이 전하라고 말씀하시면 전해야 한다.

언약대로 축복 받는 가정예배 365일

8월 26일 ● 본문_렘 36:20-26, 암송_26절, 찬송_201장, 통독_렘 35-37장

여호와께서 그들을 숨기시다

예레미야는 열심히 하나님의 말씀을 예언하였다. 그러나 사람들은 듣지 않았다. 그래서 하나님은 후대에 그 예언을 들은 자가 악한 길에서 떠나 돌아올지 모르니 네가 말한 모든 것을 기록하라고 하셨다.

1. **측량할 수 없는 하나님.** 하나님의 진노가 우리에게 임할 때, 어떤 일이 일어날지 우리는 알 수 없다. 반대로 오늘 어떠한 고통이 있을지라도 하나님의 지배를 받고 있다면 내일 어떻게 높이 세워 주실지 알 수 없다. 우리가 하나님의 주권 안에 세계가 놓여 있음을 믿을 때, 우리의 상상을 초월한 하나님의 뜻이 나타날 것을 믿는다.

2. **예언을 기록하다.** 예레미야는 네리야의 아들 바룩을 불러 자신의 구술을 바룩에게 기록시켰다. 그리고 바룩은 예레미야의 분부대로 "여호와께서 이 백성에 대하여 선포하신 노여움과 분이 크니라."고 그 기록된 두루마리의 예언을 사람들을 향하여 낭독하였다.

3. **죄에 대한 둔함.** 오늘날의 교회는 죄에 대한 감각이 둔해져 있다. 내가 죄인의 괴수라고 인정하는 것 혹은 내가 하나님의 심판을 받아야만 할 자임을 아는 것은 어렵다. 당신은 죄인이다. 그 당신의 죄에 대하여 하나님의 진노와 분이 크다는 것은 교회밖에 말할 수 없다. 교회가 이것을 말하지 않으면 교회가 이 세상에 파견된 의미가 없다.

[한 줄의 묵상]
교회의 사명은 죄의 지적만은 아니다. 거기에서의 해방과
"여호와께서 그들을 숨기셨더라."고 알리는 점에 있다.

8월 27일 ● 본문_렘 38:17-23, 암송_20절, 찬송_532장, 통독_38-42장

여호와의 목소리를 청종하소서

왕이 선지자의 말에 순종하느냐 마느냐에 따라서 이 성의 안전 여부가 달려 있었다. 하나님의 말씀을 들으라. 그것만이 생명을 얻을 수 있는 길이다. 하나님은 함께 해 주신다.

1. **나라가 멸망하는 원인.** 나라가 멸망하는 것은 군대가 약하기 때문이라든가 경제력이 없기 때문은 아니다. 하나님 앞에서 바르게 생활하고 있지 않기 때문이다. 바르게 행하는 것이 그 나라를 영화롭고 복되게 한다. 하나님 앞에서 옳지 않은 생활은 백성을 욕되게 하고 나라를 멸망시키는 결과가 되는 것이다.

2. **집권자들의 착각.** 집권자들은 유다와 예루살렘은 하나님이 거하시는 성소이므로 멸망하지 않는다고 여겼다. 반드시 하나님이 도와주시리라 믿고, 자신들을 하나님 앞에서 고치려 하지 않았다. 단지 하나님께 대한 기대와 염원을 지니고 있었다. 예레미야는 바벨론에 대항하려는 왕과 정치가를 향하여 항복하라고 선포하였다.

3. **예레미야의 말.** 시드기야에게는 확신이 없었다. 내적인 것이 약하였다. 자신의 경우에 합당한 하나님의 말씀만을 듣기 원하였다. 그는 하나님 앞에서 자신이 죽지 않았던 것이다. 이것이 시드기야의 잘못이다. '항복하라.' 예레미야의 말은 이것뿐이었다.

[한 줄의 묵상]
하나님의 말씀을 들으라. 하나님의 말씀을 들을 때 하나님께 대한 두려움이 따른다. 이 두려움이 나를 나 되게 해준다.

8월 28일 ● 본문_렘 43:8-13, 암송_8절, 찬송_432장, 통독_렘 43-45장

여호와의 말씀이 임하여

> 가레아의 아들 요하난은 "여호와의 목소리를 순종하면 우리에게 복이 있으리이다."는 확신을 갖고 있었다. 하나님 말씀에 순종할 때 자신의 생명이 관련되어지면 따를 수 없게 된다.

1. **하나님 음성을 따르지 않음.** 그들은 하나님의 말씀을 들으려 하지 않았다. 예레미야와 함께 다메섹으로 갔다. 하나님의 말씀은 자신들의 생명에 위험이 미치는 것이었다. 죽음을 의미하는 것이다. 그런 일을 한다면 죽을 것이다. 살해당할 것이다. 바벨론에 끌려갈 것이다. 그들은 위험을 느꼈던 것이다. 그래서 그들은 예레미야의 말을 듣지 않았다.

2. **선택이 될 수 없는 순종.** 순종을 안 해도 된다고 말하는 사람은 교만한 사람이다. 그러한 사람은 기도할지라도, 경건한 예배 생활을 할지라도 그것은 하나님께 상달되지 않는다. 진정, 하나님을 믿고 있는가? 그분의 뜻대로 살고자 원하는가? 이것을 우선 생각해야 한다.

3. **그럴 듯한 신앙.** 나의 신앙이 그럴 듯하게 허우대만 있는 것은 아닌가를 생각해야 한다. 자신을 즐겁게 하려는 것이어서는 안 된다. 우리들은 하나님의 종이다. 자신의 마음을 다하고 성품을 다하고 뜻을 다하여 하나님을 사랑하는 것이 목적이 되어야 한다. 그렇지 않다면 성경이 증거하고 있는 신앙은 아니다.

[한 줄의 묵상]
예수님께서는 나를 위해서 생명을 버려 주셨다. 그 그리스도의 십자가 사랑, 그 사랑에 생명을 지탱해 나가야 한다.

8월 29일 ● 본문_렘 47:2-7, 암송_4절, 찬송_407장, 통독_렘 46-48장

여호와께서 멸하시다

블레셋 사람은 이스라엘을 끊임없이 괴롭혀 온 민족이다. 그들은 이스라엘의 수확기가 되면 몰래 산이나 들로 잠입해 들어와 수확물을 약탈해 갔다고 한다. 본문은 그 블레셋 사람에 대한 예언이다.

1. 북방에서의 내습. 바벨론이 북쪽에서 일어나 블레셋을 친다는 것이다. 전쟁의 요란스러운 소음과 굉장한 혼란 속에서 블레셋이 멸망하게 될 것을 예언하고 있다. 예레미야는 바벨론의 블레셋 침입도 하나님의 주권 안에 이루어지는 일임을 담대히 선포하였다.

2. '너는 어떠한가?' 성경은 우리에게 위로와 용기를 줄 때도 있으나 우리를 책망할 때도 있다. 말씀은 날카로운 검과 같이 우리 마음 깊숙한 곳에 감추어져 있는 죄를 들추어내는 힘을 갖고 있다. 아무리 하나님의 말씀을 무시할지라도 이것은 영원히 존재한다. 결코 소멸되지 않는다. 우리는 오직 말씀 앞에 굴복할 수밖에 없다.

3. 인간의 교만을 다루심. 교만한 인간은 자신이 순탄대로를 달리게 되면 차츰 하나님으로부터 멀어진다. 그때, 하나님은 나를 티끌로 돌아가게 하시며, 말씀하신다. "너희 인생들은 돌아가라." 하나님은 인자하게 말씀해 주신다. 달려와 우리들을 맞아 주신다. 그때 하나님의 사랑에 접할 수 있다. 내가 지금, 두려워할 것은 하나님의 말씀이다.

[한 줄의 묵상]
하나님의 말씀은 뼈의 골수까지도 꿰뚫는다.
하나님의 말씀은 반드시 성취되는 것이다.

8월 30일 ● 본문_렘 51:1-4, 암송_2절, 찬송_408장, 통독_렘 49-52장

그 땅을 비게 하리니

지상적인 권력과 무력으로 그 명성을 떨치고 있는 바벨론, 그러나 사람의 눈에는 그것이 몹시도 거대하게 보일지라도 하나님의 눈으로는 고작 키질 당하는 왕겨에 불과했다.

1. 하나님의 긍휼. "바벨론을 치고 또 나를 대적하는 자 중에 있는 자를 치되 내가 타국인을 바벨론에 보내어 키질하여 그의 땅을 비게 하리니." 바벨론의 멸망 중에도 유다와 이스라엘은 하나님의 버림을 받지 않았던 것이다. 작은 민족으로 힘도 없는 유다와 이스라엘이지만 하나님의 긍휼하심에 의해 기억되었다.

2. 선택된 사랑. 하나님의 선택 속에 있는 까닭에 멸망되지 않았다. 훌륭한 행위에 의한 것이 아닌 오로지 하나님의 사랑을 받는 민족이었으므로 살아남았다. 구원의 은총은 그런 것이다. 나 같은 자를 사랑하시는 까닭에 주님을 보내시고 그 보혈로 죄를 사해주셨다.

3. 나를 향하신 은혜. 하나님의 약속은 우리를 사랑하여 구원하시고 지켜 주시는 것이다. 내가 하나님의 선택 속에 들어가 있다는 것이 얼마나 커다란 소망인가! 하나님의 나라란 얼마나 영광에 찬 것인가! 또한 하나님으로부터 주어진 힘은 얼마나 강력한 것인가! 이 모든 것을 깨닫도록 바울은 에베소 교회 사람들에게 편지를 써 보냈다.

[한 줄의 묵상]
우리가 받은 이 모든 은혜를 날마다 새롭게 해야 한다. 현실에 취하지 않고, 하나님 앞에 선 자로서 살아가기를 원하자.

8월 31일 ● 본문_애가 1:7-11, 암송_10절, 찬송_282장, 통독_애가 1-2장

그들이 성소에 들어간 것을

예루살렘이 함락되고, 많은 백성이 포로로 납치되는 국가적 비극을 탄식한 사람이 노래한다. "밤새도록 애곡하니 눈물이 뺨에 흐름이여"라고 노래하고 있듯이 슬픔 속에서 하나님께 위로를 간구한다.

1. **견딜 수 없는 고통.** 그들로서 무엇보다 견딜 수 없었던 것은 하나님의 이름이 이방인들에 의해 더럽혀진 것이었다. 예레미야는 "주께서 이미 이방인을 막아 주의 성회에 들어오지 못하도록 명령하신 그 성소에 들어간 것을 예루살렘이 보았나이다."고 기록하고 있다.

2. **파괴되는 성전.** 그들의 눈앞에서 이방인들이 성전을 파괴하는 것을 보았을 때 그들의 마음은 찢어지는 듯 하였을 것이다. 유대 사람들에게 성전은 무엇보다 소중한 것이었다. 그들은 생명을 걸고까지 이것을 지킬 만큼 존중히 여겼다. 그러한 곳을 이방인이 황폐하게 만들고 있는 것을 본 그들은 얼마나 괴로웠을까?

3. **하나님의 위로.** 하나님의 사람으로서 무엇보다 견딜 수 없는 것은 하나님의 이름이 더럽혀지는 것이다. 죄악 세상에서 하나님을 믿고 섬기며 살아가고자 할 때 우리들은 현실의 모순 속에 번민한다. 그러나 그때 사자가 하늘에서 나타나 우리에게 용기를 북돋워 주는 경험이 주어진다. 하나님께 가까이하기를 결단하자.

[한 줄의 묵상]
하나님이 어디에 계신지 알 수 없는 때가 있다.
이 세상은 우리를 하나님으로부터 멀어지게 한다.

9월 1일 ● 본문_애 5:20-22, 암송_21절, 찬송_363장, 통독_애 3-5장

주께로 돌아가겠사오니

기도할 수 있는 사람은 지금 슬프다 해도 참으로 행복하다. 나에게도 하늘의 하나님을 아버지라 부를 수 있는 은혜가 주어져 있기 때문이다. 하나님께로 돌아가고, 그리스도 안에서 새롭게 되지 않겠는가?

1. 예루살렘의 비참함. 죽기를 무릅써야 양식을 얻었고, 부녀들과 처녀들은 시온과 각 성에서 욕을 당했다. 장로들도 청년들도 모두 노예처럼 극심한 노역에 혹사당하고 있다. 그들의 마음에는 희락이 그쳤고, 춤이 변하여 애통이 되었으며, 면류관은 그들의 머리에서 떨어졌다. 시온산은 완전히 황폐되고, 여우의 처소가 되어 버린 것이다.

2. 예레미야의 기도. 예레미야는 이러한 슬픔을 헤아리면서도 여전히 마음을 하나님을 향하여 기도한다. 신앙인은 어떠한 때에도 돌아갈 곳이 있는 자이다. 이스라엘 백성의 위대성은 돌아갈 하나님을 모시고 있음에 있다. 선지자는 하나님께로 돌아가겠다고 기도하고 있다.

3. 하나님을 배반한 이스라엘. 그들은 수없이 하나님으로부터 멀어지고 하나님을 배반하였다. 그리고 하나님의 진노를 사서 고뇌의 쓴 잔을 맛보아야 했는데 회개하고, 하나님께로 돌아갔다. 하나님께서는 그들을 용서하시고, 다시금 번영케 해주셨다. 이스라엘의 역사는 하나님과의 관계에 있어서 반역과 고통, 회개와 회복의 연속적인 역사였다.

[한 줄의 묵상]
탕자에게는 돌아갈 아버지가 있었다. 그의 죄를 감싸주실 아버지였다.
그의 귀향은 새로운 생활의 출발이 되었다.

9월 2일 ● ● 본문_겔 3:1-11, 암송_3절, 찬송_200장, 통독_겔 1-3장

전도자가 되려면?

전도자는 말씀과 함께 하나님의 보내심으로 무장되어야 한다. 말씀을 전해야 전도에 성공할 수 있다. 하나님께서 에스겔을 부르셨을 때, 그들은 선지자의 말을 거절하고, 하나님의 말씀도 듣지 않았다.

1. 먼저 말씀을 먹어야. 1절, 에스겔에게 두루마리를 먹고 가서 이스라엘 족속에게 말하라고 하였다. 두루마리는 하나님의 말씀을 의미하는데, 그가 입을 벌리자 하나님께서 먹여주신다. 배에 넣으며 창자에 채웠다. 그랬더니 그 말씀이 입에서 달기가 꿀과 같았다.

2. 보내시는 곳으로 가야. 4절, 에스겔에게 구체적으로 전도 목표, 대상을 알려주신다. 이스라엘 족속에게로 가라는 것이었다. 방언이 다르거나 말이 어려운 열국으로 보내는 것이 아니라, 같은 민족에게 보낸다고 하셨다. 그렇지만 그들은 결코 쉬운 대상은 아니었다. 이마가 굳고 마음이 굳은 백성이다(7절). 그러나 그들에게로 가야 한다.

3. 전도자로 무장이 되어야. 8-9절, 에스겔의 이마를 화석보다 굳은 금강석으로 만들었다고 하였다. 보내심을 받은 자는 때때로 체면이나 자존심을 버려야 한다. 사람들에게서 거절당할 줄 알아야 한다. 이때, 내가 전도자로 무장되는 것이 아니다. 나는 다만 보내심에 순종하면, 하나님께서 전도자로 무장시켜 주신다.

[한 줄의 묵상]
전도자로 성공하려면 전도자가 되어야 한다. 듣든지 거절하든지 전해야 한다. 전하라고 주신 말씀을 나가 전하는 것이다.

9월 3일 ● 본문_겔 6:1-7, 암송_3절, 찬송_464장, 통독_겔 4-8장

칼로 너희에게 임하게 하여

하나님에 의해 우상숭배가 파괴당하는 예언의 말씀이다. 우상 앞에 살육당한 자의 시체를 두며, 그 해골을 제단 사방에 흩으신다고 하셨다. 하나님의 뜻을 거역한 우상의 제단은 소멸되어 버린다.

1. **하나님의 심판이 예언됨.** "이스라엘 산을 향하여 그들에게 예언하라." 는 것은 하나님의 심판이 곧 임함을 알리라는 의미였다. 당시에, "산과 작은 산"에는 가나안의 종교, 바알 신을 섬기는 산당들이 세워져 있었다. 우상의 산당은 높은 곳에 있었다. "시내의 골짜기"는 역시 우상을 섬기기 위해 사람을 희생 제물로 바친 곳이다.

2. **산당의 멸함.** 그러한 곳을 향하여 "곧 내가 칼로 너희에게 임하게 하여 너희 산당을 멸하리니"라고 하나님은 선포하신다. 지금 성대하게 우상숭배가 행해지고 있는 곳에 하나님께서 칼로써 그것들을 멸하시고 황무케 하시리라 말씀하시는 것이다.

3. **심판을 감행하시는 하나님.** 영원히 존속할 듯해도 하나님께서 제거해 버리신다. 우리들이 진정으로 두려워해야 할 것은 이 심판을 감행하시는 분이시다. 이 분을 두려워하며 자신의 생활을 정비해야 한다. 영혼의 멸망에 대해 두려움을 지니고 있어야 한다. 나의 신앙생활이 흐리터분한 것은 하나님의 존재 여부가 확실하지 않기 때문이다.

[한 줄의 묵상]
하나님을 거역하는 자에게는 재앙만이 임한다. 이 세상은
경기장임을 뚜렷이 인식하고 신앙생활에 정진해야 한다.

9월 4일 ● 본문_겔 9:3-8, 암송_4절, 찬송_86장, 통독_겔 9-11장

모든 가증한 일로 인하여

에스겔은 하나님의 영광을 하나님 자체와 동일시하고 있다. 이는 하나님께서 자신을 아름다우신 영광으로 표현하고 계시기 때문이다. 선지자는 환상 중에 본 예루살렘의 파괴와 심판에 대하여 예언하고 있다.

1. 사자를 파견하심. 하나님은 예루살렘을 파괴하기 위해서 그 사자들을 불러 모으신다. 그리고 심판을 행하시기에 앞서 회개의 사자를 파견하신다. 또한 예루살렘 성읍을 순행하며, 가증한 일에 자신을 더럽히지 않고, 탄식하여 울고 있는 자의 이마에 표를 행하게 하신다.

2. 눈물과 탄식. 의를 위하여 슬피 울며 탄식하지 않으면 안 된다. 사람들보다 하나님만을 의식하여 바르게 행한다는 것은 대가를 지불해야만 한다. 사람의 칭찬을 받거나 추앙받기를 원해서는 안 된다. 하나님 앞에서 우리의 생활이 공평의 저울에 달아 질 때, 자칫 우리들은 인간의 영광 쪽에 기울어지기 쉽다.

3. 두려워 말라! 사람의 마음은 외톨이가 되거나 따돌림 당하는 것을 싫어하며 그것을 피하고자 한다. 진리를 구하기보다도 사람들이 어떻게 평가해 주는가에 관심을 기울이는 나약함을 지니고 있다. 그러나 그러한 나약함 속에서도 하나님을 사랑하고자 애쓰는 사람이 있다면 그 사람의 이마에 인을 치라고 하나님은 말씀하신다.

[한 줄의 묵상]
불신자들의 핍박을 두려워하지 말자. 핍박을 받을 때, 오히려 기뻐하고 즐거워하자. 과연 기뻐하고 즐거워할 수 있을 것인가?

9월 5일 ● 본문_겔 14:6-11, 암송_6절, 찬송_527장, 통독_겔 12-14장

돌이켜 우상을 떠나고

하나님은 본래 형태로 나타낼 수 없어서 이스라엘 사람들은 하나님이라는 말조차 사용하지 않았다. 그들은 하나님을 표현하기를 두려워하였다. 하나님의 상을 조각하거나 만든다는 것은 생각지도 못하였다.

1. **마음에 존재하는 것.** 우상은 마음에도 존재한다고 선지자들은 말하였다. 인간은 염원을 마음에 지니고 있는 것이다. 만일, 훌륭한 집이나 아름다운 의복, 맛있는 음식을 위하는 것이 자기 인생의 최종 목적이 되면 그것이 곧 우상이다. 부, 지위, 재력, 명예 등이 그 사람의 우상으로 되어 있다. 자신이 최고로 관심을 나타내는 것이 우상이 된다.

2. **사람에 대한 하나님의 의도.** 우리는 하나님의 영광을 위해 이 세상에 보내어졌다. 하나님의 영광을 나타내기 위한 삶에 최대의 관심을 기울여야 한다. 하나님의 뜻을 거스르면서까지 살아서는 안 된다. 목적을 망각하고 살아갈 때, 그것이 우상이 되어 버린다.

3. **하나님을 쾌락과 바꾼 사람들.** 오늘날에는 어떤 의미에서, 사람에게 모든 쾌락이 최대의 관심사가 되어 말초 신경이 우리를 지배하고 있다고도 할 수 있다. 일하는 것의 최종 목적을 즐기기 위한 것으로 삶을 영위하는 사람들이 있다. 마음속에 있는 우상 앞에 굴복을 당하지 않도록 자기를 살펴야 한다.

[한 줄의 묵상]
마음을 돌이켜 우상을 떠나고, 얼굴을 돌이켜 가증한 것에서 떠나야 한다. 그때 비로소 하나님과의 관계가 성립된다.

9월 6일 ● 본문_겔 16:1-5, 암송_3절, 찬송_214장, 통독_겔 15-17장

네 근본과 난 땅은 가나안이요

예루살렘은 처음부터 거룩한 도성으로 세워진 것이 아니었다. 본래는 이교적인 하나의 비참한 존재에 불과하였다. 그것을 하나님께서 보시고, 선택하셨다. 이로써 하나님께 구별된 도시가 되게 하신 것이다.

1. 하나님께 선택 되다. 예루살렘은 본래 이방 나라의 것이었다. 예루살렘은 하나님께 선택이 되어 거룩한 도성이 되었다. 그러나 예루살렘은 자신이 무엇 때문에 하나님의 특별하신 복과 은혜를 받고 있는지를 망각하였다. 그리고는 자신의 뜻대로 행악을 범하여 은혜를 헛되게 하였다. 그러므로 예루살렘은 하나님의 심판을 받아야 했다.

2. 하나님께서 돌아보시다. 하나님의 선택을 입어 하나님의 돌보심으로 크게 번성하기에 이르렀다. 특별하신 하나님의 은혜로 하나님의 것이 된 것이다. 피투성이로 버려진 것이 하나님에 의해 발견되었다. 하나님께서 이 도시를 바라보시고, '나의 것'이라 말씀하셨다.

3. 하나님의 영원한 언약. 예루살렘은 결코 아무것도 자랑할 것이 없었다. 하나님께서는 "너와 영원한 언약을 세우리라"라고 하셨다. 예루살렘이 아무리 패역할지라도 그를 용서하시고, 언약을 세우시는 하나님의 말씀이 기록되어 있다. 이 영원한 언약은 그리스도로 말미암아 이루실 구원의 계약을 뜻한다.

[한 줄의 묵상]
예루살렘 같이 죄로 더럽혀진 자를 정결케 씻어 "너는 내 것이라"고 말씀해 주시는 하나님의 은총을 다시금 생각해보자.

9월 7일 ● 본문_겔 19:10-14, 암송_14절, 찬송_218장, 통독_겔 18-20장

후에도 애가가 되리라

> 에스겔은 종종 우화 형식으로 유다 나라의 일을 노래하였다. 여기에서는 이스라엘을 물가에 심겨졌다가 광야로 옮겨 심겨진 포도나무에 비유하고 있다. 선택받은 사명을 잊은 점에 유다의 비극이 있었다.

1. 광야로 옮겨 심겨진 포도나무. 물가에 심겨진 포도나무는 하나님의 풍성하신 은혜로 많은 열매를 맺는다. 그러나 그런 중에 차차 자신의 뜻대로 가지를 마음껏 뻗치었다. 이스라엘은 자기 욕망을 추구함으로써 하나님의 진노를 받는다. 바벨론 군대에 의해 꺾이고 불살라지며, 일부는 광야로 옮겨 심어지기에 이르렀다.

2. 애가를 부르게 된 까닭. "권세 잡은 자의 규가 될 만한 강한 가지가 없도다 하라 이것이 애가라 후에도 애가가 되리라."고 노래하게 되었다. 대체 무엇이 이러한 비극을 초래하게 하였는가? 무엇이 이 애가를 부르도록 하였는가? 이는 하나님의 축복 속에 존재하고, 하나님의 선택 속에 거하였던 유다가 그 사명을 망각한 데에서 비롯된 것이다.

3. 하나님의 목적. 성경에서는 선택이라는 것을 몹시 소중히 여기고 있다. 하나님의 선택하심에 대한 목적에는 사명이 주어져 있다. 모든 민족 중에 가장 작은 이스라엘을 선택하신 것에도 하나의 목적이 있었다. 그들로 하여금 하나님의 영광을 나타내기 위함이었다.

[한 줄의 묵상]
"내가 또 너로 이방의 빛을 삼아 나의 구원을 베풀어서 땅 끝까지 이르게 하리라." 나에게도 사명이 주어져 있다!

9월 8일 ● 본문_겔 23:1-4, 암송_4절, 찬송_284장, 통독_겔 21-23장

그들이 내게 속하여

에스겔은 하나님과 선민의 사이를 남편과 아내라는 관계로 나타내고 있다. 결혼은 한 인간을 선택하는 일이다. 부부의 관계에서는 서로간의 신뢰가 가장 중요하다. 오로지 이 사람만이라는 선택과 응답이다.

1. 오직 하나님이시다! 선택된 인간이 선택에 응한다는 것은 우정과는 또 다른 점이 있다. 오직 한 사람 대 한 사람일 뿐 더 이상은 용납되지 않는다. 그 사이에는 누구도 끼어들 수 없는 것이다. 이것이 성경 속에 고백되어 있는 하나님의 본질이다. 하나님은 선택을 받은 백성이 오직 자신만을 사랑하기를 요구하신다.

2. 우상숭배의 횡행. 오홀라와 오홀리바는 사마리아와 이스라엘을 가리킨다. 여기에서의 장막은 우상숭배를 위해 세워진 것을 말한다. 가증스런 우상숭배가 횡행하고 있음을 그녀들의 이름이 시사한다. 하나님께 구별된 유다와 이스라엘이 다른 신들을 섬겨 간음이란 말이 언급되었다. 앗수르의 종교가 이식되어 순수한 신앙을 잃어 버렸다.

3. 오직 하나님이시다! 역사의 지배자는 하나님이시다. 진정으로 모국의 안전을 바란다면 그들은 하나님께 의지해야만 하였다. 그러나 앗수르나 바벨론, 애굽에 그들은 의존했던 것이다. 유다와 이스라엘은 하나님 이외의 것에 의존함으로써 하나님의 징계를 받아야만 했다.

[한 줄의 묵상]
하나님께서 말씀하신다. "두려워하지 말라 내가 너를 구속하였고 내가 너를 지명하여 불렀나니 너는 내 것이라."(사 43:1)

9월 9일 ● 본문_겔 26:1-6, 암송_3절, 찬송_519장, 통독_겔 24-26장

내가 너를 대적하여

두로에 대한 하나님의 심판이 예언되어 있다. 두로는 재물도 풍부하여 다른 나라들의 선망의 대상이었다. 어느덧 두로에서는 돈이 모든 것을 대신할 수 있는 타산적 공리적인 상업주의가 만연하게 되었다.

1. 물질본위의 위험. 하나님은 인간의 타산적인 것을 철저하게 미워하신다. 그러나 그것은 사람들이 감염되기 쉽고, 빠지기 쉬운 함정이기도 하다. 인간은 누구든지 타산적인 사람을 보면 눈살을 찡그리지만, 자기 자신도 자칫 타산적으로 되기 쉽다. 그러한 점에서 유다와 이스라엘 사람들은 두로의 세속적인 생활방식에 매력을 느낀 것이다.

2. 돌보아주시는 하나님. 나의 신앙은 무엇으로 말미암았을까? 그런데 우리들은 무엇을 위해 교회에 다니는 것일까? 성경은 믿음이 하나님으로부터 주어졌다고 선언한다. 마리아는 "그 여종의 비천함을 돌보셨음이라."는 과거형으로 노래하였다. 비천한 여종에게까지 돌보아 주시는 하나님을 인식하고, 찬양하지 않을 수 없었다.

3. 계산을 준비하는 삶. 이미 주어진 은혜를 하나님 앞에서 계산해야 할 때가 온다. 나에게는 귀한 믿음과 무한하신 하나님의 은혜가 주어져 있다. 많이 주어진 자는 많은 것을 요구받는다. 그 사랑에 얼마만큼 보답하였는가를 계산할 때가 온다. 그때를 대비하며 지내야 한다.

[한 줄의 묵상]
물질본위의 생활에 휩쓸리지 말아야 한다. 그러한 현실 속에서도
믿음으로 사는 자의 삶의 방식을 고수해야 한다.

9월 10일 ● 본문_겔 29:1-7, 암송_3절, 찬송_326장, 통독_겔 27-31장

내가 너를 대적하노라

애굽은 이스라엘을 부단히 괴롭혀 왔다. 그 결과, 하나님께서 진노하셨다. "애굽 왕 바로야 내가 너를 대적하노라." 인간이 대적한다는 것은 그리 두렵지 않지만 하나님의 적이 된다는 것은 참으로 두렵다.

1. **하나님을 두려워해야.** 사람은 하나님을 적으로 만드는 것에는 개의하지 않고, 사람이 적으로 되는 것을 두려워한다. 우리가 두려워해야 할 것은 하나님께서 나를 대적하시는 것이다. "보라, 내가 너를 대적하노라." 애굽이 아무리 번성하고 모든 것을 완벽하게 갖추고 있다 할지라도 하나님이 대적하시는 이상 그 모든 것이 헛될 뿐이다.

2. **애굽 왕의 교만.** 애굽은 나일강과 함께 번영한 나라였다. 생명의 원천인 나일강에 대하여 애굽 왕은 말하기를, "이 강은 내 것이라, 내가 나를 위하여 만들었다."고 거만을 떨었다. 운하를 만들고 토지에 물을 대는 것은 인간의 행위지만 주어진 자연을 가공한 것에 지나지 않는다. 애굽 왕은 나일강을 자신이 지배한다고 교만해 있었다.

3. **하나님의 선물.** 모든 사물은 하나님으로부터 맡겨진 것이며, 선물로 받아들여야 한다. 인간이 사물의 지배자라는 의식이 이 세상을 죄악으로 몰아넣는다. 우리는 겸손하게 되어 만물의 창조주는 하나님이라는 태도로 돌아가야 한다. 인간이 할 수 있는 것은 아무것도 없다.

[한 줄의 묵상]
애굽이 범한 죄는 하나님께 대한 죄라서 자신들을 몰락시키기에 이른다.
어떠한 경우에도 하나님을 대적해서는 안 된다.

9월 11일 ● 본문_겔 33:7-9, 암송_9절, 찬송_330장, 통독_겔 32-34장
이스라엘 족속의 파수꾼을 삼음이

사방을 경계하고 있던 파수꾼은 전쟁이나 위험이 다가오면 사람들에게 알려야 할 의무가 있다. 그가 만일, 나팔을 불지 않으면 성 안의 사람들은 모두 죽임을 당하게 되어, 결국 책임은 파수꾼에게 돌아간다.

1. **선지자의 사명.** 선지자는 일반 사람들이 들을 수 없는 하나님의 말씀을 듣는다. 그가 하나님의 말씀을 듣고도 사람들에게 전하지 않으면 하나님의 심판이 임하였을 때, 선지자는 그 책임을 져야만 한다. 전하여도 사람들이 듣지 않는다면 그것은 듣지 않은 사람들의 책임이지만 만일 선지자가 말하지 않았다면 그것은 선지자의 책임이다.

2. **자기본위여서는 안 됨.** 신앙은 다른 사람들이 맛볼 수 없는 것을 맛보거나 느낄 수 있도록 한다. 그리고 그것을 다른 사람들에게 전해야 할 의무를 받도록 한다. 하나님께서 독생자를 보내 주셔서 나의 죄를 속량해 주셨다는 사실을 자신만 알고 있은 채 전하지 않는다면 그 책임을 하나님께 추궁당할 것이다. 먼저 받은 자신에게 책임이 있다.

2. **시간에 대한 책임.** 하나님께서는 히스기야에게 그의 병을 고쳐주신다는 표적으로 아하스의 일영표 위의 해 그림자를 십도 물러가게 해 주셨다. 우리에게는 순간순간, 하루하루를 소중히 여길 책임이 있다. 그럼에도 중요한 시간을 인간은 죄와 허물로 낭비하고 있다.

[한 줄의 묵상]
예수님의 십자가가 다시 한 번 우리들을 새로운 세계로 이끌어 준다.
이 구원의 소식을 우리는 불신자에게 전해야 한다.

9월 12일 ● 본문_겔 36:22-31, 암송_25절, 찬송_488장, 통독_겔 35-37장

너희를 정결하게 할 것이며

하나님께서는 이스라엘의 귀환과 회복으로 하나님의 영광을 드러내신다. 모든 열방들로 하여금 하나님은 일개 민족 신에 불과하신 분이 아니시고, 전지전능하신 유일신이라는 사실을 깨닫게 하려고 하셨다.

1. **맑은 물을 뿌려서.** 하나님은 그의 말씀으로 우리를 정결하게 하신다. 본문에서, '맑은 물을 뿌려서' 라는 표현은 속죄제 때 정결의식에서 사용되는 물과 관련된 표현으로서 '말씀' 을 뜻한다. 제사를 드리는 자의 죄를 정결케 하는 것과 같다. 이스라엘의 죄에 대한 정결이다.

2. **새로운 영.** 우리 속에 새 마음을 주신다. 이로써 죄악 된 본성을 가진 우리, 죄에 익숙한 우리가 죄악이 아닌 말씀대로 행하는 삶, 의를 따라 사는 삶을 살게 된 것이다. 즉 하나님은 우리 속사람을 변화시켜서 죄를 짓지 않고, 적극적으로 의를 행하는 삶을 살게 하신다. 지옥에 갈 자에게 천국으로 가는 삶을 살게 해주신 것이다.

3. **영원을 사랑하는 마음.** 우리가 예배드리고자 교회에 나올 수 있게 된 것도 다 이 때문이다. 이 세상이 아닌 영원을 사랑하는 마음, 그 영광스런 소망을 갖게 해주셨기 때문이다. 과거에, 이 세상 죄악에만 속하여 살던 우리를 구원해주시고, 거룩한 천국 소망을 가지고 살게 해주신 것 때문이다.

[한 줄의 묵상]
이스라엘을 모든 죄악에서 정결케 하신 하나님은 자기 백성이 죄악의 심연에 빠지지 않도록 철저하게 보호해주신다.

9월 13일 ● 본문_겔 38:10-16, 암송_14절, 찬송_350장, 통독_겔 38-40장

평안히 거하는 날에

마른 뼈와 같은 현상이니 어디에 희망이 있을 것인가? 희망은 하나님의 말씀에 있다. 하나님의 말씀을 듣는 것이 우리에게 희망이다. 하나님의 말씀에 모든 것을 창조해내는 능력이 있기 때문이다.

1. **다메섹과 두발의 악한 꾀.** 다메섹과 두발은 아주 강력한 군대를 결성하여 이스라엘을 습격해온다. 하나님에 의한 새로운 부흥의 징표를 본 이스라엘은 다시금 마곡의 침략으로 희망을 잃게 될 것이다. 부흥의 약속, 복의 약속은 이들의 내습으로 흔들리는 듯한 도전을 받는다. 그러나 하나님의 복은 가혹한 박해를 통하여 자기 백성에게 온다.

2. **마귀를 대적하라.** "내 백성 이스라엘이 평안히 거주하는 날에 네가 어찌 그것을 알지 못하겠느냐." 이스라엘이 평안히 거주하게 되는 원인은 하나님께 있다. 그러한 하나님의 복을 받으면서 태만해서는 안 된다. 우리는 복을 받는 만큼 마귀에게도 맞서 대항해야 한다. 마귀로부터 지켜야만 한다. 마귀는 온 세계의 힘을 결성하여 임해오는 것이다.

3. **마곡을 쓰러뜨리시는 하나님.** 아무리 마귀가 무서운 기세로 공격해올지라도 나의 생명을 취할 수는 없다. 하나님께서는 나를 위하여 마곡을 해치우신다. 또한 하나님의 영광을 드러내신다. 목적지까지의 행로는 멀어 산을 넘고, 골짜기를 지나는 많은 시험을 거쳐야 한다.

[한 줄의 묵상]
우리들은 아직 성화되지 않은 것, 자기중심적인 자아를
제거하고, 하나님께로부터 복 받을 준비를 해야만 한다.

9월 14일 ● 본문_겔 41:1-11, 암송_2절, 찬송_209장, 통독_겔 41-43장

그가 성소를 측량하니

하나님께서 에스겔에게 성전을 짓도록 지시하셨다. 이 성전에서는 모세의 성막에서처럼 하나님께서 자기 백성과 함께 하시고, 결코 떠나지 않으시며, 인도하시는 구원사역을 시행하시는 곳임을 암시해주셨다.

1. 하나님의 지시. 환상에 의해 재건될 예루살렘 성전이 상세하게 언급되어 있다. 길이와 방향, 벽의 두께 조각에 이르기까지 나타나 있다. 하나님의 지시는 이처럼 막연한 것이 아니고, 매우 분명하게 규정하고 계신 것이다. 솔로몬의 성전과 같이 매우 장엄한 규모이다. 에스겔이 황폐한 예루살렘의 현실을 생각할 때 얼마나 놀라웠을까?

2. 하나님께서 세우심. 하나님께서 방대한 규모의 훌륭한 성전의 재건을 지시하셨다. 성전을 세움은 하나님의 설계도에 따라 세워가는 것이다. 그것이야말로 하나님이 세우신 집이라 할 수 있다. 우리의 신앙도 스스로 일어서려 해서는 안 된다. 그런 성전을 세워서는 안 된다. 하나님의 지시에 따라 세워야만 한다. 그때 하나님께서 역사해주신다.

3. 하나님의 영광. 우리는 살아 계시는 하나님의 영광을 바라보아야 한다. 우리의 인생 속에서 성경이 증거하고 있는 하나님의 영광을 체험하며 살아가는 것이 성도의 생활이다. 설령, 자신의 상태가 어떠할지라도 하나님의 지시를 구체적으로 받아들여 성전을 건축해야 한다.

[한 줄의 묵상]
계획하시는 분은 하나님이시다. 오로지 우리들의 몸과 마음을 제공해 드릴 때 훌륭한 성전을 세워 주시는 것이다.

9월 15일 ● 본문_겔 46:1-5, 암송_3절, 찬송_285장, 통독_겔 44-46장

그가 성소를 측량하니

왕은 백성을 대표하는 자, 백성 위에 서는 자, 지도자를 뜻한다. 하나님 앞에서 자신을 정돈하고 백성을 다스리는 것이 왕 된 자의 임무이다. 스스로를 돌아보며, 하나님께 경외심과 겸손함을 지녀야 한다.

1. 하나님을 예배함. 왕 된 자는 안식일에 예배를 드려야만 한다. "나 여호와 앞에 경배할 것이며"라는 명령형이다. 그에게, 주일성수는 하나님의 명령이므로 이에 복종하지 않으면 반역이 된다. 이 명령 앞에서 변명이나 사정은 통하지 않는다. 예배는 하나님의 명령인 것이다.

2. 달라졌음을 경험함. "남문으로 들어오는 자는 북문으로 나갈지라." 들어온 문과 나가는 문이 다르다. 돌아갈 때는 들어올 때와는 다른 길로 돌아가야 한다. 예배하는 것은 하나님과 교제하는 것이므로 인생관이나 세계관이 변화되어야만 한다. 하나님에 의해 변화되는 것이다. 예배하기 전과는 전혀 다른 인간으로 변화 받는 것이다.

3. 견해가 달라짐. 가장 변화를 받는 것은 우선 나 자신에 대한 견해이다. 완전히 무시당하는 사람이라도 이러한 하나님의 사랑에 의해 자신감이 주어진다. 주님과의 만남에 의해 변화되는 것이다. 또한 사람들에 대한 견해도 달라진다. 그를 위해서도 주님의 보혈이 흘려졌다는 것을 인식할 때, 그에 대한 견해가 달라질 수밖에 없다.

[한 줄의 묵상]
남문으로 들어온 자가 북문으로 나갈 때 변화되어 있어야 한다.
말씀에서 깨달은 바대로 믿음대로 똑바로 나가야 한다.

9월 16일 ● 본문_겔 47:6-12, 암송_12절, 찬송_258장, 통독_겔 47-48장

그 잎이 시들지 아니하며

> 물이 흐르는 연안에 나무들이 무성히 자라며, 사람들이 거주할 수 있는 비옥한 옥토가 조성된다. 그러나 물이 없는 메마른 사막에는 그 무엇도 자라나거나 거주할 수 없다. 물은 생명을 부여해준다.

1. **하나님의 생명.** 성전에서 솟아나는 물은 강이 되고, 커다란 물줄기는 바다로 흘러간다. 그 강은 사방을 정결하게 하며, 그 강가에는 커다란 나무가 무성하다. 물이 솟구쳐 강이 되고, 다시 바다에 이른다는 것은 하나님의 은혜, 하나님의 생명이 성전에서 사방으로 미치는 것을 나타낸다. 은혜가 솟아 나와 사방의 사람들을 풍성하게 적셔준다.

2. **하나님께서 하신다!** 예루살렘 성전은 14년 동안 황폐되어 있었고 백성들은 바벨론으로 끌려가 25년 동안이나 고통당했으므로 그들은 빈곤하였다. 그 이스라엘에게 솔로몬의 성전을 재건하도록 하나님께서 말씀하셨다. 하나님이 그것을 분부하신 것이다.

3. **기록된 하나님의 계시.** 이 하나님의 묵시는 지금 성경으로 기록되어 세계의 구석구석까지 하나님을 전할 수 있게 되었다. 성전에서 흘러나온 신앙 유산의 강물은 마르지 않고 사방을 적시는 것이다. 그 강물은 사람을 윤택하게 하고, 나무를 무성하게 하며, 그 잎과 열매는 항상 시들지 않고 끊어지지 않는다.

[한 줄의 묵상]
하나님께서 함께 하시면 빈곤한 자도 부자도 공평해진다.
하나님께서 다스리기 때문이다. 이것이 신앙세계의 놀라움이다.

9월 17일 ● 본문_단 1:4-7, 암송_6절, 찬송_359장, 통독_단 1-5장

그 후에 그들은 왕 앞에

말씀의 성취과정에 이끌림을 받은 사람들이 다니엘과 그의 세 친구들이다. 이들 중에서 다니엘은 남의 땅에 포로로 잡혀가 있는 열악한 현실에 처해 있었지만, 그의 생애는 위대한 생애였다.

1. 하나님의 길을 여심. 4절, 다니엘은 하나님께서 길을 열어주셔서 선택받게 되었다. 우리의 삶이 때때로 힘들고 어렵지만, 하나님이 함께 하느냐 그렇지 않느냐가 중요하다. 다니엘은 포로로 잡혀온 신세이지만 하나님을 의지하는 생각이 변하지 않았었다. 그의 마음을 일편단심으로 하나님께 두고, 자신을 드렸기 때문이었다.

2. 흔들림이 없는 마음. 5절, 누구에게든지 어려움이 찾아 올 수 있는데, 이때 흔들림이 없어야 한다. 신앙이 견고해서 흔들리지 않으면 어떤 일이든지 능히 감당하게 된다. 어떤 경우에도 흔들리지 않고 주님을 바라보는 믿음이 있어야 한다. 신앙이 흔들림 없이 견고해야 한다.

3. 나의 주변에 누가 있는가. 6절, 다니엘에게는 주변에 신실하고 좋은 친구들이 있었다. 그의 친구들은 하나님을 경외하는 신실한 친구들이었다. 그들은 다니엘을 붙잡아 주면서 기도하던 사람들이었다. 내 주변에 좋은 친구가 있으면 나의 삶에 많은 유익이 있다. 믿음의 친구들이 우리 주변에 있어야 한다.

[한 줄의 묵상]
다니엘의 생애에 하나님께서 길을 열어주셨다. 우리가 원하는 성공과 승리는 우리에게 있는 것이 아니고 하나님께 있다.

9월 18일 ● 본문_단 9:14-19, 암송_17절, 찬송_272장, 통독_단 6-9장

주의 종의 기도와 간구를

다니엘은 바벨론에 포로 된 자기 민족의 구원을 간절히 소망하였다. 그는 자신의 죄와 유다 백성의 죄를 자복하며 여호와께 간구하였다. 그리하여 하나님의 백성이 온전히 회복되기를 소망하며 살았다.

1. 거룩한 습관을 따름. 그는 사자굴에 던져질 것을 알고도 예루살렘을 향하여 창을 열고 하루 3번씩 기도하였다(단 6:10). 그런 그가 예레미야의 서책을 읽고 이제 70년이 이르러 하나님의 백성이 회복되리란 예언이 응할 때임을 깨달았다. 그가 서책을 통해서 하나님의 약속을 깨닫고 회개하면서 기도한 내용은 오직 그 약속에 근거한 것이었다.

2. 권력을 부리지 않음. 다니엘은 다리오의 깊은 신임을 받았고, 그로 인해 제국 전체를 통치하는 데 있어 세움을 입은 3인의 총리 중 하나였다. 다니엘은 자기가 가진 정치력, 권력을 가지고 자기 동족의 일을 도모할 수도 있었다. 그렇지만 그는 자기에게 주어진 힘을 사용하지 않았다.

3. 오직 하나님께! 하나님의 언약이 성취되면 가장 먼저 하나님 앞에 무릎을 꿇고 하나님을 '주' 시라고 고백하게 된다. 오직 하나님을 의지하고 하나님을 주로, 자신을 종으로 고백함으로써 자기 민족의 고통을 해결해주시기를 구하였다.

[한 줄의 묵상]
고난 속에 있는가? 하나님을 주로 고백하라! 주되신 하나님께서 그 종들을 지키시고 모든 환난에서 반드시 건져주신다.

9월 19일 ● 본문_단 12:1-4, 암송_3절, 찬송_70장, 통독_단 10-12장

지혜 있는 자는

사람에게서 제일 되는 것이 무엇이냐고 묻는다면 "지혜가 제일이니 지혜를 얻으라."(잠 4:7)고 하셨다. 우리가 어떻게 하나님 앞에서 지혜 있는 자로 지내며, 자신을 헌신자로 살아가게 할 수 있을까?

1. 돌아오도록 하는 자. 사람을 옳은 데로 돌아오게 하라. 그것은 진리를 떠난 자, 죄 중에 있는 자, 사망 중에 있는 자를 구원한다는 뜻이다. "내 형제들아 너희 중에 미혹되어 진리를 떠난 자를 누가 돌아서게 하면 너희가 알 것은 죄인을 미혹된 길에서 돌아서게 하는 자가 그의 영혼을 사망에서 구원할 것이며 … "(약 5:19-20)

2. 하나님의 말씀이 왕성함. 하나님의 말씀은 사람을 움직여주는 힘이다. 많은 사람을 옳은 데로 돌아오게 하려면 하나님의 말씀이 왕성해야 한다. 하나님의 말씀만이 옳은 데로 돌아오게 하는 능력이다(행 6:7, 2:37, 왕하 22:11, 느 8:9, 말 2:6).

3. 성령님께 충만함. 많은 사람을 옳은 데로 돌아오게 하려면 성령 충만해야 한다. "바나바는 착한 사람이요 성령과 믿음이 충만한 사람이라 이에 큰 무리가 주께 더하여지더라"(행 11:24)고 하였다. 성령님의 열매가 나타난 것이다. 단 한 사람이라도 옳은 데로 돌아오게 하려면 성령님이 함께해 주셔야만 한다(슥 4:6).

[한 줄의 묵상]
이 땅은 잠시 잠깐 머물다 떠나야 할 처소요, 나그네처럼 살아가야 한다.
생명책에 기록된 자는 구원을 얻을 것이다.

9월 20일 ● 본문_호 2:8-13, 암송_10절, 찬송_316장, 통독_호 1-3장

여호와께서 이르시되

우리를 사랑하시는 하나님의 열심을 보여주시기 위하여 호세아가 부름을 받았다. 그는 이스라엘 백성에게 하나님의 긍휼을 선포하였다. 그리고 그들의 죄를 지적하면서, 회개하고 돌아올 것을 권면하였다.

1. 민족적으로 우상을 숭배하는 죄. 이스라엘 백성은 하나님께만 드려져야 하는 영광을 가지고 우상을 숭배하였다. 당시에, 이스라엘에서는 일반 백성들뿐만 아니라 왕족들과 제사장들도 하나님의 말씀을 듣지 않았다. 사람이 율법을 무시할 때, 죄가 들어온다.

2. 하나님을 향해서 마음이 완악한 죄. 호세아는 그들에게로 가서 하나님의 말씀을 외쳤다. 이스라엘 백성은 누구 가릴 것 없이 하나님께 대하여 완악하였다. 그래서 제사장이든 백성이든 하나님께로 돌이키지 않았다. 하나님의 말씀으로 죄를 지적해주면 들어야 한다. 그러므로 하나님께로 마음을 두고, 성령님의 인도하심을 기다릴 것을 다짐하자.

3. 자기 백성에 대한 하나님의 진노. 하나님께서는 그 백성들과 쟁변하시고, 자연계의 재앙으로 징계하신다고 하셨다. 무화과나무를 수풀이 되게 하시고, 우상을 섬긴 시일대로 벌을 주신다고 하셨다. 하나님께서 돌아오라 하실 때 돌아가야 진노를 면한다. 그러므로 죄는 즉시 버리고 회개하는 게 최선책이다!

[한 줄의 묵상]
죄악이 만연되어 있는 이때, 죄에 민감하기를 빌자.
혹시, 알지 못하고 죄를 지었다면 깨닫기를 간구하자.

9월 21일 ● 본문_호 6:1-3, 암송_3절, 찬송_526장, 통독_호 4-6장

우리가 여호와를 알자

> 성경은 우리에게 먼저 하나님을 알아야 한다고 강조한다. 세상을 창조하신 절대자가 있는데 성경은 "스스로 계신 자", "영원하신 절대자" 여호와 하나님이라고 하였다. 자녀가 아버지를 아는 것은 당연하다.

1. 하나님을 찾을 수 없다. 하나님은 사람의 생각과 방법으로 찾을 수 없는 분이시다(욥 36:26). 사람은 스스로의 노력으로 하나님을 볼 수가 없다(요 4:24). 하나님께서 자신을 계시하여 보여주셔야 한다. 더욱이 사람이 하나님을 깨달을 수도 없다(사 44:18).

2. 자신을 계시하신 하나님. 하나님께서 자기를 인생에게 나타내신 방법에는 두 가지가 있다. ① 일반계시(롬 1:20)–"그의 영원하신 능력과 신성이 그가 만드신 만물에 분명히 보여 알려졌나니." ② 특별계시(삼상 3:21)–"여호와께서 실로에서 다시 나타나시되 여호와께서 실로에서 여호와 말씀으로 사무엘에게 자기를 나타내시니라."

3. 하나님의 계시방법.

하나님께서는 사람들에게 자신을 나타내셨다.

① 아브라함(창 17:1, 창 18:25, 창 21:33, 롬 4:17) ② 모세(레 11:45, 출 3:6, 출 3:14) ③ 선지자와 사도들(사 43:1, 시 103:19–21, 히 12:9)

나에게 나타나시기를 원하시는 하나님, 그 앞에서 살아야 한다.

[한 줄의 묵상]
하나님은 모든 영의 아버지이시다. 아버지의 어떠하심을
알려고 노력해야 하며, 그 하나님께 온전히 경외해야 한다.

9월 22일 ● 본문_호 10:12-15, 암송_12절, 찬송_326장, 통독_호 7-10장

의를 심고 긍휼을 거두라

하나님께서는 이스라엘 백성에게 자기를 위해서 의를 심고, 긍휼을 거두라고 권고하신다. 마지막 기회이다. 이제, 그들은 악을 심지 말고, 의를 심어야 한다. 그때, 하나님께서 그들을 긍휼히 여겨주실 것이다.

1. **회개의 기회.** 아직까지는 이스라엘에게 회개의 기회가 있었다. 그러므로 하나님은 이스라엘 백성들에게 자기를 위해서 의를 심고, 긍휼을 거두라고 권고하셨다. 하나님은 지금이 바로 이스라엘이 여호와를 찾을 때라고 말씀하셨다. 이번 기회는 그들에게 있어서 마지막으로 이 기회마저 놓치면 그들은 더 이상 회개할 기회를 얻지 못하게 된다.

2. **묵은 땅을 기경하라.** 그들은 지금 일어나서 그 동안 갈지 않았던 '묵은 땅'의 심령을 다시 기경해야 했다. 그들은 우상숭배와 죄에 두꺼워진 마음을 갈아엎듯이 회개해야 했다. 그들이 지금이라도 회개한다면, 하나님은 그들에게 다시 임하시고 의를 비처럼 내려 주실 것이다.

3. **하나님의 책망.** 하나님은 이스라엘 백성이 악으로 밭을 갈고 죄의 열매를 거두었으며, 거짓으로 거둔 열매를 먹었다고 책망하셨다. 그들이 이렇게 한 것은 참 신이신 하나님을 의지하지 않고, 자기의 지혜와 힘을 의지했기 때문이었다. 이스라엘은 하나님 대신 송아지를 섬겼으며, 앗수르나 애굽의 군대를 의지하여 멸망하게 될 것이다.

[한 줄의 묵상]
지금이 곧 여호와를 찾을 때이다. 어떠한 경우에도 실망하지 말아야 한다.
하늘에는 이미 은혜의 구름이 덮여 있다.

9월 23일 ● 본문_호 13:4-8, 암송_5절, 찬송_281장, 통독_호 11-14장

광야 마른 땅에서

> 성경의 하나님은 계시의 하나님이시다. 우리들은 이 계시에 접하여 하나님을 알고 하나님을 믿게 된 것이다. 하나님을 믿는 생활이 훌륭하기 때문에 하나님을 믿는 자가 된 것은 아니다.

1. 강권하시는 하나님. 아브라함은 하나님께서 자기를 선택하신 말씀에 강권 당함으로 하나님을 믿는 자가 되었다. 그는 자신의 생애를 하나님과 함께 하였다. 이스라엘을 애굽 땅에서 이끌어낸 모세도 하나님의 부르심에 피할 수 없어 일어선 인물이다. 그는 무수히 고통당하고 번민하며 생명의 위협도 받았었다.

2. 인생보다 크신 하나님. 하나님의 사람은 결코 자신이 생각하는 범주에 있지 않게 된다. 하나님은 그 비정함, 그 구체적인 생활 즉 광야나 비옥한 토지에서 우리들과 만나 주신다. 드라마틱한 인생은 그가 하나님의 말씀에 순종했기 때문에 주어진다. 우리에게 "성령의 나타남과 능력으로"(고전 2:4) 되는 것을 보게 하신다.

3. 인도하시는 하나님. 우리들은 광야를 두려워해시는 안 된다. 메마른 땅을 피해서도 안 된다. 하나님 말씀에 어디까지나 순종해야 한다. 그때 그곳이 은총의 땅으로 변모한다. 광야에서 길을 인도해주시며 사막에 물이 흐르게 하시는 하나님을 알 수 있게 된다.

[한 줄의 묵상]
신앙인에게 중요한 것은 이 하나님을 아는 것이다. 정확하게 말한다면 나를 알고 계시는 하나님을 아는 것이다.

9월 24일 ● 본문_욜 2:28-32, 암송_28절, 찬송_184장, 통독_욜 1-3장

내 영을 만민에게

> 요엘과 동시대에 활동했던 호세아는 진노를 물 붓듯이 부으실 것을 예언하였다(호 5:10). 그러나 요엘은 에스겔과 마찬가지로 하나님께서 큰 능력으로 성령을 모든 사람에게 부어주실 미래를 내다보았다.

1. **메뚜기 떼로 말미암은 내습.** 메뚜기 떼가 새까만 구름같이 덮쳐 오자 에덴동산 같았던 땅이 황무한 들처럼 변한다. 그 모습은 기병과 같고 그 소리는 요란한 병거의 울림같이 무섭게 다가온다. 그 앞에서 만민들은 모두 낯빛이 하얗게 질려 버리고 하늘이 떨고 땅이 진동한다고 진술하고 있다.

2. **돌아갈 수 있는 사람.** 그러한 때에도 하나님을 믿는 자에게는 소망이 있다. "여호와의 말씀에 너희는 이제라도 금식하고 울며 애통하고 마음을 다하여 내게로 돌아오라. 너희는 옷을 찢지 말고 마음을 찢고." 어떠한 때에도 돌아갈 길이 있다는 것은 축복이다.

3. **희망이 되시는 하나님.** 요엘이 말한 하나님에 의한 희망이란 비참한 현실의 깊숙한 내면에 존재하는 하나님의 뜻을 먼저 알아야 한다. 그 하나님의 섭리를 간파함에 의해 얻을 수 있는 것이다. 성령을 받음에 의해 우리는 비로소 하나님을 보는 눈이 떠지고 사건의 진상을 파악하게 된다.

[한 줄의 묵상]
어떠한 상황에서도 여전히 희망이 있다. 지금, 우리 가정에 가장 필요한 것은 하나님을 간절히 구하고, 찾는 것이다.

9월 25일 ● 본문_암 1:1-2, 암송_2절, 찬송_499장, 통독_암 1-3장

시온에서부터, 예루살렘에서부터

> 아모스는 예언을 직업적으로 하는 사람이 아니었다. 정치적으로, 사회적으로 명망이 있는 사람도 아니었다. 그는 예언활동을 하기 위해 특별히 훈련을 받은 바도 없었다. 그에게 하나님께서 말씀하셨다.

1. 난데없는 메시지. 북 이스라엘이나 남 유다가 다 같이 번영하고 있었다. 외세의 침입도 없어 정치적인 안정과 함께 풍요로운 물질로 안락한 나날을 보내었다. 그때, 아모스는 "목자의 초장이 마르고 갈멜산 꼭대기가 마르리로다."라는 하나님의 음성을 들었다. 이토록 번영을 누리고 있는 이스라엘과 유다가 황폐하게 된다는 것이다.

2. 믿으려 하지 않음. 외세침략의 풍문이나 정권투쟁의 조짐이 엿보인다든가 그 밖의 위기를 조성하는 움직임이 보인다면 그 말이 수긍 갈지도 모른다. 그러나 태평한 시대에, 하나님의 말씀을 어느 누구 한 사람 좀처럼 인정하려고 않는다. 하나님의 말씀을 믿지 않았다.

3. 하나님 앞에서. 진정으로 중요한 것은 현실의 상황이 아니다. 하나님 앞에서 어떻게 살고 있는가의 문제이다. 하나님 앞에서 바로 서지 않은 채 아무리 번영을 누릴지라도 하나님은 반드시 그것을 애통으로 바꾸신다. 또한 현실이 아무리 어두울지라도 하나님 앞에서 바르게 살아가는 자는 반드시 하나님의 복을 받는다.

[한 줄의 묵상]
사람이 하나님을 무시해도 하나님의 섭리를 거역할 수는 없다.
역사는 인간의 어리석음과 하나님의 말씀의 연속이다.

9월 26일 ● 본문_암 4:12-13, 암송_12절, 찬송_530장, 통독_암 4-6장

하나님 만나기를 준비하라

많은 사람들은 아직도 하나님을 만나기에 적합하지 못한 상태에 놓여 있다. 죄를 물마시듯 마심으로 하나님의 진노의 잔이 그들에게 임하고 있음을 그들은 깨달아야 할 필요가 있었다.

1. 만남에 대한 준비. 세상에서 사람의 인정만 받고, 주님의 인정을 등한시하며 살았던 자들에게 주님께서는, "나는 결단코 너희를 모른다."고 부인하실 것이다. 우리가 친구를 방문할 때에도 준비를 하고 찾아가거든 하물며 만군의 하나님, 꿈에도 사모하던 그분을 만나 뵙기 위해 찾아가는데도 준비를 하지 않아서야 되겠는가?

2. 하나님을 만나려면. 이것은 예수님을 나의 주님으로 믿는 것이다. 이 믿음을 갖기 위해서는 죄를 철저히 회개해야 한다. 회개하지 않은 죄악 된 모습으로는 주님을 모실 수 없다. 그리고 그리스도의 희생에 전적으로 의지하여 죄지은 그대로 하나님께로 나아가야 한다.

3. 하나님을 만나는 자리. 새로운 생명의 삶 가운데로 걸어가야 한다. 새 생명은 주의 보혈로 이루어진 것이다. 우리는 죽음과 멸망 밖에 없는 그 날을 즐거움으로 기다릴 수가 있다. 그것은 그리스도께서 우리 대신 십자가를 지심으로 심판을 받으셨기에 우리는 죄인이지만 주 안에서 하나님과 만날 수가 있게 된 것이다. 이것이 구원이다.

[한 줄의 묵상]
우리는 준비하는 삶이 되어야 한다. 거룩하고 외로운 삶을
산 사람이 기쁨의 해후를 이룰 수 있다.

9월 27일 ● 본문_암 8:11-14, 암송_11절, 찬송_287장, 통독_암 7-9장

내가 기근을 땅에 보내리니

여름 과일은 완전히 숙성된 과일을 말한다. 즉 하나님의 심판의 날이 가까웠음을 의미한다. 사람들을 지켜보시는 하나님의 인내가 바야흐로 그 절정에 다다랐음에도 그들은 깨닫지 못하였다.

1. **하나님을 무시하는 시대.** 당시에, 이스라엘 사람의 관심은 지상에서의 일뿐이었다. 하나님을 두려워하지 않는 그들에게는 현실만이 전부였다. 무엇을 먹을까, 무엇을 입을까, 그것이 그들의 모든 것이었다. 그러나 그들이 아무리 하나님을 무시할지라도 하나님은 존재하신다.

2. **하나님의 말씀에 굶주림.** 아모스는 진정한 기근이란 양식이 없어 주림이 아니요 하나님의 말씀을 듣지 못한 기갈임을 선포하였다. 만약 양식과 물이 없다면 그것은 육체를 죽일 뿐이다. 그러나 하나님의 말씀을 듣지 못할 때는 그 영혼이 죽어가는 것이다. 어떤 상황에서도 하나님의 말씀을 들을 수만 있다면 우리는 살아날 수가 있다.

3. **우리는 지금?** 아모스 시대로부터 이천 수백 년이 지난 오늘날의 우리들은 어떠한가? 물질의 번영은 인류 역사상 일찍이 없었을 만큼 성황을 누리고 있다. 그러나 하나님 말씀을 듣는 것에는 어떠한가? 그 말씀의 기갈이야말로 얼마나 비극적인가 조차 깨닫지 못하고 꿈에 취한 듯 오로지 물질 추구에만 전념하고 있는 세태가 아닌가?

[한 줄의 묵상]
하나님은 자기 백성에게 오래 참으시지만 언제까지나 인내하시지 않으신다.
하나님의 시간에 자신의 영광을 드러내신다.

9월 28일 ● 본문_욘 1:1-3, 암송_2절, 찬송_281장, 통독_욥 1-욘 3장

그것을 향하여 외치라

하나님은 니느웨와 거기에 있는 사람들을 사랑하셨다. 그래서 "요나야, 니느웨로 가서 그들에게 죄악을 외치라."라고 명령하셨다. 요나는 그 즉시 순종해야 하였다. 그러나 불순종하여 반대쪽인 다시스로 갔다.

1. **하나님의 추격.** 한 사람의 불순종으로 배 전체가 풍랑으로 들어가게 되었다. 배를 타고 가다가 폭풍우를 만나 배가 침몰 직전에 닥쳤다. 선장은 배 안에 분명히 죄인이 타고 있다 하여 제비를 뽑은 것이 요나가 뽑혔다. 선장은 요나를 바다에 던져버렸다. 그랬더니 그 무서운 풍랑이 잔잔하게 되었다.

2. **요나의 회개.** 요나는 불순종으로 말미암아 고기뱃속으로 들어가고 말았다. 영적으로 보면 음부를 말한다. 요나가 고기뱃속에서 불순종을 회개하였더니 고기로 하여금 토하게 하사 육지로 구원해주셨다. 회개는 천국길이요, 아니하면 음부에서 망하고 만다.

3. **니느웨를 구원하신 하나님.** 요나 한 사람의 순종으로 한 도성이 구원을 받게 되었다. 그것은 하나님의 계획이었다. 요나가 회개하고, 니느웨로 가서 말씀을 외칠 때 수많은 사람들이 회개하고 구원을 받았다. 하나님의 말씀에 순종하면 의롭게, 유익하게, 복 되게 인도하신다. 요나 한 사람이 회개함으로써 수십만 명이 구원을 받았다.

[한 줄의 묵상]
하나님은 자신의 뜻을 거역하는 요나를 그냥 두지 않으셨다.
우리 가족은 하나님의 주권을 거역하는 사람이 되지 말라!

9월 29일 ● 본문_미 3:9-12, 암송_11절, 찬송_287장, 통독_미 1-3장

여호와를 의뢰하여 이르기를

여호와를 의뢰하는 것은 바람직하다. 하나님의 뜻에 겸손하여 공의를 찾음은 하나님께 합당하다. 누구도 자신을 공의롭다 할 수 없고 절대자 하나님만 공의로우시다. 공의를 구함은 하나님을 인정하는 것이다.

1. **종교적인 태도.** "하나님이 우리와 함께 계시지 않는가, 그러므로 재앙은 우리에게 임하지 않는다."고 여기는 확신은 신앙인에게 필요하다. 그러나 이러한 신앙고백에는 거기에 부합되는 생활이 수반되어야 한다. 신앙에 있어서 가장 중요한 것은 진실이다.

2. **진실을 요구하시는 하나님.** "선을 미워하고 악을 좋아하여 내 백성의 가죽을 벗기고 그 뼈에서 살을 뜯어 그들의 살을 먹으며 그 가죽을 벗기며 그 뼈를 꺾어 다지기를 냄비와 솥 가운데에 담을 고기처럼 하는도다." 이러한 생활을 하면 하나님께 부르짖을지라도 하나님께서 응답하지 않으신다. 도리어 그들 앞에서 그 얼굴을 가리신다.

3. **하나님께서 들으시지 않는 기도.** 미가 시대의 지도자들, 공의를 미워하고 악을 즐기던 당시의 종교기들의 기도가 하나님께 상달되지 않음은 당연한 것이었다. 그러나 우리들은 그들을 냉소할 수만은 없다. 우리도 하나님을 향한 감동이 없이, 습관적으로 종교의식적인 생활을 반복하고 있기 때문이다.

[한 줄의 묵상]
하나님을 사랑하지 않는 삶의 태도를 바꾸지 않으면,
'여호와를 의뢰하던' 미가 당시의 위선자들과 동일하다.

9월 30일 ● 본문_미 6:6-8, 암송_8절, 찬송_539장, 통독_미 4-7장

하나님께서 구하시는 것

> 하나님께서 "싯딤에서부터 길갈까지의 일을 기억하라. 그리하면 나 여호와가 공의롭게 행한 일을 알리라"(5절)고 하신다. 그 시대의 사람들이 하나님의 요구를 알지 못하고, 잘못된 생활을 하여 깨우쳐주신 것이다.

1. 공의를 행하는 것. 공의를 행하는 것은 바로 잘잘못에 대한 옳은 판단이고, 또 잘한 자와 잘못한 자에 대한 바른 처리를 의미한다. 하나님께서 구하시는 것은 공의를 행하며 정직하고 깨끗한 삶을 살고 주의 말씀대로 의의 율례와 도를 마음에 간직하며 지켜 행하는 것이다. 그렇게 될 때, 자기 자신을 깨뜨리고 하나님께서 원하시는 삶을 산다.

2. 인자를 사랑하는 것. 하나님께서 구하시는 것은 인자를 사랑하는 것이다. 다윗은 인간이 지을 수 있는 죄는 거의 범하였다. 그런데 그런 그를 하나님께서는 마음에 맞는 자라고 하셨다. 그는 연약한 인간에 불과했으나 하나님과의 관계에 있어서 진심으로 사랑했기 때문이다. 입술로만이 아닌 마음으로 전인격으로 뜨겁게 사랑했기 때문이다.

3. 하나님과 함께 행하는 것. 하나님께서 구하시는 것은 하나님과 함께 행하는 것이다. 그렇게 되면 하나님의 마음을 알게 된다. 하나님의 뜻을 안다. 하나님의 비밀을 안다. 하나님께 나아갈 바를 안다. 그런 자는 주 안에서 자기를 낮추고 주님만을 높여드리게 된다.

[한 줄의 묵상]
하나님께서 우리 가정에 말씀하신다. 하나님은 이 세상의 어떤 것보다 하나님의 말씀에, 뜻에, 삶에 순종하기를 원하신다.

언약대로 축복 받는 가정예배 365일

10월 ~ 12월

10월 1일 ● 본문_나 1:14-15, 암송_15절, 찬송_179장, 통독_나 1-3장

네 절기를 지키고

나훔은 기원전 612년 유다를 오랜 세월에 걸쳐 위협해 오던 앗수르의 수도 니느웨의 함락에 대하여 예언한다. 복수의 하나님에 대한 헬라어 노래와 유다에 대한 위로의 말이 기록되어 있다.

1. **하나님께서 진노하시다.** 유다인들에게 니느웨의 함락은 참으로 하나님의 진노의 상징이 되었다. 하나님이 아니라면 절대 일어날 수 없는 사항이었다. 우리들 사이에서도 종종 그러한 사건이 발생한다. 그러나 거기서 하나님의 섭리를 보고 하나님의 말씀을 듣지 않는다면 그것은 단순히 우연으로 밖에 생각되지 않을 것이다.

2. **하나님을 듣지 못하다.** 그러나 역사적인 사건 배후에서 섭리하시는 하나님의 손길과 음성을 들은 자는 드물었다. 그것을 하나님의 심판으로 받아들인 자는 많지 않았다. 그런 까닭에 쓴 잔을 마시면서도 새롭게 변화될 수 없었다. 중요한 것은 커다란 경험을 하는 것이 아니고 그 경험을 통해 하나님의 뜻을 간파해야 하는 것이다.

3. **하나님께서 말씀하시다.** 나훔은 "유다야 네 절기를 지키고 네 서원을 갚을지어다."라는 하나님의 말씀을 선포하였다. 여기에는 하나님의 극진하신 사랑으로 인해 새로운 생활이 시작된 기쁨의 음향이 있다. 우리에게도 새로운 생활은 하나님과의 만남에 의해 시작된다.

[한 줄의 묵상]
우리는 스스로는 새로워질 수 없다. 생활의 구석구석에 있어서 하나님과의 만남 없이는 새로운 생활은 시작되지 않는다.

10월 2일 ● 본문_합 3:16-19, 암송_18절, 찬송_362장, 통독_합 1-3장

나의 발을 사슴과 같게

하박국은 하나님께 두 가지 질문을 드렸다. 하나님은 첫째 질문에 갈대아 사람을 일으켜 유다의 죄를 심판하신다고 대답하셨다. 그리고 갈대아 사람에게도 화 있을진저 징벌하신다고 하셨다.

1. **오직 믿음으로** "의인은 그의 믿음으로 말미암아 살리라"(2:4). 하나님의 뜻이 완전히 이해가 가지 않았어도 최선의 것임을 확신해야 한다. 주권자 하나님의 섭리를 믿고 신뢰하며, 하나님께 맡기고 겸손과 고요한 중에 초연히 믿음으로 사는 것이 성도의 삶이다. 구원의 하나님으로 인하여 즐거워할 때, 세상의 여러 상황들을 이겨내게 된다.

2. **오직 부흥을 소망함.** "주의 일을 부흥하게 하옵소서."(2절) 하박국은 다윗과 솔로몬 시대의 부흥을 회고하면서 이 땅에, 주의 일이 부흥되기를 간구하였다. 하나님의 계획대로 수행하여 이루어달라고 간구하였다. 구원의 하나님, 능력의 하나님은 항상 성도에게 소망이시다. 환난 중에서라도 힘을 주셔서 믿음을 지키게 하신다.

3. **오직 하나님으로** "하나님으로 말미암아 기뻐하리로다"(18절). 창자가 흔들리고 입술이 떨리며 뼈가 썩는 것 같고 몸이 떨리는 하나님의 심판으로 바벨론 사람의 침략을 생각할 때, 하박국에게는 두려움뿐이었다. 거둘 소출이 없고 먹을 것과 우양이 없음을 바라보면서도 그러나 구원의 하나님으로 말미암아 기뻐하고 즐거워하였다(19절).

[한 줄의 묵상]
처한 상황은 결코 기뻐할 수 없지만 기뻐해야 한다.

10월 3일 ● 본문_습 1:2-6, 암송_2절, 찬송_349장, 통독_습 1-3장

모든 것을 진멸하리라

스바냐는 당시에, 예루살렘 상류 계급의 죄상을 상세히 지적하였다. 선민도 징계하시고, 이방인도 심판하시며, 때가 되면 세상의 모든 것을 진멸하실 것이다. 그는 하나님의 말씀을 듣고 심판을 경고하였다.

1. **스바냐의 예언.** 그에게 예언하도록 하는 중심 테마는 '주의 날'이었다. 하나님께서 이 지상을 심판하실 날에 대한 것이다. 그날이 임박해 옴을 그리고 그날에 임할 심판을 그는 경고한다. 2절, "여호와께서 이르시되 내가 땅 위에서 모든 것을 진멸하리라." 성경의 신앙은 주의 날을 소망하며 기다리는 자세에서 비롯되는 것이다.

2. **이 날에 민감하라.** 성도들 중에, 주의 날을 소망하는 것을 경시하는 경향이 엿보인다. 그것을 초대 성도들의 단순한 사상으로 해석하려 한다. 그러나 예수님께서 구세주로서 확실하게 자신을 드러내시는 것은 바로 주의 날이다. 거기에 우리가 예수님을 믿는 이유가 있다.

3. **주의 날이 있음으로.** 주의 날은 비로소 주 예수의 구원의 은혜에 참여하는 행복을 맛보게 한다. 그러나 주의 날을 무턱대고 강조하여 거기에만 관심을 쏠리게 하는 사람도 있다. 이래서는 선택된 자로서 세상에 파송된 사명을 훌륭하게 수행한다고 할 수 없다. 오직 주의 날이 성경에 선언되어 있는 까닭에 그것을 믿고 받아들여야 한다.

[한 줄의 묵상]
자신의 계획 아래 모든 것을 섭리하시고, 모든 것을 멸절시킬 수 있는 분 앞에서 경외심을 가지고 겸손해야 하겠다.

10월 4일 ● 본문_학 1:1-6, 암송_6절, 찬송_600장, 통독_학 1-2장

배부르지 못하며, 흡족하지 못하며

> 당시에, 이스라엘 자손들은 하나님의 은혜로 바벨론 포로에서 귀환하였다. 그때, 성전 재건을 서두르지 않음에 대하여 경고하고 독촉한 말씀이다. "자기의 행위를 살펴보라"고 두 번이나 강조하였다.

1. **중단된 성전의 재건.** 그들이 포로에서 귀환하여 가장 먼저 해야 할 일은 바벨론 침공 때 무너진 성전을 다시 세우는 것이었다. 그래서 하나님을 온전히 섬기는 역사를 이루는 것이었다. 그러나 그들은 여러 가지로 어려움이 닥치자 현실적 어려움을 핑계로 성전 재건을 중단하고 말았다.

2. **헛된 나날들.** 이들의 이러한 모습을 인하여 하나님은 그들에게 축복할 수가 없으셨다. 그로 인해서 많이 뿌려도 수확이 적으며, 먹어도 배부르지 못하고, 마셔도 흡족하지 못하며, 입어도 따뜻하지 못하며, 일꾼이 삯을 받아도 구멍 떨어진 전대에 넣은 것처럼 허무한 결과만을 맞았다. 한마디로 밑 빠진 독에 물 붓기의 결과가 초래된 것이다.

3. **사랑해야 될 교회.** 하나님의 교회를 사랑해야 한다. 교회를 사랑하고 교회를 위해 헌신 봉사하라는 것은 결국 그 당사자들로 복을 받게 하기 위함이다. 이를 깨달으라! 반드시 복을 받기 원한다면 교회를 사랑하라! 교회를 축복하고 교회로 하여금 먼저 복되게 하라!

[한 줄의 묵상]
하나님의 말씀을 청종할 때, 모든 백성의 마음이 흥분(감동)되는 역사가 일어났다. 그 흥분이 지금, 나에게도 있는가.

10월 5일 ● 본문_슥 1:14-17, 암송_7절, 찬송_585장, 통독_슥 1-3장

다시 풍부할 것이라

> 본문에서 우리는 하나님의 뜻에 적중하는 순종을 배워야 한다. 성전의 재건과 택한 백성의 부흥을 주신다고 약속해주셨다. 선민의 부흥은 예루살렘 재건 또는 신약시대의 교회를 의미하기도 한다.

1. 하나님의 질투. 14절, "여호와의 말씀에 내가 시온을(예루살렘) 위하여 크게 질투하신다"고 외치라고 하셨다. 선민을 사랑하시고 그 원수들에게 보복하실 뜻을 나타내신 것이요, 열국이 하나님의 뜻을 따라 선민을 징계하되 "지나치게 힘을 내어 고난을 더하였다"고 하셨다.

2. 성전의 건축을 예언하심. 16절, 그리하여 하나님은 선민을 긍휼히 여기시므로 예루살렘에 돌아오셨고(가까이 임하신 뜻) 내 집(성전)이 그 가운데 건축되리니 예루살렘 위에 먹줄(건축 공사)이 쳐지리라(건축이 계속될 것을 예언하신 뜻) 하시고, "여호와의 말씀"임을 여러 차례 강조하셨다.

3. 넘치도록 풍부해지는 성읍. 17절, 또 다시 위로되는 말씀을 다시 외쳐 이르시기를 "만군의 여호와의 말씀에 나의 성읍들이 넘치도록 다시 풍부할 것이라 여호와가 다시 시온을 위로하며 다시 예루살렘을 (사랑의 대상으로) 택하리라" 하시므로 풍부한 위로의 말씀을 주신 것이다. 즉 성전의 재건과 선민의 부흥을 주신다는 말씀이었다.

[한 줄의 묵상]
하나님은 우리가 죄를 회개하면 용서하시고, 다시 위로해주신다.
그 위로는 더욱 풍성하게 하시는 것으로 나타난다.

10월 6일 ● 본문_슥 4:1-11, 암송_7절, 찬송_207장, 통독_슥 4-6장

순금 등잔대와 두 감람나무

하나님께서 스가랴에게 꿈으로 계시하셨다. 그가 계시를 받아 본 것은 순금 등잔대인데, 이것은 등잔대 전체를 종합적으로 표현한 용어이다. 성소에 있는 등잔대는 성소를 밝히며, 또 빛으로 오신 예수님을 상징한다.

1. 천사가 스가랴를 깨우다. 1절에서, "말하던 천사가 다시 와서 나(스가랴 선지자)를 깨우니 마치 자는 사람이 잠에서 깨어난 것 같더라" 하였으니 이는 스가랴가 꿈으로 계시를 받은 것 같다(욥 33:15). 2절에서, "그(계시를 전달하는 천사)가 내게 묻되 네가 무엇을 보느냐?"고 물었다. 이것은 하나님이 성도의 주관적 지식과 확신을 요구하시는 뜻이다.

2. 순금으로 만들어진 등잔대. 순금 등잔대는 성전 안에 있는 등잔대를 연상할 수 있고, 또 솔로몬 성전에도 여러 개의 등잔대가 있었다. 그 등잔대의 모양은 "등잔대 꼭대기에 주발 같은 것(받침 또는 기름 그릇)이 있고 또 일곱 등잔이 있으며 그 등잔마다 일곱 관이 있고 그 등잔대 곁 좌우에 감람나무가 있는 것"을 보았다는 것이다.

3. 빛이 되신 주님. 성소의 등잔대는 성소를 밝히는 목적이 있었고, 또 빛으로 오신 예수님을 상징하는 뜻이 있다. 또 등잔은 기름을 태움으로 빛이 나는데 그 기름이 살아있는 감람나무 진액으로 관을 통하여 끊임없이 공급되는 상태를 보여주신 것이다.

[한 줄의 묵상]
오늘, 하나님 앞에서 진리(계시 말씀)를 잘 터득해서 하나님의 뜻을 힘 있게 실천해나가는 삶에 도전하자.

10월 7일 ● 본문_슥 7:8-14, 암송_9-10절, 찬송_274장, 통독_슥 7-9장

그들이 듣기를 싫어하며

하나님의 백성은 선지자들이 외친 말을 순종해야 한다. 그리고 이전의 선지자가 외칠 당시의 형편과 순종하지 않은 다음의 형편을 대조해보아야 한다. 하나님께서 행하신 것에 주목해야 한다.

1. **하나님의 행하심을 읽어야.** 예루살렘 사면 성읍에 백성이 거주하여 형통하였고, 남방(유대 땅)과 평원(팔레스틴의 평원)에도 사람이 거주하였다" 하시므로 말씀을 순종하지 않은 후시대의 결과가 참혹한 것을 관찰하라고 하신다. 성도는 계명의 실천에 민감해야 된다. 또한 축복과 응답에도 민감한 관찰을 해야 한다.

2. **하나님의 진노.** 선지자가 증언한 하나님의 말씀을 순종하지 않는 죄에 대하여 몹시 섭섭해 하시고 진노하신다. 선지자에 의해서 전해진 말을 듣지 않음으로 큰 진노가 하나님으로부터 나온 것이다. 이에, 하나님께서 바람(강대국의 침략)으로 선민을 알지 못하던 여러 나라에 흩으셨다. 하나님의 백성은 진리를 순종하고 터득하는 데 힘써야 한다.

3. **사랑에 위배되는 행위의 지적.** 9절, 참된 사랑을 실천하여 경건을 회복하라고 요구하신다. 성도가 애곡하고 금식하는 것은 일종의 신앙의식이었다. 그러나 하나님이 인정하시는 경건생활을 실천하고 하나님의 뜻을 따르는 순종이 없으면 의식이 그 자신에게 아무 유익이 없다.

[한 줄의 묵상]
하나님은 자기 백성에게 경건이 없는 의식을 경계하셨다.
성경을 배워 하나님의 뜻을 살피고 실천에 임해야 할 것이다.

10월 8일 ● 본문_슥 14:9-11, 암송_11절, 찬송_177장, 통독_슥 10-14장

사람이 그 가운데에 살며

"사람이 그 가운데에 살며(구원 받은 백성들) 다시는 저주가 있지 아니하리니 예루살렘이 평안히 서리로다"(11절). 구원이 완성되고 심판이 끝난 천국 세계를 나타내 알려주신 것이다.

1. 왕이심을 선포하시다. 9절, "그날(승리 또는 천국 완성의 날)에는 여호와께서 홀로 한 분이실 것이요 그 이름이 홀로 하나이시며 천하의 왕이 되신다." 이제까지 하나님을 거스르는 마귀와 불신자들이 있어서 그들이 하나님의 위상을 손상시켰다. 그러나 지금, 다 심판하시고 천하의 왕(승리자)이 되셨다.

2. 왕국을 완성하시다. 10절, "온 땅이 아라바(사해 남쪽 평지)같이 되되 게바(예루살렘 북쪽)에서 예루살렘 남쪽 림몬까지 이를 것이다." 예루살렘 도성(하나님의 왕국을 상징적으로 표현한 도성)이 장애물이 없이 드러난다. 하나님께서 성취하시고, 일을 마치신다. 이로써 예루살렘이 높이 들려 그 본처(확고한 위치를 뜻함)에 있을 것이다.

3. 천하에 왕이 되심을 계시하시다. 예루살렘을 천국 왕도의 모형으로 나타내 보이시기 위하여 주위의 산들과 장애물이 없이 평지가 된즉 높이 들려 그 위상을 나타내 보인다. 이것은 영원한 천국을 모형적 계시로 보여주신 것이다(히 12:22, 계 21:10).

[한 줄의 묵상]
하나님은 천하의 왕이시다. 하나님 스스로 왕이 되셨음을 계시하셨다.
하나님을 나의 왕으로 인정하고, 모셔드리자.

10월 9일 ● 본문_말 3:7-12, 암송_11절, 찬송_268장, 통독_말 1-4장

복을 쌓을 곳이 없도록

> 십일조는 하나님의 자녀들에게 복을 주시겠다는 아버지의 약속이다. 결코 세금과 같이 강제로 징수되는 것이 아니다. 우리가 소유한 모든 것이 하나님께로부터 나온 복임을 기억하면서 감사로 드려야 한다.

1. **하나님의 책망.** 패역한 이스라엘 족속은 헌물을 대충 준비해서 하나님께 바쳤다. 그들은 정당하게 드려야 하는 십일조도 드리지 않았다. 이에 진노하신 하나님께서 십일조를 통하여 자신을 시험하라고 하셨다. 말라기는 십일조가 하나님께서 구별하신 것으로, 이를 지킴은 복을 받는 길이라고 하였다.

2. **복을 주시는 하나님.** 우리가 십일조를 구별할 때, 하나님께서는 복을 부어주신다. 하나님을 경외하는 마음으로 십일조를 바치면 하나님께서는 그에 상응하여 더 큰 복으로 우리에게 화답하신다. 그렇다고 해서, "십일조를 가장 많이 내도록 돈을 많이 벌게 해 달라."고 기도하는 어리석음을 범하지 말아야 한다.

3. **억지로는 안 될 일.** 고린도 교인들이 예루살렘 교우들을 돕기 위하여 헌물을 모을 때, 바울은 그들이 억지로 헌물을 준비하지 않도록 하였다. 하나님께 드림은 하나님께 대한 감사와 사랑으로 되어야 한다. 억지로 하는 헌물은 하나님을 기쁘시게 하지 못하기 때문이다.

[한 줄의 묵상]
십일조와 헌물은 하나님께서 내게 주신 것을 기뻐하고,
그 중에서 일부를 들려드린다는 심정으로 드려야 한다.

10월 10일 ● 본문_마 3:1-3, 암송_1절, 찬송_197장, 통독_마 1-3장

세례 요한이 이르러

요한은 예수님의 길잡이로 태어났다. 그가 잉태되었을 때, 하나님께서 이 아이는 세상 사람들과 다르니 술도 마시지 말고 깨끗하고 정결한 생활을 하라고 하셨다. 요한은 자라면서 그 말씀대로 하였다.

1. 겸손한 생활. 세례 요한은 낙타 털옷을 입고 메뚜기와 석청을 음식으로 먹으며 이스라엘 백성에게 회개하라고 외쳤다. 요한은 부유한 가정 출신이다. 그러나 요한의 의식주생활을 보면 얼마나 그가 겸손한 삶을 살았는가를 알게 된다. 그리고 회개하라고 외쳤으며 회개하는 자들에게 요단강에서 세례를 베풀며 구원 사역에 더욱 힘써 살았다.

2. 주저하지 않는 책망. 죄악 되고 잘못된 것은 여지없이 책망하였다(마 3:7). 그는 사두개인을 책망하되 "독사의 자식들아!"라고 하며 불의함을 책망하였다. 죄악된 것을 회개시키는 데는 책망밖에 없다. 헤롯 왕은 세례 요한을 볼 때 의롭고 거룩한 사람으로 보았다.

3. 예수님만 전하다. 자기를 따르는 자들에게 앞으로 오실 예수님은 성령과 불로 세례를 베푸실 것이라며 예수님만 전파하였다. 그는 당시에, 훌륭한 가정에서 자랐기 때문에 얼마든지 교만하며 자랑스럽게 살 수 있었다. 그렇지만 그는 어디까지나 예수님만을 위하여 태어났으며 예수님만 위하여 겸손하게 살았다.

[한 줄의 묵상]
세례 요한은 하나님의 백성답게 정결한 생활을 하였다.
하나님께 구별되었다고 하면서도 나의 뜻을 따르지 않는가?

10월 11일 ● 본문_마 5:14-16, 암송_14절, 찬송_287장, 통독_마 4-6장

너희는 세상의 빛이라

> 성경에서 빛은 지식과 도덕성을 가리킨다. 어둠은 무지와 불의와 사악과 거짓을 가리킨다. 세상은 이렇게 정신적으로, 종교적으로, 도덕적으로 어둡다. 이런 어둠의 세상에서 우리는 구원을 받았다.

1. **성도의 정체성.** 예수님께서 우리에게 말씀하시기를, 세상의 빛이라고 하셨다. 우리에게 빛이라고 하신 예수님의 의도는 무엇이셨을까? 등불은 등경 위에 있어야 빛을 발하지. 만일 말 아래 있으면 소용이 없다. 우리가 빛으로서 비추어야 할 곳은 어디인가?

2. **집안의 모든 사람에게.** 나의 가족에서부터 빛을 비추어야 한다. 지금, 나의 가정이 어두워서 빛을 요구하고 있다. 빛은 가장 가까운 곳에서부터 비쳐나가야 한다. 너희가 권능을 받고 예루살렘과 온 유대와 사마리아 땅 끝까지 질서 있게 빛을 발해야 하는 것이다. 예수님께서는 우리의 가정을 먼저 밝게 하기를 원하신다.

3. **세상에서 빛이 되어야.** 오늘날 세상은 밝다. 그것은 빛으로 밝은 것이 아니라 죄에 대하여 밝은 것이다. 빛이 없어 어두울 뿐이다. 의가 무엇인지, 선이 무엇인지 분별할 수가 없다. 이러한 어두운 곳에 가서 빛을 비추어야 한다. 이것이 그리스도인의 사명이다. 내가 아니면 그들은 빛을 볼 수가 없다. 어둠을 밝혀주어야 한다.

[한 줄의 묵상]
예수님은 그 빛으로 오셔서 그 빛을 발하기 위하여
골고다 언덕 높은 십자가 위에서 등불을 밝히셨다.

10월 12일 ● 본문_마 9:35-38, 암송_38절, 찬송_471장, 통독_마 7-9장

추수할 일꾼은 어디에?

영적으로 추수할 때가 되었는데 일꾼이 적어 탄식하신 주님이시다. 사람들을 대할 때, 예수님께서 가지셨던 마음, 방황하고 있는 양들로 보여야 그들을 주께로 인도한다. 하나님이 부르시는 일꾼은 누구인가?

1. **예수님의 마음을 가진 자.** 36절, "무리를 보시고 불쌍히 여기시니 이는 그들이 목자 없는 양과 같이 고생하며 기진함이라"고 하였다. 우리가 이 세상을 살아 갈 때에 수없이 많은 사람들이 우리 곁을 스치고 지나간다. 우리는 그들을 보고 느끼는 것이 있어야 한다. 예수님께서는 "목자 없는 양과 같이 방황하고 있는 양들"로 보셨다.

2. **상처 입은 자의 치유자.** 히브리서 기자는 예수님을 '대제사장' 이라고 표현하였다. 제사장은 백성들의 아픔이나 문제, 어려움이나 고통을 대신 끌어안고 하나님께로 나아가서 중보자의 역할을 담당하는 이다. 주님의 마음 가진 자가 되어 그들의 아픔을 내 것으로 담당해야 한다.

3. **예수님의 방법을 아는 자.** 예수님께서는 모든 도시와 마을에 두루 다니사 그들의 회당에서 가르치시며, 천국복음을 전파하시며, 모든 병과 약한 것을 고치셨다. 우리는 말씀을 가르쳐야 하고 복음을 선포해야 하고, 약한 자와 병든 자를 위하여 서로 기도해 주어야 한다. 그것이 곧 주님의 마음을 가진 자의 삶의 자세이다.

[한 줄의 묵상]
고통당하는 사람들을 볼 때, 같이 아파할 수 있는
그런 마음을 가진 사람을 찾고 계신다.

언약대로 축복 받는 가정예배 365일

10월 13일 ● 본문_마 12:31-37, 암송_33절, 찬송_272장, 통독_마 10-12장

그 열매로 아는 나무

글을 쓸 때나 말을 할 때 분명해야 한다. 만일, 편지의 내용이 분명하지 않으면 많은 오해가 생겨날 것이다. 성령님께서 권고하시는 대로 순종하여 '분명한 신앙인'이 되어야 사람들에게 증거가 된다.

1. 성령님께 민감한 사람. 31절, "성령을 모독하는 죄는 용서받지 못한다"고 하였다. 성령은 하나님의 영으로서 이 땅에서 역사한다. 성령은 초대교회가 강한 능력을 힘입고 큰 역사를 이루게 하였다. 오늘도 성령님이 마음에 역사하실 때 구원을 받는다. 인도함을 받는다. 역사가 일어난다.

2. 바른 말을 하는 사람. 33절, 나무도 좋고 열매도 좋구나, 혹은 나무도 나쁘고 열매도 나쁘다 등으로 분명하게 말할 수 있어야 한다. 혼동의 시대이다. 말을 바꾸고, 이런 저런 혼란스럽게 하는 사람들이 많이 있다. 사람의 눈치를 보고 말을 해서는 안 된다. 성령님께 순종하여 바른 말을 하자. 신앙인의 표징은 성령의 사람이냐는 것이다.

3. 선한 사람. 35절, 나무를 바로 자라게 하려고 가지치기를 해준다. 선한 일꾼이 되려면 욕심, 정욕, 쾌락 등을 과감히 잘라주어야 한다. 행실에서 가지를 쳐내어야 한다. 선한 사람은 말로 증명되지 않고, 주님의 말씀과 같이 선한 것을 낸다. 열매로 아는 것이다.

[한 줄의 묵상]
나는 어떤 사람에 속하는가? 분명하게 믿고, 분명하게 말하며, 분명하게 증거 하는 자가 되자.

10월 14일 ● 본문_마 13:24-30, 암송_30절, 찬송_330장, 통독_마 13-15장

알곡과 가라지

> 좋은 씨는 천국의 아들들이다. 이것은 참으로 중생(重生)한 자들을 가리킨다. 가라지는 악한 자의 아들들이다. 가라지를 심은 원수는 마귀이다. 원수가 가라지를 뿌렸다. 이 가라지는 거짓 신자들을 가리킨다.

1. 가리지를 심은 원수. 어떤 사람이 밭에 좋은 씨를 뿌렸는데 잠자는 동안에 원수가 와서 가라지를 뿌리고 갔다. 얼마 후에 밭에 가보니 그들이 심지도 않은 가라지가 나왔다. 원수 마귀는 우리가 잠잘 때 무슨 일을 하며, 어떻게 해칠지 모른다. 세상 끝 날까지 교회 안에 곡식과 가라지가 함께 있을 것이다.

2. 알곡은 곳간으로. 추수할 때가 되면, 알곡은 모아져서 곳간으로 들어간다. 알곡은 좋은 열매를 맺은 성도를 가리킨다. 죄 가운데서 구원받은 하나님의 자녀이다. 우리는 하나님의 자녀요, 알곡으로써 알곡 창고에 들어가게 된다. 참된 신자는 종교적 형식이나 의식으로 만족하지 말고 내면적 은혜를 갖추어야 한다.

3. 가라지는 불로. 교회 안에도 중생하지 못한, 위선적인 성도들이 계속해서 들어와 있을 것이다. 추수할 때가 되면 농부는 가라지를 먼저 거둔다. 그리고 모아서 불에 사른다. 그들은 영적인 의미에서 참으로 거듭나지 못한 자들, 구원 받지 못한 자들이다.

[한 줄의 묵상]
깨어 기도하며, 주님께서 언제 오시더라도 알곡창고에 들어갈 수 있는 신자가 될 것에 도전하자.

10월 15일 ● 본문_마 18:18-20, 암송_19절, 찬송_35장, 통독_마 16-19장

두 사람이 땅에서 합심하여

> 두세 사람이 합심하여 주님의 이름으로 모인 곳에는 예수님이 함께 계시며, 무엇이든지 구하면 이루어지도록 하시겠다고 약속하셨다. 우리가 하나님의 뜻으로 마음을 합하면 성취시켜주신다는 의미이다.

1. **무엇이든지 구하는 것.** 여기에서 '무엇이든지'는 인간의 정욕적인 욕구를 뜻하는 것이 아니다. 하나님께서 원하시고 명령하신 일들에 대한 '무엇이든지'이다. 그래서 기도로 소원을 아뢸 때는 하나님의 뜻을 깨닫는 일, 하나님의 뜻을 실천하는 일 등을 구해야 한다. 하나님의 뜻을 위한 목적으로 구해야 하는 것이다.

2. **예수님의 이름으로.** 우리가 기도하기 위하여 모인 곳에는 예수님도 함께 계시겠다고 약속하셨다. 기도하려고 하는 자에게 주님이 함께 계시다는 것은 우리에게 응답하시고자 좌정하신다는 뜻이다. 예수님께서 승천하신 후에, 성령님이 오셔서 기도하는 자들과 함께 계신다.

3. **기도를 중보하시는 주님.** 두세 사람이 합심하여 땅에서 구하는 기도를 하늘에 계신 하나님께서 들으시도록 하시겠다고 하셨다. 예수님께서 기도의 중보자가 되셔서 응답이 되도록 도와주신다는 약속이다. 예수님은 영원토록 성도를 하나님께 연결시키는 중보자가 되어 주신다. 지금도 주님은 우리를 위하여 하나님께 중보하신다.

[한 줄의 묵상]
하나님의 자녀는 하나님께 기도하는 사람이다. 우리 가정에서 두 사람 이상만 되면 기도하는 공동체를 사모해야 한다.

10월 16일 ● 본문_마 20:26-28, 암송_28절, 찬송_461장, 통독_마 20-22장

크고자, 으뜸이 되고자

> 교회 안에서는 남을 지배하는 위치가 없어야 한다. 예수님은 남을 섬기기 위해 으뜸이 되셨고, 섬기는 일로 위대해지라고 하셨다. 하나님께서 세운 지도자는 하나님의 뜻을 헤아려 그 의도대로 살아야 한다.

1. **자기를 주는 자.** 28절, "인자가 온 것은 섬김을 받으려 함이 아니라 도리어 섬기려 하고 자기 목숨을 많은 사람의 대속물로 주려 함이니라."고 하였다. 제자들은 예수님이 강력한 정치적 메시야로 군림할 것을 기대했으나, 그는 자기 죽음을 통해, 구원을 이루기 위해 사랑의 지도자의 길을 가고 있었다.

2. **섬기는 종으로 보낸 자.** 26절, "너희 중에는 그렇지 않아야 하나니 너희 중에 누구든지 크고자 하는 자는 너희를 섬기는 자가 되고"라고 하였다. 지배자는 자기의 뜻을 성취하기 위해 일을 한다. 그러나 하나님이 세운 지도자는 주님의 본을 보여 섬기는 자가 되어야 한다.

3. **자기를 죽이는 자.** 28절, 자기의 목숨을 많은 사람의 대속물로 주려 한다는 것은 다른 사람을 살리기 위해 자신이 죽는 것을 의미한다. 예수님은 십자가에서 죽으심으로 위대한 지도자가 되셨다. 예수님은 영광을 십자가로 보았다. 이처럼 하나님의 사람은 그가 취하고자 하는 영광을 자기의 죽음에서 본다.

[한 줄의 묵상]
교회 지도자가 되어 사람의 양심을 깨우며 저들을 살려놓는 지도자가 되기를 결단해야 한다.

10월 17일 ● 본문_마 24:42-51, 암송_44절, 찬송_179장, 통독_마 23-25장

지혜롭게 사는 길

> 예수님의 재림을 두고 우리에게 요구되는 것은 깨어 있는 생활이다. 깨어 있는 생활이란 경건과 의와 사랑의 생활을 의미한다. 말씀과 기도 가운데 참된 경건과 믿음을 가지지 않는다면 그것은 잠든 삶이다.

1. 깨어 있어야. 42절, 깨어 있는 자만이 시대를 분별하고 주님께서 오실 때 맞이한다. 우리는 시험에 들지 않기 위해서도 깨어 있어야 한다(마 26:41). 데살로니가전서 5:6에 "다른 이들과 같이 자지 말고 오직 깨어 정신을 차릴지라."고 하였다. 영적으로 깨어 있는가-방심하고 있는가?

2. 준비하고 기다려야. 44절, 주님이 오시기 전에, 주님을 맞아들일 준비를 갖추고 기다려야 지혜롭다. 노아의 때에 준비 없이 살던 자들에게 홍수 심판이 갑자기 임하였다. 하나님께서는 천국의 일에 준비된 자를 사용하셨다. 지금도 어디에서든지 준비된 자들이 높이 들려 사용된다. 주님께서 신랑으로 오심을 맞이할 준비를 하고 있는가?

3. 충성스런 종이 되어야. 45절, 충성스런 종에게는 특징이 있다. 그는 지혜롭다. 그것은 그가 때를 안다는 것이다. 그리고 자신이 무엇을 해야 하는지를 안다. 그래서 양식을 나눠줄 줄 안다고 하였다. 즉 자신의 사명을 잘 감당한다는 것이다. 그러므로 결국에는 복이 있다 칭찬을 받는다.

[한 줄의 묵상]
악한 종도 있다. 그에게는 준비가 없다. 그는 주인이 더디 오리라 생각한다. 악한 종이 되지 않도록 늘 자신을 살피자.

10월 18일 ● 본문_마 28:18-20, 암송_19절, 찬송_164장, 통독_마 26-28장

그러므로 너희는 가서

세상으로 가라고 하신 주님의 명령은 지금도 우리에게 유효하다. 그러므로 우리는 그 명령 앞에 순종함으로써 나가야 할 것이다. 선교사명을 감당하는 것이 하나님이 우리를 향하여 가장 원하시는 것이다.

1. 들어야 될 것은? 선교의 명령은 우리 주님께서 친히 명하신 일이다. 예수님께서는 하늘과 땅의 모든 권세를 가지고, 우리에게 명하셨다. 제자들에게 그 권세를 사용하도록 하시며 온 세상으로 가라고 하셨다. 이 명령에 순종하고 영혼을 사랑하는 마음으로 선교해야 한다.

2. 보내져야 할 곳은? 선교의 영역은 온 천하이다. 복음을 전파하는 것이 제한 될 수 없다. 세상에는 영역이 있지만 복음은 한 곳에 머물 수가 없다. 오대양 육대주를 향해 복음이 전파되어야 한다. 이것이 하나님이 원하시는 선교의 영역이다. 온 천하에 선교의 사명을 감당해야 한다. 동시에 선교는 몸으로, 기도로, 재물로 함께 보내지는 것이다.

3. 전해야 할 것은? 선교의 내용은 복음이다. 성경에서 말하는 복음이란 예수님 자신을 의미한다. 그러므로 당연히 예수님을 전해야 한다. 복음은 예수님이 우리를 위해 십자가에 죽으시고 부활 승천하셔서 지금도 우리와 함께 하며 그 이름을 믿는 자들에게 구원이 주어진다는 것이다. 예수님 외에 다른 복음은 존재하지 않는다.

[한 줄의 묵상]
나의 왕이 신하 된 나에게 부탁하신 일이다. 예수님의 제자이냐 – 아니냐는 선교의 명령에 어떻게 반응하는가에 드러난다.

10월 19일 ● 본문_막 2:3-12, 암송_5절, 찬송_396장, 통독_막 1-4장

일어나, 집으로 가라

> 중풍병자를 예수님께 데려온 네 사람은 큰 믿음을 갖고 있었다. 그들은 그 집 지붕을 뜯어 구멍을 내고 그 중풍병자의 누운 상을 달아 내렸다. 이렇게 해서라도 중풍병자는 고침을 받아야 하였다.

1. **친구들의 사랑.** 어떤 중풍병자가 예수님께로 가고 싶은데 혼자 움직일 수 없었다. 이에, 친구들이 들것에 옮겨 예수님께 갔는데 사람들이 얼마나 많은지 들어갈 수가 없었다. 그들은 그 집의 지붕을 뜯어 큰 구멍을 내어 들것에 중풍병자를 내렸다. 예수님이 그것을 보시더니 그들의 믿음을 보시고 중풍병자를 고쳐주셨다.

2. **이웃을 위한 봉사.** 중풍병자를 위하여 네 사람이 힘과 마음을 모았다. 그들에게는 오직 중풍병자를 예수님께로 데려가려는 마음이 뜨거웠다. 만일, 네 사람의 봉사가 없었으면 중풍병자는 고침을 받지 못하였을 것이다. 우리가 바쁘고 어려운 중에서도 불쌍한 사람을 위해 봉사하는 것은 바로 주님을 위한 봉사이다.

3. **봉사하는 공동체.** 성도들에게 이름 하나를 더한다면 봉사하는 지체들이라 하겠다. 우리는 어려운 사람을 위해 선한 청지기 같이 서로 봉사해야 한다. 청지기는 내 것은 하나도 없고 다 주인의 것으로 일하는 사람이다. 우리는 주님의 것으로 봉사하는 청지기이다.

[한 줄의 묵상]
예수님의 공생애는 죄인을 구원하시기 위하여 봉사로 오심이었다.
선한 청지기 같이 서로 봉사하라는 말씀을 새기자.

10월 20일 ● 본문_막 5:18-20, 암송_20절, 찬송_289장, 통독_막 5-7장

큰일을 행하신 것을 전파하니

오늘날 주님께서는 악령의 권세 아래 있는 자들을 구하여 성령님의 사람을 만드신다. 이 세상에서 이보다 더 큰일은 없다. 영원한 죽음과 형벌로부터 영원한 생명과 행복으로 이전시키는 일이기 때문이다.

1. 은혜를 끼친 자를 따르지 말아야. 사람은 하나님의 도구일 뿐이다. 그들도 우리와 심성이 같은 인간이다. 사람에 의해서, 사람의 수고로 은혜를 받았다면 그 은혜를 주신 하나님을 찬양해야 한다. 그리고 하나님만 따르고 영광을 돌려야 한다. 은혜를 끼친 사람은 자신이 하나님의 도구로 쓰임을 받았다는 것으로 감사해야 한다.

2. 은혜를 받은 사실을 전해야. 예수님의 살아계심을 증언하는 것이 은혜이다. 생명 있는 믿음은 가만히 있을 수가 없다. 구속을 받은 성도에게 최고의 임무는 주의 증인이 되는 것이다. 은혜를 받은 자의 할 일도 하나님의 능력을, 역사를 전파하는 것이다. 우리는 잠잠하지 말고 주의 역사를 전하는 자가 되자.

3. 은혜를 누림이 계속되어야. 받은 은혜로 만족하지 말고 계속 주의 일을 하면서 더 큰 은혜를 사모해야 한다. 받은 은혜도 소멸하지 말아야 한다. 또한 은혜생활을 계속하기 위해서 말씀을 듣고, 기도하고, 순종하고, 봉사하는 성도의 삶을 사는 자가 되어야 한다.

[한 줄의 묵상]
고침을 받은 사람은 주님께서 그에게 행하신 큰일을
다른 이들에게 전파하라는 명령을 받았다.

10월 21일 ● 본문_막 8:31-37, 암송_36절, 찬송_94장, 통독_막 8-11장

제 목숨을 잃으면

> 예수님의 예루살렘 입성은 겉으로는 호화로이 보이고 영광스럽게 보였다. 그러나 사랑하는 제자로부터의 팔림과 십자가의 고난과 죽음이 기다리고 있었기에 주님의 마음은 착잡하기만 하셨다.

1. 고난이 있을 때 얻어짐. 예수님께서 자신이 죽으시고 부활할 것을 제자들에게 말씀하셨을 때, 베드로는 그럴 수가 없다고 하였다. 그러자 예수님은 베드로에게 "하나님의 일을 생각하지 아니하고 도리어 사람의 일을 생각한다."고 하셨다. 고난이 없이 영광도 없다. 피 흘림이 없이 죄 사함도 없다.

2. 자기를 부인할 때 얻어짐. 예수님께서는 "누구든지 나를 따라오려거든 자기를 부인하고 자기 십자가를 지고 나를 따를 것이니라."고 하셨다. 또한 "누구든지 나와 복음을 위하여 자기 목을 잃으면 구원하리라"고 하셨다. 사람은 자신의 죄적인 요소를 부인할 때, 한 걸음씩 주님께로 나아가고 참 생명을 얻는다.

3. 십자가를 질 때 얻어짐. 예수님의 예루살렘 입성은 십자가를 지시기 위함이었다. 또한 세상 죄를 지시고 십자가에서 피흘리심으로 부활의 영광과 승리를 얻기 위해서였다. 십자가 없이는 영광도 없다. 주님께서 십자가를 지심으로 많은 영혼들이 참 생명을 얻게 되었다.

[한 줄의 묵상]
누구에게나 자기가 감당해야 할 고난을 겪어야 참 생명이 주어진다.
내가 감당해야 될 고난을 뒤로 미루지 말자.

10월 22일 ● 본문_막 16:1-6, 암송_6절, 찬송_159장, 통독_막 12-16장

무덤을 찾은 여인들

가장 먼저 주님의 부활의 증언을 들은 이들은 일찍 예수를 찾았던 여인들이었다. 예수님의 부활에 대해 최초로 들었던 사람들, 예수님을 찾았기 때문에 그런 기쁜 소식을 들은 것이다.

1. 미리 준비하다. 신앙생활은 준비이다. 이 여인들은 향품을 미리 사두었다가 예수님의 시신에 바르려고 길을 나섰다. 마침, 예수님께서 운명하신 날이 안식일이 시작되는 금요일이었으므로 미리 향품을 사서 기다렸다가 안식일이 지난 후에 찾았다. 미리 준비하는 사람이 예수님을 찾는 사람의 특징이다.

2. 아침에 일찍 나서다. 2절, "매우 일찍이 해 돋을 때에" 라고 하였다. 하나님께 쓰임을 받았던 이들의 공통점은 부지런하였다는 사실이다. 그리고 아침의 시간을 활용하였다. 아브라함은 아침 일찍이 준비해 모리아산으로 길을 떠났다. 여호수아는 여리고 성을 무너뜨릴 때, 아침에 일찍 일어났다. 부지런한 사람들이 늘 승리를 경험한다.

3. 목표가 분명하다. 예수님을 만나려는 분명한 목표를 갖고 찾아 간 것이다. 여인들에게는 제약이 있었다. 무서운 로마 군인들이 무덤을 지키고 있었고, 무덤을 막은 돌이 무거워 여인들로서는 움직이기 어려웠다. 또한 이른 새벽에 무덤에 찾아가는 것도 쉬운 일은 아니었다.

[한 줄의 묵상]
예수님의 부활에 대한 중요한 증거가 있는데 여자들이 천사들의 증거를 듣고 예수님의 빈 무덤을 확인했다는 사실이다.

10월 23일 ● 본문_눅 2:8-14, 암송_14절, 찬송_114장, 통독_눅 1-2장

땅에서는, 평화로다

예수님께서 이 땅에 오심으로 우리가 받은 복과 사랑은 말로 다 표현할 수가 없다. 구주의 탄생이야말로 사람에게 기쁨의 일, 큰 기쁨의 좋은 소식이다. 왜, 예수님께서 비천한 몸으로 이 세상에 오셨는가?

1. **하나님과의 화목평화.** 우리를 하나님과 평화하게 하려고 오셨다. 14절, "지극히 높은 곳에서는 하나님께 영광이요, 땅에서는 하나님이 기뻐하신 사람들 중에 평화로다"라고 하였다. 골로새서 1:21-22, "전에 악한 행실로 멀리 떠나 마음으로 원수가 되었던 너희를 … 화목하게 하라"라고 하였다.

2. **화해를 주도하신 하나님.** 하나님께서 화해를 이루시려고 오셨다. 하나님은 오래 전부터 인간과 화해하려고 노력하셨다. 그래서 한 때는 많은 선지자를 보내기도 하셨다. 어떤 때는 소돔 고모라와 같이 악하고 음란하고 더러운 성을 본보기로 심판하시기도 하셨다. 죄악의 사람들에게 경고하시며 하나님께 회개하고 돌아오라 메시지를 보내셨다.

3. **하나님께서 기뻐하심.** 기뻐하심을 입은 사람들만이 평화할 수 있다. "땅에서는 하나님이 기뻐하신 사람들 중에 평화로다"라고 하였다. '하나님이 기뻐하신 사람들'은 하나님의 기쁘신 뜻 가운데 선택된 자들을 암시한다. 예수님을 믿고 구원받는 사람만이 평화를 누릴 수 있다.

[한 줄의 묵상]
평화의 왕이신 예수님을 모시고 이 세상 어디를 가든지
평화의 대사로 일할 수 있게 되기를 소망하자.

10월 24일 ● 본문_눅 5:1-11, 암송_10절, 찬송_505장, 통독_눅 3-5장

네가 사람을 취하리라

예수님은 택하신 영혼들에 대해 큰 관심을 갖고 계셨다. 오늘에도 살아계신 주님께서 택하신 영혼들과 부르실 종들에 대해 큰 관심을 갖고 계심을 믿는다. 그리고 택함을 받은 자들에게 사명을 주신다.

1. 올바른 목표를 향한 출발. 하나님께서 인생을 창조하신 목적이 있다. 그 목적은 곧 하나님을 영화롭게 하는 것이다. 베드로에게 인생의 목표가 새롭게 시작되었다. 자신만을 위한 어부에서 하나님 나라를 위한 사람을 낚는 어부로 인생의 새로운 출발점이 되고 있었다. 성도가 이것을 망각하고 자신만을 위해 세운 목표는 좌절될 수밖에 없다.

2. 말씀에 의지한 출발. 말씀에 의지하는 것은 내 중심이 아니라 하나님 중심으로 사는 것을 의미한다. 베드로는 예수님의 말씀에 의지하여 그물을 내려 그물이 찢어질 정도로 많은 고기를 잡았다. 인간의 열심과 노력도 필요하지만 중요한 것은 말씀에 의지해야 복을 받는다.

3. 믿음으로의 출발. 베드로는 예수님을 믿었다. 그의 믿음이 기적을 낳은 것이다. 예수님께서는 제자들에게, "할 수 있거든이 무슨 말이냐 믿는 자에게는 능히 하지 못할 일이 없느니라"(막 9:23)고 하셨다. 믿음이 있는 곳에 기적이 있고, 하나님의 복이 있다. 믿음으로 출발하여 번성하게 되는 것을 경험하는 삶이 되자.

[한 줄의 묵상]
축복의 삶으로 만들기 위하여 말씀에 의지하여 출발하도록 하자.
복이 넘치는 삶이 열리게 될 것이다.

10월 25일 ● 본문_눅 6:43-45, 암송_45절, 찬송_284장, 통독_눅 6-8장

선한 사람은, 악한 자는

> 주님께서는 좋은 나무, 튼튼한 집의 비유를 통해 우리의 말과 행위의 중요성을 강조하셨다. 우리의 말과 행위를 작게 여기지 말자. 구원을 받아 좋은 사람이 되었다면, 우리의 말과 행위를 돌아보아야 한다.

1. **좋은 씨를 심어야.** 거둠의 원리는 심는 대로 거둔다. 봄에 좋은 씨를 심으면 가을에 좋은 열매를 거두는 것이다. 종말에, 예수님께서 거두시는 열매는 좋은 열매이다. 하나님의 말씀대로 산 사람은 좋은 열매를 거두는 것이다. 좋은 씨를 뿌렸기 때문에 좋은 열매를 거두게 된다.

2. **해충을 잡아주어야.** 좋은 나무에는 해충이 붙어있지 않는다. 벌레는 어떻게 해서라도 긁어 먹으려고 한다. 이것을 주인이 잡아주므로 해충이 없는 법이다. 좋은 열매를 해치는 벌레는 우상숭배, 불신앙, 불의, 불의, 불법이다. 이러한 해충이 좋은 믿음의 열매를 망치는 것이다. 이런 것은 잡아주지 않으면 좋은 성도가 되지 못한다.

3. **가지는 나무에 붙어 있어야.** 가지나 나무를 떠나면 열매를 맺지 못하고 죽는다. 하나님의 자녀가 예수를 떠나면 죽고 마는 것이다. 우리는 좋은 열매를 맺으려면 예수님께 붙어 있어야 한다. 생각, 지혜, 건강, 사업도 전부가 예수님께 붙어있는 가지만이 아름다운 열매를 맺는 것이다.

[한 줄의 묵상]
우리의 선한 말과 선한 행위를 통해 우리의 구원을 증거해야 한다.
참된 믿음은 반드시 선한 행위를 수반한다.

10월 ~ 12월

10월 26일 ● 본문_눅 10:30-37, 암송_37절, 찬송_220장, 통독_눅 9-11장

너도 이와 같이 하라

> 어떤 사람이 예루살렘에서 여리고로 내려가다가 강도를 만났다. 그는 자기에게 있는 것을 다 빼앗기고 매를 맞아 온몸은 피투성이가 되어 버렸다. 사마리아인이 그에게 가까이 가서 돌보아 주었다.

1. **사람을 거의 죽게 한 강도.** 강도는 영적으로 마귀를 말한다. 무슨 방법을 쓰더라도 빼앗고 죽이고 넘어뜨리고 망하게 하는 것이 마귀의 소행이다. 예루살렘에서 여리고로 내려가는 길은 매우 험했다. 강도는 그 사람의 옷을 벗기고 때려 거의 죽은 것을 버리고 갔다.

2. **레위인과 제사장.** 이 사람들은 존경을 받는 사람들이다. 이런 사람들이 어려운 사람을 보고 자비와 사랑을 베풀지 못하고 그대로 가버렸다. 죽게 된 자를 돌보아주고 살려주려는 긍휼과 사랑의 마음을 갖고 있지 않았다. 영적으로 간교한 사람들이다. 겉으로는 사랑하는 척하지만 속은 간교한 사람이다. 외식적인 신앙인들이다.

3. **선한 사마리아 사람.** 사마리아인은 강도 만난 자를 지나칠 수 없었다. 그는 그를 불쌍히 여겼다. 이 사람은 영적으로 예수님을 상징한다. 우리가 어렵고 곤경에 빠져있을 때 우리를 도와주는 사람이 있는가? 참 사랑을 베푸는 사람이 없다. 기쁨을 잃은 인생에게 참 이웃은 예수님 뿐이다. 예수님은 나를 구원하기 위해 생명까지 희생하셨다.

[한 줄의 묵상]
예수님처럼 사랑을 베풀 줄 알아야 하며, 참 이웃이 되어 사랑을 나눌 줄 아는 사람이 되자.

10월 27일 ● 본문_눅 12:36-40, 암송_40절, 찬송_175장, 통독_눅 12-14장

너희도 예비하고 있으라

> 주님께서는 하늘에서 우리가 늘 깨어있는 생활을 하고 있는가를 지켜보고 계신다. 그동안, 하나님의 말씀에 얼마나 충성된 삶을 살았는가를 점검해 봄으로써 바른 길을 걸어가는 전기가 되어야 하겠다.

1, 주인과 종. 그리스도께서는 우리의 주인이 되시며, 우리에게 맡기신 소임에 충성, 봉사, 헌신하기를 요구하신다. 우리에게 소임을 맡기시고 하늘 위에서 그 일을 얼마나 잘 감당하고 있는가를 불꽃같은 눈동자로 지켜보고 계신다. 우리는 그의 종 된 자들로서 그의 일을 성심껏 잘 감당함으로 그것에 상응하는 보상을 받아야 하겠다.

2, 주님의 오시는 때. 세상을 심판하시러 주님이 다시 오신다. 오시는 때는 언제 어느 시인지 확실히 알 수 없다. 그때는 밤의 어느 시간인지 아무도 모른다. 그러므로 우리가 주의해야 할 태도는 특정한 때만이 아니라 늘 깨어있는 자세로 충성, 봉사해야 한다는 것이다.

3, 주님께서 요구하시는 것. 늘 깨어 있다는 것은 의롭고 경건한 생활, 날마다 그분의 형상을 덧입기 위하여 수고하고 애쓰는 삶의 연속을 의미한다. 주님을 닮는 것은 하루아침에 이루어지는 것이 아니라 매일의 삶의 현장에서 부단히 노력함으로써 이루어진다. 바로 이것이 오늘 우리 주님께서 우리에게 기대하고 계시는 것이다.

[한 줄의 묵상]
깨어있는 삶은 하나님의 통치를 잘 받는 생활이므로
말씀의 가르침을 받아야 한다.

10월 28일 ● 본문_눅 16:1-8, 암송_8절, 찬송_597장, 통독_눅 15-17장

일을 지혜롭게 하는 청지기

> 우리가 인생을 살아가다 보면 지혜가 필요하다. 사람이 어떤 당면한 문제를 놓고 그것에 어떻게 대처하느냐 어떤 자세로 기다리느냐 하는 것은 매우 중요하다.

1. 책망을 받은 청지기. 본문에서 보는 대로 청지기가 주인의 재산을 남용하게 되자 주인이 알고 그를 책망하였다. 2절, "내가 네게 대하여 들은 이 말이 어찌 됨이냐? 네가 보던 일을 셈하라"고 하였다. 이 말은 결산해서 나에게 인계하고 청지기 직에서 너를 해임하겠다는 의미이다.

2. 빚을 탕감해주다. 이 청지기는 주인의 재산을 가지고 자기의 임의대로 기름 백 말 빚진 자에게는 오십 말이라 쓰게 하고 밀 백 섬을 빚진 자에게는 팔십이라고 증서에 고쳐 쓰게 했더니 주인은 이것을 지켜보면서 청지기가 지혜롭게 한다고 여겼다. "청지기가 일을 지혜롭게 하였으므로 칭찬했다."고 하였다.

3. 청지기의 지혜. 청지기는 한 가지 방법을 생각해냈다. 주인에게 빚진 자들을 불러 빚을 임의로 감해 주는 것이었다. 그러면 자신이 해고된 후에 그들이 자신을 그들의 집으로 영접해줄 것이라고 생각했다. 4절, "이렇게 하면 직분을 빼앗긴 후에 사람들이 나를 자기 집으로 영접하리라"고 했다.

[한 줄의 묵상]
청지기는 주인의 재산을 관리하는 재산 관리인이다.
하나님 앞에서 청지기로서 미래를 향해 오늘을 지혜롭게 살아가자.

10월 29일 ● 본문_눅 18:1-8, 암송_8절, 찬송_398장, 통독_눅 18-21장

원한을 풀어주시리라

세상에서 성도에게 어려운 일들, 심지어 원통한 일들이 있을 것을 보여준다. 주님은 왜 "항상 기도하라" 하시고 "낙망하지 말라" 하셨을까? 기도에는 어려운 일이 있으니 낙망하지 말고 끝까지 인내해야 한다.

1. 응답이 되지 않는 기도. 왜 우리의 기도가 응답되지 않는가? 이에 대한 성경의 대답은, 믿음으로 구하지 않거나, 정욕으로 쓰려고 잘못 구했거나, 하나님과 나 사이에 죄악의 담이 막혔기 때문이라고 한다. 그러나 믿음으로 구했고, 하나님의 영광을 위하여 구했으며, 깨끗한 심령으로 구했는데도 응답되지 않는 경우가 있다.

2. 인간의 기도 - 하나님의 의도. 하나님은 기도를 통하여 예수를 알고, 예수를 사랑하고, 예수로 사는 신령한 지식과 사랑을 하게 한다. 하나님의 마음에 합한 사람, 하나님이 보기에 좋은 사람, 하나님이 쓰기에 필요한 사람으로 만드신다.

3. 사람의 시간 - 하나님의 시간. 사람들은 나의 기도가 내가 원하는 시간에 응답되기를 바란다. 그러나 하나님께서는 하나님의 시간에 응답해 주신다. 우리는 이 하나님의 때를 믿음의 인내로 참고 기다려야 한다. 믿음으로 참고 기도하면, 하나님의 때가 이르리니 그 때에 기쁨으로 단을 거두리라고 약속하셨다.

[한 줄의 묵상]
이 세상에는 두 때가 있다. 하나님의 때가 있고 내가 시간을 재는 나의 때가 있다. 시간에 주목하는 가족이 되자.

10월 30일 ● 본문_눅 24:28-35, 암송_35절, 찬송_162장, 통독_눅 22-24장

자기들에게 알려지신 것을

> 예수님은 부활하신 후에 엠마오로 가던 두 제자와 동행해주셨다. 그들은 주님의 부활 사실을 깨달으면서, "우리에게 성경을 풀어 주실 때에 우리 속에서 마음이 뜨겁지 않더냐?"고 하였다.

1. 성경을 깨닫는 마음. "그들의 눈이 밝아져 예수님을 알아보았다"라고 하였다. 그리고 "우리에게 말씀하시고 성경을 풀어 주실 때에 우리 속에서 마음이 뜨겁지 아니하더냐"라고 하였다. 성도는 성경을 깨닫는 것을 큰 은혜로 또는 취미로 알아야 한다. 진리를 깨달음이 얼마나 귀한 은혜인가? 진리를 깨닫는 것이 곧 뜨거운 마음을 갖는 것이다.

2. 회개하는 마음. 베드로가 예수님을 세 번이나 모른다고 부인한 것을 아실 것이다. 그러나 베드로는 그 잘못을 자책하면서 심히 통곡했다고 하였다(마 26:75). 엠마오로 가던 두 사람도 마음이 뜨거워졌을 때, 자신들의 가던 길을 멈추고 다시 예루살렘으로 돌아온 것은 뜨거운 마음으로 회개한 결과라고 할 수 있다.

3. 증언하는 마음. 35절, "두 사람도 길에서 된 일과 예수께서 떡을 떼심으로 자기들에게 알려지신 것을 말하였다"고 하였다. 뜨거운 마음을 갖은 두 사람은 예루살렘으로 돌아가서 예수님의 부활을 증언하였다. 예수님에 대한 경험을 고백하며 나누는 것이 신앙이다.

[한 줄의 묵상]
마음이 뜨거워진 사람들은 이렇게 예수님의 부활을 증언하였다.
우리 가정에서 부활의 예수님이 증거 되도록 하자.

10월 31일 ● 본문_요 3:16-21, 암송_17절, 찬송_258장, 통독_요 1-4장

세상이 구원을 받게 하려

> 예수님의 세상에 오심은 하나님께서 죄인들을 구원하시려는 사랑 때문이었다. 하나님의 사랑은 베푸신 사랑, 무조건적 사랑, 변함없는 영원한 사랑, 아가페적 사랑으로 온 인류에게 구원의 은혜를 주셨다.

1. 하나님 사랑은 존재의 시작. 하나님께서 사람을 지으신 일의 밑바탕에는 하나님의 사랑이 존재하고 있다. 하나님이 사람을 사랑으로 창조하셨다는 증거는 하나님의 형상을 부어 지으신 것을 보면 알 수 있다(창 1:26-27). 또한 우주 만물을 인간이 다스리도록 하셨다(창 1:28).

2. 하나님 존재의 동기는 사랑. 하나님의 본성은 사랑이시다(요일 4:16). 하나님은 우리를 위해 행하고 계신다. 하나님은 전제주의 폭군과 같이 하나님 자신만을 위해서 인간에게 노예처럼 희생하고 충성하라고 강요하시지 않는다. 모든 사람에게 자유의지를 주셨고, 믿음으로 하나님의 사랑을 깨달아 알기를 원하신다.

3. 사랑을 실행으로 옮기신 하나님. 하나님께서 사랑하신 것은 온 세상이었다(요 3:16). 어느 특정 민족에 국한하지 않으셨다. 이것은 하나님 사랑의 너비를 말해주고 있다. 사랑의 실천으로 독생자 예수님을 화목제물로 이 땅 위에 보내 주시므로 하나님의 사랑을 사실적으로 실천해 주셨다(요일 4:10, 롬 5:8).

[한 줄의 묵상]
우리는 이 사랑 때문에 구원의 은혜 속으로 들어갈 수 있고,
하나님의 보좌 앞으로 담대히 나아갈 수 있게 되었다.

11월 1일 ● 본문_요 6:1-13, 암송_11절, 찬송_198장, 통독_요 5-7장

감사가 낳는 것

> 거듭나서 하나님의 자녀가 되었고, 십자가의 사랑으로 매일을 살아감에 감사해야 한다. 믿음으로, 기도로, 재물로 드린 감사는 아름다운 열매를 맺는다. 하루 일과의 시작과 끝이 감사여야 한다.

1. 기적을 낳다. 감사라는 낱말에는 기적이라는 의미의 동력이 들어 있다. 한 어린아이가 예수님께 드린 5병 2어로 말미암아 수만 명을 먹이고 남는 기적을 낳게 되었다. 구약에서 사르밧 과부의 경우를 보자. 그녀의 감사의 헌신이 3년 6개월의 삶의 문제를 해결하는 기적을 낳았다. 성도에게 감사는 하나님을 인정한다는 행위가 되는 것이다.

2. 봉사를 낳다. 요셉은 형들에 의해 팔림을 당해 종이 되고, 죄인이라는 누명을 쓰고 옥에 들어갔어도 하나님의 형통함과 하나님께서 함께 하심을 경험하였다. 그는 시련의 시간을 견디고, 애굽의 총리가 되어 애굽 민족과 자기 민족을 위해서 큰 봉사를 하였다.

3. 축복을 낳다. 감사하여 주는 자에게 복이 있다고 하였다. 이때, 감사는 바로 하나님께서 받으실 만한 예배가 되는 것이다. 감사할 때 흔들어 넘치도록 복이 임한다. 인간 관계에서는 쓴물이 변해 단물이 되고, 답답함이 변해 시원함이 되고, 긴장이 변해 평안이 되고, 시기와 질투가 변해 사랑이 된다.

[한 줄의 묵상]
성도가 감사하는 행동에는 하나님께의 드림과 이웃에게로의 베푸는 것이 증거 된다. 감사로 살아가기를 결단하자.

11월 2일 ● 본문_요 8:31-36, 암송_32절, 찬송_57장, 통독_요 8-10장

진리와 자유

주님께서는 "진리를 알지니 진리가 너희를 자유롭게 하리라."(요 8:32)고 말씀하셨다. 진리는 예수님 자신이며, 예수님의 말씀과 그에 관한 말씀이다. 복음이 바로 진리이다. 여기에 죄인의 구원과 소망이 있다.

1. **인간을 위한 하나님의 목적.** 참 자유는 하나님이 우리에게 무엇이 되기를 바라는 그대로 되는 특권과 권세를 가리킨다. 하나님의 자녀로서 살아가는 것이다. 성도는 주님 안에 뿌리를 내려 성장하여 잎이 피고 꽃이 피어 신령한 열매(갈 5:22-23)를 맺음을 경험하는 자유인이다.

2. **참 자유를 위한 하나님의 방법.** 이 세상에는 두 세력이 있다. 은혜와 진리를 통하여 역사하시는 하나님의 권세와 거짓을 통하여 역사하는 마귀의 권세이다. 하나님은 은혜와 진리로 결박하여 자유로 이끌고 영생으로 인도하시나 마귀는 거짓과 위선으로 결박하여 속박으로 이끌고 지옥으로 인도한다.

3. **인생에게 자유를 주신 예수님.** 진리에 결박된 자는 자유와 영생이요 거짓에 결박된 자는 속박과 파멸(지옥)이다. 예수님 안에서 신령하게 성장하는 자유와, 엄청난 잠재력의 은사를 개발하는 자유와, 주님을 닮고, 예수님처럼 되는 자유를 누리는 하나님의 사랑과 은혜를 입은 자유인이다.

[한 줄의 묵상]
오늘, 스스로 묻고, 다시금 결단을 하자. 나는 진리 안에서 자유를 경험하고 있는가? 오직 예수님을 믿고, 살아가자.

11월 3일 ● 본문_요 12:1-8, 암송_3절, 찬송_522장, 통독_요 11-13장

마음에 채워져야 할 것은

마리아는 그 귀한 향유를 예수님의 발에 부었고 자기 머리털로 그의 발을 씻었다. 향유 냄새가 집에 가득하게 되었다. 사람의 마음에는 무엇이 들어가서 채워지느냐에 따라서 그의 행동이 다르게 나타난다.

1. **때를 아는 것으로.** 가룟 유다는 인간의 때를 위하여 향유를 팔아서 가난한 자들에게 주어야 할 것이라고 마리아를 나무랐다. 우리는 마리아에게서 그녀가 하나님의 때, 주님의 때를 알아서 주님의 장사할 날을 위하여 준비하고 있음을 본다. 곧 주님의 때를 알 때, 이를 준비할 수 있다. 주님의 때를 아는 것으로 채워져야 한다.

2. **깰 것을 깨고 쏟을 것을 쏟는 것으로.** 마리아는 옥합을 깨고 자기 오라비를 살려주신 주님에게 향유를 쏟아 부었다. 그녀의 예수님을 향한 사랑이 향유를 조금도 아까워 하거나 두려워하지 않게 하였다. 그러나 가룟 유다는 이를 깨지 못하고 쏟아 붓지 못하였다.

3. **모든 이들에게로.** 주님을 위하여 한 일이, "가난한 자들은 항상 너희와 함께 있거니와 나는 항상 있지 아니하리라."는 주님의 말씀이다. 그러면서 한 번으로 끝난 마리아의 채워짐은 성경을 읽고 듣는 모든 이들의 마음에 채워지고 있다. 그렇다면 우리에게도 예수님의 향기가 가득하게 넘쳐남으로 이웃에게로 채워짐을 베풀어야 할 것이다.

[한 줄의 묵상]
오늘, 우리 가정에서는 유다와 같은 마음이 예수님을 향해서
옥합처럼 깨어지고, 향유처럼 부어져야 한다.

11월 4일 ● 본문_요 16:7-14, 암송_7절, 찬송_289장, 통독_요 14-16장

보혜사로 오신 성령

> 성령의 행하심을 알아 민감하게 순종하며 따르면 성령님께서 강권하셔서 나의 행실에서 거룩한 변화가 일어나도록 하신다. 그러므로 성령의 사역은 신앙생활의 핵심이며, 가장 중요한 관심이 되어야 한다.

1. **유익하게 하심.** 죄인이 용서 받아 의인이 되고, 연약함이 강함으로, 거짓이 정직으로, 교만이 겸손으로 나쁜 마음과 행동이 좋은 마음과 행동으로 바뀐다. 무기력하고, 낙심 된 사람이 새 힘과 용기와 소망을 얻게 되는 영육 간에 복되고 좋은 변화가 일어난다.

2. **진리를 깨닫게 하심.** 성령님은 진리의 영이시다. 성령님은 죄에 대하여 깨닫게 하신다. 죄가 들어올 때 지적하고, 책망하여 회개의 자리로 인도하신다. 의에 대하여 깨닫게 하므로, 예수님의 십자가 보혈의 은혜로 죄 사함의 확신을 주신다. 세상에 대한 눈도 열어 주시므로, 죄를 이길 수 있는 능력을 주신다.

3. **예수님을 증언하게 하심.** 성령님은 예수님의 모든 것을 가지고, 예수님을 증언하는 사역을 하신다. 성삼위 하나님의 사역 속에 성부 하나님의 구원계획과 실천, 성자 예수님의 순종과 구원의 완성, 성령 하나님의 구원사역을 지금 이루어 가고 있다. 성령님께서는 부활하신 성자의 영으로 예수님의 영광을 나타내신다.

[한 줄의 묵상]
성도의 삶에서 진리와 은혜로 말미암는 깨달음은 축복 중에 최고의 축복이다. 오늘, 나의 한 날은 깨달음이 되도록 하자.

11월 5일 ● 본문_요 21:15-23, 암송_17절, 찬송_315장, 통독_요 17-21장

네가 나를 사랑하느냐?

> 예수님의 관심은 먹는 데 있지 않고, 제자들에게 전도자의 사명을 일깨우시는 데 있었다. 베드로는 전도자로서의 사명을 저버리고 고기 잡으러 갔다. 그러나 그는 돌이켜 하나님의 일을 힘써야 하였다.

1. 주님을 믿어야 하는 베드로. 주님의 제자는 주님을 믿고, 사랑하는 사람이다. 그러나 그때까지도 베드로는 자기를 사랑하였다. 만일 믿는다고 하면서, 사랑한다고 하면서 의심을 한다면 그것은 거짓 믿음, 거짓 사랑이다. 예수님을 따르고, 그의 제자가 되기 위하여 믿는 것은 생각으로, 마음으로, 몸으로, 영으로 믿는 것이다.

2. 고난을 당해야 하는 베드로. 상황이 불리하다 하여 고난을 피한다면 그것은 거짓 믿음, 거짓 사랑이다. 사랑도 고난도 아픔도 괴로움도 죽음까지 나누는 것이 사랑이다. 베드로가 주님을 사랑함은 자기 목숨을 내놓는 것으로 나타난다. 그것이 주님께 드림이다. 물질만 드리는 것이 아니라 몸도 마음도 생명까지 드리는 것이 사랑이다.

3. 순종해야 하는 베드로. 오늘날 성도는 입으로만 사랑을 고백하고 있다. 이것은 의식에 불과하다. 말씀을 부인하지 않고 생명의 위협이 와도 순종하는 것이 사랑이다. 이것이 믿고, 사랑하는 증거이다. 우리는 진실로 주님께 믿음을 고백하고, 사랑하는 지체가 되어야 한다.

[한 줄의 묵상]
"내가 주를 사랑하는 줄을 주께서 아시나이다."
베드로의 고백이 나와 우리 가정의 고백이 되기를 결단하자.

11월 6일 ● 본문_행 1:12-14, 암송_14절, 찬송_364장, 통독_행 1-3장

다락방 교회

예루살렘 다락방 교회는 위대한 힘을 소유한 교회이다. 세상이 감당할 수 없는 교회였다. 세상을 정복하고 다스렸다. 이는 성령의 힘이었다. 초대교회의 성도들은 어떻게 하여 성령의 힘을 얻었는가?

1. 마음을 같이하여 힘을 얻다. 마음을 같이하여 믿었고, 모였으며, 기도했고, 떡을 나누었다. 믿음으로 모인 그들은 마음을 같이했고, 마음을 같이하는 것을 공유한 그들의 모임은 흩어지지 않는 것을 경험하였다. 그들은 한 마음으로 굳게 뭉쳐 기도하였다. 그리고 그들은 떡을 나누었으며 교제하고 섬겼다. 여기에서 위대한 힘이 생긴 것이다.

2. 오로지 기도에 힘을 쓰다. 첫째는 간절히 기도했다는 뜻이다 - 그들은 죽기 내기하고, 생명 내걸고 기도했다는 것이다. 둘째는 계속하여 기도했다는 뜻이다 - 그들은 끝까지, 약속하신 성령이 임하실 때까지 기도했다는 것이다. 셋째는 합심하여 기도했다는 뜻이다 - 그들의 기도는 하나 되어서 오직 성령님께 충만이었다.

3. 성령의 충만으로 힘을 얻다. 첫째, 바람과 같은 성령이 충만했다- 성령님은 자유로운 분이시며, 눈에 보이지 아니하는 분이시며, 눈에 보이지는 않게 역사하신다. 둘째, 불과 같은 성령이 충만했다 - 죄를 깨닫게 하시고, 사랑하게 하시며, 계속하여 번져나가는 힘을 가진다.

[한 줄의 묵상]
다락방 교회와 같이 마음을 같이하여 기도에 오로지 힘써
성령이 충만하여 세상을 정복하고 다스리는 가정이 되자.

11월 7일 ● 본문_행 4:5-12, 암송_12절, 찬송_336장, 통독_행 4-6장

베드로가 전한 예수님

베드로는 예수님을 만남으로 인하여 운명이 바뀌는 변신의 기회를 가졌다. 그는 가야바의 법정에서 예수님이 심문을 받을 때, 주님을 모른다고 세 번이나 부인하였지만 오순절의 성령역사 이후에 주님을 전한다.

1. **부활의 예수님을 전하다.** 예수님께서 심문을 받을 때, 어린 여종의 손가락질도 이기지 못한 베드로였다. 그가 산헤드린 공회 앞에서 부활하신 예수님을 전한다. 성령님께 충만하고 나서 과거의 사람이 변화되어 유대인들이 십자가에 못 박아 죽였으나 다시 사신 주님을 전한다.

2. **치료의 예수님을 전하다.** 주 예수님은 베드로를 통하여 사십년 동안이나 나면서 걷지 못하던 자를 고쳐서 걷게 하셨다. 이는 베드로 자신의 권능이나 능력이나 경건으로 한 것이 아니라 오직 부활하신 주님의 능력으로 낫게 한 것이다. 이를 전한다. 예수님은 어떤 병이라도 고치시고 위대한 기적과 이적을 일으키는 근원이 되신다.

3. **구원의 예수님을 전하다.** 다른 이로써는 구원을 받을 수 없나니 천하 사람중에 구원을 받을 만한 다른 이름을 우리에게 주신 일이 없다고 했다. 곧 예수님만이 구원이요 생명이요 진리가 되신다. 다른 종교, 다른 신앙, 다른 사상으로는 멸망밖에 받을 수가 없다. 오직 예수님만을 통하여 구원받는 자가 된다.

[한 줄의 묵상]
우리는 때를 얻든지 못 얻든지, 사람들이 좋아하든지 좋아하지 않든지, 오직 예수 그리스도만을 담대히 전파해야 한다.

11월 8일 ● 본문_행 7:54-60, 암송_59절, 찬송_323장, 통독_행 7-9장

천사와 같은 스데반의 얼굴

스데반의 바른 설교에도 불구하고 유대인들의 악한 감정은 그들의 이성과 양심을 어둡게 만들고 있었다. 그들은 자신의 교만함과 악함을 회개치 않고 도리어 스데반을 향해 이를 갈았다.

1. 성령이 충만하여. 성도가 성령 충만하면 하나님의 사람으로 신의 사람으로 변화 하게 된다. 모세도 시내산에서 말씀을 받아 내려 올 때, 얼굴에 광채가 비취었다. 성도도 성령님의 충만을 받으면 감사가 넘치고 사랑이 넘치는 얼굴로 변화하게 된다.

2. 하늘을 우러러 보아. 스데반은 하나님의 영광과 예수님께서 하나님 우편에 서신 것을 보았다. 이는 하나님을 우러러 볼 때에도 한 점 부끄러움이 없는 자세이다. 행한 일에 대하여 상급을 받게 될 터이니 부끄러움이 없는 상태이다. 곧 부끄러움이 없는 자가 하나님 앞에서 얼굴을 들게 된다.

3. 용서하는 마음이. 무릎을 꿇고 크게 불러 이르되, "주여 이 죄를 그들에게 돌리지 마옵소서."라고 간구하였다. 그는 지기를 치는 자들의 죄를 용서하여 달라고 구한다. 이는 자신이 죄 사함을 받은 증거이다. 예수님의 마음을 소유한 증거이다. 죽기까지 사랑하는 마음을 소유한 것이다. 그리고 차고 넘치는 은혜 안에 거한 증거이다.

[한 줄의 묵상]
우리는 죄를 사함 받았기에 부끄러움이 없는 상태, 사명을 다했으니 부끄러움이 없는 상태의 표정을 가져야 할 것이다.

11월 9일 ● 본문_행 10:1-16, 암송_4절, 찬송_490장, 통독_행 10-12장

응답받는 믿음

고넬료는 경건한 신앙인으로 백성을 많이 구제하고, 하나님께 항상 기도하고, 경건한 종까지 자신의 수하에 둘 만큼 하나님을 경외하였다. 그 삶이 하나님께 인정되고, 기도는 응답을 받았다. 고넬료의 믿음은?

1. **사모하여 기다림.** 하나님의 구원은 선물로 주어지지만 성령의 은혜나 축복은 사모하는 자에게 임한다. 주님은 인생살이에서 지치고 시달리고 목말라 하는 자를 오라고 하신다. 또한 주 안에서 겸손하면 때가 되면 높이신다고 약속하셨다. 그러므로 성령님의 충만을 사모하자.

2. **성령님의 인도.** 고넬료는 성령님께 충만하여 기도하였다. 그가 기도할 때, 천사를 통해서 성령님께서 그의 기도를 인도하신다. 성령님께 충만해야 세상을 이기고 마귀를 이기고 죄악을 이기는 능력을 받고 찬송 생활을 한다. 또한 신앙이란 나무는 성령이란 열매를 맺고 병 고침과 전도의 능력이 나타나게 된다.

3. **간절한 기도.** 고넬료는 택함을 받은 유대인이 아니었다. 그는 이방인이면서도 하루에 세 번씩 기도했다. 그의 기도는 하나님의 마음을 움직이고 환경을 변화시키는 구한대로 응답받는 기도였다. 기도로 야곱은 형의 마음을 녹여 아름다운 만남을 가졌다. 기도로 사무엘은 하나님의 능력으로 블레셋을 물리쳤다.

[한 줄의 묵상]
믿음의 능력이 나타나도록 하고, 하나님의 일을 보도록 해주는 힘이 성령님께 있다. 성령님께 충만하기를 사모하자.

11월 10일 ● 본문_행 13:21-23, 암송_23절, 찬송_515장, 통독_행 13-15장

하나님의 마음에 맞는 자

하나님께서는 사울의 왕위를 폐하시고, 다윗을 왕으로 세우셨다. 그리고 다윗을 만나니 "내 마음에 맞는 사람이라"고 하시며, 그에게서 뜻을 이루셨다. 하나님은 마음에 맞는 자를 불러서 일꾼으로 쓰신다.

1. **하나님께 인정받는 자.** 사무엘이 이새의 집에 가서 기름 뿔을 취하여 왕으로 세울 자를 택할 때에 장자가 지나가고 차자가 지나갔어도 하나님은 아니라고 하셨다. 하나님은 사람의 중심을 보신다. 하나님은 사람의 용모와 키를 보시는 분이 아니시다. 곧 다윗은 이러한 하나님의 마음에 맞는 자였다.

2. **회개하는 자.** 다윗도 아담의 자손이므로 완전한 의인은 아니었다. 그리하여 우리아의 아내를 범하는 죄를 지었다. 이에 다윗은 밤마다 침상을 적시는 회개와 눈물을 흘리었다. 지금은 죄를 짓고도 양심에 가책을 느끼지 않는 자가 많으나 다윗은 통곡의 회개의 삶을 가졌다.

3. **주님의 뜻을 이루는 자.** 하나님께서는 다윗과 같이 마음에 맞는 자를 택하여 주의 뜻을 이루게 하셨다. 사무엘의 손을 통해서 다윗에게 기름을 붓게 하셨다. 하나님께서는 그를 시인으로 연주가로 백전백승하는 용장으로 명 정치가로 명 재판관으로 경건한 종교인으로 훌륭한 목자로 예수님의 그림자로 살게 하셨다.

[한 줄의 묵상]
오늘, 우리가 생각해야 할 것은 나의 중심이 아니라 하나님께의 중심이다.
하나님의 마음에 맞는 자로 살도록 결단하자.

11월 11일 ● 본문_행 16:11-15, 암송_14절, 찬송_261장, 통독_행 16-18장

빌립보 교회

하나님께서는 이 땅에 주님의 몸인 교회를 세우신다. 이때, 교회는 주님의 피로 세워지는데, 사람의 헌신을 사용하신다. 빌립보에 교회가 세워질 때, 루디아라는 여인의 헌신을 사용하셨다.

1. **유럽에서 최초의 교회.** 바울의 발을 유럽으로 옮기신 하나님께서, 그가 빌립보라는 유럽의 첫 도시를 방문했을 때, 한 여인을 준비시켜 주셨다. 그녀는 루디아로서 주님의 종들을 자기 집으로 영접하였다. 그녀는 자신이 선교비를 지원하며 자기 집을 교회로 만들었다. 이렇게 되어서 빌립보 교회가 세워지게 되었고, 유럽 교회의 산실이 되었다.

2. **목회자를 성실히 섬긴 교회.** 교회를 세우신 하나님께서는 바울이 이 교회를 섬기도록 하셨다. 목회자는 이 땅에 대하여 하나님의 전권대사이며, 하나님의 사역자이다. 예수님을 대신하며 복음을 전하는 자이다. 그러므로 목회자를 대접하는 것은 예수님을 대접하는 것이다. 루디아는 당시에 '새 신자' 로서 목회자를 성심껏 대접하였다.

3. **전도와 교제에 힘 쓴 교회.** 빌립보 교회가 부흥하게 된 것은 복음을 전하는 교역자와 성도가 힘을 모아 뿌리를 잘 내렸기 때문이다. 다시 말하면 교회를 설립한 루디아와 교역을 전담한 사도 바울의 희생적인 믿음과 봉사와 기도가 있었음으로 빌립보 교회가 부흥된 것이다.

[한 줄의 묵상]
우리 가정에서도 하나님께 쓰임 받으며, 성도 간에 교제를 경험하여 빌립보 교회와 같은 은혜의 풍성함을 바라보자.

11월 12일 ● 본문_행 19:1-7, 암송_6절, 찬송_529장, 통독_행 19-22장

성령의 사람은?

에베소에서의 바울의 사역은 물세례만 아는 자들에게 성령의 세례가 있음을 알려 주는 것이었다. 예수님의 이름으로 세례를 줌으로 인하여 예수님을 영접하게 하고 구원에 이르게 하였다.

1. **성령님의 임재.** 성도는 마땅히 성령님의 충만하심을 경험하는 성령세례를 받아야 한다. 요한의 세례는 율법을 위반한 죄를 뉘우치고 회개하는 마음으로 받는 것이다. 그러나 성령세례는 깊은 기도 속에 받는 것이다. 그래서 요한의 세례는 도덕적인 세례인데 반해 성령세례는 죄 사함을 받고 성령의 조명에 의해서 받는 영적인 세례이다.

2. **성령님의 인도.** 예수님께서 승천하신 이후에, 다른 보혜사, 곧 성령님이 오셨다. 성령님께서는 믿는 자에게 임하여 내주하신다. 그런데 에베소 교회의 성도들은 성령세례와 성령님의 내주하심을 모르고 있었다. 성령님께서 보혜사가 되셔서 항상 내주하심도 알지 못하였다.

3. **성령님의 열매.** 안에서 기쁨이 가득한 자는 기쁨이 얼굴이나 모든 것 속에서 밖으로 나타나게 되어 있다. 곧 성령의 사람은 그의 삶을 통해서 성령님의 내주하심으로 말미암은 역사가 드러난다. 성령님께 충만하면 성령님의 인도를 받는다. 은사를 통해서나 말이나 행동이나 미래를 꿈꾸는 모든 것을 통해서 세상 사람들과 같지 않게 된다.

[한 줄의 묵상]
그렇다면, 오늘 나는 어떠한가!? 성령님께서 내주하시고,
성령님의 인도에 순종하면서 살아갈 것을 사모하자.

11월 13일 ● 본문_행 23:6-11, 암송_11절, 찬송_410장, 통독_행 23-25장

로마에서도 증언하여야

천부장은 바울이 로마인임을 알고 나서 그가 무슨 일로 유대인들의 고발을 받게 되었는지를 알 필요가 있었다. 그의 결박을 풀고 대제사장들과 온 공회를 모으게 하고 바울을 그들 앞에 서도록 하였다.

1. **바울의 자기변명.** 1절, "오늘까지 나는 범사에 양심을 따라 하나님을 섬겼노라." 바울이 공회에서 사람들에게 말한 자기변명의 처음 말이었다. 대제사장이 바울의 입을 치라고 하였다. 이에 바울은 호통을 치기를, "회칠한 담이여 하나님이 너를 치시리로다"(3절)라고 하였다.

2. **지혜로운 변명.** 공회에 있는 사람들이 사두개인과 바리새인임을 알게 된 바울은 말하기를, 바리새인으로서 죽은 자의 소망 곧 부활을 인하여 심문을 받는다고 하였다. 이로 인해서 그들 사이에서 논쟁이 크게 일어나게 되었다. 그 까닭은 바리새인들은 죽은 자의 부활을 믿고 있었으나 사두개인들은 믿고 있지 않았기 때문이다.

3. **하나님께서 지켜주시다.** 40명이나 되는 유대인은 바울을 죽이기로 당을 지었다. 그리고 기회를 맞이하려고 바울을 심문하도록 대제사장에게 요구하였다. 이 음모의 사실을 바울의 생질이 알고 바울에게 전해주었다. 사태의 심각성을 깨달은 천부장은 총독에게로 바울을 보내기로 결정하고 군사들의 호위 속에 떠나보낸다.

[한 줄의 묵상]
바울에게 로마로 갈 것을 약속하시고, 그 약속이 성취되도록 하시는 하나님이시다. 나에게도 언약을 성취시켜 주신다.

11월 14일 ● 본문_행 27:9-26, 암송_22절, 찬송_550장, 통독_행 26-28장

풍랑 속에서

> 바울 일행은 아시아의 해변으로 가는 배에 올랐다. 그런데 해변을 가까이 하고 행선하더니 얼마 안 되어 섬 가운데로부터 유라굴로라는 광풍이 크게 일어나게 되었다. 인생의 여정에서는 언제나 풍랑을 만난다.

1. **신앙의 연단을 주심.** 신앙의 생활에는 풍랑이 찾아와 기도하게 하고 겸손하게 하고 성경을 보게 한다. 그리하여 성숙한 신앙인이 되게 한다. 주님께서 타신 배에도, 주님께서 타시지 않은 배에도 풍랑은 왔다. 그리고 세상 사람이 볼 때에도 안전하다고 하는 항해에도 풍랑은 있었다. 이러한 것을 통해 주님은 우리의 신앙을 연단하신다.

2. **기적 체험을 주심.** 요나가 당한 풍랑으로 인하여 하나님이 그를 원하시고 계심을 안다. 주님의 제자들이 탄 배가 만난 풍랑으로 인하여 주님을 만나게 하고 바다 위로 걷게 하고 주님으로 인하여 풍랑이 잔잔하게 됨을 본다. 그리고 죄인 된 사도 바울의 말이 거짓이 아님을 알게 한다. 곧 풍랑을 인하여 주의 기적을 체험하도록 하신다.

3. **주의 뜻을 발견함을 주심.** 세상에서 일어나는 가장 작은 일이라도 하나님과 상관이 없이 일어나는 것은 없다. 좋은 일, 슬픈 일, 괴로운 일, 또한 풍랑에서도 하나님의 뜻이 나타난다. 주님의 제자가 만난 풍랑으로 인하여 그들의 믿음을 보시는 하나님이시다.

[한 줄의 묵상]
풍랑으로 인하여 하나님의 뜻을 발견하도록 하신다.
오늘, 우리 가정에 나타난 풍랑에서 내가 깨달아야 할 것이 있다.

11월 15일 ● 본문_롬 1:15-17, 암송_17절, 찬송_344장, 통독_롬 1-3장

믿음에 이르게 하는 복음

> 예수님은 우리에게 복음을 선물로 주셨다. 그 복음으로 하나님께 나아갈 수 있게 되었다. 복음은 모든 믿는 자에게 구원을 주시는 하나님의 능력이다. 예수님을 통해서 영생의 은혜를 누리게 되었다.

1. **믿음을 갖게 하는 복음.** 바울은 복음을 부끄러워하지 않았다. 그는 오히려 복음에서 하나님의 능력을 보았고, 자랑해야 할 가장 소중한 것으로 여겼다. 그 복음의 핵심이 바로 예수님이시기 때문이다. 이 복음의 능력은 우리에게 예수님을 구주로 영접하도록 하며, 예수님을 그리스도로 믿게 한다. 믿음을 가졌을 때 구원에 이를 수 있다.

2. **구원에 이르게 하는 복음.** 예수님은 하나님과 단절된 우리에게 복음을 주셨다. 그 복음은 오직 믿음으로 말미암은 구원을 말한다. 기독교는 구원의 종교이다. 구원을 성취하기 위해서는 바로 믿음이 있어야 한다. 예수님을 믿는 믿음만이 구원에 이르게 해주는 길이다.

3. **의롭게 하는 복음.** 우리는 본래 죄악에서 태어난 자들이라서 완전한 의인이 나올 수는 없다. 하지만 믿음을 통해서 의롭다고 인정함을 받는다. 복음에는 의롭다고 인정을 받는 능력이 나타난다. 이 복음은 단단한 죄의 사슬을 풀어 줄 유일한 열쇠이다. 주님으로 말미암아 의롭게 된 결과로 죄와 사망에서 해방을 누리게 된다.

[한 줄의 묵상]
예수님을 믿는다는 것은 곧 구원의 확신을 의미한다.
복음으로 말미암아 구원에 이르렀음을 확인하고 감사하자.

11월 16일 ● 본문_롬 5:3-5, 암송_4절, 찬송_260장, 통독_롬 4-6장

연단을 통해서

> 환난은 인내를, 인내는 연단을, 연단은 소망을 이룬다. 환난과 연단을 겪고 난 성도는 하나님 앞에서 영과 육적으로 성장하게 되고 성숙하게 된다. 이러한 과정에서 우리는 깊이 감춰진 보화를 발견하게 된다.

1. **인격의 성숙을 경험.** 수많은 환난과 연단은 이를 겪는 사람의 인격을 다듬고 심령 을 깨끗하게 하고 위험한 환상에 빠지지 않게 한다. 이를 겪지 못한 자는 어리석은 삶 속에 빠지기 쉬우나 겪은 자는 바른 판단력을 가진다. 그리고 연단과 환난을 기뻐하는 자는 승리하고 위대한 일도 하며 성숙한 인격으로 바꾸어지게 된다.

2. **영적 자원의 발견을 경험.** 시련을 겪으면서 인간의 한계를 알게 된다. 하나님께 기도하게 한다. 우상과 세상의 모든 것은 유한한 존재임을 깨닫고, 하나님을 찾게 된다. 환난 속에서 분명한 목표를 찾게 된다. 부정적인 면을 버리고 영적인 가능성을 찾게 된다.

3. **하나님과 가까워짐을 경험.** 사람의 끝이 하나님의 시작이다. 인간의 힘으로 할 수 없을 바로 그때 하나님의 모습이 보이기 시작한다. 내게 능력 주시는 자를 의지한다. 하나님의 기적이 역사하심을 체험하기에 이른다. 살아가는 순간 순간에 하나님의 도우심 속에서 살아가는 자신을 발견하기에 이른다. 하나님께서 환난을 건너가게 해주신다.

[한 줄의 묵상]
하나님을 가까이 하는 자는 자기에게 마주친 연단을 극복하게 된다.
이로써 상황의 세계를 초월한 삶을 살게 된다.

11월 17일 ● 본문_롬 8:24-25, 암송_24절, 찬송_248장, 통독_롬 7-9장

보는 것을 누가 바라리요

사람에게는 자신이 소망한 바가 무엇이냐에 따라서 결과도 다르게 나타난다. 하나님께서 성경을 우리에게 주신 목적은 죄인이 구원을 받는 것에 있다. 이는 내세에 천국을 소유하기 위한 것이다.

1. **참고 기다림.** "보지 못하는 것을 바라면 참음으로 기다릴지니라."고 하였다. 바울은 권면하기를, "우리가 환난 중에도 즐거워하나니 이는 환난은 인내를 인내는 연단을 연단은 소망을 이루는 줄 앎이로다."(롬 5:3-4)라고 했다. 성도는 농부의 인내, 선지자의 인내, 욥의 인내를 배워야 한다. 성도에게 진정한 소망은 참고 기다리는 데 있다.

2. **그리스도가 사는 것.** 바울은 "살든지 죽든지 내 몸에서 그리스도가 존귀하게 되게 하려 하나니 이는 내게 사는 것이 그리스도니 죽는 것도 유익함이니라."(빌 1:20-21)고 하였다. 소망이 있는 자는 자신의 몸에서 예수님이 존귀히 되기를 원한다. 곧 진정한 소망은 내 몸에서 그리스도가 사는 것이다.

3. **부활.** 바울은 죽는 자의 소망 곧 부활을 인하여 자신이 심문을 받노라고 했다. 잠언의 기자는 쓰기를, 의인은 그 죽음에도 소망이 있다(잠 14:32)고 했다. 우리는 언젠가 부활하신 주님처럼 부활할 것이다. 성도는 여기에 소망을 두고 살아야 한다.

[한 줄의 묵상]
하나님께서 우리에게 약속해주신 소망이 있는데, 곧 부활이다.
부활 신앙을 갖고 소망으로 살아가기를 결단하자.

11월 18일 ● 본문_롬 12:1-2, 암송_1절, 찬송_630장, 통독_롬 10-12장

너희가 드릴 영적 예배

> 성도의 생활이란 청지기의 생활이다. 청지기에게는 내 것은 하나도 없고, 모두가 하나님의 것을 맡아서 충성스럽게 관리하는 것뿐이다. 나는 하나님의 소유로서 하나님을 위하여 헌신적인 생활을 해야 한다.

1. 소유를 드리는 생활. 하나님께서는 우리에게 물질을 주셔서 살아가도록 하셨다. 그런데 성도들이 물질을 지나치게 사랑하며 돈에 얽매이면 돈의 노예가 되어 세상의 정욕에 빠지게 되고 마는 것이다. 우리는 삶에 있어서 피조물이 어디에서 나왔으며 누가 주셨는가를 먼저 기억하여야 한다. 우리의 모든 것은 주님의 것이다.

2. 시간을 드리는 생활. 주일을 거룩히 드려야 한다. 이 날은 우리의 날이 아니라 주님의 날이다. 하루의 시작과 끝을 하나님께 드려야 한다. 하루를 새벽기도로 시작하고 감사와 기도로 마쳐야 한다. 우리는 1분 1초를 내 마음대로 살아가지 않고, 세월을 아껴야 한다.

3. 재능을 드리는 생활. 사람은 누구든지 하나님께 받은 달란트가 있다. 이것은 그가 자신이 받은 달란트에 대하여 청지기로 살아가는 하나님의 의도이다. 이것을 자랑만 할 것이 아니라 잘 활용하여 주님의 영광을 위해 사용해야 한다. 우리는 하나님께 헌신하는 성도이다. 소유물과 시간과 재능을 드려 거룩한 산 제사로 드려야 한다.

[한 줄의 묵상]
나의 생명을 주인이 되시는 하나님께서 나에게 맡기셨다.
이 생명이 있는 시간에 주인 앞에서 살아가는 것이 예배이다.

11월 19일 ● 본문_롬 13:8-10, 암송_10절, 찬송_525장, 통독_롬 13-16장

사랑은 율법의 완성

무슨 일을 하든지 출발이 바르게 되어야 한다. 믿음, 소망, 사랑 중에 제일은 사랑이라고 하셨다(고전 13:13). 하나님의 사랑으로 출발하는 것은 사람에게 있어서 가장 복 되고 올바른 출발이 된다.

1. **사랑의 빚.** 인간은 먼저 사랑을 받으므로, 존재하며 행복해질 수 있다. 생명으로 이 땅 위에 존재하게 하신 하나님의 신비로운 사랑으로부터 시작하여 부모님의 사랑, 가족, 선생님, 친구, 이웃, 부부간의 사랑 속에서 살아간다. 인간은 사랑을 먹고 사는 존재이며, 사랑은 사람다운 사람으로 세워간다.

2. **사랑의 실천.** 받은 사랑을 갚으면서 살아가는 삶 속에 행복이 있고, 삶의 진정한 의미와 가치를 깨닫게 된다. 행함이 있는 것은 믿음이 있다는 증거요, 참 된 믿음에는 행함이 따라 온다(약 2:22). 사랑의 힘은 모든 것을 바꾸어 놓는 능력이 있다.

3. **율법의 완성.** 우리가 하나님을 사랑하는 것은 하나님의 계명을 즐거워하며 순종하는 것이다(요일 5:3). 십계명을 크게 나누어 보면 하나님 사랑(1-4계명)과 사람 사랑(5-10계명)의 명령이다. 사랑으로 할 때 하나님을 위한 온전한 헌신과 이웃에게 악을 행하지 않는 축복의 사람이 된다. 그러므로 사랑은 율법의 완성을 이룬다.

[한 줄의 묵상]
사랑은 관심과 생각을 바꾸어 놓는다. 가정에서 부모와 자녀가 사랑으로 마음과 생각이 집중하게 되기를 축복하자.

11월 20일 ● 본문_고전 1:18-25, 암송_18절, 찬송_439장, 통독_고전 1-4장

십자가의 도, 하나님의 능력

> 십자가는 성도에게 복음을 상징해주는 이미지이지 신앙의 대상은 아니다. 십자가 자체가 생명을 주지는 못한다. 그럼에도 어떤 이들은 십자가를 믿으려 한다. 그리고 십자가의 조형을 소중히 여긴다.

1. **구원의 도.** 예수님을 믿는 것은 우리가 구원을 받기 위하여 믿는 것이니다. 죄와 허물로 멸망을 당해야 할 사람들이 예수를 믿음으로 구원을 받는다. 예수님은 우리를 구원하시기 위하여 십자가를 지고 죽으셨다. 그러므로 누구든지 믿기만 하면 죄 가운데서 구원을 받는 것이 십자가의 도이다.

2. **사랑의 도.** 하나님은 사랑이라 하셨다. 하나님께서 죄인 된 우리를 사랑하사 예수님께서 십자가에 달려 죽도록 하신 것이다. 인간은 서로 사랑해야 하며 사랑을 먹고 사는 것이 인간이다. 사랑이 없는 교회는 교회가 아니며 사랑이 없는 가정은 지옥이다. 예수님께서 죄가 없으심에도 죄인이 되셔서 십자가를 지신 것은 인간을 사랑하셨기 때문이다.

3. **멸망하지 않는 도.** 예수님께서 하늘 높은 보좌를 버리시고 인간을 구원하러 오신 것은 인간을 사랑하시기 때문이다. 이 땅에 종교는 세월이 흐를수록 없어지고 교주도 죽고 끝나는 것이다. 그러나 십자가의 도는 어제나 오늘이나 멸망하지 아니하고 영원한 도이다.

[한 줄의 묵상]
십자가에 나타난 하나님의 사랑으로 구원을 받았다.
십자가에서 전달해주는 복음의 능력을 놓치지 말아야 한다.

11월 21일 ● 본문_고전 6:1-11, 암송_3절, 찬송_220장, 통독_고전 5-7장

천사를 판단할 것을

> 유대의 법에는 유대인이 이방인의 법정에 고소하는 것을 금하고 있었다. 만일, 그렇게 한다면 하나님의 율법을 모독하는 것이 되었다. 그들에게는 세상의 법정보다 하나님의 법이 우선하였기 때문이다.

1. **성도와 소송.** 신자들 상호간의 문제를 법정으로 끌고 가는 것은 근본적으로 잘못된 것이다. 바울은, 세상 법정을 '불의한 자'라고 표현하여, 성도가 그런 사람들에게 재판을 받는 일은 수치스러운 것이라고 강조하였다. 교회 안에서 해결할 수 있는데 불신자들의 법정으로 가져가는 것은 성도의 위신을 손상시키는 일이고 부끄러운 것이다.

2. **형제가 먼저다!** 바울은 말하기를, "차라리 불이익을 당하고 속는 편이 낫지 않겠느냐"고 하였다. 그의 지적은 성도가 절대로 세상 법정에 서서는 안 된다는 뜻이 아니다. 성도는 소송의 문제에서 상대가 형제라는 것에 주목하라는 것이다. 바울은 신앙 원칙을 말하고 있다.

3. **주 안에서.** 신자들 상호간에 일어난 소송 사태를 해결하기에 앞서서 그들은 주 안에서 한 형제, 자매라는 사실을 잊어서는 안 된다. 차라리 손해를 보고 속는 한이 있더라도 상대를 사랑하는 것이 옳다. 만일 용서해 줄 수 없다면 신자들의 중재 등으로 해결하는 것이 바울의 사고방식이었다. 성도에게는 그만한 자격이 갖추어져 있기 때문이다.

[한 줄의 묵상]
우리는 소송을 제기하기 전에 먼저 한 가족이다. 성도의 품위에서 벗어나지 않는 기백과 관용이 얼마나 필요한가.

11월 22일 ● 본문_고전 9:24-27, 암송_27절, 찬송_325장, 통독_고전 8-10장

내 몸을 쳐 복종하게 함은

인생은 마라톤 경주를 하는 것과 같다. 짧은 단거리 경주를 하는 것이 아니라 장거리 경주를 하고, 끝까지 달리는 것과 같다. 신앙생활을 경주로 비유하여 우리들의 마음가짐은 어떠해야 하는가?

1. 상을 얻도록 달려야. 달린다는 것은 힘이 드는 것이다. 그러나 다 달아날지라도 상을 얻는 자는 하나밖에 없다. 따라서 달려야 할 바에는 상을 얻도록 달려야 한다. 이는 열심을 다한다는 것이다. 그리고 최선 최고의 삶을 통해서 달리기를 하라는 것이다. 자신의 인생살이에서 최선을 다한 삶을 가지고 상을 얻도록 달리자.

2. 절제해야. "이기기를 다투는 자마다 모든 일에 절제하나니 그들은 썩을 승리자의 관을 얻고자 하되 우리는 썩지 아니할 것을 얻고자 하노라."고 하였다. 절제한다는 것은 자기를 다스림이다. 선수는 절제를 하면서 달려야 한다. 목표 지점에 이를 때까지 힘을 잘 사용해야 한다.

3. 끝까지 조심해야. "내 몸을 쳐 복종하게 함은 내가 남에게 전파한 후에 자신이 도리어 버림을 당할까 두려워한다."고 하였다. 자기가 조금 앞서 간다고 교만하다가 뒤에 오는 사람에게 추월당하게 된다. 세상 사람에게 칭찬을 받아도 하나님께 버림받으면 아무 소용이 없다. 그러므로 상을 받는 그날을 바라보고, 끝까지 조심해야 한다.

[한 줄의 묵상]
하나님께서 나를 자녀로 삼아주시고, 구원을 약속해주셨다.
구원의 완성을 위하여 상을 받기까지 살아드리기를 힘쓰자.

11월 23일 ● 본문_고전 12:31, 13:13, 암송_13:13, 찬송_475장, 통독_고전 11-13장

제일 좋은 길

> 하나님께서는 성도에게 은사를 주시는데, 그것은 교회와 사회를 섬기라는 은사이다. 우리 모두는 나만의 은사를 받았다. 그러나 더욱 큰 은사를 사모해야 한다. 바울은 제일 좋은 길을 우리에게 보여주었다.

1. 믿음. 성도의 삶을 유지하도록 해주는 동기는 믿음이다. 믿음이 없이는 한 순간에도 바로 살아갈 수 없고, 아무것도 할 수도 없다. 믿음은 생존의 근원이다. 이에 우리는 전능하신 하나님을 믿어야 한다. 구속하신 예수님을 믿어야 한다. 성령님의 역사를 믿어야 한다.

2. 소망. 소망은 인생이 살아가는데 힘의 원천이 된다. 밭을 가는 자가 소망을 가지고 밭을 갈면 곡식을 얻는 결실이 있다. 인생은 소망이 있기에 고난도 감수한다. 소망이 없는 사회는 어떤 발전이나 성장도 기대할 수가 없다. 우리는 천국에 나의 시민권을 두고, 이 땅에서 넘치는 소망으로 힘차게 전진하면서 살아가야 한다.

3. 사랑. 믿음은 인생에게 기본이 된다. 소망은 힘의 원천이 된다. 그러나 사랑은 생명의 원천이 된다. 그렇기 때문에 믿음보다도, 소망보다도 사랑이 제일이 된다. 그런데 이 사랑은 예수님 안에 있다. 이는 예수님께서 죄인이었던 우리를 위하여 십자가에 달려 죽으심으로 이를 성취하셨다. 그 사랑은 무궁하고, 영원하며, 풍성하다.

[한 줄의 묵상]
우리가 예수님을 주로 믿음으로 구원에 이르렀으니, 하늘나라에 소망을 두고 살되, 사랑으로 매일을 살아가야 한다.

11월 24일 ● 본문_고전 15:20-22, 암송_20절, 찬송_166장, 통독_고전 14-16장

죽은 자의 부활

> 주 안에서 죽은 자들을 잠든 것이라 설명하였다. '잠자는 자들'이란 죽은 자들에 대하여 비유적으로 표현한 것이다. 잔다는 것은 생물학적으로 깨어나는 것을 말해준다. 주님께서 다시 오시는 날에 깨워주신다.

1. **죽은 성도의 부활.** 주님의 부활을 잠자는 자들의 '첫 열매'라고 부른 것은 그의 부활이 죽은 자들의 부활의 근거가 되기 때문이다. 나무에서 첫 열매는 더 많은 열매들이 뒤따를 것을 기대하고 소망하게 하는 열매이다. 주님께서 부활의 첫 열매가 되심으로써 주 안에서 죽어, 지금은 무덤 속에 있는 이들이 신령한 몸으로 부활할 것을 믿는다.

2. **부활에의 소망.** 예수님의 부활은 성도에게 복음 중의 복음이 된다. 그리스도의 부활은 인간의 부활을 기대하고 소망하게 하는 사건이다. 인간에게 부활이 있다는 사실은 얼마나 복되고 놀라운 일인가? 그리스도께서 다시 사신 것처럼, 죽은 자들은 장차 다시 살아날 것이다.

3. **첫 열매.** 죽어서 장사를 지낸 자의 무덤은 우리의 눈에서 눈물을 흘리게 한다. 그러나 우리는 이 무덤에서 새로운 소망을 약속받는다. 그것은 성도에게 부활이 보증되어 있기 때문이다. 죽은 성도가 부활하면, 그 무덤은 영광의 처소가 될 것이다. 주님께서 죽은 자들의 첫 열매가 되심으로써 영생의 보장이 되셨다.

[한 줄의 묵상]
성도의 죽음은 슬픔의 사건이 아니라 복이다. 그 죽음으로 부활을 기대하게 해준다. 부활이라는 영생의 소망을 갖자.

11월 25일 ● 본문_고후 1:3-11, 암송_5절, 찬송_411장, 통독_고후 1-3장

모든 환난 중에 있는 자들을

바울은 복음을 전하는 사역을 하면서 외부로부터의 박해를 당하고, 큰 고통을 겪어야 하였다. 그러나 그는 그런 환난에서 오히려 자신이 강해졌으며, 복음사역에도 괄목할만한 성과를 거두게 되었다.

1. **하나님을 의지하도록.** 당시에, 고린도교회는 교회 밖에 있는 상황들로부터 박해를 받고 있었다. 그리고 성도들은 외부의 세계로부터 고립이 되어 갔다. 이에 그들은 스스로 두려움에 빠지게 되었다. 이에 바울은 자신의 경험을 고백하면서 하나님께 소망을 두도록 권면하였다. 사실, 환경적인 환난은 성도에게 주께 돌아오도록 한다.

2. **천국을 소망하도록.** 죄의 결과로 고난과 질병이 온다. 많은 이들이 고난을 당하면서 이 땅의 것이 아무것도 아니라는 사실을 깨닫게 된다. 죽게 될 때, 우리가 가진 것은 무슨 소망이 있겠는가? 고난을 겪음으로 비로소 불완전한 이 땅보다 하늘에 소망을 품도록 해준다.

3. **하나님을 경험하도록.** 고난을 통해서 하나님을 발견한 경우가 수없이 많이 있다. 우리에게 고난이 있을 것을 예상하고 고난이 주는 교훈 안에서 오히려 하나님의 뜻을 발견하며 성장해야 한다. 그 후에 이 땅에서 우리의 사명, 이웃 가운데 고난을 당하는 이들을 하나님의 심판이 아닌 위로로 전달하며 살아야 한다.

[한 줄의 묵상]
환난은 하나님 앞에서 성도를 성도답게 세워주는 환경이 된다.
오늘, 환난을 사용하시려는 하나님의 의도를 발견하자.

11월 26일 ● 본문_고후 4:1-6, 암송_6절, 찬송_80장, 통독_고후 4-7장

하나님의 영광을 아는 빛을

> 본문에서는 이 세상의 신이 믿지 않는 자들의 마음을 혼미하게 하여 복음의 광채가 비치지 못하게 한다고 하였다.

1. 이 세상 신의 정체는? 이 세상의 신이라는 말은 이 세상을 다스리는 존재를 가리키는 말이다. 궁극적으로 보면 모든 세계는 하나님이 홀로 다스리심에도 불구하고 세상에는 악이 존재하고 있고, 어떤 경우에는 악이 승리하는 것처럼 보이기도 한다. 이 세상의 신은 불신자들의 마음을 혼미하게 하여 복음의 광채가 비치지 못하게 한다.

2. 하나님의 영광을 아는 빛. 예수님께 하나님을 알게 해주는 빛이 있다. 하나님의 영광을 볼 수 있는 사람은 자신이 당하는 어려움을 이겨낼 수 있는 힘을 얻게 된다. 그리스도는 이 영광을 바라보았고 앞에 있는 즐거움을 위하여 십자가를 참으셨고 부끄러움도 개의치 아니하시므로 고난을 이기셨다(히 12:2).

3. 믿음으로 이기는 고난. 우리도 그리스도와 함께 이 영광에 참여하기 위하여 고난도 함께 이겨야 한다(롬 8:17-18). 그런데 하나님의 영광을 아는 빛은 그리스도의 얼굴에 있다. 이 빛을 받은 사람은 그리스도처럼 승리하기 때문에 이 세상의 신이 복음의 광채가 비치지 못하도록 막고 있다. 그러므로 인내에 인내를 더하여 빛을 받기에 이르자.

[한 줄의 묵상]
첫 사람 아담은 세상 영광 때문에 실패했지만 마지막 아담은
세상 영광으로 시험하는 마귀의 시험을 이기셨다.

11월 27일 ● 본문_고후 9:6-12, 암송_7절, 찬송_50장, 통독_고후 8-10장

즐겨 내는 자

인간의 복은 결코 환경 가운데에 있지 않다. 복은 우연히 되는 것이 아니고, 농사를 짓는 원리와 같다. 콩을 심으면 콩이 나고, 팥을 심으면 팥이 나온다. 적게 심으면 적게 나오고, 많이 심으면 많이 나온다.

1. **영적 생각을 심자.** 육신의 생각은 사망이요 영의 생각은 생명과 평안이다. 성도에게 임하는 복은 영의 것을 심을 때 거두게 된다. 성도가 무엇을 생각하느냐에 따라서 하나님께서 응답해주신다. 안타깝게도 가난한 자는 가난한 것에 대한 생각만 한다. 병든 사람은 병만 생각한다. 우리는 상황에 순종하지 말고, 영의 것만 생각해야 한다.

2. **감사의 씨앗을 심자.** 범사에 감사는 하나님의 뜻이라고 하였다. 하나님 앞에서 부족함이 없는 삶을 살아야 한다. 감사하는 노래에 사랑의 꽃이 피고, 행복의 열매가 맺히며, 축복이 열린다. 성도라면 자꾸 감사의 씨앗을 심어야 한다. 이로써 감사의 열매가 맺히게 해야 한다.

3. **순종의 씨앗을 심자.** 신앙생활에서 복을 거두려면 순종의 씨앗을 심어야 한다. 순종하면 복을 거두고, 행복의 열매를 거두게 된다. 순종하는 이들은 가나안으로 들어갔지만 불순종한 자들은 그 땅을 보지 못하였다. 순종한 사르밧 과부는 가뭄에도 마르지 않는 축복을 받았다. 눈에 보이는 상황에 마음을 두지 말고, 순종의 씨앗을 심자.

[한 줄의 묵상]
하나님께 대한 성도의 삶은 즐겨내는 것이다. 즐겨냄에는 감사와 순종이 전제된다. 하나님께 감사하기를 결단하자.

11월 28일 ● 본문_고후 12:1-10, 암송_9절, 찬송_212장, 통독_고후 11-13장

약한 데서 온전하여

> 사람은 누구나 단점이 있다. 그러나 그것이 그 사람을 만들어 간다. 그것이 하나님의 은혜를 만들어 간다. 그것이 하나님의 축복을 만들어 간다. 그것이 하나님의 능력을 만들어 간다.

1. 가시가 은혜가 되도록. 바울은 하나님께로부터 받은 계시가 매우 컸다. 그는 자신이 받은 계시로 인하여 자만하지 않게 하려고 고통을 주셨다고 받아들였다. 자신의 고통을 하나님께서 주신 가시라 여기고, 세 번이나 구했으나 응답이 없었다. 다만 이것이 은혜라고 하신다. 이 은혜가 네게 족하다고 하신다. 가시가 있는가? 은혜가 되게 하자.

2. 가시가 능력이 되도록. 가시를 떠나게 하기 위하여 바울이 기도한다. 그런데 하나님의 능력으로 수많은 환자를 고친 그가 자기 병 하나를 고치지 못한다. 그러나 이것이 은혜라고 하시면서 내 능력이 약한 데서 온전하여짐이라고 하신다. 가시가 있는가? 능력이 되게 하자.

3. 가시가 기쁨이 되도록. 이러한 주님의 뜻을 알고 가시가 생길 때마다 무엇을 했는가? 도리어 크게 기뻐하였다. 왜 그러하였을까? 이것으로 인하여 그리스도의 능력이 자신에게 머무는 결과를 경험하였기 때문이다. 자만하지 않기 때문이다. 은혜가 되기 때문이다. 약할 그때에 강하게 되기 때문이다. 가시가 있는가? 기쁨이 되게 하자.

[한 줄의 묵상]
오늘 하나님께서는 나의 나됨을 위하여 가시를 허락하셨다.
나의 약함으로 괴로워하지 말고, 하나님의 은혜를 묵상하자.

11월 29일 ● 본문_갈 1:11-24 암송_16절, 찬송_341장, 통독_갈 1-3장

그 아들을 이방에

그리스도인들은 자신의 생애, 인생의 길에서 부르심을 세 번 경험한다. 처음에는 성도로 부르심을 받고, 마지막으로는 천국 하늘나라로 불러주신다. 두 번째 부르심은 바로 '사명으로의 부르심'이다.

1. **부르시는 예수님.** 11절, 사람들과의 관계에서 누군가 나를 불러주면 고맙다. 만일, 일자리로 혹은 주요한 공직으로 불러줄 때 모두 감격할 것이다. 그러나 인간의 부름에는 한계가 있고, 제한이 있다. 반면에 하나님의 부르심은 영원하다. 인간의 부름을 받았다고 기뻐하지 말고 주님께서 부르실 때 아멘으로 감사해야 한다.

2. **은혜로 불러주심.** 15절, 바울은 자신을 불러 사도로 세워주셨음에 하나님께 감사한다. 자신이 사도된 것이 은혜였다고 하였다. 박해자요 복음을 멸하던 자였는데 불러주셨다는 것이다(13절). 우리들 역시 주안에서 불러주시는 것은 전적으로 주님의 은혜가 아닐 수 없다.

3. **부르심의 결과.** 나를 불러주심으로 하나님께 영광이 되어야 한다(24절). 하나님께서 나를 부르심에는 하나님의 계획이 있으시다. 나의 사명을 다 감당해서 하나님께 영광을 돌려야 한다. 내 만족, 내 기쁨, 내 명예 때문에 부르신 것이 아니다. "나로 말미암아 영광을 하나님께" 영광을 드리며 사명을 감당해야 한다.

[한 줄의 묵상]
하나님께서는 부르심에서 나의 과거를 문제 삼지 않으신다.
불러주신 것이 은혜이다. 부르심의 사명으로 살아가자.

11월 30일 ● 본문_갈 4:12-20, 암송_19절, 찬송_289장, 통독_갈 4-6장

해산하는 수고를 하노니

우리들 누구에게나 맡겨진 직분이 있다. 성도는 자신에게 주어진 직분은 무엇이든지 잘 감당해야 한다. 바울은 갈라디아 교회에 보낸 편지에서 자신이 어떻게 직분을 감당했는지를 고백하고 있다.

1. **수고하는 것.** 하나님께서 나에게 직분을 맡기실 때는 마땅히 수고할 것을 기대하신다. 직분을 감당할 때 그 직분은 대가의 지불을 요구한다. 수고가 빠질 수 없는 것이다. 수고 없이 열매가 없듯, 수고 없이 직분을 감당하기란 어렵다. 조금 어렵다고 직분을 놓치는 성도가 간혹 있다. 해산의 수고로 감당하는 것이니, 잘 감당하기를 결단하자.

2. **약해도 감당하는 것.** 바울은 자기 육체의 약함에도 복음을 전하는 것을 쉬지 않았다. 그러나 교회에서 병들었다고, 아프다고 봉사를 쉬는 성도들이 있는 것을 보게 된다. 성도는 고통스러울지라도 자신의 직분을 감당해야 한다. 그때, 고통이 사라지는 은혜가 있게 된다.

3. **참된 말을 하는 것.** 성도는 어떤 상황에서도 하나님의 말씀을 전해야 한다. 말 때문에 상처받고 실수도 많이 한다. 그렇다고 침묵한다든지, 상황에 따라 거짓말, 틀린 말을 할 필요는 없다. 바울은 참된 말을 함으로써 때로 원수지간이 될 뻔 하였지만 머뭇거리지 않았다. 이런 각오로 직분을 잘 감당하여 칭찬을 받아야 할 것이다.

[한 줄의 묵상]
해산의 수고는 과거에 지난 것이 아니다. 오직 그리스도의 형상이
이루기까지 앞으로도 하겠다는 다짐이다.

12월 1일 ● 본문_엡 1:20-23, 암송_23절, 찬송_205장, 통독_엡 1-3장

교회는 그의 몸이니

빛과 소금이 되어 세상을 이끌어가야 할 교회가 세상의 걱정거리로 전락되어가고 있는 슬픈 현실을 맞고 있다. 교회를 바르게 알고 진정으로 사랑할 때, 교회의 위기를 기회로 바꿀 수 있다.

1. 교회의 머리는 예수님. 지상 교회는 연약하고 부족한 모습을 보이곤 한다. 그럼에도 불구하고 교회를 사랑하고 세워 나가야 하는 이유가 있다. 그것은 교회의 주인이 예수 그리스도이시기 때문이다. 교회 모든 구성원들은 오직 머리 되신 예수님을 향하여야 한다.

2. 교회의 몸은 성도. 교회는 "구원 받은 성도들의 공동체"이다. 교회의 지체인 성도들은 머리 되신 예수님을 떠나서는 아무것도 할 수 없다(요 15:5). 교회 지체인 성도들은 각자의 역할과 사명이 다르다. 다양성 속에서 머리 되신 예수님을 향할 때 건강한 교회의 모습으로 변화 되어 갈 수 있다.

3. 어떻게 교회를 사랑해야 하는가? 성도는 교회를 중심으로 지내며, 교회를 주님의 몸으로 여겨야 한다. 예수님을 주인으로 모시고, 지체인 성도들을 귀히 여기고 사랑해야 할 것이다. 교회를 위해 제일 먼저 기도하여 은혜 속에서 지내며, 교회를 위해서 일할 곳, 헌신할 곳이 보이면 감사함으로 자원해서 섬기는 사랑의 모범을 보여야 한다.

[한 줄의 묵상]
하나님은 교회 생활을 통해 예수님을 더욱 바르게 알며 지체들 간의 관계를 통해 받은 하나님의 사랑을 실천하게 한다.

12월 2일 ● 본문_엡 5:15-21, 암송_15절, 찬송_23장, 통독_엡 4-6장

지혜 있는 자같이 행하라

하나님께서는 우리가 그에게 요청하기를 바라신다. 야고보 사도는 지혜가 부족하면 후히 주시는 하나님께 지혜를 구하라고 하였다(약 1:5). 하나님의 말씀을 사랑하면 우둔한 자를 지혜롭게 해주신다.

1. **지혜롭게 행하기를 원하시는 하나님.** 하나님께서는 성도들이 세상에서 살 때 지혜 있는 자의 삶을 살기를 원하신다. 본문에서도 이렇게 지혜 있는 자 같이 행하라 하시고, 지혜를 가르치는 말씀인 잠언에서는 아예 지혜를 소유하라고 가르친다.

2. **지혜 있는 자로 살아야 되는 이유.** 하나님을 모시고 사는 사람이라면 마땅히 지혜롭게 행해야 한다. 때가 악하기 때문에 지혜롭게 살아야 한다(16절). 잠시라도 방심하면 사탄이 들어와서 나도 모르는 사이에 사탄의 종이 되게 한다. 은혜 받았다 할 때 방심하면 안 된다. 마귀는 순식간에 우리를 넘어지게 한다.

3. **지혜롭게 사는 자는 어떤 사람?** 세월을 아끼는 사람이다. 주어진 시간과 기회를 선용한다는 말이다. 세상에 사는 사람은 누구든지 이 땅에서 사는 동안 주어진 시간이 정해져있다. 주어진 시간이 영원하지 않고 제한된 시간이요, 빠르게 지나가며, 한 번 가면 다시 돌아오지 않는다. 게다가 주어지는 기회는 그렇게 항상 주어지지 않는다.

[한 줄의 묵상]
주의 말씀을 듣고 소유하는 자의 눈이 밝아진다고 했다(시 19:8).
하나님을 알고 하나님을 경외하며 사는 것이다.

12월 3일 ● 본문_빌 3:1-6, 암송_3절, 찬송_359장, 통독_빌 1-4장

성령으로 봉사하라

믿음과 은혜로 의롭게 된 그리스도인은 주님을 위하여 교회를 위하여 인류를 위하여 봉사하는 자이다. 하나님을 사랑하는 또 다른 표현은 하나님과 교회를 위하여 봉사하는 삶이다.

1. 삼가라. 봉사자는 개들과 행악자와 몸을 상해하는 일을 삼가라고 하였다. 그들은 자기를 위하여 살아간다. 그러므로 사욕과 탐욕으로 봉사하는 척 하는 사람을 삼가해야 한다. 특히 행악하는 자 곧 악한 일꾼을 삼가야 한다. 그들은 주님과 교회를 위하여 일하는 자들이 아니다. 그러므로 봉사자는 성령의 뜻을 따라 봉사해야 한다.

2. 자기를 자랑하지 말라. 예수 그리스도를 자랑해야 한다. 바울은 자기를 자랑할 만한 그것을 배설물로 여기고 주님과 교회를 위하여 죽도록 봉사했다. 예수님을 자랑하여 그의 이름을 높이며 영광을 올려드려야 한다. 이런 봉사자가 그리스도의 향기이다.

3. 성령님으로 봉사하라. 참된 봉사는 힘으로 능력으로 되지 아니한다. 오직 성령으로만 된다(슥 4:6). 그래서 베드로는 "누가 봉사하려면 하나님이 공급하시는 힘으로 하는 것 같이 하라"(벧전 4:11)고 했다. 성령이 공급하시는 힘으로 봉사해야만 진선미의 봉사와 신망애의 봉사가 가능하다. 이런 자는 죽도록 봉사한다.

[한 줄의 묵상]
우리 가정에서 누구라도 자기를 자랑하거나 영광을 받지 않아야 한다. 성령님께 충만하여 봉사하기를 결단하자.

12월 4일 ● 본문_골 3:5-11, 암송_10절, 찬송_428장, 통독_골 1-4장

새 사람을 입었으니

사람은 살아가면서 시련의 언덕도 넘고, 불행의 강도 건너며, 죽음의 절벽 앞에도 서고, 질병의 골짜기에 빠지기도 한다. 오해도 당하고 유혹의 가시에 찔린다. 이러할 때, 주님께로부터 살리심을 바라보자.

1. **좋은 신앙을 만들자.** 신앙의 사람은 역경을 이겨낸다. 그 역경으로 자신의 성화를 이루며 그리스도의 온전함에 이른다. 그는 착한 일을 하려고 계획을 세우고, 복 받을 일을 꿈꾼다. 슬기롭고 성실하고 용감한 사람이 되도록 한다. 그것은 우리의 옛 모습이 죽고 그리스도 안에서 다시 살리심을 받았고, 주님의 평강이 나를 주장하기 때문이다.

2. **좋은 인격을 만들자.** 행복하기를 원하는 자는 하나님과 교회 앞에서, 사람 앞에서 땅에 있는 육체를 죽이고 세상의 모든 것을 벗어버리고 자기를 창조하신 자의 형상을 따라 지식에까지 새롭게 하심을 받는다. 그러면서 주님의 말씀이 우리 안에 풍성히 거하는 삶을 산다.

3. **좋은 생활을 만들자.** 그리스도인으로 빛과 소금의 역할을 다한다. 무슨 말을 하려면 하나님께서 말씀하는 것처럼 말을 하고, 무슨 봉사를 하려면 주님의 힘으로써 봉사를 하듯 한다. 그리고 주의 종들로부터 배우고, 받고, 듣고, 본대로 행한다. 나아가 항상 기뻐하고, 쉬지 말고 기도하며, 범사에 감사하는 생활을 만든다.

[한 줄의 묵상]
오늘, 나의 하루는 성경에서 삶과 행실의 규범을 따라야 할 것이다.
나는 그리스도 안에서 새 사람이다.

12월 6일 ● 본문_살전 1:2-10, 암송_3절, 찬송_407장, 통독_살전 1-3장

좋은 소문을 내는 성도

데살로니가 교회는 좋은 소문이 난 교회였다. 이들은 스스로 좋은 소문을 내고 있었다. 하나님께서 우리에게 요구하시는 모습은 좋은 소문난 교회와 성도이다. 나 또한 하나님께 합당한 교회가 되어야 한다.

1. **믿음의 역사가 있어야.** 예수님의 말씀을 그대로 믿고 그대로 살아서 예수님의 소문을 그대로 모든 사람에게 알리고 예수님의 지상명령에 순종한다. 그것은 예수님의 사상이나 윤리나 철학을 머리에만 간직하는 것이 아니다. 주님의 생각이 나의 행실을 통해서 드러나야 할 것이다. 오늘을 지내는 삶에서 예수님의 소문을 내야 한다.

2. **사랑의 수고가 있어야.** 사랑의 수고를 아끼지 말아야 한다. 그렇게 되려면 서로 사랑을 하되, 자신을 내어주는 사랑이 경험되어야 한다. 예수님도 부자 청년에게 네가 가진 것을 팔아 가난한 자들에게 나누어 주라고 하셨다. 나누어 주는 자에게 더 좋은 축복과 소문이 있다.

3. **소망의 인내가 있어야.** 좋은 소문을 내려면 예수님의 재림에 대한 소망으로 참고 견디어야 한다. 데살로니가 교회도 수많은 핍박 가운데 재림에 대한 소망을 잃지 않았다. 이를 위해 서로 기도하고 기뻐하고 감사의 생활을 끊지 않았다. 믿음이 약해지지 않도록 서로 격려하고 있었다. 오래 참는 생활로 준비하고 있었다.

[한 줄의 묵상]
하나님을 사랑하는가? 십계명의 진리를 내 몸으로 삼아서
사랑을 보여주고, 사랑을 남에게 나누어주도록 하자.

12월 6일 ● 본문_살전 5:16-22, 암송_21절, 찬송_420장, 통독_살전 4-5장

좋은 것을 위하고

> 만주의 주를 섬기는 성도에게는 성도로서의 생활이 있다. 이 땅에서 그리스도의 법을 성취해야 하는 것이다. 곧 주일성수, 성경애독, 충성과 봉사, 순종과 기도, 전도와 성령님께의 충만이라는 생활이 있다.

1. **항상 기뻐하라.** 하나님의 은혜로 살아가는 삶이 기쁨이다. 하나님의 은혜는 우리에게 기쁨이 된다. 바울은 주 안에서 항상 기뻐하라고 하였다. 우리의 삶은 생활과 환경이 때때로 기쁨을 주고 소망을 주는 삶이 되지 못할 때도 있다. 그렇지만 항상 기뻐하는 삶을 갖자.

2. **쉬지 말고 기도하라.** 신앙생활에서 기도는 선택이 아닌 필수 조건이다. 하나님은 기도하는 자를 존귀하게 받아주시고, 이에 응답하신다. 성도의 신앙생활은 기도의 시간에 정비례한다. 성령이 얼마만큼 역사하느냐 하는 것은 얼마나 기도하느냐에 달려 있다. 기도하기를 쉬지 않고, 하나님과 교제를 하는 삶을 가져야 한다.

3. **범사에 감사하라.** 하나님은 자기 백성에게 감사하도록 하신다. 감사를 위해, 때로 가난도 슬픔도 외로움도 질병도 실직이나 실패, 처절한 쓰라림도 주신다. 그러면서 알 수 없는 일을 생활 가운데에 일어나게 한다. 지금, 하나님의 자녀로 살아가고 있다는 것이 감사의 조건이 된다. 범사에 감사하는 삶을 가져야 한다.

[한 줄의 묵상]
하나님의 은혜는 감사를 깨닫게 한다. 지금, 여호와 앞에서 살아가고 있음을 감사하는 가정이 되기를 결단하자.

12월 7일 ● 본문_살후 2:13-15, 암송_14절, 찬송_312장, 통독_살후 1-3장

성령의 거룩하게 하심과

예수님께서 승천하시면서 약속하셨던 대로 성령님을 보내주셨다. 이에, 성도는 성령님의 은혜로 신앙생활을 하고, 승리하는 사역을 할 수 있게 한다. 성결한 그리스도인의 삶에서 열매가 맺어진다.

1. 구원의 역사가 일어남. 성령님께서는 영적으로 다시 태어나게 하시는 은혜를 주신다(요 3:5). 아담 이후 태어난 모든 사람들은 죄를 범하므로 하나님의 영광으로부터 떠나게 되었다(롬 3:23). 그러나 성령의 은혜로 말미암아 예수를 구주로 시인하여 구원 받고, 성령님을 마음속에 모시는 성령의 전이 되므로 구원의 인침을 받게 된다.

2. 큰 확신을 갖도록 하심. 성령의 은혜가 임하면, 진리를 깨닫게 되며 믿음이 좋아진다. 하나님의 자녀라는 사실의 확신으로 감사하며(롬 8:15-16), 기도하면 응답해 주신다는 확신(마 7:7-11)과 하나님의 선하신 뜻으로 인도하시는 확신(롬 8:26-27)과 승리의 확신을 주신다.

3. 거룩하게 하심. 성령님은 제3위의 하나님으로 거룩하신 하나님이시다. 죄와 사탄의 유혹을 이길 능력과 선을 행하는 은혜를 주시므로 성령의 열매를 맺게 하신다(갈 5:22-23). 또한 성령님께서 그 뜻대로 각 사람에게 은사를 주시므로 신앙생활에 유익을 준다(고전 12:7). 성령님의 은혜로 성결한 삶의 열매를 맺게 된다.

[한 줄의 묵상]
성령님은 우리를 위하시는 예수님의 약속이다. 성령님의 감화와 감동이 우리에게 성도의 삶을 살도록 해준다.

12월 8일 ● 본문_딤전 1:12-16, 암송_12절, 찬송_395장, 통독_딤전 1-3장

내게 직분을 맡기심이니

바울은 훼방자요 핍박자요 포행자이었으나 충성되이 여겨 귀한 직분을 받게 되었다. 그리하여 주를 믿어 영생을 얻는 자들에게 본이 되게 하셨다. 우리도 앞서가는 지도자가 되기 위하여 어떻게 해야 할까?

1. 책임감이 있어야. 모든 일에 실패와 성공의 책임은 지도자에게 있다. 그리고 모든 문제에 대한 책임도 지도자에게 있다. 그런데 많은 지도자 중에는 책임을 지지 못하는 자가 많이 있다. 그래서 모든 동기나 일에 영향을 끼치는 책임을 지는 지도력을 발휘해야 한다. 여기에 순종과 봉사와 기도가 필요하다.

2. 본을 보여주어야. 예수님은 본을 보여 우리가 그 자취를 따라오게 하였다. 우리도 예수님처럼 믿음의 말, 은혜가 되는 말, 기쁨과 소망을 주는 말, 긍정적인 말을 하고 행함으로 온전하게 해야 한다. 나아가 전도와 봉사에 있어서도 앞장서서 바르게 행해 나가야 한다.

3. 돌보아주어야. 지도자는 양들이 모든 면에서 부지런히 개인적으로 관심을 가지고 보살펴야 한다. 성도는 믿음 안에서 양육되어야 한다. 그리고 건강하고 생산적인 요소를 가지고 이해하고 연구하고 양떼를 살펴야 한다. 잘못될 때는 바로 지적을 해주고 바로 잡아주어서 후일에 좋은 결과를 가져오게 해야 한다.

[한 줄의 묵상]
지도자는 교회 안에서 모든 일에 있어서도 성도들에게 존경과 사랑의 대상이 되어야 한다. 나는 지금, 어떠한가?

12월 9일 ● 본문_딤전 4:6-16, 암송_6절, 찬송_595장, 통독_딤전 4-6장

그리스도 예수의 좋은 일꾼

디모데는 선한 일꾼이 되어야 하였다. 바울은 그에게 자기를 다스려서 경건함에 이르라고 강조한다. 경건의 모양은 있는데, 경건의 능력이 없는데서 문제가 야기된다. 자기를 훈련하라는 적극적인 권고이다.

1. 경건에 이르기를 연습. "망령되고 허탄한 신화를 버리고 경건에 이르도록 네 자신을 연단하라. 육체의 연단은 약간의 유익이 있으나 경건은 범사에 유익하니 금생과 내생에 약속이 있느니라."라고 하였다. 모든 직분자들이 수고하고 진력하는 것은 소망을 살아계신 하나님께 두기 때문이다. 또한 성도들에게 이를 명하고 가르쳐야 하기 때문이다.

2. 믿는 자에게 본. "누구든지 네 연소함을 업신여기지 못하게 하고 오직 말과 행실과 사랑과 믿음과 정절에 있어서 믿는 자에게 본이 되게 하라"고 하였다. 그것은 사도들의 글을 권하는 것과 교훈과 진리를 풀어서 교육시키는 가르치는 것에 전념하기 위해서이다.

3. 자신의 진보를 나타냄. "이 모든 일에 전심전력하여 너의 성숙함을 모든 사람에게 나타나게 하라."고 했다. 성숙함은 디모데에게 목표로 성취해야 될 열매였다. 곧 모든 일에든지 온 마음과 온 힘을 다하여 최선, 최대, 최고의 노력과 열심을 다하여 일해야 하였다. 이는 이것을 행함으로 자기 자신과 그에게서 듣는 자를 구원하기 때문이다.

[한 줄의 묵상]
성령님께서는 우리를 그리스도의 일꾼으로 세상에 보내신다.
그러므로 일꾼답게 자신을 준비하고, 훈련시켜야 한다.

12월 10일 ● 본문_딤후 3:14-17, 암송_15절, 찬송_273장, 통독_딤후 1-4장

구원에 이르는 지혜

> 인간은 남들과 어울려 살아가면서 긍정적인 영향도 받고, 부정적인 영향도 받게 된다. 성도는 성경을 가까이 하는 사람들과 교제하면서 지내야 한다. 어떻게 해야 바르게 온전하게 살아갈 수 있겠는가?

1. 성경으로 살지 않는 사람들. 13절, "악한 사람들과 속이는 자들은 더욱 악하여져서 속이기도 하고 속기도 하나니." 성경으로 살지 않는 사람은 양심도 윤리도 없이 살아간다. 바울은 디모데에게, "그러나 너는 배우고 확신한 일에 거하라."(14절)고 하였다. 성경을 배웠고 하나님을 삶의 지표로 삼고 살았으니 그들처럼 살 수 없다는 권면이다.

2. 어려서부터 성경을 배워야. 바울이 권면하기를, 네가 "어려서부터 성경을 알았나니"(15절)라고 확인시킨다. 그는 어려서부터 외조모와 어머니로부터 성경을 배웠다. 유대인의 부모는 자녀가 어렸을 때, 성경을 가르쳐야 하였다. "네 자녀에게 부지런히 가르치며"(신 6:7).

3. 성경 - 사람을 온전케 하는 능력. 17절, "이는 하나님의 사람으로 온전하게 하며 모든 선한 일 행할 능력을 갖추게 하려 함이라." 여기에서, "온전하게 하며"는 구비되었다는 뜻을 가진다. 모든 것을 제대로 갖추려면 하나님의 말씀이 그의 심령에 들어가야 한다. 성경은 어리석은 자에게 지혜를 주고, 고독한 자에게 위로와 희망과 용기를 준다.

[한 줄의 묵상]
성경은 우리를 하나님의 사람으로 살게 해준다. 성경을 가까이 하여 하나님께 온전한 삶의 복을 누리기를 결단하자.

12월 11일 ● 본문_몬 1:8-14, 암송_10절, 찬송_299장, 통독_딤 1-빌 1장

예수님 위해 갇힌 자는

바울은 복음을 위하여 갇힌 자가 되어서 빌레몬에게 오네시모에 대해서 부탁을 한다. 오네시모를 한 형제로서 용서해줄 것을 부탁하였다.

1. 세상에서 꼭 필요한 자. 주님을 믿고 영혼이 구원받은 자는 세상에 영향을 끼치는 자가 되어야 한다. 너희들만이라도 소금이 되고 빛이 되라고 했듯이, 빛이 되고 소금의 역할을 하는 자가 되어서 부패를 방지하고 세상에 영향을 끼치는 자가 되어야 한다. 소금을 넣지 않으면 음식의 맛이 없듯이 꼭 필요한 자가 되어야 한다.

2. 세상 사람과 다른 자. 예수님 위해 갇힌 자는 세상 사람과 다른 모습으로 살아가야 한다. 소금이 맛을 잃으면 소금 값어치가 없듯이 성도는 존재 가치가 있는 모습으로 우리에게 맡겨진 임무를 잘 감당하면서 세상에서 무엇인가 다르게 살아가야 한다. 말과 행동의 모든 면에서 다른 모습으로 살아가야 한다.

3. 주님의 모습으로 사는 자. 주님이 함께 하는 자는 하늘나라를 소개하는 자로 살아가야 한다. 이로써 무익한 자가 유익한 자가 되고, 죄인이 의인이 되고, 저주받은 자가 복된 자로 살아가게 된다. 그러면서 무슨 일을 하든지 주님이 말씀하는 것처럼 말을 하고 행동을 하는 주님의 모습으로 살아가야 한다.

[한 줄의 묵상]
용서는 성도만이 경험하고, 누릴 수 있는 사랑의 언어이다.
성경에 나타난 기독교의 주제는 용서로 말미암은 사랑이다.

12월 12일 ● 본문_히 2:1-4, 암송_1절, 찬송_382장, 통독_히 1-3장

소홀히 여겨서는 안 될 구원

> 본문에는 복음을 듣고 믿는 사람들에게 주는 경고의 말씀이 기록되었다. 구원의 역사는 복음, 즉 예수님의 말씀을 들으면서 시작된다. 구원의 역사는 밖으로부터 오는 예수님의 은혜로 말미암아 이루어진다.

1. 들으면서 이루어지는 구원. 구원의 역사는 복음을 들으면서 시작된다. 만일, 복음을 듣지 못하면 예수님을 믿을 수가 없고, 예수님을 믿지 않으면 구원을 받을 수가 없다. 1절에, "우리는 들은 것에 더욱 유념함으로 우리가 흘러 떠내려가지 않도록 함이 마땅하니라."고 하였다. '주의를 집중해서 붙잡으라' 는 뜻이다.

2. 복음에 순종하면. 2절에, "천사들을 통하여 하신 말씀이 견고하게 되어 모든 범죄함과 순종하지 아니함이 공정한 보응을 받았다"고 하였다. 하나님의 말씀이 전해질 때 하나님의 말씀으로 받아 순종하는 사람은 구원과 복을 받고 순종하지 않는 사람에게는 심판이 임한다.

3. 큰 구원. 3절에, "우리가 이같이 큰 구원을 등한히 여기면 어찌 그 보응을 피하리요"라고 하였다. 구원을 '큰 구원' 이라고 말한 것은 예수님께서 이루신 구원을 말한다. 예수님은 우리를 구원하시려고 친히 땅에 오셨다. 그리고 예수님께서 피를 흘리시고 죽으시므로 구원을 이루셨다. 하나님의 독생자의 피로 이루어진 것이다.

[한 줄의 묵상]
예수님이 구주이심을 믿는 지식은 끝까지 간직해야 할 지식이다.
구원은 가장 큰 은총이고 끝까지 지켜야 될 보배이다.

12월 13일 ● 본문_히 4:14-16, 암송_14절, 찬송_454장, 통독_히 4-6장

은혜의 보좌

> 은혜의 보좌는 우리가 바라보아야 하는 곳이다. 주님께서 십자가에 달려 죽으시고 부활하시고 영광을 받으신 주님께서 앉아계시는 보좌를 말한다. 그곳에서 큰 대제사장이 우리를 맞아주신다.

1. 구속의 보좌. 어떤 죄를 범한 자라도 나아갈 수가 있다. 그리고 과거 현재 미래의 모든 죄라도 예수 그리스도만 믿으면 예수님께서 십자가에 달려 죽으신 공로로 용서함을 받을 수가 있다. 그렇기 때문에 어떠한 죄인이라도 이 보좌 앞으로 나아가기만 하면 모든 죄를 다 용서받을 수 있는 것이다.

2. 긍휼의 보좌. 인간의 고집대로 살다가 넘어진 우리, 실패하고 모든 유혹에 빠지기 쉬운 우리를 상한 갈대를 꺾지 아니하시며 꺼져가는 등불도 끄지 아니하시면서 진리로 공의를 베푸시는 그런 사랑으로 우리의 연약함을 동정하지 않으신다.

3. 생명의 보좌. 하나님을 두려워하는 자와 놀라움을 가지는 자에게 함께 하시고 우리의 하나님이 되시는 곳이다. 하나님께서 우리를 굳세게 하시고 의로운 자를 붙들어 주시는 곳, 인생살이에서 지치고 지친 자들에게 새 힘과 능력을 공급하시는 곳이다. 그리하여 새 생명의 부활로 나타나는 곳이다.

[한 줄의 묵상]
오늘, 은혜의 보좌가 우리 앞에 있으므로 긍휼을 기대할 수 있다.
주님께서 우리의 모든 연약함을 덮어 주신다.

12월 14일 ● 본문_히 9:1-7, 암송_3절, 찬송_210장, 통독_히 7-9장

예배, 성막과 예배

> 성막예배의 특징은 그 예배가 피를 통한 예배라는 것이었다. 이는 오늘날 예수님을 상징하는 예배로서 산 제물의 예배를 의미한다.

1. **성막에서의 예배.** 구약시대 유대인들은 하나님의 명령대로 성막을 만들고 그곳에서 제사를 드렸다. 이 예배는 예루살렘 성전 건축과 함께 사라졌는데 이 예배 자체가 없어졌다는 것이 아니라 성막예배에서 성전예배로 발전되었다고 볼 수 있다. 여기에서부터 성막예배는 예배의 일정한 격식과 틀을 갖추기 시작하여 초대 교회가 탄생되었다.

2. **성막의 중심.** 성막 안에는 속죄소, 진설병, 떡상, 촛대, 향단, 놋단, 세숫대야, 거울 등 많은 기구가 있었는데 그중에, 가장 중심이 되는 기구는 언약궤였다. 그 궤에는 그리스도의 은혜와 진리의 말씀을 상징하는 두 돌비, 성도의 부활과 영원한 새 생명을 상징하는 아론의 싹난 지팡이, 성도에게 양식을 상징하는 만나 항아리가 들어 있다.

3. **깨달아야 할 사실.** 오늘날 우리들은 언약궤를 중심한 성막 예배를 통해서 바른 예배의 모범을 발견해야 한다. 돌비, 예배는 그리스도의 말씀이 중심이 되어야 한다는 것이다. 아론의 싹난 지팡이, 예배는 부활과 영원한 새 생명을 바라보아야 한다는 것이다. 만나항아리, 예배는 영육 간에 성도들의 양식을 제공하고 영원한 안식을 누린다는 것이다.

[한 줄의 묵상]
하나님께서 죄인들을 만나주시려고 성막을 짓도록 하셨다.
날마다 성소에서의 생활로 하나님께로 나아가자.

12월 15일 ● 본문_히 11:27-28, 암송_27절, 찬송_336장, 통독_히 10-13장

믿음으로 애굽을 떠나

믿음은 하나님 앞에 서도록 해주는 은혜의 수단이다. 하나님께서 언약을 성취 받는 통로이기도 하다. 그러므로 믿음으로 행한다는 것은 하나님의 백성이 되고, 그분의 뜻에 순종한다는 의미이다.

1. 애굽을 떠나는 것. 모세가 바로에게 요구하기를, "애굽을 떠나 여호와께 희생을 드리겠다"고 하였다. 이에, 바로는, "너무 멀리 가지 말라, 어른만 가라, 아이만 가라"고 하였다. 참 믿음은 애굽을 떠나서 가나안을 향해 나아가는 것이다. 배는 밧줄을 끌러주지 않으면 망망대해로 나아갈 수 없다.

2. 사람을 두려워하지 않는 것. 이스라엘 백성들이 홍해 앞에서 모세에게 대들었다. "애굽에 매장지가 없어서 우리를 이 광야에 파묻으려 하느냐?" 그들의 불신앙적인 태도에 모세는 설득한다. "너희는 두려워하지 말고 가만히 서서 여호와께서 오늘 너희를 위하여 행하시는 구원을 보라!" 모세는 군중 속에 계신 여호와를 보았다.

3. 하나님을 바라보는 것. 온갖 고통과 역경 속에서도 견딜 수 있었던 것은 여호와 하나님을 바라보았기 때문이다. 만일, 모세가 바로를 바라보았거나, 불평하고 원망하는 백성을 바라보았다면 그와 그 백성은 망했을 것이다. 긍휼하심과 인자하심이 풍성하고 사랑과 은혜가 넘치는 여호와 하나님을 바라보았기 때문에 산 것이다.

[한 줄의 묵상]
믿음은 세상을 떠나서 천성으로 나아가는 것이다.

12월 16일 ● 본문_약 1:2-4, 암송_4절, 찬송_367장, 통독_약 1-2장

인내를 온전히 이루라

하나님은 곤경에 처해있는 이들에게 더욱 큰 관심으로 지켜보신다. 긍휼을 베푸셔서 역경을 이기게 해주신다. 성도가 세상에서 고난을 당할 때, 하나님께서는 그의 믿음을 단련시켜 주는 기회로 삼으신다.

1. **회개를 해야.** 나에게 왜 이런 시험 슬픔 고난 어려움이 오는가를 생각해서 나의 신앙에 잘못한 것이 있는가를 깊이 생각해야 한다. 그리고 이를 주님에게 구하여 용서받는 삶을 가져야 한다. 그리하면 만나 주신다. 그리고 이를 통하여 더 큰 신앙인으로 바꾸어지게 된다.

2. **겸손히 낮아져야.** 시험이 오면 자신의 부족을 깨닫고 이를 시인하고 겸손해져야 한다. 그때, 하나님의 문제해결의 손길이 움직인다. 그러므로 하나님께서 하나님의 사람으로 만들기 위하여 시련과 시험과 고난을 주심을 알고 오히려 기쁘게 여기고 겉사람이 깨어지고 영적인 사람으로 다시 만들어져야 한다. 그리하면 인내를 만들어 낸다.

3. **더 큰 고난도 준비해야.** 고난과 시련은 하나님께서 우리를 영광의 주인공으로 만들기 위한 과정으로 이런 훈련을 통하여 우리가 하나님의 형상으로 만들어진다. 또한 주님을 더욱 사랑하는 자에게 생명의 면류관이 주어진다. 어려움이 있는가? 깊은 산에 큰 짐승이 있듯이 큰 상급이 기다리고 있으니 감사함으로, 기쁨으로 받자.

[한 줄의 묵상]
하나님의 사람은 버림을 당하거나 시험을 당하거나 괴로움을 당할 때 믿음으로 받아들이면 더 큰 은혜의 사람이 된다.

12월 17일 ● 본문_약 4:6-10, 암송_10절, 찬송_212장, 통독_약 3-5장

주 앞에서 낮추라

하나님께서는 겸손한 자에게 은혜를 주신다. 우리가 하나님의 자녀라면 마땅히 아버지(하나님) 앞에서 자신을 낮추어야 한다. 성도는 모든 생활 속에서 하나님(아버지)을 바라보고 겸손한 삶을 살아가야 한다.

1. **염려를 하나님께 맡김.** 모든 염려와 근심을 능력이 많으신 하나님의 손아래에 맡길 때, 하나님의 손길은 우리가 상상할 수도 없는 기묘한 역사 속에서 이를 이루신다. 모든 염려를 주님에게 맡기고 하나님의 돌보심과 보호를 기대하고 살면서 주의 평안과 은혜를 누려야 한다.

2. **범사에 감사하는 삶.** 모든 좋은 것은 하나님으로부터 온다. 이를 알고 하나님께 감사하기를 잊지 말아야 한다. 아버지의 은혜에 감사로 응답하는 자녀가 되어야 마땅하다. 모든 소유와 생활과 모든 것이 하나님께로부터 옴을 깨닫고 감사할 때, 참다운 겸손이 넘치게 된다.

3. **모든 영광을 하나님께 돌림.** 겸손한 자는 모든 삶을 하나님의 은혜 가운데에 사는 것을 경험하게 된다. 그러다 보니 은혜가 더욱 넘치게 된다. 자랑할 것이 우리에게는 없다. 하나님의 은혜를 받은 자는 더욱 낮아지고 겸손해한다. 그렇게 되면 기도로, 감사로, 찬양으로, 믿음으로, 경건함으로 주님이 원하시는 삶으로 하나님께 영광을 돌린다.

[한 줄의 묵상]
입술로 감사를 드리고, 희생으로 감사를 드리고
물질로 감사를 드리고, 찬양으로 감사를 드린다.

12월 18일 ● 본문_벧전 1:3-9, 암송_8-9절, 찬송_165장, 통독_벧전 1-2장

산 소망이 있게 하시며

하나님께서는 예수님을 주로 영접한 자에게 죄 사함과 영생을 주신다. 이로써 하늘나라의 유업을 잇는 상속자로서 이 땅에서 살아가도록 하신다. 영생에 이르는 소망을 갖고 살아가도록 은혜를 주신다.

1. 하나님의 말씀. 우리가 하나님의 자녀이므로 하나님 말씀을 더 사모할 것이며, 꿀과 송이 꿀보다 더 달다고 하였다. 이는 영혼을 소생시키기 때문이다. 어리석은 자를 지혜롭게 하며, 마음을 기쁘게 하고, 순결하여 눈을 밝게 해주기 때문이다. 그리고 확실하고 다 의로워서 금보다 더 사모할 것이라고 한다.

2. 구원에 이르는 믿음. 산 소망 가운데 말세에 나타내기로 예비하신 구원을 얻기 위하여 믿음으로 말미암아 하나님의 능력으로 보호하심을 입었는데, 이는 불로 연단하여도 없어질 금보다 더 귀하다고 했다. 그것은 바로 영혼의 구원이요 하나님의 선물이다.

3. 영생에 이르는 생명. 사람이 만일 천하를 얻고도 제 목숨을 잃으면 무엇이 유익하리요 사람이 무엇을 제 목숨과 바꾸겠느냐고 한다. 곧 천하보다도 귀중한 것이 사람의 생명이다. 온 세상을 다 소유해도 심판 날에 그 생명을 잃으면 아무 소용이 없다. 그러므로 금보다 귀한 생명을 귀중히 여기자. 그것이 하나님 앞에서 영생을 소망하게 한다.

[한 줄의 묵상]
오늘, 살아가는 것은 하나님의 은혜이다. 하나님께서는
자기의 자녀들에게 칭찬과 영광과 존귀를 얻게 해주신다.

12월 19일 ● 본문_벧전 4:7-11, 암송_10절, 찬송_332장, 통독_벧전 3-5장

선한 청지기 같이

> 모든 일에서 주인과 같이만 하면 부족함이 없을 것이다. 그렇다면 하나님께서 일을 맡기는 사람은 누구인가? 바로 선한 청지기와 같은 사람일 것이다.

1. **주인이 화를 당한 경우.** 악한 청지기는 주인이 화를 당하면 이를 알고 도망을 가는 자이다. 모른 척하고 자기 이득만을 챙기는 자이다. 그러나 선한 청지기는 주인의 고통을 자기의 것으로 알고 자신의 몸을 던져 대신 고통을 감수하거나 끝까지 자기가 책임을 진다.

2. **주인을 섬기는 경우.** 악한 청지기는 주인에 대한 참 사랑이나 마음중심에서 우러나오는 섬김이 아닌 단순히 눈을 가릴 정도로만 일을 한다. 물질 때문에 일을 한다. 그러나 선한 청지기는 주인을 중심에서 섬긴다. 어떤 일이든지 기쁨으로 감사함으로 적극적으로 주인의 의도를 알고 이를 파악하여 주인의 지시에 신속히 행하는 자이다.

3. **주인의 재물을 관리하는 경우.** 악한 청지기는 주인의 재물을 관리할 때 주인의 것으로 자기의 이익을 챙기고 자기의 영리에 목적을 둔다. 그러나 선한 청지기는 주인의 말에 순복하여 작은 것이라도 주인의 것을 탐내지 않는다. 하나님의 것을 기억하고 그의 주권을 인정하여 드리는 삶을 가진다. 그리고 주인에게 이익을 돌린다.

[한 줄의 묵상]
하나님의 자녀는 하나님께 의무를 다하는 사람으로 서야 한다.
그분에게 선한 청지기로서 살아드리는 오늘이 되자.

12월 20일 ● 본문_벧후 1:1-11, 암송_4절, 찬송_220장, 통독_벧후 1-3장

보배롭고 지극히 큰 약속을

> 예수 그리스도를 보배라고 했다. 믿음은 하나님을 기쁘시게 하는 것인데 보배로운 믿음은 예수님을 구주로 믿고, 하나님 앞에서 살아가는 것이다. 그리스도를 아는 믿음에서 성숙해져야 한다.

1. 믿음의 근원. 믿음은 사람의 것이 아니고, 하나님께 속한 것이다. 인간의 노력이나 수양의 결과로 얻지 못하고, 오직 하나님의 은혜로 얻어진다. 하나님의 은혜로 말미암는다. 인간적인 공로를 근거한 것이 아니라 주의 십자가의 구속의 의로 주신 믿음, 예수님의 의로 얻어진다. 믿음은 들음에서 나고 들음은 그리스도의 말씀에서 난다.

2. 믿음의 삶. 보배로운 믿음을 받은 우리는 영적으로 성숙한 열매를 맺어야 한다. 믿음에 7가지의 덕목이 채워져야 하는데 믿음에 덕을, 덕에 지식을, 지식에 절제를, 절제에 인내를, 인내에 경건을, 경건에 형제우애를, 형제우애에 사랑을 공급해서 삶의 열매를 맺어야 한다.

3. 믿음의 축복. 영생의 축복은 믿음으로 출발하여 사랑으로 완성한다. 곧 믿음은 뿌리요, 사랑은 열매이다. 뿌리도 튼튼해야 하지만 열매도 풍성해야 한다. 보배로운 믿음을 받았으니 사랑으로 열매를 맺어 예수 그리스도의 영원한 나라에 넉넉히 들어가는 자가 되어 하나님을 기쁘시게 해야 한다.

[한 줄의 묵상]
모든 이단에 미혹되지 않고, 배교를 피하는 최선의 비결을 배워야 한다. 그것은 오직 예수 그리스도 안에 있는 것이다.

12월 21일 ● 본문_요일 2:12-14, 암송_12절, 찬송_516장, 통독_요일 1-3장

내가 너희에게 쓰는 것은

믿음에는 인간의 성장에 비유된 단계가 있다. 그 단계는 무엇인가?

1. **자녀들의 믿음.** 예수님을 영접하여 죄 사함을 받고 성령을 받아 하나님 나라의 생명책에 그 이름이 기록된 성도들을 가리킨다. 구원받을 만한 믿음이 있는 자를 말한다. 하나님을 전적으로 의지하는 성도들의 믿음을 말씀하고 있다.

2. **아이들의 믿음.** 초신자들의 믿음으로, 하나님을 알고 말씀을 알고 은혜도 체험했지만 말씀대로 행하지 못하는 것이 있는 아직은 온전하지 못한 신앙의 상태이다. 갓난아이와 같은 신앙의 상태로 젖이나 먹고 마셔야 하는 신앙적으로나 영적으로 어린 성도들의 신앙이다.

3. **청년들의 믿음.** 영육 간에 강건한 믿음으로 승리의 삶을 살고 있는 성도의 믿음이다. 영적인 청년의 때가 되면 하나님께서 우리에게 원하시는 바가 무엇인지를 구별하게 된다. 이 단계가 되면 은혜와 진리로 충만하여 어떤 시험과 환난이 온다고 승리하게 되는 믿음이다.

4. **아비들의 믿음.** 온전한 믿음의 단계로 예수 그리스도를 알고 하나님을 알 뿐만 아니라 근본 된 하나님의 뜻을 알므로 하나님의 섭리를 깨달아 깊고 높은 신앙의 차원을 소유하여 주님을 온전히 닮아가는 하나님을 기쁘시게 하는 믿음의 사람들에게 따르는 표적이 있는 신앙으로 무엇을 하든지 하나님께 영광이 된다.

[한 줄의 묵상] 신앙의 성장과 성숙을 보이도록 소망하자.

12월 22일 ● 본문_요일 4:7-12, 암송_7절, 찬송_304장, 통독_요일 4-5장

사랑은 하나님께 속한 것이니

> 사랑하는 자마다 하나님으로부터 나서 하나님을 알고 주님과 관계가 있는 삶을 산다. 하나님은 예수님을 사랑을 위한 화목제물로 주셨다. 자기 아들을 내어주신 사랑을 받았으므로 이렇게 사랑하는 것이 마땅하다.

1. 인간생활은? 사랑을 하는 생활이다. 이미 사랑을 받았으니 사랑을 주어야 한다. 그 첫째가 네 이웃을 네 자신 같이 사랑하여 계명을 온전히 이루는 것이다. 그 중에서도 부모에게 순종하고 효도하는 것이 약속 있는 첫 계명이다. 우리의 생활은 서로 사랑하는 생활이다.

2. 신앙생활은? 인간생활의 한 단계 위가 신앙생활이라 할 수 있다. 이것은, "네 마음을 다하고 목숨을 다하고 뜻을 다하여 주 너의 하나님을 사랑하는" 것이다. 인간관계에서 사랑이 없으면 인간이 아니다. 주님께서 우리를 위해 죽으셨는데 이러한 주의 사랑을 모르는 자이다. 사랑하면 모든 것이 완성되고, 주의 제자가 되며 사랑을 받게 된다.

3. 사랑하는 생활은? 주님께서 보여주신 삶은 사랑의 삶이셨다. 주님은 우리를 사랑하여 겸손하셨다. 사랑의 사람은 오래 참고 온유하며 투기하지 않으며 교만하지 않고 무례히 행하지 않으며 자기의 유익을 구하지 않고 성내지 않으며 악한 것을 생각하지 아니하며 불의를 기뻐하지 않고 진리와 함께 기뻐하고 모든 것을 참고 믿으며 바라고 견딘다.

[한 줄의 묵상]
믿음으로 능히 하지 못하심이 없다고 했으나 그 믿음은 사랑이 없으면 아무 것도 아니라 하였다.

12월 23일 ● 본문_요삼 1:5-12, 암송_11절, 찬송_357장, 통독_요이 1-유 1장

뭇 사람에게도, 진리에게도

우리가 이 세상을 살아갈 때, 참된 신앙으로 살아가야 한다. "선을 행하는 자는 하나님께 속하고 악을 행하는 자는 하나님을 뵈옵지 못 하였느니라"고 하신 말씀의 뜻을 이루어 가는 삶이 되어야 한다.

1. **데메드리오.** 백성의 어머니라는 뜻을 가진 데메드리오는 복음을 전하는 순회 전도자이다. 주의 일을 위하여 부름 받은 사람은 본문에 기록된 대로 참으로 인정받는 주의 뜻을 이 땅에 온전히 이루어 가는 일에 헌신하는 삶을 살아야 한다.

2. **가이오.** 사도 요한은 가이오의 경건과 환대에 대하여 극진히 칭찬하였다. 그는 사랑의 사람으로 교회를 섬겼다. 가이오는 오고 오는 세대에 극진히 칭찬을 받을 만한 인물로서 모델이 된다. 우리 자신이 하나님께 복 되고, 강건하게 살기 위하여 가이오를 배워야 한다. 모든 사람들에게 칭찬 받고 축복받는 아름다운 삶이 이루어져야 한다.

3. **디오드레베.** 이 사람은 교회 안에서 마귀의 짓을 하였다. 이런 사람의 특색은 교회 안에서 으뜸 되기를 좋아하기 때문에 자기를 내세우고 주장한다. 극히 이기적인 자기중심적인 삶을 살아간다. 주의 종들을 섬겨야 할 자가 오히려 악한 말로 비방한다. 주의 종들을 대적하고 교회의 부흥과 성장을 가로막고 있다.

[한 줄의 묵상]
사람은 외적으로 나타나게 마련이다. 신실한 삶으로 자기를 지켜 믿음과 행위가 일치되는 것에 주목하자.

12월 24일 ● 본문_계 1:2-3, 암송_3절, 찬송_523장, 통독_계 1-3장

세 가지의 복

요한이 살았던 시대의 성도들은 재물의 큰 복을 받지 못하고, 오히려 그들은 고난 속에 살았다. 그런데 그들을 향하여 복이 있다고 말한다. 무슨 의미인가? "때가 가까움이라"는 구절이 대답이 될 수 있다.

1. 말씀을 읽는 자. 공식 예배에서 성경을 낭독하는 사람을 가리킨다. 왜 이 사람이 복이 있는 사람이라고 하였는가? 환난의 때에 그런 일을 감당하려면 심령 안에 신앙의 공력이 단단히 쌓여있을 때 가능하기 때문이다. 하나님께서 인정하시고 사람이 인정해서 그런 역할을 감당하는 것이 복이 아니라면 무엇이 복일까?

2. 말씀을 듣는 자. 공식 예배에 다 함께 모여서 말씀을 듣는 성도의 무리들을 뜻한다. 예배를 통하여 말씀을 듣는 자들이 복이 있다는 의미는 무엇일까? 그 행위를 통하여 우리를 향하신 하나님의 뜻을 이해하면, 그 뜻대로 살려고 노력하며, 나의 삶이 일어섬을 체험하게 된다.

3. 말씀을 지키는 자. 말씀을 듣고 무시하거나 행하지 않으면 말씀 들음은 아무런 의미가 없다. 그것을 지키려고 애쓸 때에 비로소 복이 우리 삶 안으로 들어오는 것이다. 지금, 현재의 삶이 어렵고 힘들지라도, 재림의 역사성을 분명하게 믿으면서 믿음에 흔들리지 않으면 마지막 때에 주님께서 약속한 영생의 복을 받는다.

[한 줄의 묵상]
하나님의 말씀 앞에서 사는 성도는 복 되다. 사람들 앞에서
하나님의 말씀을 읽고(들려주고), 들으며, 지키도록 하자.

12월 25일 ● 본문_계 5:1-5, 암송_2절, 찬송_29장, 통독_계 4-5장

책을 펴며 그 인을 떼기에

> 요한은 봉인된 책과 어린 양에 대한 환상을 보게 된다. 어린 양을 둘러선 많은 천사들의 찬송이 울려 퍼졌다. 예수님이 봉인 된 책을 펼치실 유일한 분이시라는 것을 계시해주시는 환상이다.

1. **천사의 음성.** 요한이 정신을 차리고 본즉 보좌에 앉으신 이의 오른손에 책이 있었는데 일곱 인으로 봉인이 되어 있었다. 그때 천사의 음성이 들렸는데, "누가 그 두루마리를 펴며 그 인을 떼기에 합당하냐"는 말이었다. 그 두루마리가 하나님의 수중에 있었다는 것은 바로 하나님의 권세 밑에 간직되고 있음을 말해주는 것이다.

2. **들려오는 새 노래.** 그때, 장로 중의 하나가 다윗의 뿌리가 이기었으니 이 두루마리와 인을 떼시리라고 말한다. 그때, 요한이 본즉 어린 양이 서 계시는데 일찍 죽임을 당한 것 같았다. 그러자 새 노래가 들려온다. "두루마리를 가지시고 그 인봉을 떼기에 합당하시도다"(9절).

3. **찬송과 존귀와 영광과 능력을.** 모든 만물도, "보좌에 앉으신 이와 어린 양에게 찬송과 존귀와 영광과 권능을 세세토록 돌릴지어다"라고 하였다. 어린 양 예수님이 심판주로 나타나셨다. 사실 그만이 이 세상을 의롭고 공평하게 심판하실 수 있다. 수많은 성도들이 기도하면서 고대했던 그 일이 이제 곧 시작되는 것을 요한에게 보여주신 것이다.

[한 줄의 묵상]
하나님의 나라가 이미 하늘에서는 이루어지고 있다.
그리고 그것을 위해서 주님은 다시 오신다.

12월 26일 ● 본문_계 7:9-14, 암송_14절, 찬송_34장, 통독_계 6-8장

흰 옷 입은 성도들의 감사

많은 사람들이 흰 옷을 입고 종려나무 가지를 들고서 큰 소리로 환호하였다. 그들은 큰 환난에서 승리하고, 예수님의 피로 죄 씻음 받아 구원 얻은 것을 감사한다. 마음으로, 찬양으로, 물질을 드려 감사하자.

1. 감사한 내용. 흰 옷 입은 성도들은 구원을 받아 천국에 들어온 것을 감사하였다. 13절에, 장로 중에 한 사람이 물었다. 이들은 큰 환난에서 나오는 자들인데 어린 양의 피에 그 옷을 씻어 희게 되었다. 예수님은 영원한 지옥 형벌에서 구원해 주셨다. 이 큰 구원이 흰 옷 입은 사람들의 감사이다.

2. 감사한 대상. 그들은 보좌에 앉으신 우리 하나님과 어린 양에게 감사하였다. 흰 옷 입은 사람들의 감사의 대상은 하나님과 예수님이었다. 디모데는 "나를 능하게 하신 그리스도 예수 우리 주께 감사한다"고 했고, 다윗도 노래하기를, "여호와께 감사하라 그는 선하시며 그 인자하심이 영원함이로다."라고 하였다.

3. 감사의 결과. 그들의 감사는 널리 퍼지게 하는 영향력을 끼쳤다. 그들이 감사한대로 "찬송과 영광과 지혜와 감사와 존귀와 권능과 힘이 우리 하나님께 세세토록" 있게 되었다. 그 감사는 천사들, 장로들, 네 생물이 보좌에 엎드려 경배하도록 확산되었다.

[한 줄의 묵상]
성도가 천국에 가서 하나님을 뵈오면 무엇을 해야 하는가?
구원을 얻었음에 감사하여 감격으로 찬양을 드릴 것이다.

12월 27일 ● 본문_계 10:1-7, 암송_7절, 찬송_495장, 통독_계 9-11장

선지자들에게 전하신 복음과 같이

여섯째 나팔과 일곱째 나팔 사이에 두 가지의 삽화가 나타난다. 그것은 계속되는 심판 속에서도 자기들의 위치를 지키며 참고 견디고 있는 신자들에게 소망과 격려를 주기 위해서였다.

1. **기록하지 말라.** 힘센 다른 천사가 구름을 입고 하늘에서 내려왔다. 그 손에는 작은 두루마리가 들려 있었고 오른 발은 바다를 밟고 왼 발은 땅을 밟고 있었다. 그가 큰 소리로 외치는데, 일곱 우레가 발한 것은 기록하지 말고 봉해두라는 음성에 따라 요한은 기록하지 않았다.

2. **하나님의 비밀이 성취될 때.** 그 천사가 하나님께 맹세하며 말하였다. "지체하지 아니하리니 일곱째 천사가 소리 내는 날 그의 나팔을 불려고 할 때에 하나님이 그의 종 선지자들에게 전하신 복음과 같이 하나님의 그 비밀이 이루어지리라"(7절). 경계의 소리가 잠잠해진 중, 세상이 하나님의 비밀이 성취되는 마지막 때를 숨 가쁘게 지켜보는 모습이다.

3. **작은 책을 갖다 먹으라.** 요한 자신은 작은 두루마리를 먹어버려야 한다. 그 두루마리는 성경 말씀이다. 그것은 매우 감미로우나 그 말씀의 선포자가 되고 증거하는 데는 말할 수 없는 고통이 뒤따른다. 왜냐하면 복음의 전파는 곧 싸움이기 때문이다. 그러므로 입에는 달고 배에서는 쓸 수밖에 없다.

[한 줄의 묵상]
주님께서 마신 쓴 잔, 그것은 십자가의 고난이 아니었던가. 하나님의 비밀의 성취는 그만큼 어려움이 따르는 일이다.

12월 28일 ● 본문_계 12:1-6, 암송_6절, 찬송_350장, 통독_계 12-14장

해를 옷 입은 한 여자

> 광야는 구약 교회의 탄생지와 같았다. 그러니 여기에서는 철저하고 본질적인 교회 신앙, 오직 하나님만 의지하는 교회 신앙을 뜻한다.

1. **'그 여자.'** 본문에서는 재림신앙으로 무장한 해 입은 여자, 곧 종말 때의 참 교회를 뜻한다. 이 여자가 광야로 도망한다고 나온다. 여기서 광야란 지리적 의미의 개념이 아니다. 이것은 구약 시대 때, 이스라엘 백성이 출애굽하여 광야에서 생활했던 것을 연상하도록 해준다.

2. **하나님의 보호하심.** 광야에서 하나님은 예비처를 마련하시고 대환난을 통과하도록 보호하신다. 즉 이는 최후까지 교회를 통해 보호하신다는 것, 대환난 때까지도 교회를 통해서 보호하신다는 것이다. 그래서 결국 천국에 이르도록 하신다. 모든 축복이 처음부터 끝까지 오직 주님의 몸인 교회를 통해서 주어진다는 것이다.

3. **예수님 재림의 전 - 후.** 재림 전은 교회이며, 재림 후는 천국이다. 재림 후에는 더 이상 사망이 없다. 죽음이 없다. 완전한 보호와 축복뿐이다. 중요한 사실은 이 모든 것은 다 재림 전이나 후나 교회를 통해 주어진다는 것이다. 먼저 우리를 죄악 세상에서 인도하여 천국 구원을 소망하게 하심을 감사하라! 하나님께 찬양하라!

[한 줄의 묵상]
교회를 통해서 하나님은 한결같이 변함없이 축복해주신다.
그래서 감사와 찬양이 더욱 더욱 넘치게 하신다.

12월 29일 ● 본문_계16:12-21, 암송_15절, 찬송_423장, 통독_계 15-17장

아마겟돈 전쟁의 결과

> 적그리스도가 열국의 모든 군대를 동원하여 하나님의 도성 예루살렘을 공격하기 위해 쳐들어오는 전쟁이 아마겟돈 전쟁이다. 이 전쟁은 마침내 재림 예수님께서 개입하시는 인류 최후의 전쟁이다.

1. 인류의 마지막 대 전쟁. 영적으로는 적그리스도의 주도하에 사탄의 권세 아래 있는 악한 인생들이 하나님을 대적하여 싸우는 마지막 전쟁이다. 하나님의 나라가 임하시는 최후의 진통이다. 이 전쟁으로 세상은 망하지만 영원한 하나님의 나라가 시작되는 것이다. 하나님께서 그 원수를 심판하시는 전쟁이다.

2. 아마겟돈 전쟁의 결과. 짐승의 보좌, 세계를 통치하는 세계 정부의 수도가 앞으로 큰 강 유프라데스 동쪽 바벨론에 세워지게 될 것이다. 유프라데스 강을 중심으로 하여 동쪽에는 바벨론이 있고 유프라데스 강을 중심으로 서쪽에는 예루살렘이 있다. "세 영이 히브리어로 아마겟돈이라 하는 곳으로 왕들을 모으더라"(계 16:16).

3. 하나님께 대적하는 전쟁. 아마겟돈 전쟁은 단순한 인류의 전쟁이 아니고, 짐승인 적그리스도가 주도하여 세상의 군왕들과 열국의 군대들을 이끌고 하나님께 대적하며 싸우는 전쟁이다. 그때 예수님은 재림하시면서 적그리스도를 죽이고 그 군대를 심판하여 멸하신다.

[한 줄의 묵상]
이 전쟁은 예수님의 재림으로 끝이 나고, 성도들이 영원한 나라를 유업으로 얻게 되는 영원한 축복의 시작이 된다.

12월 30일 ● 본문_계20:7-15, 암송_10절, 찬송_348장, 통독_계 18-20장

세세토록 밤낮 괴로움을

예수님께서는 지옥 불 못에 대하여 어떻게 말씀하셨는지를 살펴본다. 여기에 보여주신 지옥의 계시는 확실하고, 영원히 변할 수 없는 말씀이다. 하나님께서 성취시키시는 약속이다.

1. 영원히 목마른 고통의 장소 물 한 방울도 얻어 마시지 못했으니 얼마나 목마른 곳인가를 알 수 있다. 부자는 나사로의 손가락 끝에서 떨어지는 물 한 방울을 사모하였다. 세상에서의 부자는 나사로를 무시하고 돌아보지도 않았지만, 내세에서는 그에게 애원하는 것을 보니 극과 극의 대조가 된다.

2. 불꽃 가운데서 고민하는 장소 "내가 이 불꽃 가운데서 괴로워하나이다"라고 하였다. 지옥이 얼마나 고통스러운가를 보여 주고 있다. "거기에서는 구더기도 죽지 않고 불도 꺼지지 아니하느니라 사람마다 불로써 소금 치듯 함을 받으리라"(막 9:48-49)고 하였다. 불신의 악인들이 불로써 소금 치듯 함을 당하는 영원한 고통을 말하는 것이다.

3. 하나님의 공의의 심판이 집행되는 장소 "아브라함이 이르되 얘 너는 살았을 때에 좋은 것을 받았고 나사로는 고난을 받았으니 이것을 기억하라 이제 그는 여기서 위로를 받고 너는 괴로움을 받느니라"고 하였다. 부자는 좋은 것을 받았지만 하나님을 영화롭게 하지 않고 믿음이 없었으니, 이제 심판을 받고 고민을 받는다는 말씀이다.

[한 줄의 묵상]
지옥은 결코 우리가 가서는 안 될 곳임을 기억하자.

12월 31일 ● 본문_계21:5-8, 암송_8절, 찬송_347장, 통독_계 21-22장

불과 유황으로 타는 못에

악인들이 받을 비참한 최후상태 곧 무서운 둘째 사망 지옥에 대해 말씀하고 있다. 유황불 지옥에 들어갈 자는 누구일까?

1. **두려워하는 자들.** 세상의 염려 때문에 두려워서 예수님께 나아가지 못하는 자들이다.

2. **믿지 않는 자들.** 오직 구원은 하나님의 독생자 예수 그리스도를 믿음으로 말미암아 얻는 것인데 예수님을 믿지 않았으니 지옥에 간다.

3. **흉악한 자들.** 그리스도를 믿는 척하면서 행위로는 부인하는 자가 가증한 자요, 흉악한 자이다.

4. **살인자들.** 창 9:6, "다른 사람의 피를 흘리면 그 사람의 피도 흘릴 것이니 이는 하나님이 자기 형상대로 사람을 지으셨음이니라."

5. **음행하는 자들.** 약 4:4, "간음하는 여인들아 세상과 벗된 것이 하나님과 원수됨을 알지 못하느냐."라고 하였다.

6. **점술가들.** 점술가들은 점치는 자들인데 길흉을 말하는 자, 요술, 무당, 신접한 자들이다(레 20:27).

7. **우상숭배자들.** 하나님의 형상으로 지어져, 하나님을 찾아 섬기려는 종교성이 있지만, 타락하였기 때문에 피조물을 신으로 섬긴다.

8. **거짓말하는 모든 자들.** 요일 2:22, "거짓말 하는 자가 누구냐 예수께서 그리스도이심을 부인하는 자가 아니냐."라고 하였다.

[한 줄의 묵상]
새 하늘과 새 땅에 들어가기를 사모하자!

언약대로 축복 받는 가정예배 365일

2017년 1월 4일 초판 1쇄 발행

저　자 ｜ 김상복
발행인 ｜ 김수곤
발행처 ｜ 도서출판 선교횃불
등록일 ｜ 1999년 9월 21일 제 54호
　　　　전화 : (02)2203-2739
　　　　팩스 : (02)2203-2738
등록처 ｜ 서울 송파구 백제고분로 27길 12(삼전동)
이메일 ｜ ccm2you@gmail.com
홈페이지 ｜ www.ccm2u.com

ⓒ 도서출판 선교횃불

ISBN 978-89-5546-386-6 03230

· 이 출판물은 저작권법의 보호를 받는 저작물이므로 무단전재와 무단복제를 금합니다.
· 파본은 교환해 드립니다.